ALLER (3e groupe)

INDICATIF

Présent	Passé composé
je vais	je suis allé
tu vas	tu es allé
il va	il est allé
n. allons	n. sommes allés
v. allez	v. êtes allés
ils vont	ils sont allés

Imparfait	Plus-que-parfait
j' allais	j' étais allé
tu allais	tu étais allé
il allait	il était allé
n. allions	n. étions allés
v. alliez	v. étiez allés
ils allaient	ils étaient allés

Passé simple	Passé antérieur
j' allai	je fus allé
tu allas	tu fus allé
il alla	il fut allé
n. allâmes	n. fûmes allés
v. allâtes	v. fûtes allés
ils allèrent	ils furent allés

Futur simple	Futur antérieur
j' irai	je serai allé
tu iras	tu seras allé
il ira	il sera allé
n. irons	n. serons allés
v. irez	v. serez allés
ils iront	ils seront allés

CONDITIONNEL

Simple (présent)	Composé (passé)
j' irais	je serais allé
tu irais	tu serais allé
il irait	il serait allé
n. irions	n. serions allés
v. iriez	v. seriez allés
ils iraient	ils seraient allés

SUBJONCTIF

Présent	Passé
que j' aille	que je sois allé
que tu ailles	que tu sois allé
qu'il aille	qu'il soit allé
que n. allions	que n. soyons allés
que v. alliez	que v. soyez allés
qu'ils aillent	qu'ils soient allés

Imparfait	Plus-que-parfait
que j' allasse	que je fusse allé
que tu allasses	que tu fusses allé
qu'il allât	qu'il fût allé
que n. allassions	que n. fussions allés
que v. allassiez	que v. fussiez allés
qu'ils allassent	qu'ils fussent allés

IMPÉRATIF

Présent	
va	
allons	
allez	

INFINITIF

Présent	Passé
aller	être allé

PARTICIPE

Présent	Passé
allant	allé
	étant allé

VENIR (3e groupe)

INDICATIF

Présent	Passé composé
je viens	je suis venu
tu viens	tu es [illegible]
il vient	il est [illegible]
n. venons	n. som[illegible]
v. venez	v. êtes [illegible]
ils viennent	ils sont [illegible]

Imparfait	Plus-que-p[illegible]
je venais	j' étais [illegible]
tu venais	tu étais [illegible]
il venait	il était venu
n. venions	n. étions venus
v. veniez	v. étiez venus
ils venaient	ils étaient venus

Passé simple	Passé antérieur
je vins	je fus venu
tu vins	tu fus venu
il vint	il fut venu
n. vînmes	n. fûmes venus
v. vîntes	v. fûtes venus
ils vinrent	ils furent venus

Futur simple	Futur antérieur
je viendrai	je serai venu
tu viendras	tu seras venu
il viendra	il sera venu
n. viendrons	n. serons venus
v. viendrez	v. serez venus
ils viendront	ils seront venus

CONDITIONNEL

Simple (présent)	Composé (passé)
je viendrais	je serais venu
tu viendrais	tu serais venu
il viendrait	il serait venu
n. viendrions	n. serions venus
v. viendriez	v. seriez venus
ils viendraient	ils seraient venus

SUBJONCTIF

Présent	Passé
[illegible]	[illegible] venu
[illegible]	[illegible] venu
[illegible]	[illegible] venu
[illegible]	[illegible] venus
[illegible]	[illegible] venus
[illegible]	[illegible] venus

[illegible]	[illegible]
[illegible]	[illegible] venu
[illegible]	que tu fusses venu
qu'il vînt	qu'il fût venu
que n. vinssions	que n. fussions venus
que v. vinssiez	que v. fussiez venus
qu'ils vinssent	qu'ils fussent venus

IMPÉRATIF

Présent	
viens	
venons	
venez	

INFINITIF

Présent	Passé
venir	être venu

PARTICIPE

Présent	Passé
venant	venu
	étant venu

VOIR (3e groupe)

INDICATIF

Présent	Passé composé
je vois	j' ai vu
tu vois	tu as vu
il voit	il a vu
n. voyons	n. avons vu
v. voyez	v. avez vu
ils voient	ils ont vu

Imparfait	Plus-que-parfait
je voyais	j' avais vu
tu voyais	tu avais vu
il voyait	il avait vu
n. voyions	n. avions vu
v. voyiez	v. aviez vu
ils voyaient	ils avaient vu

Passé simple	Passé antérieur
je vis	j' eus vu
tu vis	tu eus vu
il vit	il eut vu
n. vîmes	n. eûmes vu
v. vîtes	v. eûtes vu
ils virent	ils eurent vu

Futur simple	Futur antérieur
je verrai	j' aurai vu
tu verras	tu auras vu
il verra	il aura vu
n. verrons	n. aurons vu
v. verrez	v. aurez vu
ils verront	ils auront vu

CONDITIONNEL

Simple (présent)	Composé (passé)
je verrais	j' aurais vu
tu verrais	tu aurais vu
il verrait	il aurait vu
n. verrions	n. aurions vu
v. verriez	v. auriez vu
ils verraient	ils auraient vu

SUBJONCTIF

Présent	Passé
que je voie	que j' aie vu
que tu voies	que tu aies vu
qu'il voie	qu'il ait vu
que n. voyions	que n. ayons vu
que v. voyiez	que v. ayez vu
qu'ils voient	qu'ils aient vu

Imparfait	Plus-que-parfait
que je visse	que j' eusse vu
que tu visses	que tu eusses vu
qu'il vît	qu'il eût vu
que n. vissions	que n. eussions vu
que v. vissiez	que v. eussiez vu
qu'ils vissent	qu'ils eussent vu

IMPÉRATIF

Présent	
vois	
voyons	
voyez	

INFINITIF

Présent	Passé
voir	avoir vu

PARTICIPE

Présent	Passé
voyant	vu
	ayant vu

SAVOIR (3e groupe)

INDICATIF

Présent	Passé composé
je sais	j' ai su
tu sais	tu as su
il sait	il a su
n. savons	n. avons su
v. savez	v. avez su
ils savent	ils ont su

Imparfait	Plus-que-parfait
je savais	j' avais su
tu savais	tu avais su
il savait	il avait su
n. savions	n. avions su
v. saviez	v. aviez su
ils savaient	ils avaient su

Passé simple	Passé antérieur
je sus	j' eus su
tu sus	tu eus su
il sut	il eut su
n. sûmes	n. eûmes su
v. sûtes	v. eûtes su
ils surent	ils eurent su

Futur simple	Futur antérieur
je saurai	j' aurai su
tu sauras	tu auras su
il saura	il aura su
n. saurons	n. aurons su
v. saurez	v. aurez su
ils sauront	ils auront su

CONDITIONNEL

Simple (présent)	Composé (passé)
je saurais	j' aurais su
tu saurais	tu aurais su
il saurait	il aurait su
n. saurions	n. aurions su
v. sauriez	v. auriez su
ils sauraient	ils auraient su

SUBJONCTIF

Présent	Passé
que je sache	que j' aie su
que tu saches	que tu aies su
qu'il sache	qu'il ait su
que n. sachions	que n. ayons su
que v. sachiez	que v. ayez su
qu'ils sachent	qu'ils aient su

Imparfait	Plus-que-parfait
que je susse	que j' eusse su
que tu susses	que tu eusses su
qu'il sût	qu'il eût su
que n. sussions	que n. eussions su
que v. sussiez	que v. eussiez su
qu'ils sussent	qu'ils eussent su

IMPÉRATIF

Présent	
sache	
sachons	
sachez	

INFINITIF

Présent	Passé
savoir	avoir su

PARTICIPE

Présent	Passé
sachant	su
	ayant su

Nachel

Collection ***Rives bleues***
Ouvrage réalisé sous la direction d'**Hélène Potelet**

Rives bleues

Français

LIVRE UNIQUE

6e

Michel Boussemart
Certifié de lettres modernes
Professeur au collège André-Malraux (Paris)

Michelle Busseron-Coupel
Agrégée de lettres classiques
Professeur au collège Eugène-Delacroix (Paris)

Claudine Grossir
Agrégée de lettres modernes
Maître de conférences à l'IUFM de Paris-Sorbonne

Hélène Potelet
Agrégée de lettres classiques
Professeur au collège Boris-Vian (Paris)

HATIER

AVANT-PROPOS

Une nouvelle collection

• La nouvelle collection *Rives bleues* est fondée sur un **double objectif** : mettre en œuvre les **nouveaux programmes d'enseignement du français** et répondre aux besoins des élèves, dont les connaissances et les compétences sont en constante évolution.

• Le programme comporte des changements notables, qui doivent permettre à l'élève d'acquérir des **compétences spécifiques**, notamment dans les domaines de la **culture humaniste** et de la **maîtrise de la langue française**.

• Le manuel est conçu en **deux parties**, dans le strict respect des programmes : une première partie est consacrée aux textes et à leur étude ; une seconde, à la **langue** et à l'**apprentissage de l'écriture**. Des systèmes de renvois assurent une libre circulation entre les parties et permettent au professeur d'**organiser librement son enseignement**, en fonction de sa progression et du niveau de ses élèves.

• Un chapitre d'entrée pourra faciliter la **transition avec le CM2** : il propose un éventail d'activités regroupées autour du thème de la rentrée.

La lecture, l'écriture et l'oral

• On trouve dans ce manuel les **nouveautés inscrites dans les IO** : épopée de Gilgamesh, contes africains, des extraits de théâtre du XXe siècle... La mise en relation des textes les uns avec les autres (par exemple, une étude comparative des parcours d'Ulysse et d'Énée) permet de **construire des références littéraires et culturelles**.

• Une page intitulée **« Je fais le point »** met en perspective, sous forme de synthèse, l'ensemble des extraits abordés au cours du chapitre.

• Pour favoriser la lecture autonome et développer le plaisir de lire, nous proposons des lectures d'**œuvres complètes** avec un guide de lecture et des **listes de livres** variés accompagnées d'un bref résumé.

• Dans chaque chapitre, une place importante est accordée aux **exercices d'écriture** et à l'**acquisition du vocabulaire**. Treize fiches, en fin de manuel, fournissent des méthodes et des outils précieux **pour apprendre à mieux rédiger**.

• **À l'oral** sont privilégiés la lecture à haute voix, les récitations et le jeu théâtral, qui permettent d'améliorer l'expression en public.

L'histoire des arts

• Une **double page** par chapitre est consacrée à l'histoire des arts, nouveauté des programmes. L'objectif est de donner aux élèves des **repères historiques et esthétiques**. Les supports et les techniques sont diversifiés (céramique, bas-relief, peinture, affiche, fontaine...). Un **classeur de seize transparents**, accompagné de conseils d'exploitation et de seize fiches photocopiables, enrichit cette étude.

L'étude de la langue

• La grammaire, la conjugaison, l'orthographe et le lexique peuvent être abordés au sein des chapitres, **en lien avec les textes**, et **de façon « décrochée »**, à tout moment de l'année, à partir des **cinquante fiches spécifiques** de la partie II. Le manuel se prête ainsi à une utilisation en séquences, mais donne la **liberté** aux enseignants qui le souhaitent de travailler séparément les textes et la langue.

Les auteurs.

Conception maquette : **Pixelis, Frédéric Jély**.
Réalisation : **Alinéa**.
Iconographie : **Édith Garraud** / Hatier illustration.
Correction : **Silvain Chupin**.
Illustrations : **Nicolas Thers** (p. 37) ; **François Dimberton** (p. 116) ; **Alban Marilleau** (p. 4, 17, 25, 26, 43, 53, 54, 62, 65, 68, 69, 82, 88, 92, 109, 112, 117, 121, 122, 127, 143, 182, 187, 189, 193, 194, 216, 223, 236, 237, 243, 248).
Cartographie : **Edigraphie** (p. 77, 101, 103, 111, 131, 155).
Remerciements à **Annie Ledrapier-Bourret** (professeur de lettres au collège, à Lyon) et à **Pascal Buresi** (chercheur au CNRS) pour leurs relectures.

SOMMAIRE GÉNÉRAL

Textes

→ La plupart des chapitres de cette partie comportent des **repères**, des **textes** (avec questionnaires et exercices d'écriture), une **lecture d'œuvre complète**, une **leçon** (« Je fais le point »), des exercices d'**étude de la langue** (grammaire, conjugaison, orthographe – avec **dictée de mots** et **dictée préparée** –, figures de style, vocabulaire), des **activités d'écriture et d'oral**, une double page d'**histoire des arts**, des **suggestions de lectures** (avec résumés), une **évaluation**.

Grammaire, conjugaison, orthographe, lexique, méthodologie

→ Cette partie comporte **50 leçons et 13 fiches méthodologiques « pour apprendre à mieux rédiger »**. Chaque leçon est précédée d'une phase d'**observation** et suivie d'une page d'exercices, soit environ **400 exercices**.

Entrer au collège

Vous voilà en sixième ! Ces quelques pages vous permettront de revoir certaines notions acquises en CM2 et de vous familiariser avec différentes activités du cours de français.

1 Magie et sortilèges dans les contes

2 Des récits d'apprentissage

Repères

Textes

Étude de la langue

Expression écrite et orale

Histoire des arts

Lire...

Évaluation

3 *Gilgamesh :* la première épopée du monde

Repères

Textes

Étude de la langue

Expression écrite et orale

Histoire des arts

Lire...

Évaluation

4 Ulysse et Énée : deux héros épiques

Repères

Textes

Étude de la langue

Expression écrite et orale

Histoire des arts

Lire...

Évaluation

5 La mythologie à travers les récits d'Ovide

Repères

Textes

Étude de la langue

Expression écrite et orale

Histoire des arts

Lire...

Évaluation

6 Les grandes figures bibliques

7 Fantaisie et émotions en poésie

8 S'instruire avec les fables

Repères

Textes

Étude de la langue

Expression écrite et orale

Histoire des arts

Lire...

Évaluation

9 Scènes de la vie quotidienne au théâtre

Repères

Textes

Étude de la langue

Expression écrite et orale

Histoire des arts

Lire...

Évaluation

Leçons et exercices

LES CLASSES DE MOTS

LES FONCTIONS GRAMMATICALES

LA PHRASE

LA CONJUGAISON ET LA VALEUR DES TEMPS

L'ORTHOGRAPHE

LE LEXIQUE

Apprendre à mieux rédiger

MODE D'EMPLOI DU MANUEL

Textes Des textes à la leçon

Un **axe d'étude** du texte.

Un **travail préparatoire**.

Un **questionnement** pour construire le sens du texte.

Magie et métamorphose

« Tu seras sept ans Oiseau bleu »

Compréhension du texte

Écriture

L'ESSENTIEL

Magie et métamorphose

Un entraînement à l'**écriture**.

L'**essentiel** : caractéristiques principales du texte.

Un **guide de lecture** sur une œuvre au programme.

Je lis une œuvre complète

« La Belle et la Bête » (1757) de Mme Leprince de Beaumont

Le guide de lecture

L'adaptation au cinéma

Je fais le point

Les caractéristiques du conte

Les **notions essentielles** abordées dans le chapitre à travers les textes.

Étude de la langue

Des **exercices** en lien avec les textes (grammaire, conjugaison, orthographe, figures de style).

Une **dictée préparée**.

Étude de la langue

GRAMMAIRE

CONJUGAISON

ORTHOGRAPHE

FIGURE DE STYLE

Expression écrite et orale

Une page consacrée à l'**enrichissement du vocabulaire**.

Des activités d'**écriture** (avec des conseils) et d'**oral**.

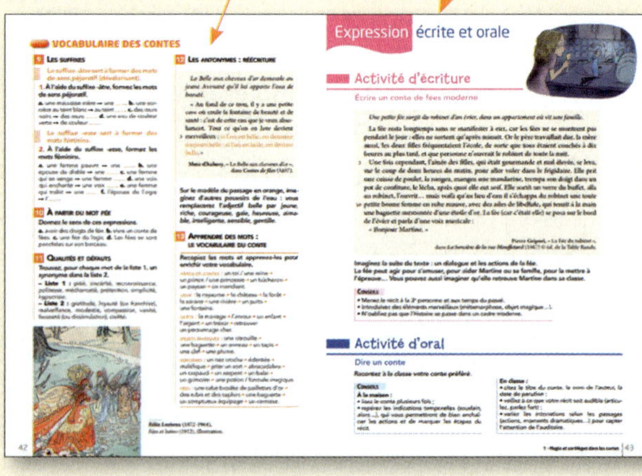
VOCABULAIRE DES CONTES

Expression écrite et orale

Activité d'écriture

Activité d'oral

Histoire des arts

Des **dates clés**.

Une **synthèse** sur l'œuvre, le genre, le support…

Des **questions** sur l'œuvre.

Lire…

Des **suggestions de lectures** en lien avec le chapitre.

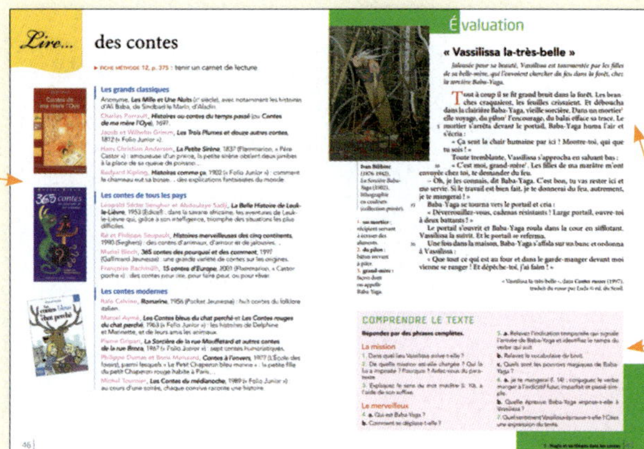

Évaluation

Une **évaluation finale** : texte court et questions.

Grammaire, conjugaison, orthographe, lexique, méthodologie

50 leçons (grammaire, conjugaison, règles d'orthographe, vocabulaire) avec des définitions claires et de nombreux exemples.

13 fiches méthode pour apprendre à mieux rédiger.

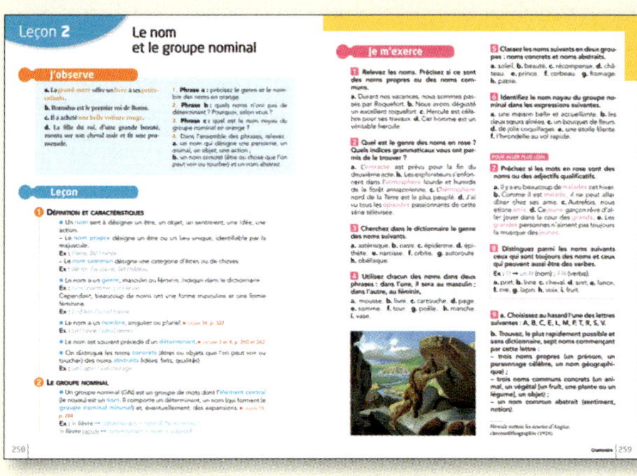

Chaque leçon est suivie d'une page d'exercices d'**application** (environ **400 exercices** au total).

Eugenio Foz (né en 1923), *L'Infini des mondes* (1990), huile sur toile, 97 x 130 cm (collection particulière).

Textes

Entrer au collège

Vous voilà en sixième ! Ces quelques pages vous permettront de revoir certaines notions acquises en CM2 et de vous familiariser avec différentes activités du cours de français.

Quel lecteur êtes-vous ?

Adolescente dans une bibliothèque.

1 Enquête

- Citez des titres de livres que vous avez lus et dont vous vous souvenez.
- Avez-vous un livre préféré ? Lequel ?
- Par quels livres, bandes dessinées ou magazines êtes-vous attiré(e) ?
- Combien de temps consacrez-vous à la lecture (livres, BD et magazines) par semaine ? À quels moments ? Où aimez-vous lire ?
- Quand vous choisissez un livre, quels éléments retiennent votre attention : le nom de l'auteur, de la collection, le titre, le nombre de pages, la taille de l'écriture, les illustrations, la 1re de couverture, la 4e de couverture, les premières pages ?
- Recevez-vous des conseils de vos parents, de vos frères et sœurs, de vos amis... ?
- À qui, éventuellement, parlez-vous de ce que vous lisez ?
- Citez cinq lieux où vous pouvez vous procurer des livres.

2 Recopiez et associez chacun des titres de livres suivants au genre de récit auquel il vous semble appartenir.

Titres	Genres
Le professeur a disparu	un conte merveilleux
Les Trois Cheveux d'or du Diable	un roman d'aventures
Les Pilleurs de sarcophages	un récit policier
L'Épopée du Roi Singe	un récit de science-fiction
Le Monde d'en haut	un récit de voyage
La Longue Marche des dindes	un roman historique
Comment j'ai changé ma vie	un récit épique
Robinson Crusoé	un récit de vie

3 Au cours de l'année, vous découvrirez les œuvres suivantes. Associez chaque titre à son auteur. Pour vous aider, consultez les pages 30 à 32, 55-56, 58-59, 104, 132, 208, 218, 232-233 de votre manuel.

Métamorphoses	Lewis Carroll
Chantefables	Charles Perrault
Alice au pays des merveilles	Ésope
« Les Fées »	Robert Desnos
Ulysse	Ovide
L'Amour médecin	Antoine de Saint-Exupéry
Fables	Homère
Le Petit Prince	Molière

4 Associez à chacune des 1res de couverture le texte de 4e de couverture qui lui correspond.

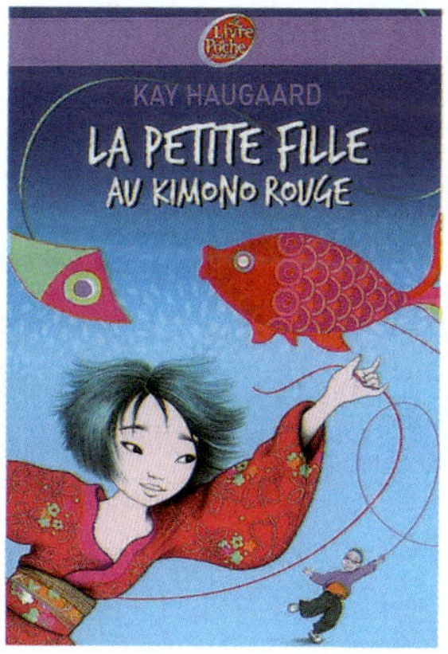

a. Un jour, Myeko quitte son pays, le Japon, pour venir vivre aux États-Unis avec ses parents. C'est une nouvelle vie qui commence pour la petite fille, mais son pays lui manque ! Et puis, c'est difficile de se faire des amis dans cette école américaine. Myeko ne se doute pas qu'un joli cerf-volant fait parfois naître l'amitié…

b. Ce matin, on s'est tous réveillés en retard à la maison. Du coup, j'ai raté le bus qui m'emmène à l'école et j'en ai pris un autre, mais je ne reconnais pas du tout le chemin.
Alors, je décide de descendre et de partir à l'aventure !
Pas facile quand on a, comme moi, du mal à parler et à marcher…

c. Et si, après avoir été chassée par la Fourmi, la Cigale devenait chanteuse et se taillait un beau succès ? Et si le Lièvre aux pieds agiles profitait de ses talents de coureur pour tirer la Tortue d'un mauvais pas ? Et si le Loup promettait de laisser les agneaux du berger tranquilles… et de devenir végétarien ?

5 Voici des livres que vous pouvez lire pour commencer l'année.

→ Susie **Morgenstern**, *La Sixième*, 1984 (L'École des loisirs) : un récit pour accompagner vos premiers pas au collège.

→ Daniel **Pennac**, *Kamo, l'agence Babel*, 1992 (« Folio Junior ») : comment Kamo résout ses difficultés en anglais grâce à de mystérieux correspondants. *Kamo, l'idée du siècle*, 1993 (« Folio Junior ») : comment M. Margerelle prépare ses élèves à l'entrée en sixième.

→ Jean-Philippe **Arrou-Vignod**, *Enquête au collège*, 2004 (« Folio Junior ») : le collège est le théâtre d'événements étranges… Les élèves mènent l'enquête.

→ Yaël **Hassan**, *Momo, petit prince des Bleuets*, 2003 (Syros Jeunesse) : c'est l'été, Momo s'ennuie dans sa cité des Bleuets. Mais sa vie change lorsqu'il s'inscrit à la bibliothèque et qu'il fait la connaissance d'un instituteur à la retraite.

Écoliers et collégiens

Extrait 1

« Que voulez-vous savoir sur la sixième ? »

Les élèves de CM2 interrogent leur maître, M. Margerelle, à propos de la sixième.

« Enfin, quoi, cette sixième, elle doit bien avoir quelque chose de différent ! [...]
– Eh bien, la seule vraie différence, c'est qu'au lieu d'avoir un seul maître, vous en aurez six ou sept : un pour les maths, un pour le français... un professeur par matière, quoi.
– Ça veut dire qu'ils seront six ou sept fois moins savants que vous ? s'exclama le grand Lanthier. »
Margerelle éclata de rire :
« Ne va surtout pas leur dire ça, malheureux !... non, ce sont des spécialistes, un peu comme en médecine : un docteur pour le cœur, un autre pour le foie, un troisième pour les reins, tu vois ?
– Et alors, demanda Kamo, où est le problème ? [...]
– L'adaptation, répondit M. Margerelle.
– L'adaptation ?
– Oui, jusqu'à présent vous n'aviez qu'un maître par an, que vous connaissiez bien ; bon ou mauvais, vous faisiez avec. En sixième, il faudra vous habituer à six ou sept caractères différents dans la même année. »

Daniel **Pennac**, ***Kamo, l'idée du siècle*** (paru en 1993) © éd. Gallimard Jeunesse.

Extrait 2

« La dictée »

Une salle de classe à la pension[1] *Muche. [...]*
Quand le rideau se lève, M. Topaze fait faire une dictée à un élève. M. Topaze a trente ans environ. [...]
L'Élève est un petit garçon de douze ans. Il tourne le dos au public. On voit ses oreilles décollées, son cou d'oiseau mal nourri. Topaze dicte et, de temps à autre, il se penche sur l'épaule du petit garçon pour lire ce qu'il écrit.

TOPAZE *(il dicte en se promenant).* – « Des moutons... Des moutons... étaient en sûreté... dans un parc ; dans un parc. *(Il se penche sur l'épaule de l'élève et reprend.)* Des moutons... moutonss... *(L'Élève le regarde, ahuri.)* Voyons, mon enfant, faites un effort. Je dis *moutonsse*. Étaient *(il reprend avec finesse)* *étai-eunnt*. C'est-à-dire qu'il n'y avait pas qu'un *moutonne*. Il y avait plusieurs *moutonsse*. »
L'Élève le regarde, perdu.

Marcel **Pagnol**, ***Topaze***, acte I, scène 1 (paru en 1928) © éd. de Fallois (2004), www.marcel-pagnol.com

1. **la pension :** école où les élèves sont pensionnaires (ils étudient, mangent et dorment à l'école).

Fernandel dans *Topaze*, film de **Marcel Pagnol** (1951).

Illustration d'**Alban Marilleau**.

Extrait 3

« L'écolier »

J'écrirai le jeudi j'écrirai le dimanche
quand je n'irai pas à l'école
j'écrirai des nouvelles j'écrirai des romans
et même des paraboles[1]
je parlerai de mon village je parlerai de mes parents
de mes aïeux de mes aïeules[2]
je décrirai les prés je décrirai les champs
les broutilles[3] et les bestioles[4]
puis je voyagerai j'irai jusqu'en Iran
au Tibet ou bien au Népal
et ce qui est beaucoup plus intéressant
du côté de Sirius[5] ou d'Algol[6]
où tout me paraîtra tellement étonnant
que revenu dans mon école
je mettrai l'orthographe mélancoliquement

Raymond **Queneau**, « L'Écolier » dans ***Battre la campagne*** (paru en 1968) © éd. Gallimard.

1. **des paraboles :** histoires illustrant une morale.
2. **mes aïeux et aïeules :** grands-pères et grands-mères.
3. **les broutilles :** choses de peu d'importance.
4. **les bestioles :** petites bêtes.
5. **Sirius :** étoile de la constellation du Grand Chien.
6. **Algol :** étoile de la constellation de Persée.

Activités

Après avoir lu les trois extraits p. 16-17, répondez aux questions suivantes.

Repérer

Auteur, genre et sujet

1. Indiquez le nom de l'auteur, le titre et la date de publication de l'ouvrage d'où chacun des trois textes est extrait.

2. Lequel est un extrait d'une pièce de théâtre ? un poème ? un extrait de roman ? Justifiez vos réponses.

3. Relevez dans chacun des textes les mots (noms, adjectifs ou verbes) qui renvoient au monde de l'école.

Comparer

4. Quels personnages apparaissent dans ces textes ?

a. Lequel est en classe ? A-t-il du mal à faire son exercice ?

b. Lesquels ne connaissent pas encore le monde du collège ? Dans quel état d'esprit sont-ils ?

c. Lequel veut s'en évader ? De quelle façon ?

ORAL

1. Apprenez par cœur le poème « L'Écolier », de Queneau, et récitez-le. Respectez le rythme du poème (longueur des vers, pauses, enchaînements, accélérations, ralentissements, accents). Tenez compte du sens des mots pour donner le ton.

2. a. Deux par deux, lisez à voix haute l'extrait de *Topaze* (extrait 2). L'un d'entre vous lit les indications de mise en scène, l'autre joue le rôle de Topaze. Vous pouvez ensuite échanger vos rôles.

b. Apprenez la scène et jouez-la devant la classe.

CONSEILS POUR JOUER

- Attention à la prononciation des mots en italique dits par Topaze.
- Le personnage de l'élève est muet, mais ses gestes, son attitude, les expressions de son visage doivent apparaître dans le jeu.

Écriture

Racontez en une dizaine de lignes un moment de votre première journée au collège.

CONSEILS

- Choisissez un moment précis, par exemple l'appel dans la cour, la visite du collège, la première heure de classe, la distribution des livres, la récréation, la sortie du collège…
- Décrivez le cadre et les personnes.
- Racontez vos impressions.
- Utilisez les temps du passé (passé composé et imparfait).

Lire l'image

Affiche du film *Entre les murs*, de **Laurent Cantet** (2008).

1. Quelle est la nature du document ? Observez la légende.

2. Quel lieu est représenté ? Citez des indices à l'appui de votre réponse.

3. Décrivez les personnages, leurs attitudes et leurs expressions.

4. a. Quelles informations le texte de l'affiche fournit-il ?

b. De quels « murs » s'agit-il ?

5. À quel genre de film s'attend-on ? L'affiche vous donne-t-elle envie d'aller voir le film ?

Testez vos connaissances en langue !

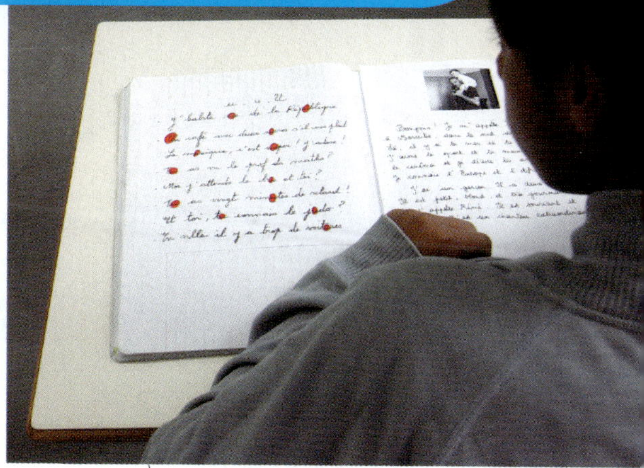
Collège du Vieux-Port, Marseille (2008).

Grammaire

Recopiez les phrases suivantes. Encadrez les verbes et soulignez les sujets.

Ex : *Lorsque la cloche a sonné, tous les élèves se sont rangés.*

a. Les élèves et leurs parents attendent dans la cour. **b.** La salle de dessin est située au troisième étage. **c.** À la récréation, des groupes se forment : certains élèves discutent, d'autres jouent. **d.** « Prenez vos cahiers de texte, dit le professeur. Je vais vous dicter votre emploi du temps. »

Conjugaison

Indiquez le mode, le temps et la personne des verbes en rose.

a. Comme il **était** en retard, il **courut** tout le long du chemin. **b.** Le professeur d'anglais **aimerait** nous emmener à Londres cette année. **c.** Nous **avions terminé** de copier nos devoirs lorsque la cloche **a sonné**. **d.** **Prenez** soin des livres que vous **prête** le collège. **e.** Si tu **déjeunes** à la cantine, tu **pourras** t'inscrire au club informatique.

Orthographe

1. Réécrivez le texte suivant en remplaçant « le professeur » par « les professeurs » et « l'escalier » par « les escaliers » : effectuez tous les changements d'accords nécessaires.

Le professeur de sciences, vêtu d'une longue blouse blanche, vient dans la cour et demande aux élèves de se ranger. Il les accompagne ensuite dans l'escalier encombré et sombre, qui mène au troisième étage.

2. Complétez chaque mot avec la terminaison qui convient.

Dans la cour, les élèves jouaient, cri..., cour..., au risque de tomb... au milieu des cartables amoncel... au pied des escaliers. En classe, au contraire, le silence régnait, troubl... parfois par des rires étouff... quand un retardataire, qui s'ét... perdu dans les couloirs, pass... sa tête par la porte entrebâill... pour vérifi... qu'il avait enfin trouv... la bonne salle.

Vocabulaire

1. Définition. Cherchez dans le dictionnaire l'origine et les sens du mot *collège*.

2. Famille de mots. Dans la liste suivante, quels sont les mots de la famille du nom *collège* ?
– *colle, collégien, collégial, collectif, collection, collègue, collectivité, collégialité.*

3. Préfixes et suffixes

a. Recopiez les verbes *comprendre, reprendre* et *apprendre* : encadrez en rouge le préfixe et en bleu la racine.

b. Trouvez le nom correspondant à chacun de ces verbes. Quels suffixes avez-vous utilisés ?

4. Mot générique (ou thème). Recopiez et complétez le tableau suivant, en vous appuyant sur l'exemple.

Mot générique (ou thème)	Liste de mots
Les sports pratiqués au collège	gymnastique, natation, football, tennis de table…
	trousse, stylo, gomme, agenda, cahier…
Les lieux du collège	

1 Magie et sortilèges dans les contes

Objectifs → *Étudier la structure d'un conte ; repérer les éléments merveilleux.*

Edmond Dulac (1882-1953), illustration avec divers personnages des contes de fées.

Lire l'image

1. Quelle est la nature de l'image ? Qui en est l'auteur ?
2. Quelles remarques faites-vous sur les couleurs ? sur la composition du dessin ?
3. Retrouvez les différents éléments et personnages qui renvoient à l'univers des contes.

Pour commencer

1. Citez des titres de contes et des noms d'auteurs de contes que vous connaissez.
2. Avez-vous un conte préféré ? Lequel ? Pourquoi ?

REPÈRES

Un genre : le conte

Les origines du conte

Les contes se sont d'abord transmis **oralement**, de bouche à oreille, par des conteurs, lors de **veillées populaires et familiales**. Destinés à **divertir** les enfants comme les adultes, ces récits ont une valeur **éducative** : ils sont souvent porteurs d'une **morale** ou cherchent à **expliquer** les énigmes de l'univers.

Charles Perrault

Charles Perrault (1628-1703) est le **premier grand auteur de contes en France**. Il est chargé des affaires culturelles et devient écrivain officiel du roi Louis XIV. En **1671**, il entre à l'**Académie française**.

À la mort de sa femme, il s'occupe de l'éducation de ses jeunes enfants. Il publie en 1697 un recueil de huit contes merveilleux, intitulé ***Histoires ou contes du temps passé avec des moralités***, ou ***Contes de ma mère l'Oye***. À l'époque, on désignait, par l'expression « contes de ma mère l'Oye », des histoires invraisemblables et de peu de valeur, que les grands-mères racontaient, à la manière des oies cacardant dans les basses-cours.

Le conte en France, après Perrault

La vogue des contes de fées se poursuit avec **Mme d'Aulnoy** (1650-1705), auteur de « L'Oiseau bleu », et avec **Mme Leprince de Beaumont** (1711-1780), qui a écrit ***Le Magasin des enfants***, recueil de contes où figure « La Belle et la Bête ».

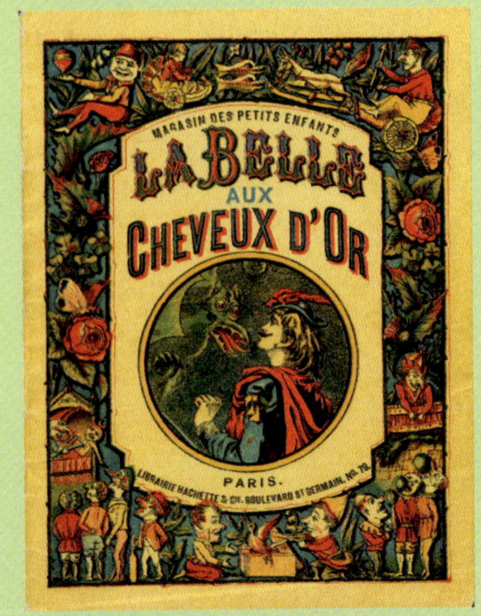

Couverture de « La Belle aux cheveux d'or », de Mme d'Aulnoy (édition de 1880).

En même temps apparaît en France le conte oriental, fort apprécié au XVIIIe siècle. **Antoine Galland** traduit de l'arabe les contes des ***Mille et Une Nuits*** (histoire d'Aladin ▸ p. 34-35, de Sindbad le Marin…).

Dates clés

1697
- *Histoires ou contes du temps passé*, de Charles Perrault.
- « L'Oiseau bleu », « La Belle aux cheveux d'or », de Mme d'Aulnoy.

1704-1717
Traduction des *Mille et Une Nuits* par Antoine Galland.

1757
« La Belle et la Bête », de Mme Leprince de Beaumont.

1812
Contes d'enfants et du foyer, de Jacob et Wilhelm Grimm.

1843
« Le Vilain Petit Canard », de Hans Christian Andersen.

1934, 1950, 1958
Les Contes du chat perché, de Marcel Aymé.

1967
La Sorcière de la rue Mouffetard et autres contes de la rue de Broca, de Pierre Gripari.

Les frères Grimm et H. C. Andersen

Les frères **Jacob** (1785-1863) et **Wilhelm** (1786-1859) **Grimm**, nés en Allemagne, recueillent des contes oraux venus des **folklores germanique et nordique** (« Les Sept Corbeaux » ▶ p. 24 à 26).

Hans Christian Andersen (1805-1875), né au Danemark, écrit des contes, emplis de **poésie** et de **tristesse** (« La Petite Sirène », « Le Vilain Petit Canard »...).

L'évolution du genre

Au XXe siècle, le genre se renouvelle. **Michel Tournier** (né en 1924) écrit des contes qui ont pour cadre le monde moderne. **Marcel Aymé** (1902-1967), **Roald Dahl** (1916-1990) et **Pierre Gripari** (1925-1990) s'amusent à détourner des contes.

Des écrivains africains, parmi lesquels le Malien **Amadou Hampâté Bâ** (1900-1991), les Sénégalais **Birago Diop** (1906-1989) et **Léopold Sédar Senghor** (1906-2001), ont recueilli et transcrit les contes issus de la **littérature orale traditionnelle africaine**. (▶ p. 36-37, p. 52-53)

Ivan Bilibine (1876-1942), illustration de « La Petite Sirène », d'Andersen (édition Flammarion de 1937).

Roger Broders (1883-1953), gravure en couleurs (1939) des contes des *Mille et Une Nuits* (collection privée).

Le **cinéma** contribue à la diffusion du genre : **Walt Disney** a adapté *Blanche-Neige et les Sept Nains* en 1937 ; **Jean Cocteau**, *La Belle et la Bête* en 1946 ; **Jacques Demy**, *Peau d'Âne* en 1970. En 1992, les studios Disney ont réalisé deux dessins animés inspirés de contes : *La Belle et la Bête* et *Aladin*.

Je réponds aux questions

1. **a.** Qui est le fondateur du genre littéraire des contes de fées ? À quelle occasion a-t-il écrit des contes ?
   b. Que signifie l'expression « contes de ma mère l'Oye » ?
2. De quels pays les frères Grimm et Hans Christian Andersen sont-ils originaires ?
3. Citez deux auteurs de contes au XXe siècle, dont un écrivain africain francophone.

TEXTE INTÉGRAL

La structure d'un conte merveilleux

PRÉPARER LA LECTURE

B2i Cherchez des expressions ou des titres de contes comportant le chiffre *sept*. Que symbolise ce chiffre ?

Jacob Grimm (1785-1863)

Wilhelm Grimm (1786-1859)

« Les Sept Corbeaux »

Un homme avait sept fils et, malheureusement, pas de fille. Un jour enfin, sa femme mit au monde une fille. Quelle ne fut pas leur joie ! Mais l'enfant était petite et fragile : il fallait donc la baptiser au plus vite. Le père envoya l'un de ses fils chercher de l'eau à la source, pour le baptême : ses six frères l'accompagnèrent et, comme chacun voulait être le premier à puiser l'eau, ils firent tomber la cruche dans le puits. Ils étaient bien embarrassés et n'osaient plus rentrer à la maison. Comme ils tardaient à revenir, leur père, perdant patience, dit :

« Ils ont dû oublier leur sœur en jouant, ces mauvais garçons ! »

C'était la peur de voir sa fille mourir sans baptême qui le faisait parler ainsi. Et, dans sa colère, il s'écria :

« Je voudrais qu'ils soient tous transformés en corbeaux ! »

À peine eut-il prononcé ces paroles qu'il entendit un battement d'ailes au-dessus de sa tête : il leva les yeux et vit passer sept corbeaux, noirs comme du charbon, qui s'envolaient au loin.

Les parents ne pouvaient plus revenir sur leur malédiction. Leur douleur fut grande, mais ils se consolèrent avec leur fille chérie, qui prenait des forces et devenait chaque jour de plus en plus jolie. Longtemps, elle ignora qu'elle avait eu des frères, car ses parents se gardaient bien de lui en parler, jusqu'au jour où elle entendit des gens dire qu'elle était belle, certes, mais qu'elle était tout de même à l'origine du malheur de ses frères. Elle devint alors toute triste et demanda à ses parents si elle avait eu des frères et ce qu'ils étaient devenus. Les parents ne purent garder leur secret plus longtemps ; ils lui dirent qu'ils avaient été victimes d'une punition du Ciel et qu'elle n'y était pour rien. Cependant, sa conscience la poussait à secourir ses frères.

Comme elle ne pouvait pas trouver la paix, elle décida de parcourir le vaste monde pour les délivrer. Elle ne prit avec elle qu'un anneau, en souvenir de ses parents, une miche de pain, pour la faim, une cruche d'eau, pour la soif, et une petite chaise, pour la fatigue.

Illustrations d'**Alban Marilleau** (p. 25-26, 43).

Dès lors, la petite sœur marcha sans repos, loin, loin, jusqu'au bout du monde. Elle arriva jusqu'au Soleil, mais il était trop chaud et effrayant, et il mangeait les petits enfants. Elle s'enfuit à toutes jambes et arriva jusqu'à la Lune, mais elle était trop froide, cruelle et méchante. Quand elle remarqua la présence de l'enfant, elle dit :

« Je sens la chair humaine. »

La petite s'enfuit alors bien vite et arriva jusqu'aux Étoiles, qui étaient aimables et gentilles, chacune assise sur sa petite chaise. L'Étoile du berger[1] lui donna une patte de poulet et lui dit :

« Sans cette patte, tu ne pourras pas ouvrir la montagne de Verre, et c'est dans cette montagne que se trouvent tes frères. »

La petite fille prit la patte, l'emballa dans un mouchoir et reprit sa marche jusqu'à ce qu'elle arrive à la montagne de Verre. La porte était fermée. Quand elle déplia le mouchoir pour y prendre la patte, il n'y avait rien à l'intérieur : elle avait perdu le cadeau de la bonne Étoile. Que faire ? Elle voulait sauver ses frères, mais n'avait plus de clé. En bonne petite sœur, elle prit un couteau, se coupa un petit doigt, le glissa dans la serrure. Par bonheur, la porte s'ouvrit. Un nain vint à elle et lui dit :

« Mon enfant, que cherches-tu ?

– Je cherche mes frères, les sept corbeaux, répondit-elle.

– Ces messieurs les corbeaux ne sont pas à la maison, mais tu peux attendre ici leur retour. »

Puis, le nain apporta le repas des corbeaux dans sept petites assiettes et sept petits gobelets. Et la petite sœur mangea un petit morceau dans chaque assiette et but une petite gorgée dans chaque gobelet, puis laissa tomber l'anneau de ses parents dans le dernier. Soudain, elle entendit dans les airs des battements d'ailes et des cris. Alors le nain dit :

« Voilà messieurs les corbeaux qui rentrent à la maison. »

1. **Étoile du berger :** étoile du matin.

TEXTE INTÉGRAL

C'étaient bien eux. Ils s'installèrent pour manger et pour boire, et s'écrièrent l'un après l'autre :

« Qui a mangé dans mon assiette ? Qui a bu dans mon gobelet ? C'est certainement une bouche humaine ! »

Et comme le septième finissait son gobelet, le petit anneau tomba. Il reconnut la bague de ses parents et dit :

« Si, par la grâce de Dieu, notre petite sœur pouvait être là, nous serions alors délivrés. »

Dès que la petite fille, qui était derrière la porte, entendit ce souhait, elle sortit de sa cachette, et tous les corbeaux reprirent leur apparence humaine. Ils se jetèrent alors dans les bras les uns des autres et s'embrassèrent ; puis ils s'en retournèrent gaiement chez eux.

Jacob et Wilhelm **Grimm**, « Les Sept Corbeaux » (1812),
traduit et adapté de l'allemand par Alice Coupel.

Comprendre le texte

La structure (ou schéma narratif)

1. a. Quelle est la situation de départ pour les personnages ? Identifiez le temps verbal utilisé pour l'exprimer.

b. Les personnages sont-ils caractérisés ? Le cadre est-il précisé ?

2. a. Quel événement déclenche l'action ? Relevez l'indication temporelle qui l'introduit.

b. Quel changement de temps constatez-vous ?

3. a. Quelle mission le père confie-t-il à ses fils ?

b. Quelle malédiction lance-t-il contre eux ? Citez le texte. Pour quelle raison ?

c. Retrouvez les différentes étapes du voyage de la petite fille.

4. Quel objet permet à la sœur de se faire reconnaître par ses frères ?

5. Quelle est la situation des personnages à la fin du conte ?

Les forces agissantes (ou schéma actantiel)

6. De quel manque la petite fille (**héroïne**) souffre-t-elle ? Quel but (ou **quête**) poursuit-elle ?

7. Quelles épreuves affronte-t-elle ? Quelles aides (**adjuvants**) et quels obstacles (**opposants**) rencontre-t-elle ?

8. La petite fille a-t-elle triomphé des épreuves ?

Les éléments magiques ou merveilleux

9. a. Quels personnages sont victimes d'un sortilège ? En quoi sont-ils transformés ?

b. Quel chiffre est présent dans le titre ?

10. Quels éléments magiques sont présents dans ce conte (personnages, lieux, objets) ?

Lire l'image

a. Décrivez l'image **en haut à droite** (décor, personnages). Retrouvez le passage du conte qui lui correspond.

b. Comment la petite fille est-elle mise en valeur dans l'image? Que lit-on dans son regard ? Où les corbeaux sont-ils placés par rapport à elle ?

Écriture

Écrivez la situation finale du conte : le retour chez les parents.

Conseils

- Montrez la joie et le bonheur des personnages.
- Utilisez les temps du passé qui conviennent.

Anonyme, gravure allemande (1895) des « Sept Corbeaux », des frères Grimm.

L'ESSENTIEL

La structure d'un conte merveilleux

- La **situation initiale** présente les personnages de façon simplifiée ; le temps utilisé est l'**imparfait**. L'action est introduite par un **élément déclencheur** ; le temps utilisé est le **passé simple**. La dernière action constitue l'**élément de résolution**. Le conte se termine par une **situation finale**, heureuse ou malheureuse, selon les personnages.
- Le personnage principal (ou **héros**), souffrant d'un **manque**, entreprend une **quête**. Il affronte des **épreuves** ; il est aidé par des **adjuvants** et est contrarié par des **opposants**.
- Les contes où interviennent des éléments magiques sont des contes **merveilleux**.

*M*agie et métamorphose

PRÉPARER LA LECTURE Florine, Truitonne, Charmant sont des personnages de contes. Quelle image vous faites-vous de chacun à partir de son prénom ?

Mme d'Aulnoy
(1650-1705)

« Tu seras sept ans Oiseau bleu »

Le roi Charmant s'est épris de la belle princesse Florine. Mais l'horrible Truitonne est jalouse : dans l'obscurité, elle se fait passer pour Florine et reçoit du roi une bague de fiançailles. Le roi découvre la ruse et refuse d'épouser Truitonne. La méchante fée Soussio, marraine de Truitonne, le condamne à sept ans de malheur.

« Tu n'as qu'à t'envoler par cette fenêtre, si tu veux, car tu seras sept ans Oiseau bleu. »

En même temps le roi change de figure : ses bras se couvrent de plumes et forment des ailes ; ses jambes et ses pieds deviennent noirs et menus ; il lui croît[1] des ongles crochus ; son corps s'apetisse, il est tout garni de longues plumes fines et mêlées de bleu céleste ; ses yeux s'arrondissent et brillent comme des soleils ; son nez n'est plus qu'un bec d'ivoire ; il s'élève sur sa tête une aigrette[2] blanche, qui forme une couronne ; il chante à ravir, et parle de même. En cet état, il jette un cri douloureux de se voir ainsi métamorphosé, et s'envole à tire-d'aile pour fuir le funeste[3] palais de Soussio. […]

Florine est enfermée dans une tour. L'Oiseau bleu se pose à la fenêtre de sa chambre et lui dit de douces paroles.

« Hé ! qui me parle, s'écria-t-elle, d'une manière si consolante ?

– Un roi malheureux, reprit l'Oiseau, qui vous aime et n'aimera jamais que vous.

– Un roi qui m'aime ! ajouta-t-elle. Est-ce ici un piège que me tend mon ennemie ? Mais, au fond, qu'y gagnera-t-elle ? Si elle cherche à découvrir mes sentiments, je suis prête à lui en faire l'aveu.

– Non, ma princesse, répondit-il. L'amant[4] qui vous parle n'est point capable de vous trahir. »

En achevant ces mots, il vola sur la fenêtre. Florine eut d'abord grande peur d'un oiseau si extraordinaire, qui parlait avec autant d'esprit que s'il avait été homme, quoiqu'il conservât le petit son de voix d'un rossignol ; mais la beauté de son plumage et ce qu'il lui dit la rassura.

« M'est-il permis de vous revoir, ma princesse ? s'écria-t-il. Puis-je goûter un bonheur si parfait sans mourir de joie ? Mais, hélas ! que cette

1. **croît** : pousse (verbe *croître*).
2. **une aigrette** : touffe de plumes.
3. **funeste** : qui a fait son malheur.
4. **l'amant** : celui qui aime et qui est aimé.
5. **feignez** : faire semblant (verbe *feindre*).

joie est troublée par votre captivité et l'état où la méchante Soussio m'a réduit pour sept ans !

– Et qui êtes-vous, charmant Oiseau ? dit la princesse en le caressant.

– Vous avez dit mon nom, ajouta le roi, et vous feignez[5] de ne pas me connaître.

– Quoi ! le plus grand roi du monde, quoi ! le roi Charmant, dit la princesse, serait le petit oiseau que je tiens ?

– Hélas ! belle Florine, il n'est que trop vrai, reprit-il ; et, si quelque chose m'en peut consoler, c'est que j'ai préféré cette peine à celle de renoncer à la passion que j'ai pour vous. »

Mme d'Aulnoy, « L'Oiseau bleu »,
dans *Contes de fées* (1697).

Anonyme, chromo publicitaire du *Bon Marché* (XXe siècle) : « L'Oiseau bleu », de Mme d'Aulnoy (collection privée).

Comprendre le texte

La magie

1. a. En quoi le roi Charmant est-il transformé ? Par qui ? Pourquoi ? Aidez-vous du paratexte (chapeau) pour répondre.

b. Relevez l'expression qui précise la durée de la métamorphose. Que symbolise le chiffre cité (▶ PRÉPARER LA LECTURE, p. 24) ?

2. Relevez les verbes de transformation. Que conserve le roi de sa nature humaine ? et de sa fonction royale ?

3. À quel temps sont les verbes qui expriment la métamorphose, par rapport à ceux de l'ensemble du récit (l. 14 à 42) ? Quel est l'effet produit ?

4. La magie est-elle maléfique ou bénéfique pour le roi ?

Les personnages

5. Quelles sont les réactions successives de la princesse ? À quel moment reconnaît-elle l'identité de l'Oiseau bleu ?

6. Pourquoi le roi a-t-il accepté d'être ainsi métamorphosé ?

Écriture

Imaginez que la fée transforme le roi en grenouille. Décrivez la métamorphose.

CONSEILS

- Commencez par : *En même temps le roi change de figure…* (l. 3).
- Notez les transformations (sa tête, ses bras, son corps…).

L'ESSENTIEL

Magie et métamorphose

- Les contes merveilleux présentent souvent des **métamorphoses** (changements d'état).
- Ce sont principalement les **fées** et les **sorcières** qui provoquent la métamorphose pour **venir en aide** au héros ou pour **s'opposer** à lui.

TEXTE INTÉGRAL

La magie dans le conte à moralités

PRÉPARER LA LECTURE

1. Cherchez dans les repères (► p. 22) le titre complet du recueil des contes de Perrault.
2. Qu'est-ce qu'une moralité ?

Charles Perrault
(1628-1703)

« Les Fées »

Il était une fois une veuve qui avait deux filles ; l'aînée lui ressemblait si fort et d'humeur[1] et de visage, que qui la voyait voyait la mère. Elles étaient toutes deux si désagréables et si orgueilleuses qu'on ne pouvait vivre avec elles. La cadette, qui était le vrai portrait de son père pour la douceur et pour l'honnêteté[2], était avec cela une des plus belles filles qu'on eût su voir. Comme on aime naturellement son semblable, cette mère était folle de sa fille aînée, et en même temps avait une aversion[3] effroyable pour la cadette. Elle la faisait manger à la cuisine et travailler sans cesse.

Il fallait entre autres choses que cette pauvre enfant allât deux fois le jour puiser de l'eau à une grande demi-lieue[4] du logis, et qu'elle en rapportât plein une grande cruche. Un jour qu'elle était à cette fontaine, il vint à elle une pauvre femme qui la pria de lui donner à boire.

« Oui-dà[5], ma bonne mère », dit cette belle fille ; et rinçant aussitôt sa cruche, elle puisa de l'eau au plus bel endroit de la fontaine, et la lui présenta, soutenant toujours la cruche afin qu'elle bût plus aisément. La bonne femme, ayant bu, lui dit :

« Vous êtes si belle, si bonne, et si honnête, que je ne puis m'empêcher de vous faire un don (car c'était une Fée qui avait pris la forme d'une pauvre femme de village, pour voir jusqu'où irait l'honnêteté de cette jeune fille). Je vous donne pour don, poursuivit la Fée, qu'à chaque parole que vous direz, il vous sortira de la bouche ou une fleur, ou une pierre précieuse. »

Lorsque cette belle fille arriva au logis, sa mère la gronda de revenir si tard de la fontaine.

« Je vous demande pardon, ma mère, dit cette pauvre fille, d'avoir tardé si longtemps » ; et en disant ces mots, il lui sortit de la bouche deux roses, deux perles, et deux gros diamants.

« Que vois-je là ! dit sa mère tout étonnée ; je crois qu'il lui sort de la bouche des perles et des diamants ; d'où vient cela, ma fille ? » (ce fut là la première fois qu'elle l'appela sa fille).

1. d'humeur : de caractère.
2. l'honnêteté : ici, la gentillesse.
3. une aversion : une haine.
4. une demi-lieue : environ deux kilomètres.
5. oui-dà : certainement.

Gustave Doré (1832-1883), illustration des « Fées », de Perrault, gravure (1862).

La pauvre enfant lui raconta naïvement tout ce qui lui était arrivé, non sans jeter une infinité de diamants.

« Vraiment, dit la mère, il faut que j'y envoie ma fille ; tenez, Fanchon, voyez ce qui sort de la bouche de votre sœur quand elle parle ; ne seriez-vous pas bien aise[6] d'avoir le même don ? Vous n'avez qu'à aller puiser de l'eau à la fontaine, et quand une pauvre femme vous demandera à boire, lui en donner bien honnêtement.

– Il me ferait beau voir[7], répondit la brutale[8], aller à la fontaine.

– Je veux que vous y alliez, reprit la mère, et tout à l'heure[9]. »

Elle y alla, mais toujours en grondant[10]. Elle prit le plus beau flacon d'argent qui fût dans le logis. Elle ne fut pas plus tôt arrivée à la fontaine qu'elle vit sortir du bois une Dame magnifiquement vêtue qui vint lui demander à boire : c'était la même Fée qui avait apparu à sa sœur, mais qui avait pris l'air et les habits d'une Princesse, pour voir jusqu'où irait la malhonnêteté[11] de cette fille.

« Est-ce que je suis ici venue, lui dit cette brutale orgueilleuse, pour vous donner à boire ? Justement j'ai apporté un flacon d'argent tout exprès pour donner à boire à Madame ! J'en suis d'avis, buvez à même[12] si vous voulez.

– Vous n'êtes guère honnête, reprit la Fée, sans se mettre en colère ; eh bien ! puisque vous êtes si peu obligeante[13], je vous donne pour don qu'à chaque parole que vous direz, il vous sortira de la bouche ou un serpent ou un crapaud. »

D'abord que[14] sa mère l'aperçut, elle lui cria :

« Hé bien, ma fille !

– Hé bien, ma mère ! lui répondit la brutale, en jetant deux vipères et deux crapauds.

– Ô Ciel ! s'écria la mère, que vois-je là ? C'est sa sœur qui en est cause, elle me le paiera. » Et aussitôt elle courut pour la battre. La pauvre enfant s'enfuit, et alla se sauver dans la forêt prochaine[15]. Le fils du Roi, qui revenait de la chasse, la rencontra et, la voyant si belle, lui demanda ce qu'elle faisait là toute seule et ce qu'elle avait à pleurer.

« Hélas ! Monsieur, c'est ma mère qui m'a chassée du logis. »

Le fils du Roi, qui vit sortir de sa bouche cinq ou six perles, et autant de diamants, la pria de lui dire d'où cela lui venait. Elle lui conta toute

6. ne seriez-vous pas bien aise : ne seriez-vous pas contente.
7. il me ferait beau voir : on n'est pas prêt de me voir.
8. la brutale : l'impolie.
9. tout à l'heure : ici, tout de suite.
10. en grondant : en faisant la tête.
11. la malhonnêteté : ici, la méchanceté.
12. à même : à même la fontaine.
13. obligeante : serviable.
14. d'abord que : dès que.
15. prochaine : proche.

TEXTE INTÉGRAL

son aventure. Le fils du Roi en devint amoureux, et considérant qu'un tel don valait mieux que tout ce qu'on pouvait donner en mariage à un autre, l'emmena au palais du Roi son père, où il l'épousa.

Pour sa sœur, elle se fit tant haïr, que sa propre mère la chassa de chez elle ; et la malheureuse, après avoir bien couru sans trouver personne qui voulût la recevoir, alla mourir au coin d'un bois.

16. les pistoles : les pièces d'or.
17. encor : encore.
18. coûte des soins : demande des efforts.
19. veut un peu de complaisance : demande qu'on soit serviable.
20. dans le temps qu' : au moment où.

Moralité

Les diamants et les pistoles[16]*,*
Peuvent beaucoup sur les esprits ;
Cependant les douces paroles
Ont encor[17] *plus de force, et sont d'un plus grand prix.*

Autre moralité

L'honnêteté coûte des soins[18]*,*
Et veut un peu de complaisance[19]*,*
Mais tôt ou tard elle a sa récompense,
Et souvent dans le temps qu'[20]*on y pense le moins.*

Charles **Perrault**, « Les Fées »,
dans ***Histoires ou contes du temps passé*** (1697).

« Les Fées », de Perrault, imagerie populaire au pochoir (fin XIXe siècle), imagerie Pellerin à Épinal.

Lire l'image

1. Observez les images ▶ p. 31 et 32. De quelle époque datent-elles par rapport au conte ?

2. Cherchez ce qu'est une gravure et une image d'Épinal (▶ HISTOIRE DES ARTS, p. 224). Qui est l'auteur de la gravure ?

3. Qui sont les personnages représentés sur chacune des images? Retrouvez les passages du conte correspondants.

4. Décrivez le décor et les personnages (vêtements, gestes, expressions). Vous semblent-ils correspondre au conte ?

Comprendre le texte

La situation initiale, l'action et les éléments magiques

1. Comment le conte commence-t-il ? Est-ce par une formule traditionnelle ?

2. a. Délimitez les lignes qui constituent la situation initiale et résumez-la : personnages, relations qu'ils entretiennent, caractère de chacun, corvée imposée.

b. Quel est le temps utilisé ?

3. Quelle expression signale le début de l'action ? Quel changement de temps constatez-vous ?

4. a. Quel personnage la cadette rencontre-t-elle à la fontaine ? De qui s'agit-il en réalité ? Relevez la phrase qui l'indique.

b. À quelle épreuve ce personnage soumet-il la jeune fille ? Quel don lui fait-il ?

5. a. Pour quelle raison la sœur aînée se rend-elle aussi à la fontaine ?

b. Comparez son comportement à celui de sa sœur cadette. De quel sortilège est-elle victime ?

La résolution et la situation finale

6. a. Quel personnage la cadette rencontre-t-elle à la fin du conte ?

b. Qu'arrive-t-il à l'aînée ?

7. Quelle est la situation finale ? Comparez-la avec la situation initiale.

8. Quel rôle la Fée a-t-elle joué dans la vie de chacune des sœurs ? Pour qui est-elle un opposant ? Pour qui est-elle un adjuvant ?

Le conte à moralités

9. a. Quels sont les qualités et les défauts de chacune des deux sœurs ? Relevez, pour répondre, les termes opposés qui les désignent et les caractérisent.

b. Qui est récompensé ? Qui est puni ? Quelle leçon de morale est ainsi donnée ?

10. a. Relisez la première moralité : qu'est-ce qui, dans la vie, a plus de prix que la richesse ?

b. Relisez la seconde moralité : quelle qualité est toujours récompensée ?

Henri de Toulouse-Lautrec (1864-1901), aquarelle illustrant « Les Deux Sœurs légendaires » (parodie des « Fées », de Perrault), parue en 1896, dans le *Figaro* illustré.

Écriture

Imaginez que la Fée a pris une autre apparence (enfant, animal blessé…) et fait un autre don à la cadette. Racontez la première épreuve en commençant par : *Un jour qu'elle était à cette fontaine, il vint à elle…* (l. 12-13).

Conseils
- Décrivez le personnage rencontré.
- Introduisez un court dialogue.

Oral

Racontez ce conte à l'oral, à plusieurs : un élève commence, un autre poursuit.

L'ESSENTIEL

La magie dans le conte à moralités

● Le conte cherche à **divertir**, mais il se termine souvent par une **moralité** : les **puissances magiques** interviennent pour **récompenser les bons et punir les méchants**.

La magie dans le conte oriental

PRÉPARER LA LECTURE

B2i Faites une recherche sur Internet sur les contes des *Mille et Une Nuits* : qui raconte les histoires ? à qui ? dans quel but ? Dans quel cadre géographique ces contes se déroulent-ils ?

« Un génie hideux et d'une grandeur gigantesque »

Le jeune Aladin et sa mère vivent dans la pauvreté. Un jour, Aladin se retrouve en possession d'une lampe magique dont il ne connaît pas encore le pouvoir…

« Ma mère, reprit Aladin, […] donnez-moi la lampe que j'apportai hier ; j'irai la vendre, et l'argent que j'en aurai servira à nous avoir de quoi déjeuner et dîner, et peut-être de quoi souper. »

La mère d'Aladin prit la lampe où elle l'avait mise.

« La voilà, dit-elle à son fils, mais elle est bien sale ; pour peu qu'elle soit nettoyée, je crois qu'elle en vaudra quelque chose davantage. »

Elle prit de l'eau et un peu de sable fin pour la nettoyer ; mais à peine eut-elle commencé à frotter cette lampe qu'en un instant, en présence de son fils, un génie hideux et d'une grandeur gigantesque s'éleva et parut devant elle, et lui dit d'une voix tonnante :

« Que veux-tu ? Me voici prêt à t'obéir comme ton esclave, et de tous ceux qui ont la lampe à la main, moi avec les autres esclaves de la lampe. »

La mère d'Aladin n'était pas en état de répondre : sa vue n'avait pu soutenir la figure hideuse et épouvantable du génie ; et sa frayeur avait été si grande

Angus McBride (1931-2007), illustration d'« Aladin et la Lampe merveilleuse », gouache sur papier (collection privée).

1. **le jugement :** faculté de raisonner.
2. **promptement :** rapidement.
3. **en suppléant au défaut :** en prenant la place.
4. **un bassin :** récipient creux, de forme ovale ou ronde.
5. **mets :** plats.
6. **le sofa :** lit recouvert de coussins.

dès les premières paroles qu'il avait prononcées qu'elle était tombée évanouie.

Aladin, [...] sans perdre de temps ni le jugement[1], se saisit promptement[2] de la lampe, et, en suppléant au défaut[3] de sa mère, il répondit pour elle d'un ton ferme.

« J'ai faim, dit-il au génie, apporte-moi de quoi manger. »

Le génie disparut, et un instant après il revint chargé d'un grand bassin[4] d'argent, qu'il portait sur sa tête, avec douze plats couverts, de même métal, pleins d'excellents mets[5] arrangés dessus, avec six grands pains blancs comme neige sur les plats, deux bouteilles de vin exquis, et deux tasses d'argent à la main. Il posa le tout sur le sofa[6], et aussitôt il disparut.

Anonyme, « Histoire d'Aladin ou la Lampe merveilleuse »,
dans *Les Mille et Une Nuits* (xe siècle),
traduit de l'arabe par Antoine Galland (de 1704 à 1717).

Comprendre le texte

La magie de l'Orient

1. a. Dans quelle situation Aladin et sa mère se trouvent-ils ?

b. Quelle décision Aladin prend-il pour faire face à cette situation ?

2. En quoi la lampe est-elle un objet merveilleux ? Aladin et sa mère connaissent-ils son pouvoir ?

3. a. Relevez les termes qui caractérisent le génie.

b. Quelle formule le génie énonce-t-il ?

4. Comment la mère d'Aladin, puis Aladin lui-même réagissent-ils face à l'apparition de ce personnage ?

5. a. Quelle opération magique le génie effectue-t-il ?

b. Relevez les mots qui expriment la richesse de l'Orient (fait de splendeur et de luxe). Citez une comparaison méliorative (valorisante).

6. La magie est-elle bénéfique au héros ?

Écriture

Poursuivez le récit, en imaginant un autre souhait d'Aladin.

Conseil

- Commencez par : *Aladin frotta la lampe et…*

L'ESSENTIEL

Le conte oriental

- Les contes des *Mille et Une Nuits* comportent de nombreuses histoires merveilleuses de **génies** et de **prodiges**, ayant pour cadre un **Orient féerique**.
- La magie peut être **bénéfique ou maléfique** pour le héros.

La magie dans le conte explicatif

PRÉPARER LA LECTURE

B2i Vous allez lire l'extrait d'un conte peul. Recherchez sur Internet où se parle cette langue.

Amadou Hampâté Bâ
(1900-1991)

« Petit Bodiel »

Petit Bodiel est un petit lièvre paresseux et gourmand, qui vit dans la savane africaine. Il crée bien des soucis à sa mère. Un jour, il va voir Yendou le sorcier…

Yendou confectionna alors un merveilleux gris-gris[1]. Il l'offrit à Petit Bodiel en présence de l'effraie[2], cousine du hibou, qui servit de témoin sacramentel[3].

« Prends ceci, dit-il à Petit Bodiel, et porte-le suspendu à ton cou. Chaque fois que tu éprouveras le besoin de réfléchir, de secourir ou d'être secouru, serre-le entre tes incisives et formule tes vœux. Ils seront exaucés en un battement de paupières. […]

Mais Petit Bodiel se sert de son gris-gris pour tromper les animaux. Il les a invités à une grande fête pour se faire élire roi. Mais la veille du festin, Allawalam, le dieu du ciel, a demandé aux termites et aux fourmis, qui n'ont pas été invités, d'emporter toute la nourriture préparée pour la fête. Petit Bodiel va chercher son gris-gris pour se venger.

Petit Bodiel courut dans sa chambrée[4]. Il chercha vainement[5] son gris-gris qui n'était plus là où il était certain de l'avoir déposé. Le gris-gris avait glissé et était tombé par terre. Or c'était la chose qui ne devait jamais arriver. Toucher la poussière était l'interdit cardinal[6] du gris-gris. Les termites Modjou[7] l'avaient rongé. À la place de ce qui avait été un gros gris-gris, il n'y avait plus qu'un tas de miettes. Petit Bodiel se rendit compte du grand malheur qui venait de le frapper de tous les côtés à la fois.

Une voix terrible se fit entendre :

« Petit Bodiel ! Tu seras humilié comme tu as humilié ta mère[8] !

La jungle ne sera plus emplie que de tes ennemis. Tu seras réduit à entrer dans des terriers pour échapper à la colère de ceux que tu as roulés et de ceux envers qui tu ne pourras pas tenir ta promesse audacieuse. Tu ne te déplaceras plus qu'en courant et en sautant d'un bosquet[9] à un autre. Tu es condamné à te cacher dans la poussière et dans les touffes de vétiver[10] ! »

1. un gris-gris : objet magique.
2. l'effraie : la chouette.
3. sacramentel : sacré.
4. la chambrée : chambre.
5. vainement : inutilement.
6. cardinal : absolu.
7. les termites Modjou : colonie de termites (insectes qui rongent le bois), dont le roi a pour nom Modjou.
8. Petit Bodiel a manqué de respect à sa mère.
9. un bosquet : groupe d'arbustes.
10. vétiver : plante tropicale utilisée en parfumerie.

Maman Bodiel se jeta à terre. Chacune des deux parties charnues de son derrière se mit à trembler. Elle demanda grâce pour son petit. Les mères sont ainsi faites…

Mais hélas, il y a des moments où Allawalam est terrible et implacable[11]. […]

Le jour fixé pour l'invitation arriva. Toutes les ethnies[12] de la jungle se rendirent à la Plaine des fêtes. Elles n'y trouvèrent ni hydromel[13], ni kondjam[14], ni nourriture, et moins encore Petit Bodiel lui-même ! Elles décidèrent alors solennellement la mort de Petit Bodiel. Le chien fut chargé de l'exécution de la sentence[15].

C'est en raison de cette sentence que, depuis lors, Petit Bodiel et ses descendants ne se déplacent qu'en courant et en sautant.

Allawalam donna néanmoins à Petit Bodiel et aux siens de grandes oreilles toujours dressées afin de percevoir de loin les bruits annonciateurs du danger et se garer à temps.

11. **implacable :** inflexible.
12. **les ethnies :** ici, populations animales.
13. **hydromel :** boisson faite d'eau et de miel (prévue pour la fête).
14. **kondjam :** bière faite à base de mil (céréale).
15. **la sentence :** la punition.

Amadou Hampâté **Bâ**, « Petit Bodiel », dans ***Petit Bodiel et autres contes de la savane*** (1976) © éd. Stock (1994).

Comprendre le texte

L'action et les éléments magiques

1. Relevez les mots qui appartiennent au champ lexical renvoyant à l'Afrique.

2. a. Qui est Petit Bodiel ? Quel objet magique a-t-il reçu ?

b. Quel est le pouvoir de cet objet ? Qu'advient-il de cet objet ?

3. Qu'annonce le dieu Allawalam à Petit Bodiel ? Relevez les verbes au futur et justifiez l'emploi de ce temps.

4. Comment maman Bodiel réagit-elle ?

5. Pourquoi les animaux veulent-ils ensuite la mort de Petit Bodiel ?

Les enseignements du conte

6. Petit Bodiel a-t-il utilisé l'objet magique pour faire le bien ou le mal ? Pour quel principal défaut a-t-il été puni ? Citez le texte.

7. Quelles particularités du lièvre ce conte explique-t-il ? Relevez la formule qui conclut l'explication.

Écriture

Imaginez l'origine d'une particularité physique d'un animal (trompe de l'éléphant…).

Conseil

• Respectez les trois étapes : « En ce temps-là… » / « Mais un jour… » / « C'est pourquoi, depuis ce jour… ».

L'ESSENTIEL

Le conte explicatif

● Le **conte explicatif** donne une explication **merveilleuse** à la particularité d'un **animal** ou à un **phénomène naturel**.

● L'explication comporte **trois étapes principales** : situation initiale, actions, situation finale ou conclusion.

Je lis une œuvre complète

« La Belle et la Bête » (1757)

de Mme Leprince de Beaumont

Mme Leprince de Beaumont (1711-1780)

Le guide de lecture

• Répondez aux questions au fur et à mesure de la lecture.

La situation initiale et l'élément déclencheur

1. Qui sont les personnages ? Précisez leur caractère, leur situation.

2. Quel événement survient ?

Les actions

Le voyage du père

3. Pourquoi le père part-il en voyage ? Que doit-il rapporter à ses filles ?

4. Quels obstacles rencontre-t-il ?

5. Qui lui donne l'hospitalité ?

6. Pourquoi le père est-il puni par le maître des lieux ? Quels arrangements lui propose-t-il pour accomplir sa punition ?

La vie au château et la visite au père

7. Quelle vie la Belle mène-t-elle au château auprès de la Bête ?

8. **a.** Quelle faveur la Belle demande-t-elle un jour à la Bête ?

b. À quelle condition obtient-elle cette faveur ? La respecte-t-elle ?

c. Ses sœurs l'aident-elles à respecter la parole qu'elle a donnée ?

9. Pourquoi la Belle retourne-t-elle au château ? Dans quel état retrouve-t-elle la Bête ?

La résolution et la situation finale

10. En quoi la Bête se métamorphose-t-elle ? À la suite de quelles paroles ?

11. Quelle est la situation finale pour chacun des personnages ? Pour qui est-elle heureuse ?

L'adaptation au cinéma

• Comparez le conte et le film de Jean Cocteau (1946).

Les personnages

1. Quelle est la composition de la famille dans le conte ? dans le film ?

2. Qui est Avenant ? Dans quelle œuvre le trouve-t-on ?

3. Quel est l'aspect de la Bête dans le film ? Comment le cinéaste la rend-il menaçante par les angles de prise de vue (plongée et contre-plongée ▸ LEÇON 49, p. 351) ?

Le temps, l'action

4. La durée de l'action est-elle moins longue dans le conte ou dans le film ?

5. Les épisodes suivants figurent-ils à la fois dans le conte et dans le film ? ou seulement dans l'un des deux ?
– Le marchand quitte le château sur le Magnifique.
– La Belle se rend au château avec son père.
– Dans le parc, la Belle donne à boire à la Bête dans ses mains.
– La Bête se métamorphose.

Les éléments merveilleux

6. En quoi les éléments suivants, figurant dans le conte, sont-ils merveilleux : le coffre, le miroir, la bague, la table mise, le concert, le songe de la Belle ? Citez d'autres éléments merveilleux présents dans le film.

Les effets produits et les enjeux

7. Quels éléments (bruits, effets de lumière) rendent le film inquiétant ?

8. **a.** En quoi le conte comporte-t-il un enseignement moral ?

b. Quelle est la dernière image du film ? Quel est le pouvoir de l'amour ?

Les caractéristiques du conte

La formule d'entrée, les personnages, le cadre

■ Les contes commencent, en général, par « Il était une fois... », formule qui introduit le lecteur dans un univers féerique.

■ Les **personnages, peu caractérisés**, évoluent dans des **lieux imprécis**. L'histoire se déroule dans un **passé lointain**.

La structure d'un conte : le schéma narratif

■ Un conte comporte, en général, **cinq étapes**.
1. La situation initiale présente, en quelques mots, les **circonstances de départ**. Le temps utilisé est l'**imparfait**.
2. L'élément déclencheur : un premier événement lance l'action. Le temps utilisé est le **passé simple**.
3. Les actions s'enchaînent.
4. L'élément de résolution : un dernier événement termine le conte.
5. La situation finale : un **nouvel état** définitif, heureux ou malheureux, s'installe.

La fonction des personnages : le schéma actantiel

■ Au début du conte, le **héros** est **en quête** de quelque chose **qui lui manque** (amour, enfant, argent...). Il agit, poussé par un sentiment fort (amour, jalousie) ou par un autre personnage (qui peut l'envoyer en mission). Il affronte des **épreuves** (tâches considérées comme impossibles). Il est aidé par des **adjuvants** et contrarié par des **opposants** (personnages réels ou surnaturels, objets magiques...).

Les éléments merveilleux

■ Les contes merveilleux présentent des éléments ou des personnages à **caractère magique** : fées (« Les Fées » ► p. 30 à 32), sorcières, ogres, génies (« Aladin » ► p. 34-35), objets magiques, métamorphoses (« L'Oiseau bleu » ► p. 28-29)...

■ On y trouve souvent des chiffres symboliques (trois, sept, douze), provenant de croyances anciennes ou religieuses (« Les Sept Corbeaux » ► p. 24 à 26).

Les enseignements du conte

■ Le but premier d'un conte est de **divertir**, mais le conte a aussi une **fonction éducative** :
– il donne à l'enfant une **leçon de vie**, fondée sur des **valeurs morales** ; les méchants sont punis, les bons sont récompensés, les plus faibles peuvent réussir grâce à leur mérite (« Les Fées » ► p. 30 à 32) ;
– il explique une particularité du monde (« Petit Bodiel » ► p. 36-37).

Félix Lorioux (1872-1964), détail de l'illustration (► p. 319) de « La Belle au bois dormant », de Perrault (collection privée).

GRAMMAIRE

1 La classe des mots

Révisez les classes grammaticales des mots. ▶ LEÇON 1, p. 256

Aladin, enfermé dans la grotte, joint les mains pour faire une prière...

Dans cette action de mains jointes, il frotta, sans y penser, l'anneau que le magicien africain lui avait mis au doigt et dont il ne connaissait pas encore la vertu. Aussitôt un génie, d'une figure énorme et d'un regard épouvantable, s'éleva devant lui comme de dessous la terre.

Anonyme, « Histoire d'Aladin ou la Lampe merveilleuse », dans ***Les Mille et Une Nuits*** (xe siècle), traduit de l'arabe par Antoine Galland (de 1704 à 1717).

Trouvez la classe grammaticale des mots en rose : nom commun (3), article indéfini (1), article défini (1), déterminant démonstratif (1), verbe (2), adjectif qualificatif (2), pronom personnel (2), préposition (1).

2 Les temps du conte

1. Identifiez le temps des verbes en rose.

2. Délimitez la situation initiale et l'élément déclencheur en vous aidant des changements de temps.

Il était une fois un roi qui avait une épouse à la chevelure d'or, et d'une telle beauté qu'on ne reverra plus jamais sa pareille sur Terre. Mais il advint qu'elle tomba malade et que, se sentant près de mourir, elle appela le roi à son chevet et lui demanda une promesse.

Les frères **Grimm**, « Toutes-Fourrures » (1812), dans ***Hans-mon-hérisson et treize autres contes***, traduit de l'allemand par A. Guerne © éd. Flammarion (1967).

CONJUGAISON

3 L'indicatif imparfait ▶ LEÇON 23, p. 300

Conjuguez les verbes à l'imparfait.

a. Dans des temps très anciens, (vivre) un roi qui (avoir) trois filles. **b.** Le fils du roi (parcourir) le pays pour trouver une femme. **c.** L'Oiseau bleu (revenir) toutes les nuits auprès de la charmante Florine. **d.** Au milieu du bois (se dresser) une cabane faite de pain d'épice. **e.** Le génie de la lampe (obéir) toujours à Aladin.

4 L'indicatif passé simple ▶ LEÇON 24, p. 302

Conjuguez les verbes au passé simple.

a. Un jour, enfin, un fils leur (naître). **b.** Il (advenir) que le roi (passer) par le village. **c.** Or, le roi se (remarier) après le décès de sa femme. **d.** Quand minuit (sonner), Cendrillon (devoir) quitter le bal en toute hâte. **e.** Toutes les fées (offrir) un don à la jeune princesse ; mais la fée Carabosse (lancer) une terrible malédiction. **f.** Le Chat botté (courir) au-devant du roi et se (mettre) à crier : « Mon maître se noie ! » **g.** Ils se (marier) et (vivre) heureux.

5 L'indicatif futur ▶ LEÇON 25, p. 304

Conjuguez les verbes au futur.

a. Tu (être) transformé en un hideux crapaud. **b.** Si la bonne fée revient à temps, nous (avoir) la vie sauve. **c.** Je (faire) tout ce que demande le magicien pour délivrer mes frères. **d.** La bonne marraine (exaucer) tous les vœux de Cendrillon ; mais, à minuit, elle (devoir) quitter le bal, sinon son carrosse (redevenir) citrouille. **e.** Aladin et sa mère (connaître) la richesse grâce au génie de la lampe. **f.** Tu (voler) comme un oiseau pendant sept ans. **g.** Vous (accomplir) un long voyage pour trouver la montagne de verre. **h.** Toutes les fées (se pencher) sur le berceau de la petite princesse.

Lucien Boucher (1889-1971), illustration de *Cendrillon* (1928), de Perrault.

École anglaise, illustration de « La Belle au bois dormant » (XXe siècle), de Perrault (collection privée).

ORTHOGRAPHE

6 Dictée préparée

Préparez la dictée en répondant aux questions.

Cependant les fées commencèrent à faire leurs dons à la princesse. La plus jeune donna pour don qu'elle serait la plus belle personne du monde, celle d'après qu'elle aurait de l'esprit comme un ange, la troisième qu'elle aurait une grâce admirable à tout ce qu'elle ferait, la quatrième qu'elle danserait parfaitement bien, la cinquième qu'elle chanterait comme un rossignol, et la sixième qu'elle jouerait de toutes sortes d'instruments dans la dernière perfection. Le rang de la vieille fée étant venu, elle dit [...] que la princesse se percerait la main d'un fuseau et qu'elle en mourrait.

Charles **Perrault**, « La Belle au bois dormant », dans ***Histoires ou contes du temps passé*** (1697).

1. Recopiez les verbes au conditionnel présent (en violet) et donnez leur infinitif.
2. Recopiez et observez l'orthographe des pronoms numéraux soulignés.
3. Cherchez dans le dictionnaire la définition de la *grâce* (l. 7). Trouvez un homonyme de ce mot.
4. *venu* (l. 13) : justifiez l'orthographe du participe passé.

7 Dictée de mots

Recopiez les mots et expressions suivants (vus dans le chapitre), avec leur définition et apprenez-les. Ils vous seront donnés en dictée.

- UN(E) AÎNÉ(E) : l'enfant premier-né.
- UN(E) CADET(TE) : l'enfant plus jeune que l'aîné.
- UN CRAPAUD, UNE VIPÈRE, UN CORBEAU : animaux considérés comme maléfiques dans les contes.
- UN DON : cadeau, avantage naturel. Dans les contes, avantage donné par un être surnaturel.
- L'ORGUEIL / ORGUEILLEUX : sentiment de supériorité / qui a une haute opinion de soi-même.
- EXAUCER UN VŒU, UN SOUHAIT : réaliser une demande.
- MÉTAMORPHOSER : transformer.
- CONTER UNE HISTOIRE : raconter, dire une histoire pour distraire. Ne pas confondre avec *compter*, qui signifie « calculer ».

FIGURE DE STYLE

8 La comparaison ▶ LEÇON 45, p. 344

Relevez les comparaisons. Par quel mot sont-elles introduites ? Expliquez le choix de ces comparaisons.

a. En plein hiver, tandis que les flocons de neige tombaient du ciel comme un duvet léger, une reine était assise à sa fenêtre encadrée de bois d'ébène et cousait.

b. Peu de temps après, une fille lui naquit ; elle était blanche comme neige, rose comme sang et ses cheveux étaient noirs comme de l'ébène. On l'appela Blanche-Neige.

J. et W. **Grimm**, « Blanche-Neige », dans *Contes* (1812) traduit de l'allemand par P. Durand © éd. Gründ (1963).

VOCABULAIRE DES CONTES

9 Les suffixes

Le suffixe *-âtre* sert à former des mots de sens péjoratif (dévalorisant).

1. À l'aide du suffixe *-âtre*, formez les mots de sens péjoratif.

a. une mauvaise mère → une .... **b.** une sorcière au teint blanc → au teint .... **c.** des murs noirs → des murs .... **d.** une eau de couleur verte → de couleur ....

Le suffixe *-esse* sert à former des mots féminins.

2. À l'aide du suffixe *-esse*, formez les mots féminins.

a. une femme pauvre → une .... **b.** une épouse du diable → une .... **c.** une femme qui se venge → une femme .... **d.** une voix qui enchante → une voix .... **e.** une femme qui trahit → une .... **f.** l'épouse de l'ogre → l'.......

10 À partir du mot *fée*

Donnez le sens de ces expressions.

a. avoir des doigts de fée. **b.** vivre un conte de fées. **c.** une fée du logis. **d.** Les fées se sont penchées sur son berceau.

11 Qualités et défauts

Trouvez, pour chaque mot de la liste 1, un synonyme dans la liste 2.

– **Liste 1 :** pitié, sincérité, reconnaissance, politesse, méchanceté, prétention, simplicité, hypocrisie.
– **Liste 2 :** gratitude, loyauté (ou franchise), malveillance, modestie, compassion, vanité, fausseté (ou dissimulation), civilité.

Félix Lorioux (1872-1964), *Fées et lutins* (1912), illustration.

12 Les antonymes : réécriture

La Belle aux cheveux d'or demande au jeune Avenant qu'il lui apporte l'eau de beauté.

« Au fond de ce trou, il y a une petite cave où coule la fontaine de beauté et de santé : c'est de cette eau que je veux absolument. Tout ce qu'on en lave devient merveilleux : si l'on est belle, on demeure toujours belle ; si l'on est laide, on devient belle. »

Mme d'Aulnoy, « La Belle aux cheveux d'or », dans *Contes de fées* (1697).

Sur le modèle du passage en orange, imaginez d'autres pouvoirs de l'eau : vous remplacerez l'adjectif *belle* par *jeune, riche, courageuse, gaie, heureuse, aimable, intelligente, sensible, gentille.*

13 Apprendre des mots : le vocabulaire du conte

Recopiez les mots et apprenez-les pour enrichir votre vocabulaire.

HÉROS DE CONTES : un roi / une reine • un prince / une princesse • un bûcheron • un paysan • un mendiant.

LIEUX : le royaume • le château • la forêt • la savane • une rivière • un puits • une fontaine.

QUÊTE : le mariage • l'amour • un enfant • l'argent • un trésor • retrouver un personnage cher.

OBJETS MAGIQUES : une citrouille • une baguette • un anneau • un tapis • une clef • une plume.

SORCIÈRES : un nez crochu • édentée • maléfique • jeter un sort • *abracadabra* • un crapaud • un serpent • un balai • un grimoire • une potion / formule magique.

FÉES : une robe brodée de paillettes d'or • des rubis et des saphirs • une baguette • un somptueux équipage • un carrosse.

Expression écrite et orale

Activité d'écriture

Écrire un conte de fées moderne

Une petite fée surgit du robinet d'un évier, dans un appartement où vit une famille.

La fée resta longtemps sans se manifester à eux, car les fées ne se montrent pas pendant le jour : elles ne sortent qu'après minuit. Or le père travaillait dur, la mère aussi, les deux filles fréquentaient l'école, de sorte que tous étaient couchés à dix heures au plus tard, et que personne n'ouvrait le robinet de toute la nuit.

Une fois cependant, l'aînée des filles, qui était gourmande et mal élevée, se leva, sur le coup de deux heures du matin, pour aller voler dans le frigidaire. Elle prit une cuisse de poulet, la rongea, mangea une mandarine, trempa son doigt dans un pot de confiture, le lécha, après quoi elle eut soif. Elle sortit un verre du buffet, alla au robinet, l'ouvrit… mais voilà qu'au lieu d'eau il s'échappa du robinet une toute petite bonne femme en robe mauve, avec des ailes de libellule, qui tenait à la main une baguette surmontée d'une étoile d'or. La fée (car c'était elle) se posa sur le bord de l'évier et parla d'une voix musicale :

« Bonjour Martine. »

Pierre **Gripari**, « La Fée du robinet »,
dans ***La Sorcière de la rue Mouffetard*** (1967) © éd. de la Table Ronde.

Imaginez la suite du texte : un dialogue et les actions de la fée.
La fée peut agir pour s'amuser, pour aider Martine ou sa famille, pour la mettre à l'épreuve… Vous pouvez aussi imaginer qu'elle retrouve Martine dans sa classe.

Conseils

- Menez le récit à la 3e personne et aux temps du passé.
- Introduisez des éléments merveilleux (métamorphose, objet magique…).
- N'oubliez pas que l'histoire se passe dans un cadre moderne.

Activité d'oral

Dire un conte

Racontez à la classe votre conte préféré.

Conseils

À la maison :
- lisez le conte plusieurs fois ;
- repérez les indications temporelles *(soudain, alors…)*, qui vous permettront de bien enchaîner les actions et de marquer les étapes du récit.

En classe :
- citez le titre du conte, le nom de l'auteur, la date de parution ;
- veillez à ce que votre récit soit audible (articulez, parlez fort) ;
- variez les intonations selon les passages (actions, moments dramatiques…) pour capter l'attention de l'auditoire.

L'affiche de cinéma

Henri Brispot (1846-1928), affiche du *Cinématographe Lumière* (1895), lithographie en couleurs (musée Carnavalet, Paris).

L'origine des affiches de cinéma

■ L'affiche de cinéma trouve ses origines à la fin du XIXe siècle dans les affiches de théâtre, réalisées par des artistes tels qu'Alfons **Mucha** (1860-1939) et Henri de **Toulouse-Lautrec** (1864-1901).

■ Les affiches de cinéma sont apparues avec les premiers films, à l'occasion de la première projection du film des **frères Lumière**.

Les caractéristiques de l'affiche de cinéma

■ L'affiche de cinéma associe **texte** (titre du film, nom du réalisateur et des acteurs…) et **image**. Le talent de l'**affichiste** consiste à concentrer sur l'image les **principaux ingrédients** du film, afin de **susciter le désir** de le voir… Il joue sur le **graphisme** (dessin), la **composition** et les **couleurs**.

■ Les affiches ont d'abord été reproduites selon le procédé de la **lithographie** (impression à partir d'un dessin tracé sur une pierre calcaire, avec un crayon gras). Les encres de couleurs vives forment des **aplats** (surface de couleur uniforme). À partir du milieu du XXe siècle, des procédés d'impression plus modernes ont permis de grands tirages.

Dates clés

1895
Le Cinématographe Lumière, affiche de Henri Brispot, pour le film *La Sortie des usines Lumière*, des frères Lumière.

1938
Blanche-Neige et les Sept Nains, affiche de Jacques Bonneaud, pour le film de David Hand (Walt Disney).

1946
La Belle et la Bête, affiche de Christian Bérard, illustrateur et décorateur, pour le film de Jean Cocteau.

1970
Peau d'Âne, affiche de Jim Léon, pour le film de Jacques Demy.

J'analyse une affiche ► p. 45

1. Identifiez les personnages et décrivez-les.
2. Comment les personnages sont-ils placés l'un par rapport à l'autre ?
3. Quels éléments du décor introduisent le spectateur dans l'univers de la féerie ?
4. Observez les couleurs et la lumière. Quelle opposition l'illustrateur a-t-il voulu souligner ?
5. Quelles principales informations sont données par le texte ? Que lit-on en premier ? Pourquoi ?
6. L'affiche donne-t-elle envie d'aller voir le film ? Justifiez votre réponse.

Pour l'offrir à sa fille, le père de la Belle a cueilli, sans le savoir, une rose dans le jardin de la Bête. Celle-ci, pour le punir, veut le faire mourir. Pour sauver son père, la Belle accepte d'aller vivre au château de la Bête. Peu à peu, elle s'attache à elle…

Christian Bérard (1902-1949), affiche du film *La Belle et la Bête* (1946), de Jean Cocteau.

Lire... des contes

▶ FICHE MÉTHODE 12, p. 375 : tenir un carnet de lecture.

Les grands classiques

Anonyme, ***Les Mille et Une Nuits*** (xe siècle), avec notamment les histoires d'Ali Baba, de Sindbad le Marin, d'Aladin.

Charles Perrault, ***Histoires ou contes du temps passé*** (ou ***Contes de ma mère l'Oye***), 1697.

Jacob et Wilhelm Grimm, ***Les Trois Plumes et douze autres contes***, 1812 (« Folio Junior »).

Hans Christian Andersen, ***La Petite Sirène***, 1837 (Flammarion, « Père Castor ») : amoureuse d'un prince, la petite sirène obtient deux jambes à la place de sa queue de poisson...

Rudyard Kipling, ***Histoires comme ça***, 1902 (« Folio Junior ») : comment le chameau eut sa bosse... des explications fantaisistes du monde.

Les contes de tous les pays

Léopold Sédar Senghor et Abdoulaye Sadji, ***La Belle Histoire de Leuk-le-Lièvre***, 1953 (Edicef) : dans la savane africaine, les aventures de Leuk-le-Lièvre qui, grâce à son intelligence, triomphe des situations les plus difficiles.

Ré et Philippe Soupault, ***Histoires merveilleuses des cinq continents***, 1990 (Seghers) : des contes d'animaux, d'amour et de jalousies...

Muriel Bloch, ***365 contes des pourquoi et des comment***, 1997 (Gallimard Jeunesse) : une grande variété de contes sur les origines.

Françoise Rachmülh, ***15 contes d'Europe***, 2001 (Flammarion, « Castor poche ») : des contes pour rire, pour faire peur, ou pour rêver.

Les contes modernes

Italo Calvino, ***Romarine***, 1956 (Pocket Jeunesse) : huit contes du folklore italien.

Marcel Aymé, ***Les Contes bleus du chat perché*** et ***Les Contes rouges du chat perché***, 1963 (« Folio Junior ») : les histoires de Delphine et Marinette, et de leurs amis les animaux.

Pierre Gripari, ***La Sorcière de la rue Mouffetard et autres contes de la rue Broca***, 1967 (« Folio Junior ») : sept contes humoristiques.

Philippe Dumas et Boris Moissard, ***Contes à l'envers***, 1977 (L'École des loisirs), parmi lesquels « Le Petit Chaperon bleu marine » : la petite fille du petit Chaperon rouge habite à Paris...

Michel Tournier, ***Les Contes du médianoche***, 1989 (« Folio Junior ») : au cours d'une soirée, chaque convive raconte une histoire.

Évaluation

Ivan Bilibine (1876-1942), *La Sorcière Baba-Yaga* (1902), lithographie en couleurs (collection privée).

« Vassilissa la-très-belle »

Jalousée pour sa beauté, Vassilissa est tourmentée par les filles de sa belle-mère, qui l'envoient chercher du feu dans la forêt, chez la sorcière Baba-Yaga.

Tout à coup il se fit grand bruit dans la forêt. Les branches craquaient, les feuilles crissaient. Et déboucha dans la clairière Baba-Yaga, vieille sorcière. Dans un mortier[1] elle voyage, du pilon[2] l'encourage, du balai efface sa trace. Le mortier s'arrêta devant le portail, Baba-Yaga huma l'air et s'écria :

« Ça sent la chair humaine par ici ! Montre-toi, qui que tu sois ! »

Toute tremblante, Vassilissa s'approcha en saluant bas :

« C'est moi, grand-mère[3]. Les filles de ma marâtre m'ont envoyée chez toi, te demander du feu.

– Oh, je les connais, dit Baba-Yaga. C'est bon, tu vas rester ici et me servir. Si le travail est bien fait, je te donnerai du feu, autrement, je te mangerai ! »

Baba-Yaga se tourna vers le portail et cria :

« Déverrouillez-vous, cadenas résistants ! Large portail, ouvre-toi à deux battants ! »

Le portail s'ouvrit et Baba-Yaga roula dans la cour en sifflotant. Vassilissa la suivit. Et le portail se referma.

Une fois dans la maison, Baba-Yaga s'affala sur un banc et ordonna à Vassilissa :

« Que tout ce qui est au four et dans le garde-manger devant moi vienne se ranger ! Et dépêche-toi, j'ai faim ! »

« Vassilissa la-très-belle », dans ***Contes russes*** (1997), traduit du russe par Luda © éd. du Seuil.

1. **un mortier :** récipient servant à écraser des aliments.
2. **du pilon :** bâton servant à piler.
3. **grand-mère :** façon dont on appelle Baba-Yaga.

COMPRENDRE LE TEXTE

Répondez par des phrases complètes.

La mission

1. Dans quel lieu Vassilissa arrive-t-elle ?

2. De quelle mission est-elle chargée ? Qui la lui a imposée ? Pourquoi ? Aidez-vous du paratexte.

3. Expliquez le sens du mot *marâtre* (l. 10), à l'aide de son suffixe.

Le merveilleux

4. a. Qui est Baba-Yaga ?

b. Comment se déplace-t-elle ?

5. a. Relevez l'indication temporelle qui signale l'arrivée de Baba-Yaga et identifiez le temps du verbe qui suit.

b. Relevez le vocabulaire du bruit.

c. Quels sont les pouvoirs magiques de Baba-Yaga ?

6. a. *je te mangerai* (l. 14) : conjuguez le verbe *manger* à l'indicatif futur, imparfait et passé simple.

b. Quelle épreuve Baba-Yaga impose-t-elle à Vassilissa ?

7. Quel sentiment Vassilissa éprouve-t-elle ? Citez une expression du texte.

2 Des récits d'apprentissage

Objectifs → *Analyser quelques caractéristiques du récit d'apprentissage ; étudier le dialogue dans le récit ; étudier le vocabulaire de l'émotion.*

Honor C. Appleton (1879-1951), *Mes livres*, illustration (1920).

Lire l'image

1. Que fait la petite fille ? Quelle est son attitude ? À quoi voit-on qu'elle est une grande lectrice ?

2. a. Quels personnages sont présents au premier plan ? En quoi sont-ils extraordinaires (observez leur taille, leurs vêtements…) ?

   b. Comment expliquez-vous leur présence ?

Pour commencer

Un parent ou un professeur vous a-t-il fait découvrir quelque chose qui vous a marqué(e) (art, visite, culture différente, livre, chanson…) ? Échangez sur vos expériences.

REPÈRES

Quatre parcours d'écrivains

La Petite Sirène (1913), statue dédiée à Hans Christian Anders bronze (Copenhague, Danemar

Hans Christian Andersen (1805-1875)

Né au **Danemark**, Hans Christian Andersen vit une enfance et une jeunesse difficiles : **orphelin** à onze ans, déscolarisé, il cherche fortune dans les théâtres de **Copenhague**. Il connaît la misère jusqu'à ce qu'un **directeur de théâtre** le prenne sous son aile et lui obtienne une bourse d'études.

À partir de 1830, il publie des récits de voyages, des romans, des pièces de théâtre et des poèmes. Mais la célébrité lui vient de ses *Contes*, qui paraissent de 1835 à 1872. Les plus célèbres sont « La Petite Sirène », « Le Vilain Petit Canard », « La Petite Marchande d'allumettes ». Inspirés de son expérience de la pauvreté et de l'exclusion, ses contes sont de **véritables créations personnelles**, qui doivent peu au folklore traditionnel.

Lewis Carroll (1832-1898)

Né en **Angleterre**, Lewis Carroll (de son vrai nom **Charles Lutwidge Dodgson**) fait ses études à l'université d'Oxford, où il sera professeur de mathématiques. Il prend un pseudonyme pour publier des ouvrages de mathématiques et les œuvres qui feront sa célébrité : *Alice au pays des merveilles* (1865) et *De l'autre côté du miroir* (1872). Ces œuvres sont nées des **récits**

Alice au pays des merveilles, film de **John Henderson** (1998).

Dates clés

1835-1872
Parution des *Contes*, d'Andersen.

1865
Alice au pays des merveilles, de Lewis Carroll.

1943
Le Petit Prince, d'Antoine de Saint-Exupéry.

1953
La Belle Histoire de Leuk-le-lièvre, de Léopold Sédar Senghor et Abdoulaye Sadji.

qu'il inventait pour distraire les filles du doyen de l'université, en particulier la petite **Alice**. Jeux de logique et de langage, **fantaisie et merveilleux** sont la face cachée de ce professeur si proche de l'univers des enfants.

Antoine de Saint-Exupéry (1900-1944)

Né à **Lyon**, d'une famille issue de la noblesse française, Antoine de Saint-Exupéry consacre sa vie à ses deux passions : l'**aviation** et l'**écriture**. Ses romans sont directement inspirés de son expérience de pilote : *Courrier Sud* (1929), *Vol de nuit* (1931), *Pilote de guerre* (1942). C'est lors d'une mission de reconnaissance qu'**il trouve la mort** en plein vol, le 1er août 1944.

Le Petit Prince, son œuvre la plus connue, est la dernière parue de son vivant, en 1943. C'est un **conte poétique et philosophique**, dont le héros est un petit garçon venu du ciel et amoureux d'une rose. On peut y retrouver la fascination de l'auteur pour les étoiles et le désert, et peut-être son amour tumultueux envers son épouse, Consuelo.

Antoine de Saint-Exupéry et **Henri Guillaumet** devant un avion de l'Aéropostale (vers 1929).

Léopold Sédar Senghor (1906-2001)

Abdoulaye Sadji (1910-1961)

Léopold Sédar Senghor est un **poète sénégalais** (*Éthiopiques*, 1956), membre de l'Académie française et ardent **défenseur de la francophonie** (pratique de la langue française). Après l'indépendance de son pays, il est le premier **président de la République sénégalaise**, de 1960 à 1980.

Ayant à cœur de transmettre la **culture africaine**, il imagine, avec le romancier sénégalais **Abdoulaye Sadji**, un **manuel scolaire** pour le cours élémentaire des **écoles d'Afrique noire** : *La Belle Histoire de Leuk-le-lièvre* (1953). Leuk-le-lièvre, malicieux et rusé, est un personnage célèbre des contes et des fables d'Afrique noire.

Je réponds aux questions

1. Quelles sont les principales œuvres écrites par Hans Christian Andersen ? Lewis Carroll ? Antoine de Saint-Exupéry ? Léopold Sédar Senghor ?
2. À quel siècle ces écrivains ont-ils vécu ? Quelle est la nationalité de chacun ? Dans quelle langue ont-ils écrit leurs œuvres ?
3. **a.** *La Belle Histoire de Leuk-le-lièvre* : quelle est la particularité de ce livre ? À qui est-il destiné ? Qu'entend-on par l'Afrique francophone ?
   b. Comment est né le récit d'*Alice au pays des merveilles* ?

À la découverte du monde

PRÉPARER LA LECTURE Cherchez dans le dictionnaire la définition des mots *brousse* et *savane*. Où trouve-t-on ce type de végétation ?

Léopold Sédar Senghor (1906-2001)

Abdoulaye Sadji (1910-1961)

« Tu feras la connaissance de l'homme »

Le jeune Leuk-le-lièvre s'en va à la découverte de la brousse. Il rencontre Diargogne-l'araignée, qui se balance sur sa toile…

« Veux-tu, si tu n'es pas pressé, que je te prédise ton avenir ?

– Je ne suis pas tellement pressé, répond Leuk. Mais, si mon avenir cache des dangers qui me menacent, je préfère ne pas le connaître.

– Au contraire, mon frère, il faut connaître ces dangers pour pouvoir les écarter à temps.

– Et que veux-tu m'apprendre sur mon avenir ? »

Diargogne-l'araignée fait vibrer un, deux, trois des fils soyeux qui composent sa belle toile. Elle écoute l'une après l'autre leurs vibrations, qui sont différentes. Puis, s'adressant à Leuk, elle lui dit : « Tes ruses te feront avoir beaucoup d'histoires. Sans doute tu sauras toujours te tirer d'affaire, mais tu rencontreras parfois de sérieuses difficultés.

Ainsi, continue Diargogne-l'araignée, tu feras la connaissance de l'homme. C'est un animal dangereux, qui se tient droit comme un filao[1] et qui se déplace sur deux pattes seulement. Méfie-toi surtout de son air bon enfant[2]. J'ai, moi qui te parle, longtemps habité sous son toit. Je l'aidais à se débarrasser des nombreuses mouches qui souillaient ses aliments, aggravaient ses plaies, agaçaient son sommeil. Mais l'ingrat[3] ne m'a marqué aucune reconnaissance[4]. Au contraire, un beau jour il a pris un balai, a crevé ma toile et a failli m'écraser.

– C'est tout ce que tu as à me dire sur mon avenir ? dit Leuk, un peu déçu.

– Non, attends un peu, mon frère. Ce n'est pas tout. Je t'ai conseillé d'être très prudent à l'égard de l'homme. Je te conseillerai aussi de l'être à l'égard de certains animaux qui ne sont pas meilleurs que l'homme. Ces animaux sont aussi ingrats et plus féroces que lui. Tu te méfieras du lourd pied de Gnèye-l'éléphant, de la patte et de la mâchoire redoutables d'Oncle Gaïndé-le-lion, des griffes puissantes et acérées de Sègue-le-léopard et de Téné-la-panthère.

1. un filao : arbre exotique au bois très dur.
2. son air bon enfant : son air innocent et gentil.
3. l'ingrat : personne qui n'est pas reconnaissante.
4. reconnaissance : le fait de savoir remercier pour les bienfaits reçus.

Illustrations d'**Alban Marilleau** (p. 53-54, 62, 65, 68-69).

– Tes conseils n'ont aucune importance pour moi, se moque Leuk-le-lièvre. Je te croyais plus savante que cela. Dis-moi plutôt, si tu le sais, le moyen de me venger de l'offense que m'a faite Hodiok-l'écureuil[5].

– Si c'est ainsi, mon ami, que tu comprends mes paroles de sagesse, mieux vaut que tu continues ton chemin. Je n'aime pas qu'on se moque de moi.

– Eh bien, tant mieux, ricane Leuk-le-lièvre. Je n'ai pas besoin de tes conseils de prudence. Je suis assez grand et assez intelligent pour me défendre quand il le faudra. [...]

Un jour, Leuk joue avec des enfants dans un village ; mais leur père enferme le lièvre dans un réduit pour l'engraisser.

Dans le sombre réduit où il est enfermé, Leuk réfléchit longuement sur son imprudence. Les paroles de Diargogne-l'araignée lui reviennent à la mémoire. Le voilà prisonnier de l'homme, qui va peut-être le rôtir et le manger.

Leuk passe toute la nuit sans fermer l'œil. Il pense qu'il ne reverra plus la belle forêt, la savane tranquille et ses amis les animaux.

Le lendemain, un des enfants vient le trouver.

« Je veux te sauver, mon ami, lui dit-il.

– Comment réussiras-tu à me sauver ? répond Leuk.

– Passe-moi tes oreilles entre ces deux lattes[6] et sois courageux. »

Leuk fait ce que lui demande l'enfant. Celui-ci, tirant de toutes ses forces sur les oreilles de Leuk, d'un élan vigoureux, l'arrache à la prison.

Rapide comme une flèche, Leuk s'élance en direction des champs.

Léopold Sédar **Senghor** et Abdoulaye **Sadji**,
La Belle Histoire de Leuk-le-lièvre (1953)

5. Hodiok-l'écureuil s'est moqué de Leuk et lui a lancé un fruit dur sur la tête.
6. lattes : planches de bois, longues et minces, qui servent à construire les maisons.

Comprendre le texte

Les rencontres

1. a. Qui est Leuk ? A-t-il déjà fait l'expérience de la vie et du monde ?
Appuyez-vous sur le paratexte.

b. Quels différents personnages Leuk rencontre-t-il ?

2. Dans quelle partie du texte le dialogue est-il dominant ?

3. Dans quel cadre l'action se déroule-t-elle ? Citez le texte.

La leçon de sagesse

4. a. Quels conseils l'araignée donne-t-elle à Leuk ?

b. *Tu rencontreras* (l. 11), *tu te méfieras* (l. 25) : quel futur a valeur d'ordre ? Lequel est utilisé pour prédire l'avenir ?

5. a. Comment l'araignée décrit-elle l'homme ? Citez le texte. Quelle comparaison utilise-t-elle ?

b. Quelle expérience a-t-elle de lui ?

c. De quels autres personnages Leuk doit-il se méfier ? Relevez les expressions qui les décrivent.

6. Comment Leuk reçoit-il cette leçon ? Appuyez-vous sur des phrases à la forme négative et sur le lexique de la moquerie.

7. Que lui arrive-t-il par la suite ? Par quel terme désigne-t-il alors son comportement ?

La dimension merveilleuse

8. En quoi les animaux dans l'extrait sont-ils merveilleux ?

9. Par quel moyen l'araignée prédit-elle l'avenir ? Relevez les termes qui renvoient à la musique.

Écriture

Leuk rencontre un autre petit lièvre et lui raconte l'expérience qu'il vient de vivre avec les hommes ; il lui donne, à son tour, des conseils.

Conseils
- Rapportez le dialogue.
- Respectez le cadre géographique.

L'ESSENTIEL

La découverte du monde

- **Au début de son parcours**, Leuk-le-lièvre, encore très jeune, se moque des conseils de prudence ; **il apprend, à ses dépens**, que les autres peuvent représenter un danger.
- Un **récit d'apprentissage** raconte l'histoire d'un personnage (humain ou animal) qui passe de l'enfance à l'âge adulte et qui fait l'expérience de la vie.

En quête d'amitié

PRÉPARER LA LECTURE

Comment peut-on se faire accepter par un animal que l'on ne connaît pas ?
Échangez à propos de vos expériences.

Antoine de Saint-Exupéry
(1900-1944)

« Je cherche des amis »

Le narrateur a rencontré, dans le désert, un étrange petit prince, venu d'une minuscule planète : il rapporte le récit que le petit prince lui a fait de ses aventures.

C'est alors qu'apparut le renard :

« Bonjour, dit le renard.

– Bonjour, répondit poliment le petit prince, qui se retourna mais ne vit rien.

– Je suis là, dit la voix, sous le pommier…

– Qui es-tu ? dit le petit prince. Tu es bien joli…

– Je suis un renard, dit le renard.

– Viens jouer avec moi, lui proposa le petit prince. Je suis tellement triste…

– Je ne puis[1] pas jouer avec toi, dit le renard. Je ne suis pas apprivoisé.

– Ah ! pardon », fit le petit prince.

Mais, après réflexion, il ajouta :

« Qu'est-ce que signifie “apprivoiser” ?

– Tu n'es pas d'ici, dit le renard, que cherches-tu ?

1. **je ne puis :** je ne peux.

Antoine de Saint-Exupéry, aquarelle pour *Le Petit Prince* (1943).

Antoine de Saint-Exupéry,
aquarelle pour *Le Petit Prince* (1943).

– Je cherche les hommes, dit le petit prince. Qu'est-ce que signifie "apprivoiser" ?

– Les hommes, dit le renard, ils ont des fusils et ils chassent. C'est bien gênant ! Ils élèvent aussi des poules. C'est leur seul intérêt. Tu cherches des poules ?

– Non, dit le petit prince. Je cherche des amis. Qu'est-ce que signifie "apprivoiser" ?

– C'est une chose trop oubliée, dit le renard. Ça signifie "créer des liens…".

– Créer des liens ?

– Bien sûr, dit le renard. Tu n'es encore pour moi qu'un petit garçon tout semblable à cent mille petits garçons. Et je n'ai pas besoin de toi. Et tu n'as pas besoin de moi non plus. Je ne suis pour toi qu'un renard semblable à cent mille renards. Mais, si tu m'apprivoises, nous aurons besoin l'un de l'autre. Tu seras pour moi unique au monde. Je serai pour toi unique au monde… […]

Ma vie est monotone. Je chasse les poules, les hommes me chassent. Toutes les poules se ressemblent, et tous les hommes se ressemblent. Je m'ennuie donc un peu. Mais, si tu m'apprivoises, ma vie sera comme ensoleillée. Je connaîtrai un bruit de pas qui sera différent de tous les autres. Les autres pas me font rentrer sous terre. Le tien m'appellera hors du terrier, comme une musique. Et puis regarde ! Tu vois, là-bas, les champs de blé ? Je ne mange pas de pain. Le blé pour moi est inutile. Les champs de blé ne me rappellent rien. Et ça, c'est triste ! Mais tu as des cheveux couleur d'or. Alors ce sera merveilleux quand tu m'auras apprivoisé ! Le blé, qui est doré, me fera souvenir de toi. Et j'aimerai le bruit du vent dans le blé… »

Le renard se tut et regarda longtemps le petit prince :

« S'il te plaît… apprivoise-moi ! dit-il.

– Je veux bien, répondit le petit prince, mais je n'ai pas beaucoup de temps. J'ai des amis à découvrir et beaucoup de choses à connaître.

– On ne connaît que les choses que l'on apprivoise, dit le renard. Les hommes n'ont plus le temps de rien connaître. Ils achètent des choses toutes faites chez les marchands. Mais comme il n'existe point de marchands d'amis, les hommes n'ont plus d'amis. Si tu veux un ami, apprivoise-moi !

– Que faut-il faire ? dit le petit prince.

– Il faut être très patient, répondit le renard. Tu t'assoiras d'abord un peu loin de moi, comme ça, dans l'herbe. Je te regarderai du coin de l'œil et tu ne diras rien. Le langage est source de malentendus. Mais, chaque jour, tu pourras t'asseoir un peu plus près… »

Le lendemain revint le petit prince.

Antoine de **Saint-Exupéry**, ***Le Petit Prince*** (1943)

Comprendre le texte

La dimension merveilleuse

1. a. Qui est le personnage principal ? En quoi son nom fait-il référence au conte ?

b. De quelle contrée extraordinaire vient-il ? Appuyez-vous sur le paratexte.

2. Quel personnage rencontre-t-il ? En quoi ce personnage est-il merveilleux ?

3. Relevez deux éléments (l. 5 et l. 44-45) qui permettent de situer le cadre de la rencontre. Ce cadre est-il précis ?

La rencontre

4. a. Observez la part du dialogue et celle du récit. Laquelle est dominante ?

b. Quel temps est utilisé dans le récit ? Quels sont ceux utilisés dans le dialogue ?

5. a. Quel est l'état d'esprit du petit prince au début du dialogue ? Relevez un adjectif.

b. Que cherche-t-il sur terre ? Relevez deux phrases du texte.

6. Quel adjectif caractérise la vie du renard avant la rencontre ? Quels sont ses rapports avec les hommes ? Que leur reproche-t-il ?

La quête de l'amitié

7. Quel personnage parle le plus ? Quel est celui qui donne une leçon à l'autre ?

8. a. Quelle définition le renard donne-t-il du terme *apprivoiser* (l. 26) ? Que se passera-t-il si le petit prince l'apprivoise ? Appuyez-vous sur les pronoms et les expressions répétées (l. 31 à 38).

b. En quoi la vie du renard sera-t-elle changée (l. 41 à 49) ? Relevez un adjectif mélioratif, une comparaison, une métaphore (ou image poétique).

c. De quelle qualité le petit prince devra-t-il faire preuve pour apprivoiser le renard ? Que devra-t-il faire ?

9. a. Le petit prince a-t-il trouvé ce qu'il cherchait au terme du dialogue ? Justifiez votre réponse.

b. Le renard a-t-il évolué ? Que demande-t-il au petit prince ?

Oral

Apprenez à deux le dialogue (l. 1 à 38) entre le petit prince et le renard ; récitez-le devant la classe.

Conseils

- Supprimez les passages narratifs ; exercez-vous à enchaîner les répliques sans hésitation.
- Trouvez un accessoire qui symbolise le petit prince.

L'ESSENTIEL

La découverte de l'amitié

- **Saint-Exupéry** évoque, de manière poétique, la **naissance de l'amitié** et son rôle dans la vie.
- Dans un récit d'apprentissage, la **découverte de l'amitié** permet au personnage de s'ouvrir aux autres et de **grandir**.

Apprendre à grandir

PRÉPARER LA LECTURE

B2i Recherchez, dans votre manuel de SVT ou sur Internet, les étapes de la métamorphose de la chenille en papillon.

Lewis Carroll
(1832-1898)

« Je ne comprends pas moi-même ce qui m'arrive »

Une petite fille, prénommée Alice, s'est endormie sur l'herbe. En songe, elle suit un lapin blanc et s'enfonce dans un terrier. Elle se retrouve dans un monde bizarre où elle ne cesse de changer de taille. Et voilà qu'elle rencontre une chenille, assise sur un champignon, qui se met à lui parler…

« Qui es-tu ? »

Ce n'était pas un début de conversation très encourageant. Alice répondit d'un ton timide :

« Je… Je… ne sais pas très bien, madame, du moins pour l'instant… Je sais qui j'*étais* quand je me suis levée ce matin, mais je crois qu'on a dû me changer plusieurs fois depuis ce moment-là.

– Que veux-tu dire ? demanda la Chenille d'un ton sévère. Explique-toi !

– Je crains de ne pas pouvoir m'expliquer, madame, parce que je ne suis pas moi, voyez-vous !

– Non, je ne vois pas.

– J'ai bien peur de ne pas pouvoir m'exprimer plus clairement, reprit Alice avec beaucoup de politesse, car, tout d'abord, je ne comprends pas moi-même ce qui m'arrive, et, de plus, ça vous brouille les idées de changer si souvent de taille dans la même journée.

– Pas du tout.

– Vous ne vous en êtes peut-être pas aperçue jusqu'à présent ; mais, quand vous serez obligée de vous transformer en chrysalide[1] (ça vous arrivera un de ces jours, vous savez), puis en papillon, je suppose que ça vous paraîtra un peu bizarre.

– Certainement pas.

– Il est possible que ça ne vous fasse pas cet effet-là, mais, tout ce que je sais, c'est que ça me paraîtrait extrêmement bizarre, à moi. » […]

Alice garda le silence : jamais elle n'avait été contredite tant de fois, et elle sentait qu'elle allait se mettre en colère.

« Es-tu satisfaite de ta taille actuelle ? demanda la Chenille.

1. chrysalide : stade intermédiaire entre la chenille et le papillon.

– Ma foi, si ça vous était égal, j'aimerais bien être un tout petit peu plus grande ; huit centimètres, c'est vraiment une bien piètre[2] taille.

– Moi, je trouve que c'est une très bonne taille ! s'exclama la Chenille d'un ton furieux, en se dressant de toute sa hauteur. (Elle avait exactement huit centimètres.)

– Mais, moi, je n'y suis pas habituée ! dit Alice d'une voix pitoyable[3], afin de s'excuser. Et elle pensa : « Je voudrais bien que toutes ces créatures ne se vexent pas si facilement !

– Tu t'y habitueras au bout d'un certain temps », affirma la Chenille. [...]

Puis, elle descendit du champignon et s'éloigna dans l'herbe en rampant, après avoir prononcé ces simples mots :

« Un côté te fera grandir, l'autre côté te fera rapetisser.

"Un côté de quoi ? L'autre côté de quoi ?" pensa Alice.

– Du champignon », dit la Chenille, exactement comme si la fillette avait posé ses questions à haute voix. Après quoi elle disparut.

Lewis **Carroll**, *Alice au pays des merveilles* (1865),
traduit de l'anglais par Jacques Papy © éd. Pauvert,
dép. de la librairie Arthème-Fayard (1961, 2000).

2. piètre : très petite.
3. pitoyable : digne d'inspirer la pitié.

Philip Mendoza (1898-1973), illustration
pour *Alice au pays des merveilles* (collection privée).

Comprendre le texte

Le pays des merveilles

1. Qui est Alice ? Comment s'est-elle retrouvée *au pays des merveilles* ? Appuyez-vous sur le paratexte.

2. Qu'est-il arrivé d'étrange à Alice ? Quelle est sa taille actuelle ? Citez le texte.

3. Quel est le pouvoir magique du champignon ?

La rencontre

4. Quel personnage Alice rencontre-t-elle ?

5. a. Distinguez le dialogue du récit. Lequel a la part la plus importante ?

b. Quels sont les temps du dialogue et ceux du récit ?

6. Sur quel ton chaque personnage parle-t-il ? Appuyez-vous sur les verbes de parole, le lexique de l'émotion et la longueur des répliques.

Les transformations physiques

7. a. Montrez qu'Alice est troublée par ce qui lui arrive. Appuyez-vous sur les verbes exprimant la crainte et sur les phrases de forme négative.

b. Expliquez les expressions : *je sais qui j'*étais (l. 5) et *parce que je ne suis pas moi* (l. 9-10).

8. a. Quelle métamorphose la Chenille va-t-elle subir ? Citez un passage du texte au futur.

b. Quel « conseil » est-elle en mesure de donner à Alice ?

9. a. *J'aimerais bien être un tout petit peu plus grande* (l. 27-28) : en quoi cette phrase traduit-elle la préoccupation de tout enfant ?

b. Comment la Chenille aide-t-elle Alice à réaliser son souhait ?

Alice et la Chenille, illustration.

Écriture

Racontez, en quelques lignes, la suite du texte : Alice cherche à retrouver une taille acceptable en mangeant le champignon.

Conseils

- Respectez les temps du récit.
- Décrivez les changements de taille d'Alice et ses réactions.

L'ESSENTIEL

Apprendre à grandir

- Dans *Alice au pays des merveilles*, le personnage subit des changements de taille et perçoit la **difficulté qu'il peut y avoir à grandir**. C'est la Chenille, dont la croissance est fondée sur une métamorphose, qui apprend à Alice à **s'accepter**.
- Dans un récit d'apprentissage, le personnage peut être confronté aux **transformations physiques de son être**.

En quête de son identité

PRÉPARER LA LECTURE

B2i Recherchez sur Internet des photographies de petits canards et de petits cygnes. Cherchez aussi des photographies de ces animaux adultes. Comparez leur apparence au cours de leur croissance.

Hans Christian Andersen
(1805-1875)

« Je ne rêvais pas de tant de bonheur ! »

Dès sa naissance, un petit canard est rejeté par tous : il est si laid et si différent de ses frères ! Il quitte la basse-cour et découvre la cruauté du monde, le froid de l'hiver, la faim. Enfin, le printemps arrive…

Soudain, le petit canard déploya ses ailes ; elles battaient l'air avec plus de vigueur[1] qu'avant, et l'emportèrent d'un vol puissant et avant qu'il ait pu s'en rendre compte, il se retrouva dans un grand jardin où les pommiers étaient en fleur, où les lilas répandaient leur parfum et inclinaient leurs longues branches vertes jusqu'aux canaux sinueux[2] ! Oh ! comme cet endroit était beau dans la fraîcheur du printemps ! Et juste devant lui, trois beaux cygnes blancs sortirent des fourrés ; ils gonflaient leurs plumes et nageaient gracieusement sur l'eau. Le petit canard reconnut ces superbes animaux et il fut saisi d'une étrange tristesse.

« Je veux voler jusqu'à eux, ces oiseaux royaux ! et ils me tueront pour avoir osé m'approcher d'eux, moi qui suis si laid ! Mais cela m'est égal, mieux vaut être tué par eux que d'être brutalisé par les canards, de recevoir des coups de bec par les poules, d'être frappé du pied par la bonne qui s'occupe de la basse-cour, et que souffrir des rigueurs de l'hiver[3]. » Et il s'élança dans l'eau et nagea à la rencontre des cygnes majestueux. Ceux-ci l'aperçurent et foncèrent sur lui en hérissant leurs plumes. « Vous n'avez qu'à me tuer ! » dit le pauvre animal, et il courba la tête vers la surface de l'eau en attendant la mort. Mais que vit-il dans l'eau limpide[4] ? Il vit sa propre image au-dessous de lui. Ce n'était plus un oiseau aux mouvements maladroits, d'un gris noir, vilain et répugnant ; il était lui-même un cygne !

Peu importe qu'on soit né dans la basse-cour, si seulement on est sorti d'un œuf de cygne !

Il se sentait vraiment heureux d'être passé par toutes les détresses[5] et les adversités[6] qu'il avait connues. Il appréciait maintenant son bonheur et toute la splendeur qui l'accueillait. Et les grands cygnes nageaient autour de lui et le caressaient de leur bec.

1. **vigueur :** force.
2. **sinueux :** qui font des courbes.
3. **les rigueures de l'hiver :** froid glacial.
4. **limpide :** claire et transparente.
5. **les détresses :** sentiments d'abandon, de désespoir.
6. **les adversités :** malheurs, souffrances.

Des petits enfants vinrent dans le jardin et jetèrent du pain et du grain dans l'eau et le plus petit d'entre eux s'écria : « Il y en a un nouveau ! » Et les autres enfants poussèrent des cris de joie : « Oui, il en est arrivé un nouveau ! » et ils frappaient dans leurs mains en dansant en rond ; ils coururent chercher leur père et leur mère et on jeta encore du pain et du gâteau dans l'eau, et tout le monde dit : « Le nouveau est le plus beau ! Il est si jeune et si beau ! » Et les vieux cygnes s'inclinèrent devant lui.

Il se sentit alors tout intimidé et cacha sa tête sous ses ailes ; il ne savait pas lui-même que penser ! Il était beaucoup trop heureux, mais il n'était pas du tout fier, car un bon cœur n'est jamais fier ! Il songeait à la manière dont il avait été persécuté[7] et insulté, et voilà qu'il les entendait maintenant tous dire qu'il était le plus beau de tous les beaux oiseaux ! Et les lilas inclinaient leurs branches dans l'eau jusqu'à lui et le soleil répandait une lumière si chaude et si bienfaisante ! Alors ses plumes se gonflèrent, son cou élancé se dressa, et il s'écria de tout son cœur : « Je ne rêvais pas de tant de bonheur, quand j'étais le vilain petit canard ! »

7. **dont il avait été persécuté :** dont on l'avait fait souffrir.

Hans Christian **Andersen**, « **Le Vilain Petit Canard** » (1843), dans *Contes et histoires*, traduit du danois par Marc Auchet © LGF (2005).

Comprendre le texte

Le parcours du petit canard

1. a. Quelle est la situation du petit canard depuis sa naissance ? En souffre-t-il ? Relevez le vocabulaire de la maltraitance et de la détresse.

b. Qu'est-ce qui différencie le petit canard des autres canards ? Appuyez-vous sur le titre du conte et sur des termes précis (l. 10 à 21).

2. À quelle espèce d'oiseau le petit canard appartient-il en réalité ? Comment le découvre-t-il ?

3. a. Dans quel état d'esprit le petit canard accueille-t-il sa transformation ? De quelle qualité fait-il alors preuve ? Quel geste traduit son émotion (l. 36) ?

b. Montrez que, dans la dernière phrase, il fait le bilan de son parcours.

Les rencontres

4. Quels oiseaux le petit canard rencontre-t-il ? Relevez le vocabulaire qui les caractérise (l. 6 à 15).

5. a. Comment les oiseaux et les enfants se comportent-ils avec lui ? Citez le texte.

b. Quelles qualités les enfants lui reconnaissent-ils ? Relevez deux adjectifs précis.

6. En quoi ces rencontres ont-elles aidé le petit canard à comprendre sa véritable identité ?

Écriture

Faites le récit d'une mauvaise rencontre du petit canard (poule, canard, humain…) : imaginez en quelques lignes *les détresses et les adversités* qu'il a connues (l. 24-25).

Conseils

- Racontez à la 3e personne et au passé.
- Respectez le physique et le caractère du petit canard.
- Décrivez ses réactions et ses émotions.
- Vous pouvez commencer par : *La tempête soufflait si fort que le pauvre canard avait du mal à avancer. Enfin, vers le soir, il arriva…*

E. Siegert, *Le Vilain Petit Canard*, illustration (vers 1920).

Lire l'image

1. a. Quelle est la nature de l'image **ci-dessus** ?

b. Quelle remarque faites-vous sur sa composition ? Que représente chaque partie qui la compose ?

2. Reconstituez l'histoire du petit canard. Aidez-vous du chapeau et du texte ► p. 61-62. Quel moment est mis en valeur ?

L'ESSENTIEL

La quête de son identité

- Dans « Le Vilain Petit Canard », le personnage principal découvre sa **véritable identité** et le **bonheur**, au terme d'un parcours difficile, dont il sort grandi en sagesse et en bonté.
- Le **récit d'apprentissage** retrace l'évolution d'un personnage qui se construit, à partir des **souffrances** endurées et des **rencontres** faites.

Je lis une œuvre complète

Le Petit Prince
(1943)
d'Antoine de Saint-Exupéry

Le guide de lecture

Chapitres I et II

1. a. Le narrateur est-il un personnage de l'histoire ? Quel est son métier ?

b. Quelle opinion le narrateur a-t-il des grandes personnes ? Comment les teste-t-il ?

2. Dans quelle circonstance le narrateur a-t-il rencontré le petit prince ?

3. Quelle demande le petit prince a-t-il faite au narrateur ? Le narrateur a-t-il réussi à le satisfaire ?

Chapitres III à IX

4. Où le petit prince habite-t-il ? Décrivez sa planète et ses particularités.

5. Qu'éprouve-t-il envers sa rose ? Pourquoi est-il parti en voyage ?

Chapitres X à XV

6. a. Combien d'astéroïdes le petit prince a-t-il visités ? Quels personnages a-t-il rencontrés successivement ?

b. Quel est le principal défaut de chacun d'eux ? En quoi leur comportement paraît-il absurde au petit prince ?

c. Lequel aurait pourtant pu devenir son ami ?

Chapitres XVI à XXIII

7. Quelles rencontres successives le petit prince fait-il sur terre ? Pourquoi l'ont-elles déçu ?

8. En quoi sa rencontre avec le renard est-elle importante ? Qu'a-t-il découvert avec lui ?
▶ extrait, p. 55 à 57

Chapitres XXIV à XXVII

9. Pourquoi le petit prince doit-il rentrer chez lui ? Quel moyen a-t-il trouvé pour faire le voyage ?

10. Quel cadeau le petit prince fait-il au narrateur en partant ?

Le bilan de lecture

Les personnages

1. a. Qui est le petit prince ? Faites son portrait. Appuyez-vous sur les dessins et le texte.

b. À la différence des adultes, comment réagit le petit prince à la vue du dessin du boa fermé (chap. II) ?

2. Quels liens se tissent entre le narrateur et le petit prince ?

La structure et le genre

3. a. Combien de jours la rencontre entre le narrateur et le petit prince dure-t-elle ? Quels chapitres l'évoquent ?

b. Quels chapitres constituent un retour en arrière ?

4. En quoi ce récit s'apparente-t-il à un conte (héros, aventures et personnages merveilleux) ? La situation finale est-elle définitive ?

L'enseignement du récit

5. Cherchez ce qu'est une dédicace. À qui le livre est-il dédicacé ? Expliquez la correction effectuée par l'auteur : *Je corrige donc ma dédicace.*

6. Quel secret le renard révèle-t-il au petit prince ? Sur quelles valeurs essentielles ce secret repose-t-il ? Ces valeurs sont-elles celles des grandes personnes ?

7. Que peuvent symboliser la rose et le serpent ?

e fais
e point

Le récit d'apprentissage

Des rencontres qui comptent

■ Un **récit d'apprentissage** (on parle aussi de **récit d'initiation** ou de **formation**) raconte l'histoire d'un **jeune héros**, sans expérience, qui découvre peu à peu la vie et le monde.

■ Tout au long de son parcours, le **héros rencontre des personnages** qui lui transmettent leur **expérience** de la vie : ces derniers le conseillent, le guident, le font réfléchir. Ainsi Leuk-le-lièvre rencontre-t-il Diargogne-l'araignée et Serigne N'Diamala la girafe (▶ p. 52-53 et p. 73) ; le petit prince, le renard (▶ p. 55 à 57) ; Alice, la Chenille (▶ p. 58-59) ; et le petit canard, les grands cygnes (▶ p. 61-62).

■ Le héros du récit d'apprentissage fait aussi de **mauvaises rencontres**. Il connaît alors des moments de douleur ou de souffrance, qui constituent des **épreuves** : Leuk fait la connaissance des hommes, qui l'emprisonnent ; Alice subit des transformations multiples ; le petit canard est l'objet de moqueries.

Le dialogue

■ La part du **dialogue** est importante dans le récit d'apprentissage. C'est au cours d'un **échange verbal** que le personnage progresse dans la **connaissance de soi et du monde**.

■ Les échanges de répliques s'accompagnent d'indications concernant les **gestes**, les **intonations** et les **sentiments**. Ces indications permettent au lecteur de se représenter la scène.

Les leçons de vie

■ Le récit d'apprentissage vise à **éduquer le jeune lecteur** de façon **plaisante**. Il comporte souvent des **éléments merveilleux** (animaux qui parlent) et s'apparente, d'une certaine manière, à la **fable** et au **conte**.

■ Le héros **tire des enseignements** de ses diverses expériences : le petit prince découvre l'**amitié** ; Alice apprend que, pour grandir, il faut savoir accepter les **transformations physiques** du corps.

■ Entre le début et la fin du récit, le héros évolue : **Leuk** décide de devenir **meilleur** (il sera herbivore) ; après avoir été rejeté par tous, en raison de ses différences et de sa laideur, le **petit canard** est devenu un **cygne magnifique**. Tous embarquent **vers le pays des adultes**.

Étude de la langue

GRAMMAIRE

1 Les paroles rapportées directement ▶ Fiche méthode 5, p. 362

a. Recopiez le texte en rétablissant les retours à la ligne, les guillemets et les tirets du dialogue.

b. Identifiez le temps du récit et ceux du dialogue.

Ainsi, le petit prince apprivoisa le renard. Et quand l'heure du départ fut proche : Ah ! dit le renard… Je pleurerai. C'est ta faute, dit le petit prince, je ne te souhaitais point de mal, mais tu as voulu que je t'apprivoise… Bien sûr, dit le renard. Mais tu vas pleurer ! dit le petit prince. Bien sûr, dit le renard. Alors tu n'y gagnes rien ! J'y gagne, dit le renard, à cause de la couleur du blé.

D'après Antoine de **Saint-Exupéry**, *Le Petit Prince* (1943) © éd. Gallimard (1946).

2 Les types et les formes de phrases ▶ Leçon 18, p. 290

Identifiez les types et les formes de phrases dans les paroles de Leuk. Quel sentiment exprime-t-il dans la phrase exclamative ?

« Qu'avez-vous donc, ma bonne vieille ? dit-il. Vous semblez triste ! Pardonnez-moi de venir vous déranger. Mais je me suis aperçu en passant que presque toutes vos bêtes sont absentes. Vous aviez un troupeau si grand, si beau. Qu'est-il devenu ? »

La vieille fermière raconte son malheur à Leuk.

« Ne pleurez plus, ma bonne vieille, dit Leuk. Essuyez vos larmes et consolez-vous. »

L. S. **Senghor**, A. **Sadji**, *La Belle Histoire de Leuk-le-lièvre* (1953) © NEA/EDICEF (1990), coll. « Afrique en poche Cadet ».

CONJUGAISON

3 L'indicatif présent ▶ Leçon 22, p. 298

Conjuguez les verbes au présent.

a. Je (venir) d'une toute petite planète où (pousser) des baobabs. **b.** Je (devoir) les arracher tous les jours. **c.** Vous ne (pouvoir) pas savoir combien c' (être) difficile. **d.** Mes fleurs (apparaître) le matin et (s'éteindre) le soir. **e.** Ma rose ne (craindre) rien grâce à ses épines.

4 L'indicatif futur ▶ Leçon 25, p. 304

Conjuguez les verbes au futur.

a. Si tu manges ce côté du champignon, tu (grandir) ; si tu manges l'autre côté, tu (rapetisser). **b.** Alice se demande ce qui lui (arriver) après cela. **c.** Est-ce que je (reprendre) ma taille ? **d.** Est-ce que mes parents me (reconnaître) ? **e.** Est-ce que ma sœur et moi, nous (être) heureuses de nous revoir ? **f.** Vous (prendre) bien une tasse de thé ?

5 L'indicatif passé composé ▶ Leçon 22, p. 298

Conjuguez les verbes au passé composé.

a. Je (naître) dans une basse-cour. **b.** Les autres canards (se moquer) de moi dès ma naissance. **c.** Ils (dire) que j'étais trop laid. **d.** Je leur (répondre) : « Vous m' (peiner). » **e.** Un jour, j' (rencontrer) des cygnes qui (venir) vers moi très gentiment. **f.** Ils m' (reconnaître) comme l'un des leurs.

ORTHOGRAPHE

6 Dictée de mots

Recopiez les mots et expressions suivants (vus dans le chapitre) avec leur définition et apprenez-les. Ils vous seront donnés en dictée.

- **apprivoiser :** rendre moins sauvage, moins farouche, plus sociable.
- **patient / impatient :** qui ne se lasse pas, qui sait attendre / qui manque de patience.
- **une chrysalide :** larve qui constitue l'état intermédiaire entre la chenille et le papillon.
- **piètre :** très médiocre, dérisoire.
- **la détresse :** sentiment d'abandon, de désespoir.
- **l'adversité :** malheur, souffrance.

7 Dictée préparée

Préparez la dictée en répondant aux questions.

« Mon Dieu ! Mon Dieu ! Comme tout est bizarre aujourd'hui ! Pourtant, hier, les choses se passaient normalement. Je me demande si on m'a changée pendant la nuit ? Voyons, réfléchissons : est-ce que j'étais bien la même quand je me suis levée ce matin ? Je crois me rappeler que je me suis sentie un peu différente. Mais, si je ne suis pas la même, la question qui se pose est la suivante : Qui diable puis-je bien être ? »

Lewis **Carroll**, *Alice au pays des merveilles* (1865), traduit de l'anglais par J. Papy © éd. Pauvert, dép. de la librairie Arthème-Fayard (1961, 2000).

1. Expliquez l'accord des participes passés soulignés, en donnant les règles (▸ LEÇON 35, p. 324).

2. **a.** Recopiez les verbes dont le sujet est *je*.
b. Dans quel cas le verbe *rappeler* (l. 7) prend-il un seul *l* ? Dans quel cas en prend-il deux ?

3. **a.** Notez l'orthographe des interjections *Mon Dieu !* (l. 1), *diable* (l. 10) et de l'adjectif *bizarre* (l. 2).
b. Distinguez l'orthographe des mots *ce / se* : *ce matin* (l. 7) ; *se passaient* (l. 3) ; *se pose* (l. 10). Identifiez le déterminant.

Gwynedd M. Hudson, *Le Lapin Blanc*, illustration pour *Alice au pays des merveilles* (1922) (British Library, Londres, Grande-Bretagne).

FIGURES DE STYLE

8 La comparaison ▸ LEÇON 45, p. 344

Relevez et expliquez les comparaisons. Cherchez dans le dictionnaire les mots que vous ne connaissez pas.

a. [Les cygnes] montèrent si haut, si haut, que le vilain petit canard eut une impression étrange ; il tourna dans l'eau comme une roue, dressa le cou en l'air vers les cygnes.

H. C. **Andersen**, « Le Vilain Petit Canard », dans *Contes et histoires*, traduit par M. Auchet © LGF (2005).

b. Il n'y avait pas un instant à perdre : voilà notre Alice partie, rapide comme le vent.

L. **Carroll**, *Alice au pays des merveilles*, traduit J. Papy © éd. Pauvert, dép. de la librairie A.-Fayard (1961, 2000).

c. « La lune [...] était autrefois plus blanche que du lait, aussi propre que de la percale neuve. »

L. S. **Senghor**, A. **Sadji**, *La Belle Histoire de Leuk-le-lièvre* © NEA/EDICEF (1990), coll. « Afrique en poche Cadet ».

d. « Tu es une drôle de bête, lui dit-il [le petit prince] enfin, mince comme un doigt...
– Mais je suis plus puissant que le doigt d'un roi », dit le serpent.

A. de **Saint-Exupéry**, *Le Petit Prince* © éd. Gallimard (1946).

9 La personnification

Relevez les éléments qui personnifient le Lapin Blanc.

C'était encore le Lapin Blanc, magnifiquement vêtu, portant d'une main une paire de gants de chevreau blancs et de l'autre un grand éventail ; [...] et, chemin faisant, il marmonnait à mi-voix : « Oh ! la Duchesse, la Duchesse ! »

Lewis **Carroll**, *Alice au pays des merveilles*, traduit par J. Papy © éd. Pauvert, dép. de la librairie Arthème-Fayard (1961, 2000).

VOCABULAIRE DES RÉCITS D'APPRENTISSAGE

10 Qualités et défauts

▶ Leçon 37, p. 328

À l'aide des préfixes *in- / im- / ir-, mal- / mé-, dé- / dés-*, formez des antonymes.

a. juste. **b.** poli (2 réponses). **c.** prudent. **d.** adroit. **e.** respectueux. **f.** obéissant. **g.** patient. **h.** loyal. **i.** correct. **j.** content.

11 Les onomatopées ▶ Leçon 10, p. 274

Remplacez les pointillés par les onomatopées données dans le désordre : *Plouf ! ; flac, flac ! ; Coin, coin ; pif, paf ! ; Oa, oa ! ; pip, pip.*

a. Les œufs s'ouvrirent l'un après l'autre. Cela faisait « ...... ». **b.** « ...... », disait la cane. **c.** ...... Elle sauta dans l'eau. **d.** Les chiens de chasse avançaient dans la vase, « ...... ». **e.** Tout à coup, on entendit « ...... » et les deux jars sauvages tombèrent morts dans les roseaux. **f.** Le corbeau criait : « ...... ».

D'après H. C. **Andersen**,
« Le Vilain Petit Canard », traduit
par M. Auchet © LGF (2005).

12 Les verbes de parole

Regroupez ces verbes de parole deux par deux, selon leur sens.

a. crier. **b.** répondre. **c.** murmurer. **d.** demander. **e.** se plaindre. **f.** affirmer. **g.** chuchoter. **h.** répliquer. **i.** assurer. **j.** s'exclamer. **k.** interroger. **l.** geindre.

13 Les intonations et les émotions

Remplacez les pointillés par les expressions données dans le désordre : *pitoyable ; tristement ; sur un ton scandalisé ; avec colère.*

« Ah ! je voudrais bien que ma petite chatte Dinah soit avec moi, soupira ...... Alice.
– Votre chatte ! Il n'en est pas question, répondit la Souris ....
– Je vous demande pardon, s'excusa Alice d'une voix ......, je savais bien que vous n'aimiez pas les chats.
– Comment pensez-vous que je puisse les aimer ? répliqua la souris ....

14 Apprendre des mots : les verbes de parole et les proverbes

Recopiez les mots et expressions suivants et apprenez-les pour enrichir votre vocabulaire.

Les verbes de parole

LA COLÈRE : hurler • crier • grommeler • répondre avec colère, avec fureur • répliquer.
LA PEUR, LA TIMIDITÉ : rester sans voix • parler en tremblant • bredouiller • bafouiller.
LA JOIE : s'exclamer d'un ton ravi • répondre en riant.
LA TRISTESSE : déclarer en pleurant • murmurer tristement • se plaindre • gémir.

Les proverbes : leçons de sagesse

a. « Prudence est mère de sûreté » *(Leuk-le-lièvre).*
b. « Garde-toi, tant que tu vivras, de juger les gens sur la mine » *(Alice au pays des merveilles).*
c. « Tu deviens responsable pour toujours de ce que tu as apprivoisé » *(Le Petit Prince).*
d. « Un bon cœur n'est jamais fier » (« Le Vilain Petit Canard »).

Expression écrite et orale

Activités d'écriture

1. Écrire une scène d'adieu

Le petit prince apprivoise le renard ; mais il doit repartir sur sa planète. Imaginez leurs adieux en quelques phrases.

Conseils
- Rédigez un dialogue.
- Respectez les caractéristiques des personnages et du cadre.
- Terminez votre texte par une ou deux phrases de récit.

2. Comment apprivoiser un animal ?

Vous avez réfléchi ensemble au fait d'apprivoiser un animal (▶ PRÉPARER LA LECTURE, p. 55).

Rédigez les conseils que vous donneriez à une personne qui souhaite approcher un animal qu'elle ne connaît pas.

Conseils
- Rédigez une ou deux phrases de récit : circonstances, animal dont il est question (celui d'un voisin, d'un ami, animal nouveau venu dans la maison…).
- Utilisez, pour le dialogue, le futur, l'impératif ou les verbes *tu dois* et *il faut*.

3. Écrire un récit de rencontre

Faites le récit de votre première rencontre avec celui ou celle qui est devenu(e) votre meilleur(e) ami(e). Votre texte comportera une partie dialoguée.

Conseils
- Menez le récit à la 1re personne et aux temps du passé.
- Exprimez vos émotions et vos sentiments.
- Séparez dialogue et récit : alinéas, tirets, changements de temps (▶ FICHE MÉTHODE 5, p. 362).
- Utilisez les verbes de parole.

Activité d'oral

Présenter un roman

Vous présenterez, à l'oral, un roman que vous avez lu et apprécié.

Conseils

Chez vous, préparez une fiche et mémorisez-la :
- notez le titre, l'auteur, l'éditeur et la catégorie de ce roman ;
- présentez la situation initiale des personnages et le cadre ;
- résumez le début de l'action et quelques événements, sans dévoiler la fin ;
- entraînez-vous à lire un extrait d'une quinzaine de lignes, que vous avez aimé. Notez sa place dans le roman et les raisons de votre choix.

En classe :
- parlez fort et distinctement ;
- regardez les autres et essayez de ne pas trop lire vos notes.

La bande dessinée

Joann Sfar, *Le Petit Prince*, d'après Saint-Exupéry, vignette extraite de la bande dessinée (2008).

Les débuts de la bande dessinée

■ Rodolphe Töpffer crée, vers 1830, la première histoire racontée sous forme d'une **suite d'images légendées**. À la fin du XIXe siècle, des magazines comme ***Le Petit Français illustré*** utilisent le même procédé (*La Famille Fenouillard*, de Christophe). En 1896, Richard F. Outcault crée, aux États-Unis, les aventures de Yellow Kid. William Randolph Hearst publie, en 1897, une série sous le titre *Pim, Pam, Poum*, où il introduit l'**usage des bulles** pour les dialogues. Cette technique est reprise en France, en 1925, dans *Zig et Puce*, de Saint-Ogan.

Un développement spectaculaire

■ La bande dessinée prend son **essor** dans les **années 1930** avec Mickey Mouse, aux États-Unis. Mais le reporter Tintin et son fidèle Milou, créés par Hergé, font de Bruxelles la capitale de la BD. Franquin (*Spirou et Fantasio, Le Marsupilami, Gaston Lagaffe*) et Morris (*Lucky Luke*), Peyo (*Les Schtroumfs*) s'illustrent dans ***Le Journal de Spirou***. À partir de 1948, ***Le Journal de Tintin*** fait connaître de nouveaux héros (Boule et Bill). En France, le journal ***Pilote*** popularise Astérix et Obélix. Dans les années 1980, le dessin évolue avec l'apparition en France des **mangas japonais**.

■ Relayée par la télévision et le cinéma, la BD est un art populaire touchant tous les publics.

Dates clés

1889
La Famille Fenouillard, de Christophe.

1929
Tintin au pays des Soviets, de Hergé.

1934
Le Journal de Mickey.

1938
Le Journal de Spirou.

1947
Lucky Luke, de Morris.

1948
Le Journal de Tintin.

1959
Astérix le Gaulois, de Goscinny et Uderzo ; *Boule et Bill*, de Roba.

Vers 1980
Apparition des premiers mangas (bandes dessinées japonaises) en France.

1992
Titeuf, de Zep.

J'analyse une bande dessinée ► p. 71

1. Quels éléments de l'histoire du petit prince reconnaissez-vous ?
2. Quelles couleurs dominent ? Quelle atmosphère créent-elles ?
3. Observez les différents plans (► LEÇON 49, p. 351). Comparez la première et la dernière vignette. Quelle progression voyez-vous de l'une à l'autre ?
4. Distinguez les vignettes comportant le récit du narrateur de celles comportant les paroles des personnages : quel élément graphique vous guide ?
5. Comment sont rendues les émotions des personnages (dessin et texte) ?

Joann Sfar, *Le Petit Prince*, d'après Saint-Exupéry, planche extraite de la bande dessinée (2008).

Lire... des récits d'apprentissage

▶ **FICHE MÉTHODE 12, p. 375 :** tenir un carnet de lecture.

Hans Christian Andersen, ***Le Vaillant Soldat de plomb, la Petite Sirène et autres contes***, 1837-1838 (« Le Livre de poche », traduction de M. Auchet) : le soir de Noël, un soldat de plomb tombe amoureux d'une danseuse en carton… La plus jeune des filles du roi de la mer rencontre un prince… ***Le Vilain Petit Canard***, 1843 (« Folio Benjamin », traduction de R. Boyer) : une cane voit éclore son dernier œuf, mais le petit qui en sort ne ressemble pas du tout à ses frères…

Lewis Carroll, ***Alice au pays des merveilles***, 1865 (« Folio Junior », traduction de J. Papy) : c'est l'été. Assise dans l'herbe à côté de sa sœur, Alice somnole. Tout à coup, elle voit passer un étrange lapin blanc…

Antoine de Saint-Exupéry, ***Le Petit Prince***, 1943 (« Folio »).

Léopold Sédar Senghor, Abdoulaye Sadji, ***La Belle Histoire de Leuk-le-lièvre***, 1953 (EDICEF) : Leuk, un jeune lièvre né en Afrique, fait son apprentissage de la vie et du monde au cours d'un voyage à travers la brousse et la savane.

Allan W. Eckert, ***La Rencontre, l'Histoire véridique de Ben MacDonald***, 1971 (« Le Livre de poche Jeunesse ») : un petit garçon se perd dans la prairie américaine. Pour se protéger de la tempête, ils se glisse dans un terrier et se retrouve face à face avec une mère blaireau…

Daniel Pennac, ***Cabot-Caboche***, 1982 (« Pocket Junior ») : un petit chien, né dans une décharge d'ordures, est adopté par une petite fille, Pomme. Mais les humains ne sont pas toujours fiables… Un livre qui dénonce les abandons d'animaux. ***L'Œil du loup***, 1984 (« Pocket Junior ») : dans un zoo, un petit garçon africain échange un regard avec un loup bleu de l'Alaska. Dans l'œil du loup, l'enfant découvre le Grand Nord et, dans l'œil de l'enfant, le loup voit défiler la vie dans le désert africain.

Michael Morpurgo, ***Le Lion blanc***, 1996 (« Folio Cadet ») : le jeune Bertie passe une enfance solitaire dans une grande ferme, au milieu de la savane sud-africaine. Un jour, il rencontre un magnifique lionceau blanc, orphelin…

Paule du Bouchet, ***Comme un ours en cage***, 2001 (« Folio Junior ») : Stéphane, douze ans, orphelin, est ballotté dans différentes familles d'accueil. Un jour, une ourse s'échappe de la ménagerie. Les pompiers la rattrapent… À cette occasion, Stéphane rencontre Lisa, dix ans, Marcel, le gardien du zoo, et surtout l'ourse, Natacha…

Évaluation

Enluminure extraite du *Livre des animaux* d'Al-Jahiz, manuscrit arabe (fin XIVe-XVe siècle).

« Je veux devenir meilleur »

Rusé et malicieux, Leuk-le-lièvre a joué plus d'un tour aux animaux de la brousse. Un jour, il décide de changer de conduite et se choisit pour maître la girafe Serigne N'Diamala.

« Que je suis heureuse de vous revoir ! lui dit-elle, depuis notre séparation à Doumbélane. Aujourd'hui, j'aimerais vous rendre un service, car je n'oublie pas que, grâce à vous, nos petits, dévorés par Bouki[1], nous ont été rendus. Qu'est-ce qui a pu, mon ami, vous amener dans ce pays lointain et aride[2] ?

– Je viens vous trouver pour m'instruire à votre école. Ma vie n'a pas toujours été exemplaire. J'ai beaucoup de choses à me reprocher et je veux devenir meilleur.

– Alors, vous avez pensé à moi pour vous rendre meilleur ?

– Oui, Serigne N'Diamala, tout le monde dit que vous êtes un sage[3].

– Hum ! on exagère peut-être un peu. Sans doute, je comprends la vie à ma façon. Pour moi, il faut avant tout la solitude. Pas de paix sans solitude et pas de bonheur sans paix. […]

– La chasse est-elle facile en ce pays ? demande Leuk.

– Je ne chasse pas pour me nourrir, répond Serigne N'Diamala. Les végétaux sont ma seule nourriture. Je ne fais de mal à personne en coupant les herbes et les feuilles naissantes qui couvrent les arbres. Je crois que, si les animaux ne vivent pas en paix, c'est parce qu'ils mangent la chair de leurs semblables. Ils se font une guerre incessante pour tuer et vivre.

Léopold Sédar **Senghor**, Abdoulaye **Sadji**, ***La Belle Histoire de Leuk-le-lièvre*** (1953)

1. **Bouki :** la méchante hyène.
2. **aride :** sec.
3. **un sage :** personne qui a acquis l'expérience de la vie.

COMPRENDRE LE TEXTE

Répondez par des phrases complètes.

La rencontre

1. Quel est le cadre de l'action ? Citez une expression.

2. a. Quel animal Leuk revoit-il ? Dans quel but ? Citez le texte.

b. Quel service Leuk lui a-t-il rendu ? L'animal lui en est-il reconnaissant ?

3. a. Est-ce le récit ou le dialogue qui domine ?

b. Relevez les trois verbes de parole et identifiez leur temps. Réécrivez-les au passé composé de l'indicatif.

La leçon de sagesse

4. Quel bilan Leuk fait-il de sa conduite ?

5. Quelle leçon de vie l'animal rencontré lui donne-t-il ? Pour répondre, relevez une phrase non verbale, sous forme de proverbe. Quel mot est répété ?

6. a. Pourquoi les animaux sont-ils toujours en guerre, d'après cet animal ?

b. Quel régime Leuk devra-t-il donc adopter s'il veut devenir sage ?

c. *Je ne fais de mal à personne* (l. 18) : conjuguez l'expression à toutes les personnes, au futur de l'indicatif.

3 Gilgamesh : la première épopée du monde

Objectifs → *Découvrir les aventures du premier héros de l'humanité ; comprendre la leçon de sagesse.*

Gilgamesh ou génie au lion (VIIIe siècle avant J.-C.) provenant du palais de Sargon, Khorsabad (Mésopotamie), hauteur 4,70 m (musée du Louvre, Paris).

Lire l'image

1. **a.** De quelle époque cette sculpture date-t-elle ? D'où provient-elle ?
   b. Quelle est sa taille ?
2. Le personnage est-il sculpté sur un fond ? Décrivez-le (position, coiffure…). Que fait-il ?
3. Décrivez le lion (corps, attitude, tête…).
4. À partir de cette sculpture, quelle idée vous faites-vous de Gilgamesh ?

Pour commencer

1. Cherchez les différents sens du mot *héros*.
2. En quelle année a débuté le IIIe millénaire après J.-C. ? En quelle année se terminera-t-il ?
3. Trouvez les dates de début et de fin du IIIe millénaire avant J.-C.

REPÈRES
La première épopée du monde

Le plus ancien récit épique

- L'épopée est un **long poème** qui raconte **les exploits héroïques** d'un personnage des temps lointains, en mêlant **légende** et **histoire**.
- Le plus ancien récit transcrit est ***L'Épopée de Gilgamesh***, qui aurait été roi d'Ourouk (ancienne capitale du pays de Sumer, en Mésopotamie ▶ CARTE, p. 77) il y a plus de 4 500 ans.
- Ce texte fut d'abord gravé sur **douze tablettes d'argile**, en caractères **cunéiformes** (le plus ancien système d'écriture connu à ce jour), vers la fin du IIIe millénaire avant J.-C. Sur chacune des tablettes figurait un épisode de la vie du héros. Vers 1200 avant J.-C., tous les épisodes furent rassemblés pour former un **récit suivi**, en akkadien (devenu langue officielle de la Mésopotamie). L'œuvre contient plus de **trois mille vers**. De nombreuses **traductions** et **adaptations** du texte ont été réalisées par la suite.

Résumé de l'histoire

- **Gilgamesh, d'origine mi-divine, mi-humaine**, règne de façon autoritaire sur la puissante ville d'**Ourouk**. Suite aux plaintes du peuple, les dieux créent un **être puissant capable de rivaliser avec lui**, afin de lui donner une leçon. Ainsi naît **Enkidou**, un colosse fabriqué avec de l'argile, qui vit en sauvage dans la steppe, au milieu des gazelles.
- Les deux hommes s'affrontent à mains nues mais deviennent amis au terme du combat, chacun reconnaissant en l'autre son égal : **une grande amitié est née** (▶ p. 78-79). Gilgamesh et Enkidou accomplissent ensemble un **exploit héroïque** : avec l'aide du **dieu Shamash**, ils terrassent le **géant Houmbaba** (▶ p. 80).

Ruines d'Ourouk, en Irak.

Tablette relatant l'épopée de Gilgamesh (British Museum, Londres, Grande-Bretagne).

Dates clés

- **Vers 3000 avant J.-C.** Apparition de l'écriture cunéiforme (signes en forme de coins ou de clous).
- **Vers 2500 avant J.-C.** Règne de Gilgamesh, roi légendaire d'Ourouk, en Mésopotamie (actuel Irak). ▶ CARTE, p. 77
- **Vers 2300 avant J.-C.** Transcription de la légende de Gilgamesh sur douze tablettes d'argile, en caractères cunéiformes.
- **Vers 1200 avant J.-C.** Élaboration d'un récit suivi racontant l'épopée de Gilgamesh.

L'Orient ancien

La **déesse de l'amour, Ishtar,** s'éprend alors de Gilgamesh et lui propose le mariage, qu'il refuse. Furieuse, elle fait envoyer le **Taureau Céleste** pour le vaincre. Mais les deux amis tuent l'animal sacré…

Pour punir Gilgamesh, les dieux font mourir Enkidou. Désespéré par la **mort de son ami** (▶ p. 82-83) et angoissé à l'idée de la sienne, le héros part **en quête de l'immortalité**. Ayant appris que son ancêtre **Outa-napishti** n'était pas mort, il va lui demander le **secret de la vie éternelle** (▶ p. 84-85). Mais le vieil homme ne peut rien pour lui : son immortalité est un privilège accordé par les dieux après le **Déluge** (▶ p. 86-87). Ému par la détresse de Gilgamesh, il lui propose d'aller chercher une **Herbe de Jouvence**, qui permet de vivre une seconde vie. Gilgamesh se la fait voler par un **serpent** : son dernier espoir s'éteint (▶ p. 97). Transformé par ses expériences, Gilgamesh finit par accepter l'idée de la mort. Il rentre à Ourouk pour y régner avec **sagesse**.

Un récit fondateur

Le récit de Gilgamesh a eu une grande portée dans tout le **Proche-Orient**, puis en **Occident**. L'épisode biblique du **Déluge** présente bien des ressemblances avec le Déluge vécu et raconté par Outa-napishti. Certains thèmes de la **mythologie grecque** (influence des dieux sur le destin des héros, amitié entre Achille et Patrocle) renvoient à *Gilgamesh*.

Je réponds aux questions

1. Qui est Gilgamesh ? À quelle époque a-t-il vécu, selon la légende ?
2. De quand date la première transcription de *L'Épopée de Gilgamesh* ? Sur quel support le texte a-t-il été écrit ? avec quel système d'écriture ?
3. En quoi ce récit est-il un texte fondateur ?

La naissance de l'amitié

PRÉPARER LA LECTURE

Cherchez sur la carte (▶ p. 77) où se trouve la ville d'Ourouk.

Jacques Cassabois (né en 1947)

« J'ai trouvé mon semblable ! »

Gilgamesh, roi d'Ourouk, fait régner la terreur dans sa ville. Pour lui donner un avertissement, les dieux ont créé Enkidou, un être puissant capable de le défier. Un combat entre les deux rivaux s'engage devant la foule.

Gilgamesh maîtrise l'art du pugilat[1]. Il en possède toutes les astuces. Plus fin que son adversaire, il esquive[2], économise sa force et frappe à bon escient[3]. Enkidou, lui, ne connaît pas la ruse. Il ne feinte pas[4], ne recule pas, ne se protège pas. Il encaisse et cogne, bélier obstiné, contre le rempart qu'il veut abattre.

Nul n'a encore pris l'avantage. Mais Enkidou a l'habitude des longs efforts et Gilgamesh s'irrite d'une telle endurance. Personne ne lui a encore tenu tête aussi longtemps. Cette résistance est déjà une mise en échec.

Alors, il s'emporte. Contre Enkidou. Contre lui-même. Il veut hâter la fin du combat, redouble de puissance. Et c'est lorsqu'ils sont engagés dans un nouveau corps à corps, comme deux taureaux qui ont enchevêtré leurs cornes, que Gilgamesh s'immobilise soudain, les pieds au sol, maintenu par Enkidou.

La foule n'en revient pas. Gilgamesh entravé[5] pour la première fois ! Déjà, elle vocifère[6] des cris de joie vengeurs et des sarcasmes[7].

« Gilgamesh a trouvé son maître ! [...] Enkidou, roi d'Ourouk !... »

Enkidou entend battre son propre cœur. Des mélodies simples y chantent et les choristes[8] sont le vent, l'averse, les sources, les bêtes, le ciel, l'horizon... Comment un sauvage de la steppe pourrait-il régner sur une ville où vivent tant d'hommes ?

« Enkidou, roi d'Ourouk !... »

1. pugilat : combat à coups de poing.
2. esquive : évite adroitement.
3. à bon escient : en sachant ce qu'il fait.
4. Il n'utilise pas la ruse.
5. entravé : arrêté, freiné.
6. vocifère : parle en criant, avec colère.
7. des sarcasmes : moqueries insultantes.
8. les choristes : qui chantent dans un chœur (il s'agit d'une image, ici).

Ludmila Zeman, illustration extraite du livre ***Le Roi Gilgamesh*** de L. Zeman (1993) : Gilgamesh et Enkidou.

9. **desserre l'étreinte :** relâche la pression exercée.
10. Un chasseur a dit avoir vu, dans la steppe, un être dont les yeux ressemblent à des étoiles.
11. **par bravade :** avec un mépris moqueur.

Le doute, peu à peu, desserre l'étreinte[9] d'Enkidou. Gilgamesh sent qu'il renonce. Il le regarde lui aussi, voit ses yeux et les mots du chasseur lui reviennent à l'esprit : « Deux étoiles fraîches dans une face de nuit[10] ». La grande force d'Enkidou s'incline devant le Buffle d'Ourouk, renonce à la victoire, et Gilgamesh décide de tirer parti de cette faiblesse pour en finir.

D'un mouvement vif, il se dégage, puis saisit le poignet d'Enkidou et lève son bras en riant, comme on désigne un vainqueur.

« J'ai trouvé mon semblable ! lance-t-il par bravade[11] au peuple qui l'a hué. Le voici ! C'est Enkidou, le Lion de la steppe ! »

Jacques **Cassabois**, ***Le Premier Roi du monde, l'Épopée de Gilgamesh***

Comprendre le texte

Le combat

1. a. Qui sont les deux adversaires ? Lequel est désigné par la périphrase *le Buffle d'Ourouk* (l. 26) (▶ LEÇON 45, p. 344) ? par la périphrase *le Lion de la steppe* (l. 32) ? Lequel est assimilé à un bélier (l. 4) ?

b. Pourquoi se battent-ils ? Aidez-vous du paratexte.

2. a. Quels sont les points forts et les points faibles de chacun ?

b. Relevez les mots appartenant au champ lexical du combat.

c. Quelle comparaison souligne la violence de la lutte (l. 10 à 14) ?

3. À quel temps le récit est-il mené ? Quel est l'effet produit (▶ LEÇON 28, p. 310) ?

4. Comment le combat se termine-t-il ?

La naissance de l'amitié

5. Relisez les lignes 18 à 21. Pourquoi Enkidou n'est-il plus sûr de vouloir gagner ?

6. « *J'ai trouvé mon semblable !* » (l. 1 à 31) : expliquez quel changement s'opère alors dans le cœur de Gilgamesh (quel sentiment naît en lui ?). Comment comprenez-vous l'expression *mon semblable* ?

Écriture

Réécrivez les deux phrases suivantes : *Gilgamesh sent [...] nuit* (l. 23 à 26) et *D'un mouvement vif [...] vainqueur* (l. 29-30), en changeant de narrateur : c'est Gilgamesh qui raconte le combat.
N'oubliez pas de remplacer *Gilgamesh* par *je* !

L'ESSENTIEL

Le récit épique : la naissance de l'amitié

- Le **héros d'une épopée** (ou **héros épique**) se lie souvent d'amitié avec un **personnage différent** de lui mais qui, en même temps, lui ressemble.
- Le premier contact entre Gilgamesh, l'**homme de la ville**, et Enkidou, l'**homme de la steppe** sauvage, se fait lors d'un **combat** : les deux hommes se mesurent l'un à l'autre, puis deviennent **amis**.
- Dans l'épopée, on utilise des **comparaisons** qui soulignent la **force surhumaine** des héros.

*L'*exploit héroïque

PRÉPARER LA LECTURE Cherchez dans le glossaire (▶ p. 378-379) la définition du mot *personnification*.

« Il maintient la gueule du monstre sous son talon »

Avec l'aide de Shamash, le dieu du Soleil, Gilgamesh et Enkidou défient le géant Houmbaba, qui règne dans la Forêt des Cèdres.

Gilgamesh s'élance sur Houmbaba qui essaie de parer l'attaque en poussant son cri de mort. Trop tard. Gilgamesh est sur lui et l'empoigne.

Le corps du géant est lisse, nourri en profondeur par des courants de feu. Il se dérobe. Gilgamesh peine à assurer ses prises. Il enserre la taille de son adversaire, cherche à le plier, mais Houmbaba semble enraciné dans le sol, comme les Cèdres de sa Forêt.

Alors, Shamash envoie toutes ses troupes à la rescousse.

Ouragan se déchaîne le premier, attaque aux pattes. Tornade et Tempête ébranlent la grande carcasse du géant. Blizzard[1] travaille ses muscles, plus durs que l'obsidienne[2], Rafale[3] le harcèle[4], Tourbillon l'étourdit.

Houmbaba vacille et la Forêt prend peur. Elle sent son protecteur en danger. Elle hurle et pleure, en se tordant les bras.

Houmbaba rugit. Gueule ouverte, il jette à gauche, à droite, des coups de crocs pour déchirer les Vents, claque des sabots et cherche la gorge de Gilgamesh, serré contre sa poitrine, qui résiste malgré les soubresauts.

Pendant ce temps, Enkidou s'est relevé. Il veut prêter main-forte à son ami, mais la violence de l'empoignade l'empêche de s'approcher.

Surgit soudain Bourrasque[5], descendue des étoiles. Elle s'engouffre dans la gueule du géant, descend en lui et lui gonfle le ventre. Cyclone la rejoint, pénètre dans les yeux d'Houmbaba, l'aveugle, pendant que Typhon[6] s'enroule en puissance autour de ses cuisses.

Houmbaba perd l'équilibre. Gilgamesh le sent pris au dépourvu. Il pèse de tout son poids, le frappe aux mollets et l'abat.

En s'écroulant, Houmbaba déracine cent arbres et reste enchevêtré parmi les branches et les troncs fracassés. Gilgamesh hurle :

« Tu as perdu ! Ta Forêt m'appartient ! »

Il maintient la gueule du monstre sous son talon, pendant qu'Enkidou, qui s'est jeté en travers de la poitrine d'Houmbaba, le cloue au sol.

1. **Blizzard :** vent et tempête de neige.
2. **l'obsidienne :** pierre volcanique de couleur sombre.
3. **Rafale :** coup de vent soudain et brutal.
4. **le harcèle :** le poursuit sans cesse.
5. **Bourrasque :** coup de vent violent et de courte durée.
6. **Typhon :** violent ouragan.

Jacques **Cassabois**, *Le Premier Roi du monde, l'Épopée de Gilgamesh*

Plaquette fragmentaire figurant le meurtre de Houmbaba (2000-1800 avant J.-C.), terre cuite, Mésopotamie (musée du Louvre, Paris).

Comprendre le texte

Les forces en présence

1. Quel adversaire Gilgamesh et Enkidou affrontent-ils ?

2. Montrez que l'adversaire est redoutable. Pour répondre, relevez :
– les noms qui le désignent (l. 1 à 5 et l. 28-29) ;
– la comparaison qui l'assimile à un minéral (l. 9 à 11) et les termes qui le rattachent au monde animal.

3. Quel dieu intervient dans cette lutte ? Qui aide-t-il et de quelle façon ?

Le combat

4. Montrez, en citant le texte, que Gilgamesh et Enkidou s'apportent une aide mutuelle.

5. a. Montrez la violence du combat. Appuyez-vous sur les verbes d'action et le champ lexical de la tempête et de la violence.

b. Quels éléments naturels sont personnifiés ? Justifiez votre réponse. Quel est l'effet produit ?

6. Qui sont les vainqueurs ? En quoi sont-ils des héros ?

Écriture

Gilgamesh et Enkidou reviennent triomphalement à Ourouk : racontez en quelques lignes l'accueil que leur font les habitants. Vous utiliserez le présent de l'indicatif.

Conseils

• Commencez par : *Lorsqu'ils arrivent, une foule immense se bouscule…*
• Évoquez l'atmosphère de fête (fleurs, banderoles…), la procession des vainqueurs, les cris de la foule.
• Utilisez une comparaison pour valoriser les héros.

L'ESSENTIEL

Le combat épique

● L'épopée comporte des **récits de combats hors du commun** et d'une extrême violence : les héros ont à affronter des adversaires redoutables.

● Les **dieux** et les **forces de la nature** interviennent dans ces combats. La **personnification** des éléments donne au récit un caractère **merveilleux**.

*L*a perte de l'ami

PRÉPARER LA LECTURE Rappelez comment Gilgamesh et Enkidou se sont rencontrés, quels exploits ils ont accomplis ensemble et quel sentiment les lie.

« L'oubli est une seconde mort »

Gilgamesh et Enkidou ont tué le Taureau Céleste (▶ REPÈRES, p. 77*). Les dieux décident alors de faire mourir Enkidou. Celui-ci, au moment de rendre l'âme, voit le Royaume des morts. Il y découvre la détresse des défunts qui ne sont pas honorés par les vivants et tombent ainsi dans l'oubli…*

En les voyant, Enkidou comprend que l'oubli est une seconde mort et que le souvenir est l'arme ultime des vivants pour empêcher les défunts de disparaître à tout jamais.

Il songe à Gilgamesh. Il le voit endormi à la tête de son lit, vaincu par la fatigue. Il veut le secouer, l'avertir. Mais, c'est vrai, son corps lui a été repris. Il n'a plus aucun pouvoir sur lui. Il n'est plus libre que de ses pensées. Alors, il rassemble ce qu'il lui reste de forces dans le cœur et forme une lumineuse intention d'amour qu'il dirige en direction de son ami.

« N'oublie pas Enkidou… »

Il brûle ainsi sa toute dernière lueur de vie, avant la nuit totale. […]

Gilgamesh, qui dormait, se réveille soudain…

« Enkidou ! s'écrie Gilgamesh, l'angoisse au cœur. Réponds ! »

Il le secoue avec douceur. Mais son corps, lourd, se prête au mouvement et reprend sa place, mollement. Gilgamesh comprend.

« Ainsi tu es parti, Enkidou… sans me prévenir… Pourquoi ? Je ne me suis absenté qu'un instant et tu en as profité pour franchir ta haie de clôture. Pourquoi ? Nous avons bataillé si souvent côte à côte, pourquoi dans ce combat, avoir quitté ton poste ? Dis, pourquoi ? »

Il le prend dans ses bras, poitrine contre poitrine, soutient sa tête qui tombe et continue de lui parler comme si son ami allait finir par lui répondre.

« Je ne te fais pas reproche d'avoir déserté, mais j'avais encore des forces pour lutter, si tu n'en avais plus. Je les aurais partagées avec toi, économisées et nous aurions pu tenir encore. Je m'apprêtais à te porter dans la steppe où les gazelles s'ennuient de toi. Les gazelles, Enkidou. Souviens-toi… Oh, reviens et je t'offrirai des gazelles par milliers… »

Il parle à son visage, bouche à bouche. Par le souffle des mots, il s'efforce d'alimenter sa poitrine pour remettre en mouvement la mécanique de la vie.

Jacques **Cassabois**, ***Le Premier Roi du monde, l'Épopée de Gilgamesh***

Comprendre le texte

Enkidou face à la mort

1. Expliquez la première phrase (que comprend Enkidou à la vue des morts ?).

2. Que demande-t-il à Gilgamesh ? Relevez une expression qui montre la force du sentiment qui le lie à son ami.

Gilgamesh face à l'absence

3. Comment Gilgamesh comprend-il que son ami est mort ?

4. *« Ainsi tu es parti […] Dis, pourquoi ? »* (l. 18 à 24) : relevez les phrases de type interrogatif. Pourquoi Gilgamesh les utilise-t-il ici ?

5. Quels regrets Gilgamesh exprime-t-il ? Identifiez le temps verbal utilisé aux lignes 30-31.

6. Quels gestes désespérés Gilgamesh fait-il (l. 25 à 28). Dans quel but ?

7. En quoi ce passage est-il pathétique (profondément émouvant) ?

Frantz Duchazeau, vignette extraite de la bande dessinée *Gilgamesh le tyran* de Gwen de Bonneval (2004).

Écriture

Imaginez la suite du discours de Gilgamesh : il dit à son ami tout ce qu'il fera pour que celui-ci ne tombe pas dans l'oubli (réalisation de statues, récit de sa vie par des scribes, accomplissement d'actions généreuses…).

Conseils

- Commencez par : *Je ne t'oublierai pas, Enkidou…*
- Utilisez le futur.

L'essentiel

La mort de l'ami

- Avec la disparition de son ami Enkidou, Gilgamesh fait l'expérience de la **mort** et de la **douleur**. L'épopée comporte ainsi des moments **pathétiques** (très émouvants).
- Le **thème de la mort de l'ami** se retrouve dans l'*Iliade* : la mort de Patrocle plonge Achille dans la douleur.

*L*a quête de l'immortalité

PRÉPARER LA LECTURE Relisez les Repères (▶ p. 76-77) : sur quel support écrivait-on à l'époque de Gilgamesh ?

« Est-ce que je serai immortel ? »

Désespéré par la mort de son ami, Gilgamesh prend conscience qu'il est mortel. Il décide de trouver son ancêtre, Outa-napishti, à qui les dieux ont offert l'immortalité.

« Donne-moi, je t'en prie, le secret de la vie-sans-fin. Je le mérite. Oh oui, donne-le-moi et apaise mon chagrin ! »

Outa-napishti ne répond pas. Il regarde ce géant que ses illusions ont délabré. Il mesure sa grande endurance, son grand courage. Mais il hésite à parler. Il sait qu'il va le faire souffrir. Alors, avec d'infinies précautions dans la voix, beaucoup d'amour dans le cœur, il répond :

« Je ne peux rien te donner, Gilgamesh. Tout ce que tu désires, tu le possèdes déjà. »

Gilgamesh écoute ce jugement foudroyant qui consume son rêve.

« Ton destin a été écrit, tu le sais, avant l'aurore qui se levait sur ton premier matin. Je n'ai pas le pouvoir de le corriger. Mais tu devrais prendre le temps de lire ta tablette de vie[1] avec plus d'attention. »

Outa-napishti n'a pas achevé que Gilgamesh se jette sur lui, comme un fauve.

« Donne le secret ! Donne ! Sinon, je te le fais cracher ! » [...]

Gilgamesh devient agressif. Outa-napishti lui dit qu'il ne peut obtenir l'immortalité qu'en renonçant à la violence et à la prétention d'égaler les dieux.

« Est-ce que je serai immortel, ainsi ?

– Oui, tu seras immortel ! Comme tous ceux qui ont fait briller l'esprit, qui ont accompli une œuvre juste. Non seulement personne ne t'oubliera, mais chacun portera en lui une part d'humanité que tu auras donnée. Voilà comment tu deviendras immortel !

– Mais cette immortalité n'est pas la même que la tienne !

– Non ! Mais c'est celle qui te convient. Chacun raconte sa propre histoire et les histoires de chacun s'additionnent pour composer la grande histoire du monde. Ta part est immense dans ce récit. Ne la néglige pas. Accepte-la ! »

À mesure qu'Outa-napishti explique, le visage de Gilgamesh se ferme.

1. **ta tablette de vie :** tablette d'argile sur laquelle le destin des hommes serait écrit d'avance.

« Alors, dit-il, je vais mourir malgré tout… Qu'est-ce que tu as de plus que moi, dis, pour mériter de vivre éternellement ? Pourquoi as-tu cette chance ? Pourquoi pas moi ?

– C'est à cause du Déluge, répond l'immortel. Une vieille aventure. Si tu veux la connaître, allons dans ma maison. Nous serons plus à l'aise pour converser. »

Jacques **Cassabois**, ***Le Premier Roi du monde, l'Épopée de Gilgamesh***
© éd. Le Livre de poche Jeunesse (2008).

Comprendre le texte

La rencontre avec Outa-napishti

1. Quelle demande Gilgamesh fait-il à Outa-napishti ?

2. Sur quel ton Outa-napishti s'adresse-t-il à Gilgamesh ? Quelles sont les qualités du vieil homme ? Citez le texte.

3. Gilgamesh est-il satisfait de la réponse ?

Le secret de la condition humaine

4. Pourquoi Outa-napishti a-t-il reçu l'immortalité ? A-t-il le pouvoir de la donner à Gilgamesh ?

5. Quelle sorte d'immortalité Gilgamesh pourra-t-il obtenir (l. 19 à 22) ? En quoi est-elle différente de celle d'Outa-napishti ? Est-elle, pour autant, négligeable ?

6. Relisez les lignes 24 à 26.

a. Expliquez le sens du mot *récit* dans le texte (l. 26).

b. Grâce à quel récit Gilgamesh est-il devenu immortel ?

Écriture

Shamash, le dieu du Soleil, apparaît à Gilgamesh. Il lui suggère quelques actions qu'il pourrait faire pour gagner l'immortalité (combats contre les monstres, générosité envers les pauvres, construction de routes et bâtiments pour son peuple…). Racontez.

Conseils

- Commencez par : *Shamash, resplendissant de lumière, apparaît alors et s'adresse ainsi à Gilgamesh : …*
- Terminez par : *Voilà comment tu peux obtenir l'immortalité.*
- Utilisez le mode impératif et le futur de l'indicatif.

L'ESSENTIEL

La quête de l'immortalité

- Avec la mort d'Enkidou, un tournant s'est amorcé dans l'épopée : le héros ne songe plus à la **quête de la gloire**, mais poursuit une **quête intérieure**, celle de l'**immortalité**.
- La rencontre avec Outa-napishti permet à Gilgamesh de recevoir une première **leçon de sagesse** : l'**immortalité** de l'homme ne se gagne que par ses **actes** et par le **souvenir qu'il laisse de lui**.

Zabelle C. Boyajian, illustration (éd. 1924) : Gilgamesh demande à Outa-napishti le secret de l'immortalité.

La leçon de sagesse

PRÉPARER LA LECTURE

B2i **1.** Cherchez sur Internet quels sont les récits de Déluge.
2. Cherchez dans le dictionnaire les sens du mot *arche*.

« Tout fut broyé, battu, liquéfié »

Dieu a puni les hommes, qui sont devenus mauvais, en déclenchant un Déluge. Outa-napishti raconte comment il a été sauvé du Déluge.

« Tout se figea soudain. Les bêtes et les choses savaient et se taisaient. Alors un choc sourd, au fin fond de l'espace, fracassa les digues[1] du ciel et toutes ses réserves d'eau douce roulèrent en grondant, déchiquetèrent la voûte céleste et s'abattirent sur la terre.

« Les villes furent balayées d'un coup et les hommes, hachés comme de la paille. Rien ne résista. Tout fut broyé, battu, liquéfié. La nuit noircissait le monde, et les épées de la pluie saignaient l'obscurité à blanc.

« Même les dieux étaient terrifiés par ce qu'ils avaient provoqué. Ils en avaient perdu le contrôle et Déluge, tel un jeune monstre, n'obéissait qu'à lui-même et s'en donnait à cœur joie.

« L'Arche résistait bien. La crue[2] l'avait emportée et elle dérivait, bercée par le flot du nouvel océan.

« Mon heure était venue. Une grande tension régnait autour de moi et je devais ramener la sérénité. Aussi, je descendis au premier niveau, celui des bêtes les plus féroces, et je restai longtemps, dans chaque compartiment, afin de les apaiser. Puis je recommençai avec les animaux du deuxième niveau, du troisième, et ainsi jusqu'au septième, en m'élevant le long du mât central de l'Arche.

« Dans chaque loge, je recueillais la peur, la cruauté, la fourberie[3], la panique, la brutalité, la soumission. En échange, j'offrais des contraires :

1. les digues : constructions permettant de retenir les eaux (ici, sens imagé).
2. la crue : débordement des eaux.
3. la fourberie : tromperie.

Zabelle C. Boyajian, illustration (éd. 1924) : Outa-napishti fait construire un bateau pour sauver toutes les espèces vivantes.

la confiance, la bonté, la franchise, le calme, la douceur, l'indépendance. J'apprivoisais, j'éduquais, j'apprenais à chacun qu'il existait d'autres manières d'être que la sienne. J'accomplissais ainsi la mission confiée par Éa[4] : enfanter une vie nouvelle qui, peu à peu, se rassemblait dans mon cœur.

« Lorsque j'eus terminé, je fis sauter l'écoutille[5] et sortis à l'air libre.

« Dehors, un océan jaune s'étendait à perte de vue et des montagnes, çà et là, crevaient les eaux et pointaient leurs doigts vers le ciel.

« Immobile, l'Arche se remit à tanguer. Un faible courant l'entraînait. La décrue commençait.

« J'envoyai une colombe en éclaireur, avec une recommandation :

« "Va annoncer aux eaux limoneuses[6] qu'une vie nouvelle est née dans l'Arche."

« Elle s'envola, revint une fois sa mission accomplie, et se blottit en moi.

« J'envoyai alors une hirondelle, avec cette consigne :

« "Va dire que la vie nouvelle est prête à se développer."

« Elle disparut, revint après m'avoir obéi, et s'endormit dans le cœur de mon épouse.

« Enfin, je libérai un corbeau en lui disant :

« "Tu es robuste et perspicace. Va ! Trouve un rivage et installe-toi sur la terre."

« Le corbeau reprit sa liberté et ne revint jamais.

« Peu après, mon vaisseau s'échoua sur une rive. Aussitôt, j'ouvris toutes les écoutilles. Alors, la lumière intérieure de l'Arche jaillit et épousa la lumière du jour.

Arrivé à terre, je dressai un bûcher pour remercier les dieux. [...]

Gilgamesh prend le chemin du retour. Outa-napishti, pris de pitié, le rappelle et lui dit qu'il existe, au fond de la mer, une Herbe de Jouvence qui permet de gagner une seconde vie. Gilgamesh la trouve, mais un serpent la lui vole. À peine ce dernier l'a-t-il goûtée qu'il perd sa vieille peau. Gilgamesh est désespéré. Outa-napishti lui apparaît alors.

Dans son sommeil éveillé, Outa-napishti lui rend visite. Hallucination ou réalité ? C'est bien lui, pourtant. C'est bien son visage paisible.

« Pourquoi m'as-tu trompé, lui reproche Gilgamesh. Je ne te demandais rien. Je m'en allais, vaincu. J'aurais fini par oublier. Pourquoi m'as-tu rappelé ? Pourquoi m'as-tu offert une chance ? Pour avoir le plaisir de me la confisquer ?

– Non ! Seulement pour que tu apprennes à chercher avec ton cœur. Tout ce que tu désires de mieux s'y trouve caché. Inutile de t'épuiser dans des quêtes au bout du monde. »

Jacques **Cassabois**, *Le Premier Roi du monde, l'Épopée de Gilgamesh*

4. Le dieu Éa a prévenu Outa-napishti qu'un Déluge aurait lieu.
5. l'écoutille : ouverture pratiquée sur le pont d'un navire pour se rendre aux étages inférieurs.
6. limoneuses : boueuses.

Comprendre le texte

Le récit du Déluge

1. À quelle personne le récit est-il mené ? Qui est le narrateur ?

2. Quelles sont les premiers signes du Déluge ? À quoi le Déluge est-il comparé (l. 8 à 10) ?

3. a. Quelles sont les conséquences du Déluge ? Relevez les mots appartenant au champ lexical de l'eau et à celui de la destruction.

b. Relevez une comparaison et une métaphore (l. 5 à 7). Quel effet produisent-elles ?

4. Quel moyen le narrateur utilise-t-il pour s'assurer de la baisse des eaux ? Pourquoi fait-il plusieurs tentatives ?

Les dieux et les hommes

5. Qui Outa-napishti a-t-il emmené avec lui dans l'Arche ?

6. a. Quelle mission le dieu Éa a-t-il confiée à Outa-napishti ?

b. Quelles qualités Outa-napishti tente-t-il de faire triompher dans l'Arche ? Quels défauts doivent-elles remplacer ? Relevez les termes antonymes (qui s'opposent).

7. Quelle est la première action d'Outa-napishti, une fois à terre ?

L'apprentissage de la sagesse

8. À quelle personne le récit est-il mené à partir de la ligne 53 ?

9. Quel reproche Gilgamesh fait-il à Outa-napishti ?

10. Quelle leçon finale Outa-napishti a-t-il voulu donner à Gilgamesh ?

Écriture

Comment vous imaginez-vous l'Herbe de Jouvence que Gilgamesh a trouvée au fond de la mer (▶ PARATEXTE, l. 49-50) ? Décrivez-la.

Conseil

• Commencez par : *Gilgamesh glissa dans les profondeurs de la mer. Là, sur un fond de sable clair, il découvrit la plante…*

Lire l'image ▶ p. 86

1. Quelle est la nature de cette image ?

2. Décrivez le décor. Quels signes annoncent le Déluge ?

3. a. Selon vous, qui sont les deux personnages au premier plan ? Décrivez leur tenue.

b. Que font les autres personnages ?

4. Quelles remarques faites-vous sur le dessin et les couleurs ?

5. Qu'apporte l'illustration au texte ?

L'ESSENTIEL

La leçon de sagesse

● Le **sage Outa-napishti** fait le récit de la plus ancienne **version** du **Déluge** que nous connaissions : le Déluge a été envoyé par les dieux pour punir les hommes. On retrouve l'épisode du Déluge dans le récit biblique (▶ p. 158-159).

● À la fin de son parcours, Gilgamesh a fait le dur **apprentissage de la condition humaine**, en comprenant que l'homme est voué à la **mort**.

● Il reçoit une **nouvelle leçon de sagesse** : les valeurs essentielles sont **celles du cœur**.

L'Épopée de Gilgamesh : une leçon de vie

Les caractéristiques de l'épopée

■ Une **épopée** est un **long poème** qui raconte les **prouesses de héros** aux prises avec des forces qui les dépassent. *L'Épopée de Gilgamesh* raconte l'histoire du roi sumérien **Gilgamesh** : sa démesure, ses luttes contre des monstres et des divinités, sa grande histoire d'amitié, son combat désespéré pour échapper à la mort.

■ On trouve, dans cette œuvre, les principales caractéristiques des épopées futures :
– la **volonté de l'exploit** (▶ p. 80) ;
– la présence d'**éléments merveilleux** (à caractère surnaturel) : intervention des dieux dans la vie des hommes (▶ p. 84-85), combat contre des monstres (le géant Houmbaba ▶ p. 80 ; le Taureau Céleste ▶ p. 77), rêves ou apparitions (▶ p. 86-87), périple merveilleux jusqu'au bout du monde, rencontre avec un humain devenu immortel, Outa-napishti (▶ p. 84-85 et p. 86-87) ;
– la **violence des combats** (▶ p. 78-79 et p. 80) ;
– les **sentiments** : l'amitié qui lie Gilgamesh à Enkidou (▶ p. 80) ; la souffrance face à la mort (▶ p. 82).

■ Les **procédés d'écriture** soulignent le **caractère hors du commun des exploits** et mettent en valeur le **courage** et la **force** des héros : vocabulaire de la violence (▶ p. 78-79 et p. 80), emploi de figures de style telles que la personnification, les comparaisons et les métaphores (▶ p. 80 et p. 86-87).

Une réflexion sur l'amitié, la vie et la mort

■ Avec la **mort d'Enkidou** et la profonde douleur qu'elle provoque chez Gilgamesh (▶ p. 82-83), l'épopée amène à une réflexion sur la mort et, donc, sur le **sens de la vie**. Au terme de son parcours, Gilgamesh comprend que l'homme ne peut se prendre pour un dieu, mais qu'il doit profiter de la vie **en acceptant ses limites** (▶ p. 86-87). C'est l'**œuvre qu'il aura accomplie** qui lui survivra (▶ p. 84-85). Il comprend aussi que la **violence ne mène à rien** et que le pouvoir est un équilibre entre force et sagesse.

■ L'**amitié** a été le moteur principal de l'évolution du héros : elle a permis à Gilgamesh de **se métamorphoser** (se transformer) et de prendre la voie de la **sagesse**.

Détail des reliefs d'un vase en albâtre avec des figures de porteurs d'offrandes, période d'Ourouk (IVe siècle avant J.-C.) (Musée archéologique, Bagdad, Irak).

GRAMMAIRE

1 L'analyse de la phrase

▶ LEÇON 20, p. 294

Gilgamesh apprend par un rêve étrange qu'un personnage va bouleverser sa vie.

La nuit suivante, dans son palais, Gilgamesh se redresse sur son lit. Il suffoque. Un cauchemar vient de le réveiller. Il est troublé. Il n'arrive pas à en percer le sens. Favorable ou funeste ? Il appelle sa mère, la déesse Ninsouna, qui arrive aussitôt. Elle se tient, invisible à la tête de son lit et il se confie à elle, dans la pénombre de sa chambre.

Jacques **Cassabois**, ***Le Premier Roi du monde, l'Épopée de Gilgamesh***

1. Identifiez les phrases simples. Sont-elles nombreuses ? Sont-elles coordonnées (reliées par des mots de liaison) ou juxtaposées ? Quel est l'effet produit ?

2. Identifiez une phrase non verbale.

3. Identifiez les phrases complexes. Laquelle contient une proposition principale et une proposition subordonnée ? Laquelle contient deux propositions indépendantes coordonnées par *et* ?

2 Les types de phrases ▶ LEÇON 18, p. 290

Identifiez les différents types de phrases : déclaratif, interrogatif, injonctif, exclamatif. Quels sentiments sont exprimés dans les phrases de type exclamatif ?

a. Je ne veux pas mourir ! hurle Gilgamesh. **b.** Où se cache Outa-napishti ? Dis-le-moi. **c.** Je te regarde Outa-napishti, tu n'es en rien différent de moi. **d.** Comment as-tu découvert le secret de la vie éternelle ? **e.** Gilgamesh, je vais te confier un secret : dans les profondeurs de la mer se trouve une plante. **f.** Regarde ! j'ai trouvé la fameuse plante qui rajeunit ! **g.** Cesse de parcourir le monde, Gilgamesh. **h.** Les dieux ont fixé aux hommes le destin de mourir. **i.** Que chaque instant de ta vie soit pour toi une fête.

CONJUGAISON

3 L'indicatif passé composé

▶ LEÇON 22, p. 298

Conjuguez les verbes au passé composé.

a. Gilgamesh (trouver) l'herbe magique. **b.** Mais un serpent lui (voler) l'herbe pendant son bain. **c.** Tu (perdre) le secret de l'immortalité, Gilgamesh. **d.** Tu (arriver) trop tard. **e.** Les humains (croire) que Gilgamesh leur apportait l'Herbe. **f.** J' (être) trop orgueilleux, mais j' (apprendre) à gagner l'immortalité par mes œuvres.

4 L'indicatif futur ▶ LEÇON 25, p. 304

Conjuguez les verbes au futur.

a. Je ne t' (oublier) pas, Enkidou. **b.** Je (faire) sculpter des statues de toi. **c.** Je (placer) les statues à toutes les portes de la ville. **d.** Ainsi, tous ceux qui (arriver) te (connaître). **e.** Mes scribes (écrire) ta vie et la (recopier) à l'infini.

5 L'impératif présent ▶ LEÇON 27, p. 308

Conjuguez les verbes au présent de l'impératif.

a. (Être) fort, dit Gilgamesh à Enkidou. **b.** (Lutter) contre la maladie. **c.** (Partir) tous les deux dans la steppe voir les gazelles. **d.** (Avoir) ensemble du courage. **e.** (Se souvenir), Enkidou, du combat contre Houmbaba. **f.** Dieux du ciel, (avoir) pitié de nous. **g.** (Guérir) mon ami. **h.** Gilgamesh, n' (oublier) pas Enkidou.

La déesse Ninsouna, mère de Gilgamesh, relief (2500 avant J.-C.), Mésopotamie, hauteur 0,140 m, largeur 0,048 m (musée du Louvre, Paris).

ORTHOGRAPHE

6 Dictée de mots

Recopiez les noms propres suivants et apprenez leur orthographe. Ils vous seront donnés en dictée.

• Les noms propres de personnages : Gilgamesh, Outa-Napishti, Enkidou, Houmbaba.

• Les noms propres géographiques : Mésopotamie (région), Ourouk (ville), Tigre et Euphrate (fleuves), Sumer (province).

7 Dictée préparée

Préparez la dictée en répondant aux questions.

Gilgamesh est à la recherche de la vie-sans-fin. Au cours de son périple, il arrive chez Sidouri, qui tient une taverne. Elle s'adresse à lui.

« Cesse de pourchasser une ombre, Gilgamesh, murmure-t-elle avec douceur. La vie-sans-fin n'est qu'un rêve, tu le sais bien. Un trésor que les dieux ne veulent pas partager. Tout finit par disparaître sur la terre. Rien ne dure éternellement. Ni les maisons qui s'écroulent, ni les royaumes qui tombent en ruine, ni les serments que l'on trahit toujours, ni l'amour, ni la haine… Profite de la vie, plutôt, pendant que tu la tiens. Cesse de t'épuiser à courir le monde. »

Jacques **Cassabois**, ***Le Premier Roi du monde, l'Épopée de Gilgamesh***
© Le Livre de poche Jeunesse (2008).

1. Relevez les verbes à l'impératif et notez leur terminaison.

2. Quels sont les mots qui sont reliés par un trait d'union ?

3. Relevez deux phrases non verbales. Réécrivez-les en ajoutant les verbes qui manquent.

4. a. Relevez les verbes dont le sujet est *tu*, *tout* ou *on*.

b. Expliquez l'accord des verbes *s'écroulent* (l. 7) et *tombent* (l. 8).

Taureau androcéphale aux yeux incrustés d'ivoire (détail) provenant de Tell Brak, Mésopotamie.

FIGURES DE STYLE

► leçon 45, p. 344

Les phrases sont extraites du *Premier Roi du monde, l'Épopée de Gilgamesh*, de Jacques Cassabois © Le Livre de poche Jeunesse (2008).

8 Comparaisons et métaphores

Relevez les comparaisons et les métaphores, puis expliquez-les.

a. Gilgamesh à Enkidou : Toi et moi, nous sommes deux torrents furieux. Crois-moi. Nous vaincrons !

b. Et nous avons toujours vaincu, toi et moi, comme deux mulets indomptables.

c. Le Taureau Céleste : Une forme lourde […] dresse […] ses cornes en croissant de lune, tranchantes comme des faucilles.

d. Les yeux d'Enkidou : […] deux étoiles fraîches dans une face de nuit.

9 Les oppositions

Gilgamesh devant Enkidou : Le meilleur pain de ville ne vaut pas la galette sous la cendre, songe-t-il. Et le palais à terrasses ne vaut pas le bivouac sous les étoiles.

1. Relevez les termes qui s'opposent.

2. Quel est le genre de vie qui correspond à Enkidou ?

VOCABULAIRE DE *GILGAMESH*

10 L'ÉTYMOLOGIE

a. Pourquoi la Mésopotamie est-elle appelée *le Pays-entre-les-fleuves* ? Pour répondre, appuyez-vous sur l'étymologie du mot (du grec *mesos*, « milieu », et *potamos*, « fleuve »).
b. Cherchez le sens étymologique du mot *hippopotame*.

11 LE CHAMP LEXICAL

Repérez le champ lexical qui caractérise Enkidou. Quel adjectif qualifie le personnage ?

L'être est sauvage. Ce qu'il sait de la vie, c'est la steppe qui le lui a appris. Il sait se nourrir, mais d'herbe, de truffes du désert, de baies, de viande crue. Il sait parler, mais avec le vent dont il comprend les voix, les bêtes, la pluie, les traces laissées sur le sol. Sa force, il la puise dans la nature, rude comme lui.

Jacques **Cassabois**, ***Le Premier Roi du monde, l'Épopée de Gilgamesh***

12 L'ESPACE ET LE TEMPS

a. La nuit passe, puis le jour, tiré par le char du soleil, Shamash, puis une nouvelle nuit que traverse la barque d'argent de Sîn, la lune. **b.** Shamash, le soleil, les a accompagnés tout le jour. Il tombe maintenant vers l'occident et s'apprête à disparaître dans la mer. **c.** Shamash monte vers son zénith. **d.** Les lunaisons de marche succèdent aux lunaisons de marche.

Phrases extraites du *Premier Roi du monde, l'Épopée de Gilgamesh* de Jacques Cassabois

1. Comment les Anciens se représentaient-ils le jour et la nuit, dans la mythologie sumérienne (phrase **a**) ?
2. Expliquez la phrase **b**. À quel point cardinal l'occident correspond-il ? Quel est le point cardinal opposé ?
3. Quand le soleil est-il au zénith (phrase **c**) ?
4. Cherchez dans le dictionnaire quelle est la durée d'une lunaison (phrase **d**).

13 APPRENDRE DES MOTS : VILLE ET NATURE MÉSOPOTAMIENNES

Recopiez les mots et apprenez-les pour enrichir votre vocabulaire.

LA VILLE D'OUROUK : les remparts de briques • les jardins • les vergers • les étangs poissonneux • les temples • les palais • les quartiers résidentiels • les quartiers populeux • les ruelles • les ateliers.

LES MÉTIERS : un potier • un pêcheur • un vannier (tresse l'osier) • un forgeron (fond le bronze, fabrique armes et outils) • un jardinier (vend des légumes) • un cordonnier (tresse les sandales) • un tanneur.

LA NATURE : des pâturages pelés • des buissons • des points d'eau • une lumière dorée • un fleuve • les gazelles • galoper • les aigles • les loups • les hyènes • les odeurs de fauves et de lait caillé.

Activités d'écriture

1. Comment les dieux créent Enkidou

La déesse mère, Arourou, et Éa, le dieu créateur, se rendent dans la steppe pour créer Enkidou avec de la terre et de l'argile.
Décrivez la création de cet être jusqu'au moment où il prend vie.

Conseils

- Commencez par : *Éa, sans attendre, se met à creuser…* ; continuez par : *Arourou prend la relève…*
- N'oubliez pas que l'être créé est adulte et à l'état sauvage.
- Aidez-vous du vocabulaire suivant : *modeler, pétrir, argile, terre, incorporer, malaxer, prendre forme, naître à la vie, le souffle, se dresser sur ses jambes, émettre un premier son, faire ses premiers pas.*

2. À la découverte d'Ourouk

Gilgamesh fait découvrir la ville d'Ourouk à Enkidou.
Rédigez en quelques lignes les paroles qu'il lui adresse pour le convaincre de venir vivre à la ville.

Conseils

- Commencez par : *Viens voir, Enkidou, comme ma ville est belle ! Allons d'abord…*
- Aidez-vous du vocabulaire (▶ LISTE, p. 92, n° 13).

3. À la découverte de la steppe

Enkidou fait découvrir la steppe à son ami Gilgamesh.
Rédigez les paroles qu'il lui adresse pour le convaincre de venir vivre dans la nature.

Conseils

- Commencez par : *Viens, Gilgamesh, je vais t'apprendre la steppe !*
- Aidez-vous du vocabulaire (▶ LISTE, p. 92, n° 13).

L'Euphrate, en Irak.

Activité d'oral

Faire un exposé

Faites un exposé oral sur l'histoire de l'écriture et de l'alphabet. La durée de votre présentation ne dépassera pas dix minutes.

Conseils

- **B2i** Faites une recherche sur Internet (site conseillé : www.bnf.fr, Bibliothèque nationale de France) ou dans un ouvrage documentaire (livre ou cédérom). Repérez les points essentiels, puis reformulez-les par écrit sous forme de notes. N'utilisez pas de mots que vous ne serez pas capable d'expliquer à votre public.
- Commencez par : *Je vais vous parler de…* Parlez fort, lentement, et ne lisez pas vos notes. Montrez ou faites passer des documents.
- Citez vos sources : *Pour faire cet exposé, j'ai utilisé…*
- Demandez à vos camarades s'ils ont des questions.

Le bas-relief dans la Mésopotamie antique

Le matériau utilisé

■ Les **bas-reliefs** sont des **sculptures légèrement en saillie**, sur un fond support. Ils servaient à dissimuler les murs de briques ou ornaient les **stèles** (monuments en pierre sculptés d'inscriptions ou d'ornements).

■ La **pierre**, matériau de luxe réservé à la **décoration des palais**, était utilisée pour la réalisation des bas-reliefs. Les sculptures étaient souvent en **albâtre** et en **gypse**, des pierres d'origine calcaire tendres à travailler.

Les motifs représentés

■ Les bas-reliefs représentent souvent des **génies** (ou divinités protectrices) : taureau ailé à tête d'homme ou encore génie dompteur de lion (► p. 75). Ces personnages sont reconnaissables à leur **forme mi-humaine, mi-animale** ; ils portent une **barbe** et un **casque à cornes**. Le **dieu du Soleil** est symbolisé par un **disque solaire ailé**, les ailes étant symbole de la protection.

■ Les bas-reliefs retracent aussi des **scènes à la gloire du roi** : batailles, banquets, chasse (sculptures d'animaux réalistes). Le roi et ses ministres ont les cheveux ondulés, une barbe longue et frisée taillée au carré.

■ Presque toujours de **profil**, les personnages se détachent sur fond neutre. Quand le corps est de face, les **pieds restent de profil**. La composition respecte une **symétrie rigoureuse** autour d'un **élément central**.

Dates clés

Vers 3500-2300 avant J.-C.
Art sumérien : travail du cuivre et de la brique ; temples.

Vers 2300-1300 avant J.-C.
Art chaldéen (ou akkadien) : temples, statues et bas-reliefs ; palais, monuments babyloniens.

Vers 1300 avant J.-C.
Art assyrien : palais immenses ; sculptures (victoires royales, animaux).

◄ Déesse respirant une fleur, relief (vers 2300 avant J.-C.), Mésopotamie, hauteur 0,135 m, longueur 0,044 m (musée du Louvre, Paris).

J'analyse un bas-relief ► p. 95

1. De quelle époque ce bas-relief date-t-il ?
2. a. Décrivez les trois personnages. Que font-ils ?
b. Comment le Soleil est-il représenté ?
3. Quelles remarques faites-vous sur la composition de la scène ? Quels éléments ressortent ?
4. Ce bas-relief est-il à la gloire de Gilgamesh ?

Gilgamesh entre deux demi-dieux supportant le disque solaire, stèle syro-hittite (IXe siècle avant J.-C.) provenant de Tell Halaf (Musée archéologique d'Alep, Syrie).

Lire... des récits de l'Orient ancien

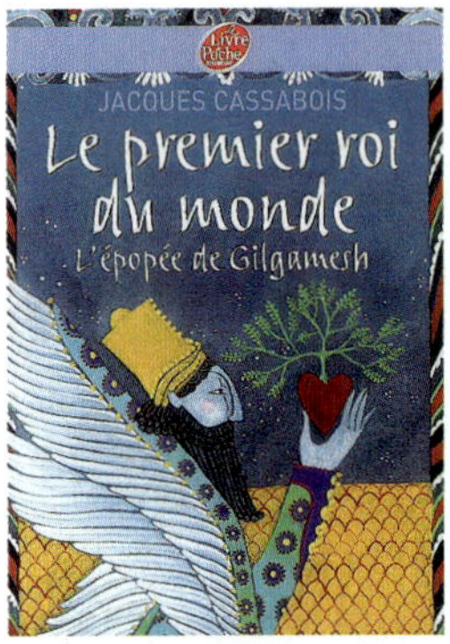

Récits adaptés des épopées antiques

Jean Martin, d'après Homère, ***Contes et légendes : l'Iliade***, 1998 (Nathan) : des récits tirés de l'*Iliade*, notamment les épisodes de la mort de Patrocle et d'Achille.

Jacques Cassabois, ***Le Premier Roi du monde, l'Épopée de Gilgamesh***, 2004 (Le Livre de poche Jeunesse).

Contes et légendes

Claude Helft, ***La Mythologie égyptienne***, 2000 (Actes Sud Junior).

Karine Safa, ***La Mythologie phénicienne***, 2004 (Actes Sud Junior).

Anne Jonas, ***Contes et légendes des Cités et des Mondes disparus***, 2007 (Nathan).

Karine Safa, ***La Mythologie babylonienne***, 2007 (Actes Sud Junior).

Romans historiques sur l'Antiquité mésopotamienne

Alain Paris, ***Le Sorcier de Babylone***, 2004 (Milan Poche Junior) : il y a 3 000 ans, dans la cité légendaire de Babylone, Nabu, un jeune garçon, décide de devenir scribe au palais de la reine Sémiramis. Mais il va se trouver mêlé à une sombre affaire…

Michel Laporte, ***L'Empire entre les fleuves***, trois tomes : *Le Mage de l'Euphrate*, *La Petite Fée du Nil*, *Le Fils du Tigre*, 2005-2006 (Flammarion, « Père Castor ») : le roi d'Ourouk, au bord de l'Euphrate, se meurt, rongé par un mal inconnu. Pour trouver le mage qui saura le guérir, Munnabtu, un jeune scribe, entreprend un long voyage vers l'Égypte. Mais le parcours est parsemé d'embûches et de mystères…

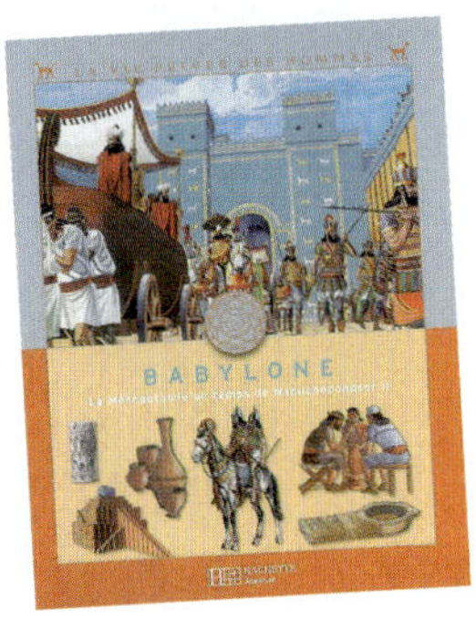

Ouvrages documentaires

Yves Cohat, Jean-Marie Ruffieux, ***Babylone, la Mésopotamie au temps de Nabuchodonosor II***, 2003 (Hachette Jeunesse, « La vie privée des hommes ») : six grandes parties thématiques, parmi lesquelles : « Vivre à Babylone la ville », « Les maisons », « Le Tigre et l'Euphrate », « Rites et croyances », « L'épopée de Gilgamesh ».

Estelle Girard, ***Des hiéroglyphes à l'écriture électronique***, 2007 (Flammarion, « Castor poche ») : une histoire de l'écriture.

Ludmila Zeman, illustration extraite de ***La Dernière Quête de Gilgamesh*** de L. Zeman (1995).

« Un serpent noir »

Gilgamesh a trouvé l'Herbe qui permet de gagner une seconde vie. Il s'arrête à une source pour s'y baigner. Il dépose l'Herbe magique sur la rive...

Mais un drame, déjà, se prépare à frapper. Pendant qu'il se délasse, une ombre jaillit sur la rive. Une flèche vivante, gueule ouverte, qui se plante au centre de la cible : l'Herbe ! Elle l'avale d'un trait, fleurs, feuillage, épines et, son méfait consommé, retourne sous la plaine d'où elle était sortie. C'est un serpent noir.

Gilgamesh sent l'ombre passer. Il comprend. Il se jette hors de l'eau, se précipite sur la rive... Trop tard ! Le serpent atteint déjà son abri sous la terre. Il a dévoré le trésor, volé la nouvelle vie qui ne lui était pas destinée, et laissé en partant sa vieille peau, vestige[1] de sa première vie achevée...

Alors, une poigne de bronze se referme sur Gilgamesh et broie son cœur. Il hurle de douleur, tombe à genoux, et reste, bouche ouverte, sans plus un cri, devant l'empreinte que son Herbe lui a laissée sur le sol.

Elle lui appartenait de droit. Il avait su la découvrir. Pourquoi ?...

1. **un vestige :** ce qui reste.

Jacques **Cassabois**, ***Le Premier Roi du monde, l'Épopée de Gilgamesh***

COMPRENDRE LE TEXTE

Répondez par des phrases complètes.

Le vol de l'Herbe

1. Rappelez qui a donné l'Herbe à Gilgamesh.
2. Qui la lui vole ? Relevez les termes (groupes nominaux, pronom) qui désignent le ravisseur avant qu'il ne soit nommé. Identifiez la métaphore (l. 1 à 7). Quel est l'effet produit ?
3. Qui le pronom *il* désigne-t-il (l. 8 à 14).
4. Montrez que l'action s'accélère (l. 8 à 10). Pour répondre, appuyez-vous sur la longueur des phrases, les liens entre les phrases ou propositions (coordination ou juxtaposition). Identifiez la forme de la phrase « *Trop tard !* » (l. 10).
5. Quelle explication ce texte fournit-il concernant le serpent ?

Le drame

6. Quelles expressions désignant l'Herbe et quel type de phrase montrent qu'elle a de la valeur aux yeux de Gilgamesh ?
7. Comment Gilgamesh réagit-il à sa perte ? Repérez une métaphore et un champ lexical que vous nommerez.
8. Sur quel type de phrase l'extrait se termine-t-il ? En quoi la perte de l'Herbe est-elle un drame pour le héros ?

4 Ulysse et Énée : deux héros épiques

Objectifs → *Comparer deux héros épiques ; analyser l'écriture épique ; reconnaître les caractéristiques de l'épopée.*

Aède grec avec une lyre (2000 avant J.-C.), statuette en bronze de style géométrique (musée d'Archéologie, Héraklion, Crète, Grèce).

Lire l'image

1. À quelle époque la statuette a-t-elle été réalisée ? avec quel matériau ?
2. Quel personnage est représenté ? Quel instrument tient-il entre ses mains ?
3. Les proportions sont-elles respectées ? Quel est l'effet produit ?

Pour commencer

1. Qu'évoquent, pour vous, la guerre de Troie et le cheval de Troie ?
2. Apprenez la liste des dieux grecs et romains. ▶ LEÇON 41, p. 336-337

REPÈRES
Homère et l'*Odyssée*

Qui était Homère ?

- Les Grecs représentaient Homère sous les traits d'un **aède** (poète chanteur) barbu, pauvre et **aveugle**, qui allait de village en village pour réciter ses poèmes, accompagné d'une lyre.
- Il aurait vécu au VIIIe **siècle avant J.-C. Sept villes** se disputaient l'honneur de l'avoir vu naître. Il aurait mené une **vie errante**, avant de se fixer sur l'île de Chios.
- Dans l'Antiquité, on considérait qu'Homère était l'auteur de l'***Iliade*** (récit de la dernière année de la guerre de Troie) et de l'***Odyssée*** (récit du retour d'Ulysse dans sa patrie, Ithaque).
- Il est probable qu'Homère **a composé la majeure partie** de ces deux œuvres. On ne sait s'il a réuni divers morceaux écrits par d'autres poètes ou bien si les aèdes qui lui ont succédé ont complété son œuvre.

Résumé de l'*Odyssée* ▶ LEÇON 41, p. 336-337

- L'*Odyssée* est un long poème écrit en **langue grecque**. Il est constitué de vingt-quatre chants et comporte environ 12 000 vers.
- **Chants I à IV :** Ulysse (*Odusseus*, en grec) n'a pas revu **Ithaque** depuis vingt ans (dix ans de guerre et dix ans d'errance). Pendant son absence, de jeunes nobles veulent obliger sa **femme Pénélope** à épouser l'un d'eux. **Télémaque**, fils d'Ulysse, part à la recherche de son père.

- **Chant V :** Ulysse se trouve depuis sept ans chez la **nymphe Calypso**, qui est amoureuse de lui. Mais les dieux se réunissent, et **Zeus** décide de son retour (▶ EXTRAIT 1, p. 104). Ulysse part sur un radeau ; après avoir navigué pendant dix-huit jours, il subit une violente tempête, envoyée par **Poséidon**, et fait naufrage.

Ulysse reconnu par la servante de Pénélope (440 avant J.-C.), vase grec attique à figures rouges (musée national d'Archéologie, Chiusi, Italie).

Poséidon, détail d'une statue de bronze, découverte dans la mer près du cap Artémision, en Grèce (460 avant J.-C.), hauteur 2,09 m (musée national d'Archéologie, Athènes, Grèce).

Dates clés

- **Vers 1250 avant J.-C.** Prise de Troie par les Grecs (guerre de Troie).
- **Vers 750 avant J.-C.** Apparition de l'alphabet grec.
- **VIIIe siècle avant J.-C.** Composition de l'*Iliade* et de l'*Odyssée*, d'Homère.

Le périple d'Ulysse

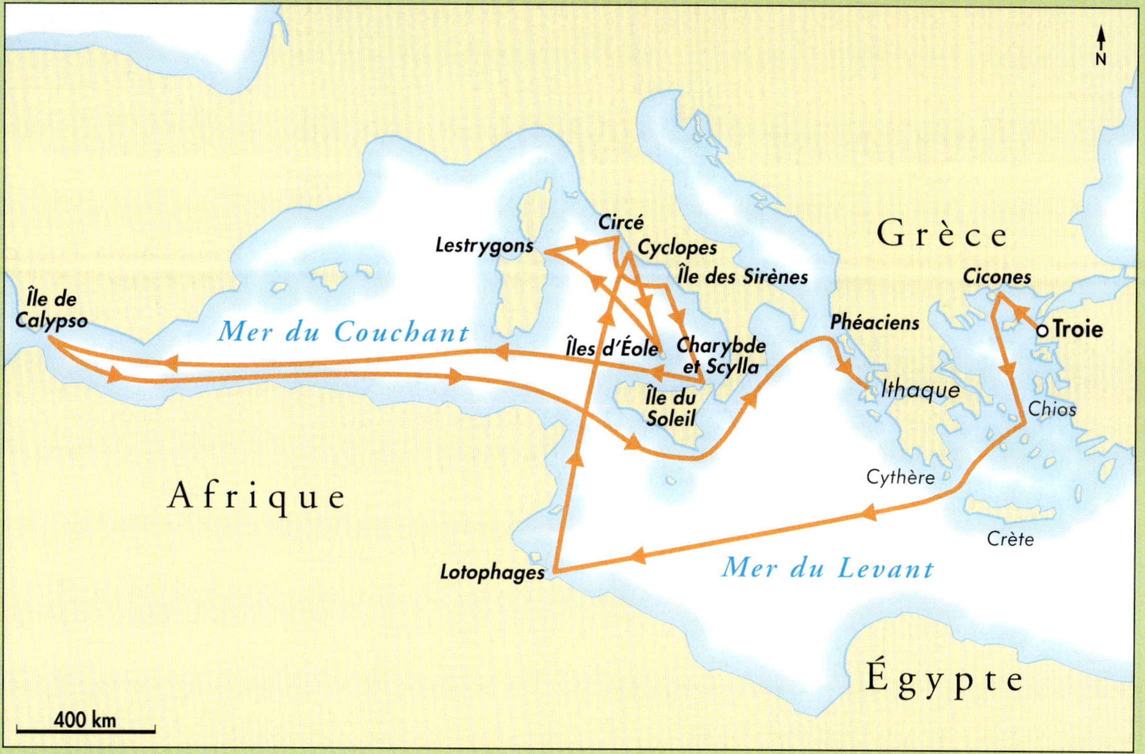

Chants VI à XII : Ulysse échoue en **Phéacie**. Il rencontre **Nausicaa**, fille du roi Alcinoos. Au cours d'un banquet, il raconte les dangers qu'il a affrontés depuis son départ de Troie : les guerriers **Cicones**, alliés des Troyens ; les **Lotophages**, qui offrent aux compagnons d'Ulysse les fruits de l'oubli (oubli du retour) ; le **Cyclope Polyphème**, à qui Ulysse a crevé l'unique œil, s'attirant ainsi à jamais la **haine de Poséidon**, père du monstre (▶ EXTRAIT 1, p. 106-107) ; les vents qui se sont échappés de l'outre (sac en peau de bouc) d'**Éole** ; les **Lestrygons**, qui ont écrasé, avec des rochers, les navires d'Ulysse ; la magicienne **Circé**, qui a transformé les compagnons d'Ulysse en porcs ; le voyage aux **Enfers** (▶ EXTRAIT 1, p. 110) ; les **Sirènes** ; les tourbillons marins **Charybde et Scylla** ; les **bœufs sacrés du Soleil**, que les hommes d'Ulysse ont dévorés, pour leur malheur ; le naufrage dont Ulysse fut le seul survivant, et qui l'a conduit chez la nymphe **Calypso**.

Chants XIII à XXIV : Ulysse quitte la Phéacie et regagne Ithaque, avec l'aide d'**Athéna**. La déesse lui donne l'aspect d'un mendiant pour le rendre méconnaissable. Ulysse ne dévoile son identité qu'à son fils Télémaque ; mais il est reconnu par sa servante et par son vieux chien (▶ ÉVALUATION, p. 127). Vainqueur à l'épreuve de l'arc, Ulysse **massacre tous les prétendants** (▶ EXTRAIT 1, p. 116). Il retrouve son épouse et son royaume (▶ EXTRAIT 1, p. 113).

Je réponds aux questions

1. Qui est Homère ? Qu'est-ce qu'un aède ?

2. D'où vient le nom *Odyssée* ? En quelle langue l'*Odyssée* est-elle écrite ?

3. a. Quel dieu s'oppose à Ulysse ? Pourquoi ?
b. Quelle déesse l'aide ?

4. Où l'île de Calypso est-elle située sur la carte ? Quel est le nom de la Sicile dans l'*Odyssée* ?

R

REPÈRES
Virgile et l'*Énéide*

Qui était Virgile ?

Virgile est né vers 70 avant J.-C., à Mantoue (Italie). Il se rend à Rome, fréquente les **milieux littéraires** et reçoit la protection de Mécène, ministre de l'empereur Auguste ; puis il devient l'**ami d'Auguste**. Il écrit l'*Énéide*, une épopée en **langue latine**, constituée de douze chants (environ 10 000 vers).

Au moment de mourir, en 19 avant J.-C., il demande que son **œuvre inachevée** soit détruite. Ses amis, émerveillés par la beauté du poème, décident de la publier deux ans plus tard.

La guerre de Troie

Après l'**enlèvement d'Hélène**, épouse de Ménélas, par Pâris, **Agamemnon**, frère de Ménélas, rassemble les guerriers grecs et **assiège Troie**. Après **dix ans de guerre**, les Grecs imaginent une **ruse** : ils bâtissent un **cheval en bois, empli de guerriers**, qu'ils offrent en cadeau aux Troyens. En pleine nuit, les Grecs sortent du cheval, incendient la ville et **massacrent les Troyens**. Seuls **Énée** et quelques compagnons en **réchappent**.

Résumé de l'*Énéide* ▶ LEÇON 41, p. 336-337

Chants I à IV : après la **chute de Troie**, Énée prend la mer avec ses compagnons. Il a reçu des dieux la mission de fonder une nouvelle Troie. Mais une tempête, envoyée par **Junon** (▶ EXTRAIT 2, p. 104-105), ennemie des Troyens, les détourne de leur route (▶ EXTRAIT 2, p. 107-108). Ils arrivent à **Carthage** et sont accueillis par la reine **Didon**. Énée lui fait le récit de ses aventures. La reine tombe amoureuse de lui : il s'installe à Carthage (▶ EXTRAIT 2, p. 114).

Dates clés

- **Vers 1250 avant J.-C.** Chute de Troie, départ d'Énée.
- **753 avant J.-C.** Fondation légendaire de Rome par Romulus.
- **27 avant J.-C.-14 après J.-C.** Règne de l'empereur Auguste.
- **17 avant J.-C.** Publication de l'*Énéide*, de Virgile.

Panneau de cassone (décorant un coffre) : *Le Cheval de Troie*, atelier de **Giovanni di Ser Giovanni**, dit **Scheggia** (1406-1480), peinture sur bois (musée national de la Renaissance, Écouen, France).

Le parcours d'Énée

Mais Jupiter lui demande de poursuivre sa route. Énée quitte Carthage ; Didon, désespérée, se donne la mort.

Chants V et VI : Énée arrive en **Sicile**. Il se rend aux **Enfers** pour revoir son père, récemment décédé, qui lui annonce sa destinée et celle de ses descendants (▶ EXTRAIT 2, p. 111-112).

Chants VII à XII : Énée débarque en Italie, dans le **Latium**, à l'embouchure du Tibre. Le roi local, **Latinus**, lui donne sa fille **Lavinia** en mariage. Mais celle-ci est fiancée à **Turnus**, roi des **Rutules**. La guerre éclate ; Énée et Turnus finissent par s'affronter seul à seul (▶ EXTRAIT 2, p. 117). Énée tue son adversaire.

Énée fuyant Troie en flammes et portant son père Anchise sur ses épaules (1720), relief (ancien palais du prince Eugène de Savoie, Vienne, Autriche).

Un poème à la gloire d'Auguste

Virgile, à travers l'*Énéide*, célèbre les **origines divines et troyennes** de Rome et glorifie l'**empereur Auguste**, qui se disait descendant d'Énée. L'œuvre d'Auguste apparaît dans la continuité de celle d'**Énée** et de celle de **Romulus**, deux êtres exceptionnels par leur origine divine et par leur rôle dans l'édification de la **puissance romaine**.

Je réponds aux questions

1. Quelle est l'œuvre majeure de Virgile ? Qui en est le héros ?
2. Qu'appelle-t-on la guerre de Troie ?
3. Quel empereur Virgile célèbre-t-il à travers son œuvre ?

Chant d'un retour, chant d'un départ

PRÉPARER LA LECTURE

1. Qui a gagné la guerre de Troie ? Qui l'a perdue ?
2. Recherchez l'histoire de Romulus et Rémus.

Jean de Bologne (1529-1608), *Mercure* (1580), bronze, 187 cm (musée du Bargello, Florence, Italie).

Extrait 1

« Nous avons décidé le retour d'Ulysse »

Homère
(VIIIe siècle avant J.-C.)

Dix ans après la chute de Troie, Ulysse est le seul chef grec à ne pas être rentré chez lui.

Les dieux étaient réunis autour de Zeus, qui tonne dans le ciel. Athéna leur contait les malheurs d'Ulysse :

« Zeus et vous, dieux immortels, écoutez-moi. Plus personne ne se souvient d'Ulysse, qui régnait à Ithaque avec la douceur d'un père. Et lui, le malheureux, il endure de cruelles souffrances dans l'île où le retient la nymphe Calypso. »

Zeus se tourna vers son fils, Hermès :

« Hermès, messager des dieux, va dire à la nymphe aux belles boucles que nous avons décidé le retour d'Ulysse. Seul, sur un radeau, il atteindra, en vingt jours, la terre des Phéaciens[1]. Ceux-ci l'honoreront comme un dieu et le ramèneront dans sa patrie. »

Le messager aux rayons clairs obéit : il noua ses belles sandales d'or, qui le portent aussi vite que le vent. Il prit sa baguette et s'élança sur la mer violette.

1. la terre des Phéaciens : Phéacie (▶ CARTE, p. 101).

Homère, ***Odyssée*** (VIIIe siècle avant J.-C.), extrait du **chant V**, traduit et adapté par Hélène Potelet et Michelle Busseron.

Extrait 2

« Le destin des Troyens s'accomplira »

Virgile
(vers 70-19 avant J.-C.)

Après la chute de Troie, Énée et ses compagnons, partis fonder une ville, sont retardés par une tempête suscitée par Junon. Vénus, mère d'Énée, inquiète, va trouver Jupiter.

Le père des hommes et des dieux[1], avec un sourire, effleura d'un baiser les lèvres de sa fille, Vénus, et lui répondit :

« Rassure-toi, reine de Cythère[2], le destin des Troyens s'accomplira ; et, quand Énée sera mort, tu le conduiras jusqu'aux cieux. Mais, avant cela, il mènera en Italie une terrible guerre, et s'installera dans le

1. Jupiter.
2. Cythère : île de Vénus.

Latium[3]. Là, pendant trois siècles, régneront ses descendants, jusqu'au jour où une prêtresse de Vesta[4], Rhéa Silvia, enceinte du dieu Mars, donnera le jour aux jumeaux Romulus et Rémus. Puis, Romulus, nourri du lait de la louve fauve, fondera la ville de Rome, qui portera son nom. Je donnerai aux Romains un immense empire. Et même la redoutable Junon reviendra à de meilleurs sentiments et protégera, comme moi, le peuple à la toge[5] blanche, les Romains, maîtres du monde. »

Virgile, *Énéide* (17 avant J.-C.), extrait du **chant I**, traduit et adapté par Hélène Potelet et Michelle Busseron.

3. le Latium : région d'Italie où sera fondée Rome (▶ CARTE, p. 103).
4. Vesta : déesse du Foyer.
5. la toge : vêtement drapé du citoyen romain.

Comprendre les textes

Le rôle des dieux dans l'épopée

1. a. Quel dieu décide du destin de chacun des héros ?

b. Quelles divinités leur sont hostiles ? Lesquelles les aident ?

L'écriture épique

2. a. Quelles expressions (épithètes homériques) caractérisent Zeus, Hermès et la nymphe (**extrait 1**, l. 1 et 8) ?

b. Relevez les expressions ou périphrases (▶ LEÇON 45, p. 344) qui désignent Hermès (**extrait 1**, l. 12), puis Jupiter et Vénus (**extrait 2**, l. 1 et 3).

Le destin des héros

3. Montrez qu'au départ de Troie Ulysse et Énée poursuivent des buts opposés.

4. Quel destin le dieu annonce-t-il pour chacun des héros ? Quel temps verbal utilise-t-il ?

Écriture

Imaginez la suite de l'**extrait 1** : Hermès transmet à Calypso le message de Zeus.

Conseils

- Présentez l'arrivée d'Hermès, puis rapportez ses paroles.
- Utilisez des expressions du texte.

L'ESSENTIEL

Chant d'un retour, chant d'un départ

- Ulysse et Énée sont deux héros d'**épopées** (ou **héros épiques**), appelés chacun à un destin extraordinaire. Ulysse, vainqueur de la guerre de Troie, cherche à **rentrer à Ithaque** ; Énée, le vaincu, est **en quête d'une nouvelle patrie**.
- L'écriture épique comporte des **épithètes homériques**, expressions servant à **caractériser les êtres ou les choses. Ex :** *la nymphe* ***bouclée***, *la nymphe* ***aux belles boucles***.

Athéna, envoyée en mission par Zeus, en présence d'Hermès, camée, art romain, 3,3 x 3 cm (BnF, Paris).

Des rencontres extraordinaires

PRÉPARER LA LECTURE

1. À qui Ulysse et Énée racontent-ils leurs aventures ? (Aidez-vous des REPÈRES ▶ p. 100 à 103.)
2. Qui sont les Cyclopes ?

Extrait 1

« Le Cyclope pousse un hurlement épouvantable »

Faisant escale sur l'île du Cyclope Polyphème, Ulysse et ses compagnons se retrouvent prisonniers dans la caverne du monstre. Ulysse s'apprête à lui crever l'œil avec un pieu brûlant.

Quand le pieu[1] d'olivier est près de flamber, bien qu'il soit en bois vert, je le sors du feu. Un dieu nous donnait du courage. Mes hommes soulèvent le pieu aigu et le plantent en plein dans l'œil, tandis que je le fais tourner du bout, comme un charpentier de marine qui perce une poutre avec une tarière[2]. […] Le pieu d'olivier grésille dans son œil comme une hache rougie au feu qu'un forgeron trempe dans l'eau froide.

Le Cyclope pousse un hurlement épouvantable. La roche en renvoie l'écho et nous bondissons en arrière. Il arrache le pieu souillé de sang et le jette loin de lui, dans son égarement. Il appelle à grands cris les autres Cyclopes qui habitent alentour dans des cavernes en haut des montagnes. Ils accourent à ses cris, l'entourent et lui demandent ce qui l'afflige :

« Pourquoi ces cris, Polyphème, pourquoi nous réveilles-tu dans la nuit divine ? Est-ce qu'un mortel te vole ton troupeau ? Est-ce que l'on t'agresse, par ruse ou par violence ? »

Du fond de la caverne le puissant Polyphème leur répond :

« Mes amis, c'est Personne[3] qui me tue par ruse, non par violence !

– Si vraiment Personne ne t'agresse et si tu es tout seul, il n'est pas possible d'échapper à la maladie qui vient de Zeus. Prie donc ton père, le seigneur Poséidon. »

Ils parlent ainsi et s'en vont. […]

Au matin, Ulysse réussit à tromper le Cyclope : ses compagnons et lui sortent de la caverne, attachés sous les moutons de Polyphème. Une fois sur son navire, Ulysse le provoque.

1. le pieu : ici, tronc de l'olivier taillé en pointe.
2. une tarière : tige métallique qui sert à percer des trous dans le bois.
3. Personne : Ulysse a prétendu s'appeler Personne.

« Cyclope, si on vient te demander qui t'a crevé l'œil, réponds que c'est Ulysse, le fils de Laerte, le pilleur de villes, celui qui habite à Ithaque !

– Ah ! s'écrie le Cyclope, voici que s'accomplissent les oracles[4]. On m'avait prédit que je serais privé de la vue par Ulysse. [...] Écoute-moi, Poséidon à la chevelure bleue, si tu es vraiment mon père, accorde-moi qu'Ulysse ne revienne jamais chez lui ou, si le destin le veut, au moins qu'il ne rentre qu'accablé de malheurs, après avoir perdu tous ses hommes ! »

Puis, saisissant un bloc encore plus gros, il le lance en le faisant tournoyer et manque de peu d'atteindre la poupe[5] de notre bateau.

4. les oracles : prophéties, prédictions.
5. la poupe : arrière du navire.

Homère, ***Odyssée*** (VIIIe siècle avant J.-C.), extrait du **chant IX**,
traduit et adapté du grec par Michel Woronoff © éd. Casterman (2003).

École française, *Ulysse et ses compagnons crevant les yeux du géant Polyphème* (1887), lithographie en couleurs, d'après un vase grec antique.

Extrait 2

« Les Harpyes »

Après avoir essuyé une tempête, Énée et les Troyens abordent sur une île.

Sauvé des eaux, je fus accueilli tout d'abord par les Strophades. Ces îles se dressent au milieu de la mer Ionienne et sont habitées par la sinistre Céléno et les autres Harpyes : aucun monstre plus lugubre[1], aucun fléau plus redoutable n'a jamais surgi des eaux du Styx[2] ; ce sont des oiseaux au visage de jeune fille, aux pattes crochues, au teint toujours livide[3] de faim.

À peine arrivons-nous au port que nous voyons à travers les champs des troupeaux de bœufs en quantité, des chèvres sans gardien au milieu des herbes. Nous nous précipitons sur ce bétail, l'épée à la main, et nous invitons Jupiter à partager notre repas[4] ; dans une anse[5] du rivage, nous dressons des tables et faisons un copieux festin. Mais les Harpyes,

1. lugubre : triste, sinistre.
2. Styx : fleuve des Enfers (▶ CARTE, p. 111).
3. livide : bleuâtre, tirant sur le noir.
4. Les Troyens célèbrent un sacrifice à Jupiter avant leur repas.
5. une anse : petite baie.

horrible apparition, arrivent du haut des montagnes. Elles battent des ailes à grand bruit, dérobent notre repas, souillent[6] tout de leur contact immonde[7]. Nous entendons des cris sinistres, sentons une odeur fétide[8]. [...] Je demande alors à mes compagnons de prendre les armes et de livrer bataille contre cette sinistre engeance[9]. Ils se précipitent et essaient de blesser de leurs épées ces repoussants oiseaux de mer ; mais ils ne peuvent arracher leurs plumes ni frapper leurs corps ; elles s'enfuient à toute allure sous les étoiles, laissant leurs traces répugnantes et notre repas à demi dévoré.

Céléno, prophétesse[10] de malheur, se perche seule sur un rocher et laisse échapper de sa gorge ces mots :

« Écoutez-moi et gravez ce que je vais dire dans vos mémoires ; je vous livre ce que Jupiter le père tout-puissant a dit à Apollon, qui me l'a ensuite répété. Vous demandez aux vents de conduire votre course en Italie. Vous irez bien en Italie, on vous laissera entrer dans les ports, mais vous ne pourrez entourer de remparts la ville qui vous est promise avant qu'une famine horrible, punition de votre méchanceté à notre égard, ne vous ait forcés à manger vos tables, à les broyer de vos dents. »

Elle parla et s'enfuit à tire-d'aile à travers la forêt.

Une terreur soudaine glace le sang de mes compagnons ; leur courage s'évanouit ; ils me demandent de faire la paix avec ces créatures sinistres et repoussantes ; les armes ne servent à rien, il faut employer la prière.

Après avoir prié les dieux, Énée et les Troyens repartent sur leurs navires.

6. souillent : salissent.
7. immonde : sale, impur.
8. fétide : infecte.
9. cette engeance : personnes ou animaux méprisables.
10. prophétesse : personne inspirée par la divinité, qui prédit l'avenir.

Virgile, *Énéide* (17 avant J.-C.), extrait du **chant III**,
traduit et adapté du latin par Annie Dubourdieu © éd. Casterman (1994).

Peintre du Silène (VIe siècle avant J.-C.), *Cortège de silènes et ménades*, amphore « pontique » à figures noires, céramique, hauteur 0,38 m, diamètre 0,275 m (musée du Louvre, Paris).

Comprendre les textes

Des rencontres extraordinaires

1. Qui est le narrateur de chaque récit ?

2. En quels lieux Ulysse et Énée font-ils escale ? Quels êtres monstrueux y rencontrent-ils ?

3. a. Relevez les expressions qui montrent la force du Cyclope (**extrait 1**, l. 1 à 13).

b. Relevez les adjectifs qui expriment l'horreur inspirée par les Harpyes (**extrait 2**, l. 1 à 20). En quoi offensent-elles les hommes et les dieux ?

Des héros hors du commun

4. Extrait 1.

a. Grâce à quelle qualité Ulysse réussit-il, chaque fois, à échapper au Cyclope ? Résumez chaque épisode.

b. L'écriture épique : relevez et expliquez les comparaisons présentes dans les lignes 1 à 7.

5. Extrait 2.

Quel moyen de lutte Énée choisit-il contre les Harpyes (l. 33) ?

6. En quoi Ulysse et Énée font-ils preuve de courage ?

La malédiction

7. Quel terrible destin les monstres annoncent-ils aux héros dans chaque texte ?

8. a. Quels dieux ces monstres invoquent-ils pour se venger des héros ?

b. Relevez l'épithète homérique qui caractérise le dieu invoqué (**extrait 1**, l. 28 à 33).

Lire l'image

a. De quelle époque l'amphore **ci-contre** date-t-elle ?

b. Quel était l'usage des amphores ?

c. Quelle est la couleur du fond ? Quelle est celle des figurines ?

Écriture

Décrivez, en quelques phrases, un autre monstre que pourraient affronter Ulysse et Énée s'ils étaient des héros de jeu vidéo.

Conseils

- Commencez par : *C'est un monstre prodigieux.*
- Décrivez le corps (taille, parties…).
- Utilisez le lexique de l'horreur.

Illustrations d'**Alban Marilleau** (p. 109, 112, 117, 121, 122, 127).

L'ESSENTIEL

Les héros épiques

- Les héros de l'épopée sont **aux prises avec des forces qui les dépassent.**
- Le **merveilleux** occupe une large place dans l'épopée : intervention des dieux, apparition de **monstres** (le Cyclope dans l'*Odyssée*, les Harpyes dans l'*Énéide*).
- Les héros manifestent leur **courage**. Ulysse fait preuve, en outre, de **ruse** ; Énée, de **piété** (**respect des dieux**).

La descente aux Enfers

PRÉPARER LA LECTURE

Observez la carte ci-contre. Recopiez les noms propres en les classant dans trois colonnes : fleuves, espaces réservés aux morts, personnel des Enfers (dieux, gardiens, juges et passeur).

Extrait 1

« L'âme, comme un rêve, s'envole »

Ulysse se rend aux Enfers consulter le devin Tirésias, afin qu'il lui indique le chemin du retour. Il se trouve face à sa mère…

« […] Dis-moi, quelle déesse de la mort t'a abattue, est-ce une longue maladie ? Est-ce Artémis l'archère[1] qui est venue te tuer de ses douces flèches ? Parle-moi de mon père, de mon fils. Ma dignité royale est-elle en leur pouvoir ou est-elle passée à un autre homme, en désespoir de mon retour ? Parle-moi de ma femme, dis-moi ses pensées, ses projets. Est-elle restée près de mon fils et à la garde de mes biens ? A-t-elle déjà épousé un noble Achéen[2] ?

– Elle demeure le cœur affligé dans ta maison et passe ses nuits et ses jours à se désoler. Personne ne possède ta dignité royale. […] je suis morte et ce n'est pas de maladie ; c'est le regret de toi, le souci de toi, illustre Ulysse, c'est ma tendresse pour toi qui m'a privée du souffle au goût de miel. »

Elle parlait ainsi et moi je voulais saisir dans mes bras l'âme de ma mère morte. Trois fois je m'élance, trois fois elle s'envole de mes mains, comme une ombre ou un rêve :

« Mère, pourquoi ne me laisses-tu pas te toucher pour que, même chez Hadès, nous pleurions ensemble embrassés ?

– Hélas, mon petit, voici quelle est la loi pour les morts : les tendons[3] ne tiennent plus les chairs ni les os, la flamme les anéantit[4], dès que le souffle nous a quittés. L'âme, comme un rêve, s'envole et disparaît. »

Homère, *Odyssée* (VIIIe siècle avant J.-C.), extrait du **chant XI**, traduit et adapté du grec par Michel Woronoff © éd. Casterman (2003).

1. **l'archère :** avec son arc, Artémis inflige aux femmes une mort subite.
2. **Achéen :** Grec.
3. **les tendons :** parties d'un muscle.
4. Dans la Grèce homérique, les morts sont incinérés.

Les Enfers

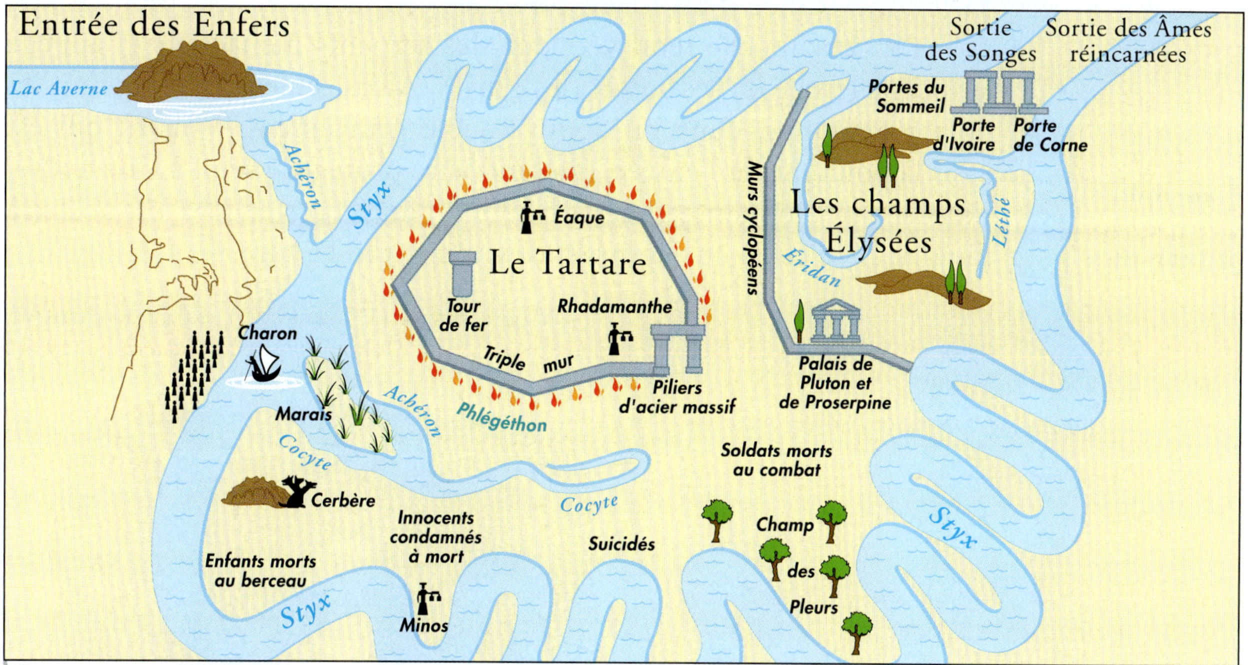

juges des Enfers.
D'après une carte conçue par Fabienne Serin-Moyal pour *Les Textes fondateurs 6e* © éd. Hatier, coll. « Œuvres et thèmes » (2002). ▶ LEÇON 41, p. 336-337

Extrait 2

« C'est là que commence vraiment le Tartare »

Conduit par la Sibylle, prêtresse d'Apollon, Énée se rend aux Enfers : son père Anchise, mort un an auparavant, doit lui révéler son destin. Ils arrivent devant le Tartare, lieu des supplices.

Énée regarde dans cette direction et, soudain, au pied d'un rocher, il voit un immense édifice protégé d'une triple muraille qu'entoure le fleuve du Tartare, torrent de flammes dévorantes roulant des rochers retentissants. En face se trouve une énorme porte aux montants d'acier massif que ne pourraient pas ébranler[1] des forces humaines ni même, s'ils le voulaient, les habitants du ciel ; une tour de fer s'élève dans les airs : assise sur un siège, Tisiphone, une Furie[2] vêtue d'une robe sanglante, en garde l'entrée nuit et jour sans jamais dormir. De là sortent des gémissements, des coups cruels retentissent, on entend le grincement de chaînes de fer que l'on traîne. Énée s'arrête, épouvanté, prêtant l'oreille à tout ce vacarme :

« Quels crimes punit-on là ? Dis-le-moi, prêtresse. De quels châtiments s'agit-il ? Quelle est cette plainte immense qui s'élève ?

– Illustre chef des Troyens, aucun homme pieux n'a le droit de franchir ce seuil maudit ; l'un des juges des Enfers fait peser sur ces lieux

1. **ébranler :** faire trembler.
2. **une Furie :** déesse vengeresse, à la chevelure de serpents.

la loi la plus rigoureuse ; il punit les crimes cachés ; [...] la vengeresse Tisiphone, armée d'un fouet, punit les coupables en les frappant ; de sa main gauche, elle tend vers eux des serpents menaçants et appelle la troupe féroce de ses sœurs, les Furies. Alors seulement s'ouvrent les portes maudites, dans un épouvantable grincement. Vois-tu qui est assis là pour garder l'entrée, quel monstre protège le seuil ? Une hydre[3] hideuse aux cinquante gueules béantes, plus féroce encore, est postée à l'intérieur ; c'est là que commence vraiment le Tartare. »

3. **une hydre :** un serpent à plusieurs têtes.

Virgile, *Énéide* (17 avant J.-C.), extrait du **chant VI**, traduit et adapté du latin par Annie Dubourdieu © éd. Casterman (1994).

Comprendre les textes

Le parcours des héros

1. Quelles questions Ulysse pose-t-il à sa mère ? Qu'apprend-il d'elle ?

2. Quel geste et quels mots révèlent la tendresse et l'émotion qu'Ulysse éprouve lorsqu'il retrouve sa mère ?

3. Quel sentiment Énée éprouve-t-il en s'approchant du Tartare ? Que veut-il savoir ?

Le monde des Enfers

4. Quelle est la *loi pour les morts* (**extrait 1**, l. 18 à 20) ?

5. **L'écriture épique.**

a. Dans l'**extrait 1**, expliquez la comparaison (▶ LEÇON 45, p. 344) : *L'âme, comme un rêve, s'envole et disparaît* (l. 20).

b. Dans l'**extrait 2** :

– relevez les épithètes homériques qui caractérisent la *porte* (l. 4), la *robe* (l. 7), *la troupe* (l. 19), *les portes* (l. 19-20), le *grincement* (l. 20), l'*hydre* (l. 21) ;

– relevez les mots appartenant aux champs lexicaux du bruit et de l'horreur ;

– relevez le son-consonne répété (allitération ▶ LEÇON 46, p. 346) dans l'expression : *Tartare, torrent de flammes dévorantes roulant des rochers retentissants* (l. 3-4).

6. Quelle image est donnée des Enfers ? Appuyez-vous sur l'ensemble de l'étude pour répondre.

Oral

En vous aidant de vos recherches, de la carte et des textes, faites un court exposé sur les Enfers. Donnez des explications sur le dieu des Enfers, les fleuves, Charon, Cerbère, les âmes, le Tartare, les champs Élysées.

L'ESSENTIEL

Le passage aux Enfers

● Le passage aux Enfers constitue un **voyage initiatique** : les deux héros s'y rendent pour interroger les âmes des disparus et obtenir des **révélations sur leur destinée**.

Adieux et retrouvailles

PRÉPARER LA LECTURE

1. Qui est la femme d'Ulysse ? Depuis combien d'années les époux sont-ils séparés ?
2. Qui est Didon ? Pourquoi Énée s'est-il attardé à Carthage ?

Extrait 1

« Il pleura en tenant son épouse »

De retour à Ithaque, Ulysse retrouve son épouse, Pénélope ; mais elle hésite à le reconnaître, et lui fait croire que leur lit a été déplacé…

Elle voulait mettre son mari à l'épreuve ; mais Ulysse se mit en colère et s'écria :

« Femme, qui a déplacé mon lit ? Ce serait impossible de le déplacer, même pour un homme de l'art, à moins d'être aidé par un dieu. Car notre grand signe de reconnaissance, c'est ce lit travaillé. Je l'avais fabriqué tout seul ; à l'intérieur de l'enceinte poussait un olivier au feuillage léger […]. En le prenant comme socle, j'ai poli le lit, j'y ai tendu des courroies de bœuf[1] d'un rouge vif. Je ne sais pas si le lit est toujours en place, femme, ou si quelque homme l'a mis ailleurs, en sciant le tronc de l'olivier. »

Pénélope sentit défaillir[2] ses genoux et son cœur, car elle avait reconnu les preuves énoncées par Ulysse. En pleurant elle se précipita sur lui, lui mit les bras autour du cou, lui embrassa la tête et lui dit :

« Ne te mets pas en colère, Ulysse. Tu as toujours été le plus avisé des hommes. Sans cesse mon cœur était pris de la crainte qu'un homme ne vînt m'abuser[3] par des discours. Mais toi seul pouvais décrire ainsi notre couche[4], car aucun autre homme ne l'a jamais vue. »

Alors le désir de sanglots envahit le cœur d'Ulysse et il pleura en tenant son épouse toute charmante, son épouse fidèle.

Homère, ***Odyssée*** (VIIIe siècle avant J.-C.), extrait du **chant XXIII**, traduit et adapté du grec par Michel Woronoff © éd. Casterman (2003).

1. **des courroies de bœuf :** lanières en cuir.
2. **défaillir :** faiblir.
3. **abuser :** tromper.
4. **notre couche :** notre lit.

A. Bonamy (XXe siècle), *Pénélope défaisant la nuit la tapisserie qu'elle avait tissée le jour*, gravure tirée de l'ouvrage *Le Retour d'Ulysse* (1914), de J.-B. Coissac.

Extrait 2

« Je n'ai pas choisi de devoir gagner l'Italie »

Énée est amoureux de la reine Didon, mais il doit quitter Carthage pour fonder une ville. Didon le supplie de rester.

« Si encore avant de disparaître tu m'avais donné un enfant, si dans mon palais jouait un petit Énée dont les traits me rappelleraient les tiens, je ne me sentirais pas tout à fait trahie et abandonnée. »

Elle avait parlé. Lui, suivant les avis de Jupiter, avait un regard assuré et se forçait à étouffer sa peine au fond de son cœur. Il répond enfin en quelques mots :

« Je ne peux énumérer tous les bienfaits que je te dois, reine, je ne les nierai pas, j'aurai toujours plaisir à me souvenir de Didon tant que je me souviendrai de moi-même et qu'un souffle de vie animera mon corps. J'ai peu à te dire pour ma défense. Je n'ai pas espéré te dissimuler ma fuite, je t'assure. Je ne t'ai pas proposé un mariage véritable, car ce n'est pas pour conclure semblable engagement que je suis venu ici. [...] De plus, aujourd'hui, le messager des dieux, envoyé par Jupiter lui-même, m'a apporté des ordres à travers les brises[1] rapides ; j'ai vu moi-même le dieu pénétrer ici dans une lumière éclatante, et mes oreilles ont entendu ses paroles. Cesse de nous torturer l'un et l'autre avec tes plaintes ; je n'ai pas choisi de devoir gagner l'Italie. »

Tandis qu'il parle, elle le regarde par en dessous et, sans un mot, parcourt des yeux toute sa personne ; enfin, brûlant de colère, elle s'écrie :

« [...] Je ne te retiens pas, je ne discute pas : va, gagne l'Italie avec l'aide des vents, cherche ton royaume à travers les ondes[2]. J'espère seulement que, si les dieux justes ont quelque pouvoir, tu iras de supplice en supplice parmi les écueils[3] et que tu prononceras souvent le nom de Didon. Absente, je te poursuivrai avec de sombres torches et, quand la mort glacée aura séparé mon corps de mon âme, je serai comme une ombre toujours présente à tes côtés. Tu seras puni, misérable. Je le saurai, cette nouvelle viendra jusqu'à moi au fond des Enfers. »

Virgile, ***Énéide*** (17 avant J.-C.), extrait du **chant IV**,
traduit et adapté du latin par Annie Dubourdieu © éd. Casterman (1994).

1. les brises : les vents légers.
2. les ondes : les eaux.
3. les écueils : les rochers, à fleur d'eau, contre lesquels un navire risque de se briser.

Comprendre les textes

Les épreuves

1. a. Quel héros arrive au terme de ses aventures ? En quoi a-t-il atteint son but ?

b. Quel héros doit poursuivre sa route ? dans quel but ?

2. Extrait 1.

a. Quelle est la particularité du lit d'Ulysse ?

b. Quel piège Pénélope tend-elle à Ulysse ? À quoi voit-elle qu'il est bien son mari ?

3. Extrait 2.

a. Quel choix douloureux Énée doit-il faire ?

b. Quels arguments utilise-t-il pour justifier sa décision ?

Les couples amoureux

4. a. De quelle qualité Pénélope a-t-elle fait preuve en l'absence d'Ulysse (**extrait 1**) ?

b. Relevez les expressions qui montrent l'émotion et l'amour des deux époux.

5. a. Quel regret Didon formule-t-elle au début de l'**extrait 2** ?

b. Quelle est sa réaction quand elle comprend que la décision d'Énée est définitive ? Relevez les verbes au futur (l. 22 à 27). Quels malheurs souhaite-t-elle à Énée ?

c. Énée souffre-t-il de quitter Didon ? Montrez, en citant le texte, qu'il a le sens du devoir.

Lire l'image

a. Comment l'image **ci-dessous** est-elle composée (▶ LEÇON 49, p. 351) ?

b. Où Énée se trouve-t-il ? et Didon ?

c. Quels éléments renvoient à l'Antiquité ?

d. Comment le peintre a-t-il exprimé la douleur de Didon ?

L'ESSENTIEL

Adieux et retrouvailles

- Lorsqu'il retrouve Pénélope, Ulysse montre qu'il est un héros **humain et sensible**. **Pénélope** est devenue le **symbole de la fidélité**.
- À **Carthage**, Énée rencontre la **reine Didon**. Il vit avec elle une passion intense, mais il est **attaché à sa mission** (fonder une ville) : sa **piété** (respect des dieux) l'emporte sur son amour.

Didon abandonnée par Énée, chromolithographie (1930).

La fin des aventures

PRÉPARER LA LECTURE Recherchez quelle ruse célèbre Pénélope a imaginée pour repousser la demande en mariage des prétendants.

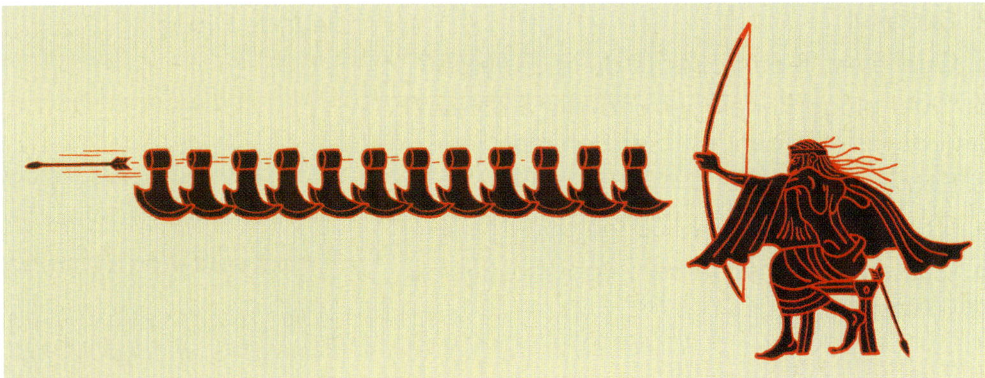

Extrait 1

« Ulysse arma le grand arc »

Pénélope a promis d'épouser le prétendant qui pourrait tendre l'arc d'Ulysse et faire passer une flèche à travers douze anneaux placés à la file. Tous échouent. Ulysse, déguisé en mendiant, demande à tenter l'épreuve.

Ulysse arma le grand arc ; de la main droite il pinça la corde qui chanta juste, comme un cri d'hirondelle.

Une grande terreur s'empara des prétendants, ils blêmirent[1] ; Zeus déclencha un violent coup de tonnerre et Ulysse se réjouit de ce signe. Il prit la flèche rapide, déjà posée sur la table, les autres étaient restées dans le carquois[2] et les Achéens[3] allaient pouvoir bientôt en goûter. La posant contre la poignée de l'arc, il tira à lui l'empennage[4] et la corde, de sa place, assis sur son siège. Visant droit il décocha son trait[5], sans manquer le premier anneau des haches. Sans dévier, la flèche, lourde tête de bronze, passa à travers toutes les haches. [...]

Alors, Ulysse plein de ruse quitta ses haillons[6] ; il bondit sur le seuil avec l'arc et le carquois, vida ses flèches devant lui, à ses pieds, et s'exclama :

« Je vais maintenant viser un autre but, que personne jamais n'a atteint, et voir si Apollon m'en donne la gloire. »

Il dirigea alors une flèche amère contre Antinoos[7]. [...] La flèche d'Ulysse tout droit l'atteignit à la gorge ; la pointe traversa le cou délicat. Antinoos bascula en arrière, la coupe lui échappa des mains, un épais jet de sang jaillit de ses narines.

Homère, *Odyssée* (VIIIe siècle avant J.-C.), extraits des **chants XXI et XXII**, traduit et adapté du grec par Michel Woronoff © éd. Casterman (2003).

1. blêmirent : pâlirent.
2. le carquois : l'étui des flèches.
3. les Achéens : les Grecs.
4. l'empennage : partie de la flèche munie de plumes.
5. son trait : sa flèche.
6. ses haillons : ses vêtements de mendiant.
7. Antinoos : l'un des prétendants, qui se moque d'Ulysse.

Extrait 2

« Énée brandit son arme fatale »

Arrivé en Italie, Énée est accueilli par le roi du Latium, qui lui propose sa fille Lavinia en mariage. Mais elle est déjà promise à Turnus, roi des Rutules. Une guerre éclate, qui se termine par un combat singulier entre Énée et Turnus.

Tandis qu'il[1] hésite, Énée brandit son arme fatale[2] ; son regard a choisi le moment favorable et, de loin, avec toute la vigueur de son corps, il lance le trait. […] Le javelot vole comme un noir tourbillon en portant la sinistre mort ; il perce le bord du bouclier aux sept cuirs superposés, le bas de la cuirasse et traverse en sifflant le milieu de la cuisse. Turnus, sous le coup, ploie[3] le jarret[4] et tombe à terre, énorme. Les Rutules se dressent comme un seul homme avec un cri d'angoisse ; tout alentour la montagne en retentit et, là-bas, les bois profonds en renvoient l'écho. Lui, humble et suppliant, il porte vers Énée ses regards et sa main, dans un geste d'imploration[5] :

« Oui, dit-il, j'ai mérité mon sort ; je ne demande pas grâce[6]. Use de ta chance. Mais si ton cœur est sensible au malheur d'un père – tu as eu, toi aussi, un père comme j'en ai un –, aie pitié, je t'en conjure, de la vieillesse de Daunus[7] et rends-moi aux miens ; ou rends-leur, si tu le préfères, mon corps privé de la lumière[8]. » […]

Énée est sur le point de céder. Mais il voit, à l'épaule de Turnus, comme un trophée, le ceinturon du jeune Pallas, fils décédé d'un de ses compagnons.

« Quoi ? tu m'échapperais, toi qui es couvert de la dépouille[9] des miens ? C'est Pallas[10], oui, Pallas qui t'immole[11] par mon bras et qui dans ton sang punit ton crime. »

Ce disant, tout bouillant de rage, il lui plonge son fer en pleine poitrine. Le froid de la mort engourdit les membres de Turnus, et son âme indignée s'enfuit en gémissant au séjour des ombres[12].

Virgile, ***Énéide*** (17 avant J.-C.), extrait du **chant XII**, traduit du latin par Maurice Lefaure et revu par Sylvie Laigneau © LGF (2004).

1. il : Turnus.
2. fatale : qui donne la mort.
3. ploie : plie.
4. le jarret : le genou.
5. imploration : supplication.
6. je ne demande pas la vie sauve.
7. Daunus : père de Turnus, roi des Rutules.
8. privé de la lumière : privé de vie.
9. la dépouille : le butin pris à l'ennemi.
10. Pallas : la déesse Athéna.
11. t'immole : te tue, en sacrifice à une divinité.
12. séjour des ombres : séjour des morts (les Enfers).

Comprendre les textes

L'épreuve finale

1. Quelle est l'épreuve finale pour chaque héros ? Relevez, dans les deux extraits, les mots appartenant au champ lexical de la violence des armes et du combat.

2. Quel est, pour chacun, l'enjeu de l'épreuve ? En quoi cette épreuve marque-t-elle la fin des aventures d'Ulysse et de celles d'Énée ?

Les héros épiques

3. a. Quelles sont les armes d'Ulysse et celles d'Énée ?

b. Relevez et expliquez la comparaison qui montre la maîtrise d'Ulysse au tir à l'arc.

c. De quelles qualités chacun des héros fait-il preuve ?

4. a. Quel signe divin Ulysse reçoit-il avant l'épreuve ?

b. Quel changement opère-t-il dans son apparence après la victoire ?

5. a. Quelle prière Turnus adresse-t-il à Énée ?

b. Pourquoi Énée ne cède-t-il pas ?

L'ESSENTIEL

La fin des aventures

● L'**épreuve de l'arc** constitue la **fin des aventures** d'Ulysse, et le **combat contre Turnus**, la fin de celles d'Énée. Les deux héros se comportent comme des **combattants résolus**. Ulysse retrouve sa femme et le bonheur à Ithaque ; Énée épouse Lavinia et fonde la ville de Lavinium. Des siècles plus tard, les descendants d'Énée fonderont Rome.

Écriture

Imaginez les quelques lignes qui précèdent l'**extrait 1** : Ulysse demande à tenter l'épreuve ; les prétendants se moquent de lui.

Conseils

- Commencez par : *Ulysse vêtu de haillons se leva et dit : …*
- Montrez les réactions des prétendants.

F. Fabbri (xxe siècle), *L'Épreuve de l'arc avec Ulysse et les prétendants* (1939), illustration pour une édition italienne de l'*Odyssée* (chant XXI).

Lire l'image

a. Quels éléments dans l'image **ci-dessus** (architecture, paysage, vêtements, lumière) renvoient à la Grèce antique ?

b. Quel personnage se trouve au premier plan ? Que s'apprête-t-il à faire ?

c. Comment le peintre a-t-il montré l'opposition entre Ulysse et les autres personnages ?

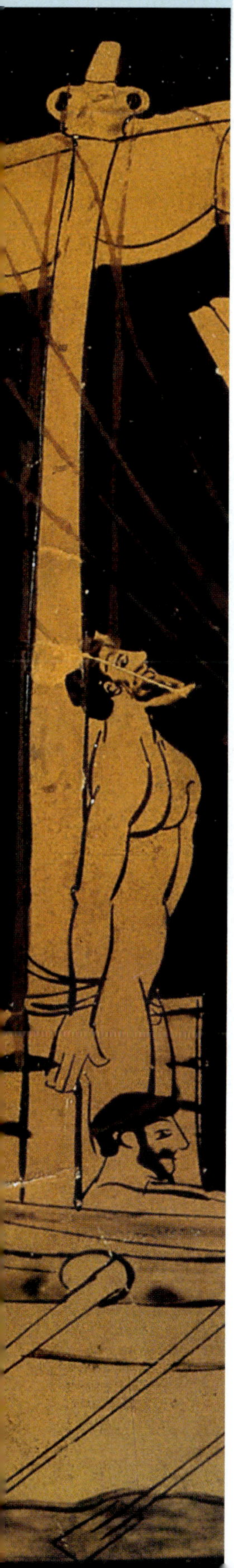

Ulysse et Énée, deux héros épiques

L'histoire d'un départ, l'histoire d'un retour

■ Ulysse est le héros de l'***Odyssée*** ; Énée, celui de l'***Énéide***. Bien que sept ou huit siècles séparent la rédaction de ces deux œuvres, les aventures des deux héros présentent des points communs.

■ L'**aventure d'Énée** est **contemporaine** de celle d'**Ulysse**, le point de départ de chacune des épopées étant la **guerre de Troie**. Mais les motivations des deux héros sont différentes : Ulysse, le **héros vainqueur**, cherche à rentrer chez lui, tandis qu'Énée, le **vaincu**, part en quête d'une nouvelle patrie (▶ p. 104-105).

Ulysse et Énée, des héros épiques

■ Ulysse et Énée sont des **héros épiques**. L'épopée est un **long poème**, qui met en scène un **héros hors du commun**, aux prises avec des forces qui le dépassent (▶ CHAPITRE 3, p. 89). Ulysse et Énée ont ainsi à affronter des **créatures extraordinaires** (Cyclope, Harpyes ▶ p. 106 à 108) ; ils se livrent à des **combats violents** (▶ p. 116-117).

■ Les héros épiques ne sont pas maîtres de leur destin ; les **dieux interviennent** dans leur vie, pour les **protéger** (Ulysse reçoit l'aide d'Athéna ; Énée, celle de sa mère Vénus ▶ p. 104-105), ou pour leur **créer des obstacles** (Poséidon s'oppose à Ulysse ▶ p. 106-107 ; Junon s'oppose à Énée ▶ p. 104-105).

■ Les héros épiques se distinguent par leurs **qualités** :
– Ulysse est **courageux** et, surtout, **ingénieux** *(Ulysse aux mille ruses...)* ; mais il est aussi capable d'émotion (il essuie une larme devant son vieux chien ▶ p. 127 ; il pleure en retrouvant sa femme ▶ p. 113) ;
– Énée *(le pieux Énée)* est remarquable par son **courage guerrier** et sa **piété** (attachement à sa famille et à sa patrie, obéissance aux dieux).

L'écriture épique

■ L'épopée, à l'origine poésie orale, est caractérisée par la présence :
– d'**épithètes homériques**, expressions toutes faites, qui **qualifient** les êtres et les choses (**ex :** *l'Aurore aux doigts de rose*) ;
– de **comparaisons poétiques**, introduites par *comme*, *tel*... (▶ LEÇON 45, p. 344).

Ulysse et les Sirènes (vers 450 avant J.-C.), détail d'un vase grec (Bristish Museum, Londres).

Étude de la langue

GRAMMAIRE

1 Les épithètes homériques

Les épithètes homériques (▶ p. 119) sont des expansions du nom. Elles sont construites à partir :
– d'un adjectif épithète ;
Ex : *le <u>rusé</u> Ulysse.*
– d'un nom (ou groupe nominal) complément du nom ou mis en apposition (séparé du nom par une virgule).
Ex : *l'Aurore <u>aux doigts de rose</u> ; Poséidon, <u>l'Ébranleur du sol</u>.*

Donnez la classe (adjectif, nom ou groupe nominal) et la fonction des épithètes homériques en rose.

a. le vaillant Ulysse. **b.** Ulysse aux mille ruses. **c.** Zeus, le berger des nuages. **d.** Athéna, la déesse aux yeux pers. **e.** les sandales d'or d'Hermès. **f.** le puissant Alcinoos. **g.** le vaisseau rapide. **h.** Artémis, la déesse à l'arc. **i.** le couvre-lit aux reflets brillants.

2 Le COD et l'attribut

▶ LEÇONS 13 et 16, p. 280 et 286

Relevez les COD et les attributs du sujet ; précisez leur classe grammaticale (GN, pronom, adjectif).

a. Les Grecs abandonnent un haut cheval de bois sur la plage. **b.** Les Troyens restent surpris. **c.** Les Troyens regardent le cheval et le tirent à l'intérieur de la ville. **d.** Sortant du cheval, les Grecs incendient la ville. **e.** Énée prend ses armes. **f.** Son courage est immense.

Reconstitution contemporaine du cheval de Troie (Anatolie, Turquie).

CONJUGAISON

3 L'indicatif présent et imparfait

Conjuguez les verbes au présent, puis à l'imparfait.

a. Ulysse (combattre) les prétendants. **b.** Les prétendants ne (reconnaître) pas le roi d'Ithaque. **c.** Ulysse leur dit : « Ainsi, pendant mon absence, vous (piller) ma maison et vous (courtiser) ma femme. »

4 L'indicatif passé simple

Conjuguez les verbes au passé simple.

a. Ainsi (parler) la déesse. **b.** Les ténèbres (survenir). **c.** Quand (paraître) l'Aurore aux doigts de rose, Ulysse se (préparer) à partir. **d.** Je (voguer) pendant dix-sept jours. **e.** Poséidon (tenir) à Ulysse ce discours.

5 L'indicatif futur

Conjuguez les verbes au futur.

Le futur est souvent utilisé pour prédire l'avenir.

a. Rhéa Silvia, enceinte du dieu Mars, (mettre) au monde Romulus et Rémus. **b.** Une louve les (allaiter). **c.** Un berger les (recueillir) et les (élever). **d.** Romulus et Rémus (fonder) une ville. **e.** Romulus (voir) douze vautours dans le ciel. **f.** Romulus (être) le roi. **g.** La ville (s'appeler) Rome.

ORTHOGRAPHE

6 Dictée de mots

Recopiez les mots suivants (vus dans le chapitre), avec leur définition, et apprenez-les. Ils vous seront donnés en dictée.

- LA PIÉTÉ : l'amour et le respect des dieux et de la religion (adjectif : PIEUX).
- VÉNÉRABLE : respectable.
- LE PATIENT ULYSSE : capable de supporter les épreuves.
- ATHÉNA AUX YEUX PERS : aux yeux bleu-vert.
- UN CYCLOPE : géant monstrueux n'ayant qu'un œil, au milieu du front.
- UN ÉCUEIL : rocher à fleur d'eau, contre lequel un navire risque de se briser.

7 Dictée préparée

Préparez la dictée en répondant aux questions.

Énée retrouve son père, Anchise, aux Enfers.

Dès que le vénérable Anchise, du fond d'une vallée verdoyante, vit Énée se diriger vers lui à travers les hautes herbes, il lui tendit ses deux mains, tout joyeux ; des larmes coulèrent sur ses joues et ces paroles sortirent de sa bouche :

« Te voici enfin ! Ta piété, comme l'espérait ton père, a triomphé de cette route difficile ! Il m'est accordé de voir ton visage, mon fils, et de reprendre avec toi nos conversations familières ! J'espérais qu'il en serait ainsi, et cet espoir n'est pas déçu. »

Virgile, *Énéide*, extrait du chant VI, traduit et adapté du latin par Annie Dubourdieu © éd. Casterman (1994).

1. Expliquez l'orthographe des déterminants suivants : *ses* (l. 4, 5), *ces* (l. 5), *cet* (l. 12).

2. **a.** Identifiez la classe grammaticale des mots *verdoyante* (l. 2), *hautes* (l. 3) et *familières* (l. 11). Justifiez leur accord.

b. Justifiez la cédille du participe *déçu* (l. 13).

3. **a.** Justifiez la terminaison du verbe *se diriger* (l. 2-3) et l'orthographe du pronom *se*.

b. Identifiez le temps du verbe *serait* (l. 12).

Figures de style

8 La périphrase ▶ leçon 45, p. 344

1. Qui se cache derrière ces périphrases ?

a. le fils d'Anchise. **b.** la reine de Cythère. **c.** la nymphe aux belles boucles. **d.** l'Ébranleur du sol. **e.** le fils de Laerte.

2. À votre tour, désignez Zeus, Athéna et Hermès à l'aide d'une périphrase.

9 La comparaison ▶ leçon 45, p. 344

Relevez les comparaisons, puis complétez le tableau. Vous expliquerez le choix de la comparaison.

Éléments comparés	Outils de comparaison	Comparants

a. *Hermès est envoyé par Zeus chez la nymphe Calypso.* [Il] rasa les vagues, semblable à un goéland qui chasse le poisson dans les creux terribles de la haute mer et mouille de sel son plumage serré. (Chant V.)

b. *Ino est allée porter secours à Ulysse, qui a fait naufrage.* Ino, déesse de la mer [...] replongea dans les vagues de la mer, comme une mouette. (Chant V.)

c. *Charybde est un monstre marin.* Comme dans un chaudron sur un feu vif, l'eau bouillonne et se brise quand Charybde vomit. (Chant XII.)

Homère, *Odyssée*, traduit et adapté du grec par Michel Woronoff © éd. Casterman (2003).

d. Les chefs grecs [...] construisent, sur les conseils de Minerve, un cheval haut comme une montagne dont les côtes sont faites de troncs de sapins. (Chant II.)

e. *Didon brûle d'amour pour Énée ; elle n'ose pas le lui avouer.* Elle brûle, la malheureuse Didon, et erre par toute la ville, hors d'elle, comme la biche frappée d'une flèche. (Chant IV.)

Virgile, *Énéide*, traduit et adapté du latin par Annie Dubourdieu © éd. Casterman (1994).

VOCABULAIRE DE LA MYTHOLOGIE ET DE L'ÉPOPÉE

10 Les qualités du héros épique

Donnez le nom correspondant à l'adjectif.

a. courageux → le c...... **b.** vaillant → la v...... **c.** hardi → la h...... **d.** brave → la b...... **e.** endurant → l'en...... **f.** invincible → l'in...... **g.** généreux → la g...... **h.** pieux → la p...... **i.** magnanime → la ma......

11 Le vocabulaire épique

À partir des noms suivants, trouvez les adjectifs appartenant au champ lexical du grossissement et de la démesure.

a. effroi. **b.** monstre. **c.** géant. **d.** horreur. **e.** colosse. **f.** énormité. **g.** immensité.

12 L'héritage mythologique : les personnages

À VOS DICTIONNAIRES !

1. **a.** Quand dit-on que quelqu'un est un cerbère ? une harpie ? une mégère ? une furie ?

b. Qui sont les personnages mythologiques dont ces mots sont issus ?

2. Retrouvez les adjectifs formés à partir des noms propres suivants et donnez leur sens.

a. Hercule → une force her...... **b.** Titan → une œuvre ti...... **c.** Olympe → les dieux ol...... **d.** Sibylle → un texte si...... **e.** Cyclope → un travail cycl......

13 L'héritage mythologique : les objets

À VOS DICTIONNAIRES !

a. Qu'est-ce qu'un caducée ? Où en voit-on aujourd'hui ?

b. Qu'est-ce qu'une égide ? Qui en porte une ?

c. Que signifie l'expression *être sous l'égide de quelqu'un* ?

14 L'héritage mythologique : les expressions

À VOS DICTIONNAIRES !

Donnez le sens et l'origine des expressions suivantes.

a. une odyssée. **b.** la toile de Pénélope. **c.** un rire homérique. **d.** tomber de Charybde en Scylla. **e.** regagner ses pénates. **f.** se présenter sous d'heureux auspices. **g.** être la pomme de discorde.

15 Le mot *albus*

Ascagne, le fils d'Énée, fondera la ville d'Albe au nom clair.

Le mot *albus* signifie « blanc ». Recopiez et complétez les phrases avec les mots français, issus de *albus*, qui vous sont donnés dans le désordre.

– albinos, albâtre, aube, albatros.

a. Il a un magnifique vase en .... **b.** L'................. plane au-dessus des navires. **c.** Mon lapin blanc est .... **d.** Je me suis levé(e) à l'..................

16 Apprendre des mots : les épithètes homériques

Recopiez les épithètes homériques et apprenez-les pour enrichir votre vocabulaire.

LES DIEUX :
Zeus qui tient l'égide • Zeus, l'assembleur des nues (nuages) • Poséidon, l'Ébranleur de la terre • Poséidon aux cheveux bleus • Hermès, le messager aux rayons clairs • Calypso, la nymphe aux belles boucles.

ULYSSE ET ÉNÉE :
Ulysse aux mille ruses • le divin Ulysse • le patient Ulysse • le pieux Énée • Énée, le héros magnanime • le grand Énée.

LA NATURE :
la mer violette • l'herbe à la douceur de miel • l'olivier aux feuilles amères • les cyprès à la cime pointue • les oiseaux à large envergure.

LES OBJETS :
les flèches ailées • l'arc bien poli.

Expression écrite et orale

Activités d'écriture

1. Ulysse affronte une créature monstrueuse

Imaginez une autre aventure d'Ulysse : il affronte, sur terre ou sur mer, un être monstrueux. Rédigez un paragraphe d'une dizaine de lignes.

Conseils

- Menez le récit à la 3e personne et aux temps du passé.
- Décrivez le monstre.
- Utilisez le lexique du combat *(bondir, se ruer, étrangler, décocher une flèche, lancer un javelot, asséner un coup…)*.
- Utilisez des épithètes homériques (▶ LISTE, p. 122, n° 16).

2. Énée et la dernière nuit de Troie

Énée raconte à Didon la dernière nuit de Troie : Mercure lui apparaît et le charge de fonder une ville. Rédigez deux paragraphes à la 1re personne et aux temps du passé (imparfait, passé composé).

Conseils

– **Paragraphe 1 :**
- Énée décrit la ville en flammes ;
- utilisez le lexique du bruit et de la lumière *(hurlement, gémissement, cri, lamentation, horrible fracas, ténèbres, flammes…)* et le lexique de la destruction et de la mort *(mettre à sac, piller, brûler, expirer, les cadavres…)* ;
- employez une comparaison.

– **Paragraphe 2 :**
- commencez par : « *Je prenais mes armes pour combattre, quand Mercure m'est apparu…* » ;
- écrivez les paroles de Mercure au style direct.

Activité d'oral

Réciter un texte épique

Apprenez le texte et récitez-le.

Ulysse essuie une terrible tempête…

Durant deux jours, deux nuits, Ulysse dériva sur la vague gonflée : que de fois, en son cœur, il vit venir la mort ! Quand, du troisième jour, l'Aurore aux belles boucles annonçait la venue, soudain le vent tomba ; le calme s'établit : pas un souffle ; il put voir la terre toute proche […]. Il nageait, s'élançait pour aller prendre pied… Il n'était déjà plus qu'à portée de la voix : il perçut le **r**essac[1] qui tonnait sur les **r**oches ; la g**r**osse me**r** g**r**ondait sur les sèches du bo**r**d[2] : te**rr**ible **r**onflement ! tout était **r**ecouvert de l'emb**r**un[3] des écumes[4], et pas de po**r**ts en vue, pas d'ab**r**i, de **r**efuge !… **r**ien que des caps pointant leurs **r**ocs et leurs écueils[5] !

Homère, ***Odyssée***, extrait du chant V (p. 119-120), traduit du grec par Victor Bérard © librairie Armand Colin (1931).

1. le ressac : retour brutal des vagues sur elles-mêmes. – **2. les sèches du bord :** partie de la plage qui reste sèche. – **3. l'embrun :** gouttelettes d'eau de mer. – **4. des écumes :** mousse blanche à la surface des vagues. – **5. leurs écueils :** rochers à fleur d'eau.

Conseils

- Mettez en valeur les sonorités (allitération en *r*, qui imite le grondement de la mer).
- Aidez-vous du rythme pour apprendre : *la grosse mer grondait / sur les sèches du bord : / terrible ronflement ! / tout était recouvert / de l'embrun des écumes* (6 / 6 / 6 / 6 / 6).

La céramique grecque

①

②

③

Les différents vases

■ La céramique est un art majeur de l'art grec, pratiqué par les potiers et les peintres. Il atteint sa perfection à Athènes, entre le VIe et le IVe siècle avant J.-C. Les potiers façonnaient avec de l'**argile** des vases dont la forme, la taille et le volume variaient selon l'utilisation qui en était faite : le **cratère** (à droite) pour mélanger le vin et l'eau ; l'**amphore** (1), pour conserver le vin ; l'**hydrie** (2) pour transporter l'eau ; le **lécythe** (3) pour garder les parfums… Ce dernier avait aussi un usage funéraire : on le déposait dans la tombe.

La poterie athénienne

■ La céramique est décorée de **motifs** variés : scènes mythologiques, de la vie quotidienne, de guerre, de jeux sportifs… On distingue :
– la technique de la **figure noire sur fond rouge** (la plus ancienne) ;
– la technique de la **figure rouge sur fond noir**.

■ Les peintres enduisent de vernis noir les parties qui resteront noires (fond ou personnages) ; ils laissent telles quelles les parties destinées à rester rouges : elles prendront, après la cuisson, la couleur de l'argile. L'artiste travaille ensuite les détails au pinceau ; le dessin prend du relief.

Dates clés

900 à 700 avant J.-C.
Vases à motifs géométriques.

700 à 550 avant J.-C.
Vases décorés d'animaux, de fleurs… (style orientalisant).

550-350 avant J.-C.
Vases décorés de scènes et de personnages (style attique).

Vers 380 avant J.-C.
Peintre de Dolon (peintre grec).

J'analyse une peinture sur vase ▸ p. 125

1. Identifiez le vase : type, utilisation, technique employée, époque.
2. Repérez Ulysse. Décrivez sa posture. Quels personnages l'entourent ?
3. Quel objet tient-il à la main ? Que vient-il de faire (aidez-vous du chapeau) ?
4. Repérez le bélier et la tête de Tirésias qui émerge du sol, en bas à gauche du vase.
5. Quelles remarques faites-vous sur la précision du dessin, les expressions des visages ?

Arrivé à l'entrée du pays des Morts, Ulysse consulte l'ombre de Tirésias (▶ REPÈRES, p. 101*). Entouré de deux de ses compagnons, Perimedes et Eurylochos, il vient de tuer un bélier pour honorer les défunts. L'ombre du devin Tirésias apparaît alors…* (Odyssée, *chant XI* ▶ EXTRAIT 1, p. 110)

Peintre de Dolon, *Ulysse, entre Eurylochos et Perimedes, consultant l'ombre de Tirésias*, cratère en cloche à figures rouges, vase grec (vers 380 avant J.-C.).

① *Ulysse, Agamemnon et Diomède*, amphore funéraire grecque classique (musée d'Archéologie, Florence, Italie).
② *Polyphème aveuglé par les compagnons d'Ulysse* (VIe siècle avant J.-C.), hydrie à figures noires, art étrusque, 41 cm (musée de la Villa Giulia, Rome, Italie).
③ **Peintre de Haimon** (Ve siècle avant J.-C.), *Fuite d'Ulysse sous le bélier*, lécythe à figures noires, céramique grecque trouvée à Athènes, 0,145 m (musée du Louvre, Paris).

Lire... des récits de l'Antiquité

▶ FICHE MÉTHODE 12, p. 375 : tenir un carnet de lecture.

Les aventures d'Ulysse et d'Énée

Homère, *Odyssée*, traduit et adapté par Michel Woronoff (Casterman, 2006).

Virgile, *Énéide*, version abrégée, traduit et adapté par Pierre Monat (L'École des loisirs, 1998).

G. Chandon, *Contes et récits tirés de l'Iliade et de l'Odyssée* (« Pocket Junior », 2002).

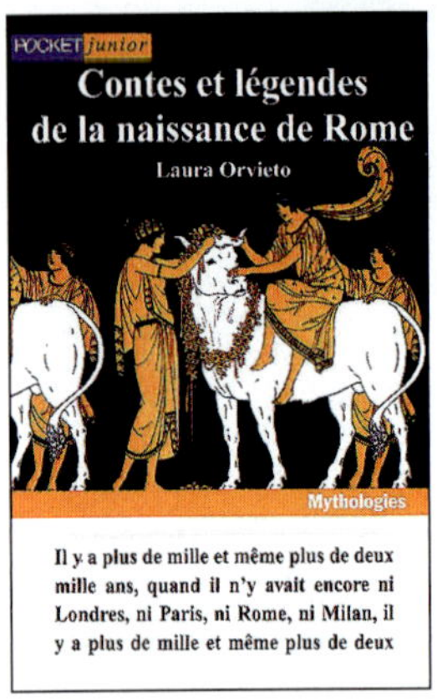

Ouvrages de mythologie

Laura Orvieto, *Contes et légendes de la naissance de Rome*, 1991 (« Pocket Junior ») : de Numitor et Amulius à la disparition de Romulus.

Claude Pouzadoux, *Contes et légendes de la mythologie grecque*, 1998 (Nathan Jeunesse) : des histoires de dieux, de héros, de monstres, tels Cronos, Zeus, Cerbère…

Denis Lindon, *Les dieux s'amusent*, 2003 (Flammarion, « Castor poche ») : les amours de Jupiter, les travaux d'Hercule, les colères d'Achille, les ruses d'Ulysse…

Odile Gandon, *Dieux et héros de l'Antiquité*, 2005 (« Le Livre de poche Jeunesse »).

Romans ayant pour cadre l'Antiquité grecque ou romaine

Henry Winterfeld, *L'Affaire Caïus*, 1955 ; *Caïus et le Gladiateur*, 1969 (« Le Livre de poche Jeunesse ») : dans la Rome antique du Ier siècle, de jeunes collégiens parviennent à dénouer plusieurs énigmes…

Odile Weulersse, *Le Messager d'Athènes*, 1985 (« Le Livre de poche Jeunesse ») : dans la Grèce antique, les aventures de Timoklès et Chrysilla, les enfants d'un aristocrate condamné à l'exil…

Florence Reynaud, *Le Lion de Julius*, 2002 (Flammarion, « Castor poche ») : Julius, 11 ans, fils du gardien des fauves du grand cirque de Rome, trouve, dans une cage, un bébé lionceau mourant, né juste avant que sa mère ne se fasse tuer dans l'arène…

Romans ayant pour cadre l'Égypte

Odile Weulersse, *Les Pilleurs de sarcophages*, 1984 ; *Le Secret du papyrus*, 2003 ; *Disparition sur le Nil*, 2005 (« Le Livre de poche Jeunesse ») : en 1500 av. J.-C., les aventures de Tétiki, jeune Égyptien de 15 ans, accompagné du nain Penou et du singe Didiphor…

Évelyne Brisou-Pellen, *La Vengeance de la momie*, 1995 (« Le Livre de poche Jeunesse ») : le jeune Khay vole une momie. Mais il semble que celle-ci se venge…

Alain Surget, *Le Cavalier du Nil*, 2000 (Flammarion, « Castor poche ») : Bitiou, fils de paysans égyptiens, s'occupe des chevaux du pharaon Ramsès. Il s'attache à son plus beau cheval…

« Argos, le chien du patient Ulysse »

Ulysse est arrivé dans son palais, à Ithaque. Athéna l'a rendu méconnaissable en le transformant en un vieux mendiant. Il rencontre son serviteur, Eumée le porcher (qui garde les porcs)...

Alors un chien étendu là dressa tête et oreilles, c'était Argos, le chien du patient Ulysse, qu'il avait élevé lui-même sans en profiter avant de partir pour la sainte Ilios[1]. [...] Quand il aperçut Ulysse qui s'approchait, il remua la queue et baissa les deux oreilles, mais il n'eut pas la force de s'approcher de son maître. Ulysse, à sa vue, essuya une larme à la dérobée :

« Eumée, ce chien couché sur le fumier est bien étonnant ; il a une belle allure, mais était-il aussi rapide que beau ou était-ce simplement un de ces chiens d'appartement que les rois entretiennent pour la parade[2] ? »

Tu[3] lui répondis alors, porcher Eumée :

« C'est le chien de cet homme qui est mort loin d'ici. S'il avait encore l'allure et l'activité qu'il avait quand Ulysse l'a laissé pour partir pour la Troade[4] ! Aucune bête sauvage ne lui échappait au plus profond de la forêt. Maintenant il est malade, son maître est mort en pays étranger, les femmes ne le soignent pas. Quand le maître n'est pas là, les serviteurs ne montrent plus de sérieux. »

Il dit et entra dans la confortable demeure. Mais l'ombre de la mort avait enveloppé Argos, qui venait de revoir Ulysse, après vingt ans.

1. **Ilios** : Troie.
2. **la parade** : l'apparence.
3. Le narrateur intervient pour s'adresser au porcher.
4. **la Troade** : région de Troie.

Homère, *Odyssée* (VIIIe siècle avant J.-C.), extrait du **chant XVII**, traduit et adapté du grec par Michel Woronoff © éd. Casterman (2003).

COMPRENDRE LE TEXTE

Répondez par des phrases complètes.

Le personnage d'Ulysse

1. Rappelez pourquoi Athéna a changé Ulysse en mendiant.

2. Relevez une épithète homérique qui caractérise Ulysse. Quelle qualité met-elle en valeur ?

Une scène de reconnaissance

3. **a.** Quel âge le chien Argos peut-il avoir au retour d'Ulysse ?

b. Relevez les adjectifs attributs qui caractérisent Argos (l. 8 à 10 et 16).

4. **a.** Dans quel état Argos se trouve-t-il ? Pourquoi ? Relevez une phrase au présent de vérité générale.

b. *les femmes ne le soignent pas* (l. 17) : identifiez la classe et la fonction de *le*.

5. Comment le chien se comporte-t-il à la vue d'Ulysse ? Que prouve ce comportement ?

6. Quelle est la réaction d'Ulysse à la vue de son chien ?

7. Eumée a-t-il reconnu Ulysse ? Justifiez votre réponse en citant le texte.

5 La mythologie à travers les récits d'Ovide

Objectifs → *Analyser la relation entre les hommes et les dieux dans la mythologie gréco-latine ; analyser le phénomène de la métamorphose.*

Le chasseur Actéon a surpris, sans le vouloir, la déesse Diane en train de se baigner nue dans une fontaine. Pour le punir, elle le transforme en cerf. ▶ EXERCICE 3, p. 144

Francesco Maria Mazzola, dit **Le Parmesan** (1503-1540), homme-cerf, détail de la *Scène de la fontaine* (l'homme-cerf apparaît à Diane), peinture murale (XVIe siècle), salle de Diane et Actéon (forteresse Sanvitale, Fontanellato, Italie).

Lire l'image

1. **a.** Recherchez ce qu'est une fresque (▶ LEÇON 49, p. 351). Où celle-ci se trouve-t-elle ?
   b. Qui en est l'auteur ? De quand date-t-elle ?
2. À quoi voit-on qu'Actéon est un chasseur ? Quels éléments sont métamorphosés ? en quoi ?
3. Quelle expression peut-on lire sur son visage ?
4. Quelles sont vos impressions face à cette fresque ?

Pour commencer

1. Citez des animaux qui se métamorphosent au cours de leur vie. En quoi se métamorphosent-ils ?
2. Peut-on dire que l'être humain se métamorphose aussi, de la naissance à la mort ? Pourquoi ?

REPÈRES
Ovide, le poète des *Métamorphoses*

Qui était Ovide ?

Ovide, de son nom latin Publius Ovidius Naso, est un **poète latin** né en **43 avant J.-C.**, à Sulmona, en Italie (▶ CARTE, p. 131). Issu d'une famille aisée, il fait de brillantes études et complète sa formation par un voyage en Grèce et en Asie Mineure. Très tôt, il renonce à une carrière politique pour se consacrer à la poésie. Il devient alors le poète de la haute société romaine, riche et cultivée, rencontre des écrivains tels que Virgile, l'auteur de l'*Énéide* (▶ CHAPITRE 4, p. 98 à 127). Il écrit l'*Art d'aimer*, un recueil poétique dans lequel il donne des conseils aux jeunes gens pour séduire l'être aimé. Il compose, pendant plusieurs années, un vaste recueil de légendes, intitulé *Métamorphoses*.

En 8 après J.-C., pour des raisons mal connues, il est exilé, sur ordre de l'empereur Auguste, au bout du monde romain, à Tomes, sur les bords du Pont-Euxin (▶ CARTE, p. 131). En proie à la tristesse, il écrit les *Tristes* et les *Pontiques*, poèmes dans lesquels il chante sa douleur. Malgré ses supplications, il n'obtient pas le pardon d'Auguste et meurt dans la solitude, en **17 après J.-C.**

L'œuvre d'Ovide : *Métamorphoses*

Ovide a réuni, dans les *Métamorphoses*, un grand nombre de **légendes** et de **mythes** (récits légendaires qui donnent une explication des phénomènes naturels ou humains). Ces mythes sont fondés, pour la plupart, sur une **métamorphose** (transformation) d'hommes ou de dieux en bêtes, en plantes, en rochers… L'œuvre comporte aussi d'autres récits racontant les **exploits de héros** tels que Persée, vainqueur de la Gorgone (monstre à chevelure de serpents, qui transforme en pierre ceux qui croisent son regard), ou Jason, parti à la conquête de la Toison d'or.

Les récits s'enchaînent selon un **ordre chronologique**, de la création du monde jusqu'à la mort de Jules César. Les derniers livres s'attachent plus particulièrement à l'histoire de Rome. L'ouvrage se termine par la métamorphose de César en comète.

Les *Métamorphoses* sont écrites en vers et en langue latine : plus de **12 000 vers** y sont regroupés en quinze livres.

Ovide
(43 avant J.-C.-
17 après J.-C.)

Dates clés

- **44 avant J.-C.** Assassinat de Jules César.
- **43 avant J.-C.** Naissance d'Ovide.
- **27 avant J.-C.-14 après J.-C.** Règne de l'empereur Auguste, à Rome.
- **19 avant J.-C.** *Énéide*, de Virgile (▶ p. 102 à 118).
- **2 à 8 après J.-C.** *Métamorphoses*, d'Ovide.
- **14 après J.-C.** L'empereur Tibère succède à Auguste.
- **17 après J.-C.** Mort d'Ovide.

Gian Lorenzo Bernini, dit le Bernin (1598-1680), détail d'*Apollon et Daphné* (1622-1625), marbre (galerie Borghèse, Rome, Italie). ▶

Le monde gréco-romain

Les métamorphoses et les arts

Les *Métamorphoses* ont connu un grand succès à travers les siècles et ont été la **source d'inspiration** de nombreuses œuvres artistiques. Citons, par exemple, les peintres Jan **Bruegel** (1568-1625), Pierre Paul **Rubens** (1577-1640 ▶ p. 133), Nicolas **Poussin** (1594-1665 ▶ p. 139), Gustave **Moreau** (1826-1898 ▶ p. 144), les sculpteurs **le Bernin** (1598-1680 ▶ ci-dessous), les frères **Marsy** (XVIIe siècle ▶ p. 137 et 148-149) et le musicien Jean-Philippe **Rameau** (1683-1764 ▶ p. 141).

Je réponds aux questions

1. **a.** À quel siècle Ovide est-il né ? dans quelle ville et dans quel pays ?
   b. À quel siècle est-il mort ? où et dans quelles circonstances ?

2. En quelle langue les *Métamorphoses* ont-elles été écrites ? L'œuvre est-elle en vers ou en prose ?

3. Qu'est-ce qu'un mythe ?

4. Quels types de récits trouve-t-on dans les *Métamorphoses* ?

*L*e repeuplement de la Terre

PRÉPARER LA LECTURE Cherchez dans le dictionnaire le sens et l'étymologie (origine) du mot *métamorphose*.

Ovide
(43 avant J.-C.-
17 après J.-C.)

« Deucalion et Pyrrha »

Jupiter, dieu du Ciel, a provoqué un déluge et a noyé l'univers pour punir les hommes de leur méchanceté. Les seuls survivants sont Deucalion et Pyrrha, un homme et une femme justes et respectueux envers les dieux. Après que Jupiter a fait se retirer les eaux, Deucalion se demande comment repeupler le monde. Le couple se rend au temple de Thémis, déesse de la Justice, pour lui demander conseil.

Thémis a pitié d'eux.

« Quittez le temple, leur dit-elle. Couvrez votre tête, dénouez votre ceinture et jetez derrière vous les os de votre grande mère. »

Deucalion et Pyrrha restent longtemps muets de stupéfaction[1]. La première, Pyrrha prend la parole, d'une voix tremblante :

« Non… Je ne peux pas suivre le conseil de l'oracle… J'aurais peur d'offenser l'ombre de ma mère morte. »

Deucalion ne répond pas. Il réfléchit. Enfin il rassure sa femme :

« L'oracle ne nous demande pas de commettre un sacrilège[2]. Notre grande mère, c'est la terre ; ses os, ce sont les pierres que nous devons jeter derrière nous. Essayons. »

Ils essaient et voici que les pierres qu'ils lancent dans leur dos, en tombant, s'amollissent, se gonflent, prennent une vague forme humaine, telles des ébauches[3] de statues. Les parties humides deviennent chair ; les parties dures, squelette ; les veines de la roche restent des veines. Derrière Deucalion naissent des hommes ; derrière Pyrrha, des femmes.

Race nouvelle des humains, qui est encore aujourd'hui la nôtre, résistante au travail, dure à la peine, puisqu'elle a la force des pierres.

16 métamorphoses d'Ovide, extrait du livre I,
traduit et adapté du latin par Françoise Rachmühl
© éd. Flammarion, coll. « Castor poche » (2003).

1. **stupéfaction :** grand étonnement.
2. **un sacrilège :** acte irrespectueux envers les choses sacrées.
3. **des ébauches :** premières formes, inachevées, d'une œuvre.

Pierre Paul Rubens (1577-1640), *Deucalion et Pyrrha* (1636), huile sur bois, 26 x 42 cm (musée du Prado, Madrid, Espagne).

Comprendre le texte

L'oracle

1. Auprès de qui Deucalion et Pyrrha se rendent-ils ? Dans quel but ?

2. Quel conseil leur est donné ?

3. Pourquoi Pyrrha pense-t-elle qu'elle commettrait un sacrilège en obéissant à l'oracle ?

4. Comment Deucalion interprète-t-il la réponse de l'oracle ? Qui est en fait leur *grande mère* (l. 10) ? Que sont ses *os* (l. 10) ?

La métamorphose

5. a. Quelle métamorphose a lieu ? Notez l'état initial et l'état final de chaque élément transformé.

b. Relevez les verbes de transformation qui expriment la métamorphose dans les lignes 12 à 14. Identifiez les deux verbes pronominaux.

La portée du récit

6. Relevez, dans la dernière phrase, le mot qui montre que cette métamorphose est une explication. Qu'explique-t-elle ?

Écriture

L'oracle propose aux mêmes personnages de repeupler le monde à partir d'animaux ou de végétaux. Décrivez la métamorphose.

Conseils

- Utilisez les verbes de transformation (▶ LISTE, p. 146, n° 14), conjugués au présent de l'indicatif.
- Commencez par : *Ils essaient et voici que...* (l. 12).

L'ESSENTIEL

Expliquer le repeuplement de la Terre

- Les récits mythologiques **expliquent** comment le **monde s'est repeuplé** après une catastrophe. Selon Ovide, le repeuplement s'est fait à partir d'une **métamorphose**.
- Cette métamorphose permet la **transformation des minéraux** (les pierres) **en humains**. À l'issue de la métamorphose les **hommes conservent** toujours un **élément de leur ancien état**.

*L*es phénomènes naturels

PRÉPARER LA LECTURE Où se lève et se couche le Soleil ? Citez les deux points cardinaux.

Odile Gandon
(née en 1947)

« Phaéton »

Le jeune Phaéton, fils d'une mortelle, apprend que son père est le dieu Soleil, Hélios. Il s'en vante auprès de ses camarades, qui le mettent au défi de prouver son origine divine.

Vexé, Phaéton se précipite chez Hélios et le supplie de lui laisser conduire son char, afin de montrer à tous qu'il est un digne fils de son père. Hélios hésite : c'est difficile, c'est dangereux, il faudrait apprendre… Mais Phaéton ne veut rien entendre, il insiste, et le Soleil se laisse fléchir[1]. Il fait mille recommandations à son fils, lui indique la route à suivre d'est en ouest à travers le ciel, et le met en garde contre tous les dangers : un char de feu, ce n'est pas n'importe quel char ! Phaéton, plein d'orgueil, monte sur le char, et l'attelage s'ébranle. Mais à peine a-t-il quitté la Terre que le jeune homme perd la maîtrise des chevaux, qui s'emballent. Phaéton lâche la bride[2], il ne sait plus où il est, il confond les signes du zodiaque qui balisent[3] le chemin : faut-il passer entre le Lion et la Balance, entre les Gémeaux et le Scorpion ? Les chevaux, par ruades[4] successives, descendent au ras des montagnes, menaçant d'embraser la Terre, puis remontent si haut dans l'espace que les astres sont remplis de terreur. Le cosmos[5] tout entier est sens dessus dessous, et Zeus, sentant venir la catastrophe, est contraint de foudroyer le jeune homme pour rétablir l'ordre, Phaéton tombe dans le fleuve Pô, en Italie, et s'y noie. Ses sœurs, inconsolables, viennent pleurer sur les rives. Ému par leur douleur, Zeus les transforma en peupliers et fit de leurs larmes des grains d'ambre[6].

Odile **Gandon**, ***Dieux et héros de l'Antiquité : toute la mythologie grecque et latine***

1. **se laisse fléchir** : cède.
2. **lâche la bride** : laisse les chevaux libres de leurs mouvements.
3. **balisent** : indiquent le chemin à suivre et les dangers à éviter.
4. **ruades** : mouvements par lesquels les chevaux lancent avec force, en arrière, les pattes de derrière.
5. **le cosmos** : l'univers.
6. **ambre** : résine fossilisée (empreinte de plante ou d'animal), dure et transparente, de couleur jaune doré, utilisée pour faire des bijoux.

Comprendre le texte

La course de Phaéton

1. Qui sont les parents de Phaéton ?

2. a. Quelle faveur Phaéton demande-t-il à son père ? Pourquoi ce dernier hésite-t-il à la lui accorder ?

b. Quels conseils le père donne-t-il à son fils ?

3. Quelle expression caractérise Phaéton au moment où il monte sur le char ? Montrez, en citant le texte, que le jeune homme se montre différent par la suite.

4. Relevez les expressions qui traduisent la fougue des chevaux.

5. Comment la course de Phaéton s'achève-t-elle ?

Le cosmos

6. Quel parcours le Soleil effectue-t-il dans une journée ? Pourquoi parle-t-on de *char de feu* (l. 7) ?

7. Quelles constellations peuplent le ciel ? Relevez une expression qui montre que les astres réagissent comme des êtres vivants.

8. Quelles sont les conséquences de l'incompétence de Phaéton sur le cosmos ?

La portée du texte

9. Quelle faute Phaéton a-t-il commise en tant que mortel ? Qui le punit ?

10. Quelle explication ce récit donne-t-il sur l'origine des peupliers et de l'ambre ?

11. Cherchez dans le dictionnaire les différents sens du mot *phaéton* de nos jours.

Oral

B2i Faites, sur Internet, une recherche sur le mythe d'Icare, un autre jeune homme qui a voulu parcourir le ciel.
Site http://mythologica.fr/grec/index.htm, cliquez sur les lettres G-L en haut à droite, puis sur Icare.
Racontez ensuite à la classe son histoire, avec vos propres mots.

Maître Vert (XVIe siècle), *La Chute de Phaéton*, coupe en faïence italienne (1527) (musée du Petit Palais, Paris).

L'ESSENTIEL

Les phénomènes naturels

- Les récits mythologiques expliquent les **phénomènes naturels** : ainsi, le Soleil est un dieu qui **parcourt le ciel avec son char de feu**.
- Dans l'Antiquité gréco-romaine, la **faute (ou transgression suprême)** pour un mortel, comme Phaéton, est de vouloir **égaler les dieux** : elle est toujours **punie cruellement**.

L'origine d'une espèce animale

PRÉPARER LA LECTURE À quelle classe d'animaux les grenouilles appartiennent-elles ? Quelles sont leurs caractéristiques physiques, leur lieu de vie et leur cri ?

« Latone et les paysans lyciens »

Fille du Titan Céus, la déesse Latone, séduite par Jupiter, a donné naissance à des jumeaux, Apollon et Diane. Condamnée par Junon, la jalouse épouse de Jupiter, à errer sur la Terre, elle arrive en Lycie (▶ CARTE, p. 131). *Épuisée, elle veut boire à un étang. Des paysans, qui coupent des roseaux, l'en empêchent…*

« Pourquoi m'écartez-vous de l'eau ? leur dit-elle, elle est à tous. […] Je n'allais pas y laver mon corps ni y baigner mes membres fatigués, je voulais juste soulager ma soif. Ma bouche se dessèche quand je parle et la gorge me brûle, je peux à peine parler. Une gorgée, ce serait un délice : je reconnaîtrai que vous me rendez la vie en me l'offrant. Laissez-vous émouvoir par ces enfants, dans mes bras, qui tendent leurs menottes vers vous. » Et ils tendaient leurs petites mains vers les paysans.

Qui n'aurait été ému par les douces paroles de la déesse ? Ces gens continuent à la repousser malgré sa prière. Ils la menacent même pour qu'elle s'éloigne, et ils l'insultent. Mais ça ne leur suffit pas. Avec les mains et avec les pieds, ils troublent aussi l'eau de l'étang et ils font remonter la vase visqueuse du fond, en sautant de-ci, de-là, méchamment.

La colère lui a fait oublier sa soif : la fille de Céus cesse de supplier ces gens indignes. Elle ne supporte pas de tenir plus longtemps un langage humiliant pour une déesse. Tendant les mains vers les astres, elle dit : « Puissiez-vous vivre à jamais dans cet étang ! » Et son souhait s'accomplit. Ils prennent plaisir à être dans l'eau, tantôt ils plongent au fond du marécage, puis ressortent la tête, tantôt ils nagent à la surface ; souvent ils demeurent sur le bord de l'étang, souvent ils replongent d'un bond dans la mare glacée. Mais ils n'arrêtent pas d'user leur méchante langue à se disputer et, même sous l'eau, ils se lancent des injures. Leur voix devient rauque[1], leur cou se gonfle d'air, les insultes distendent leur bouche fendue large. Leur dos touche leur tête et leur cou s'est comme effacé. Leur échine[2] verdit et leur ventre, c'est-à-dire presque tout leur corps, blanchit. Dans les profondeurs de la vase, sautent des bêtes nouvelles, les grenouilles.

1. rauque : éraillée.
2. leur échine : leur dos.

Ovide, ***Métamorphoses*** (8 après J.-C.),
extrait du livre VI, d'après la traduction du latin d'Anne Videau

Balthazar Marsy (1628-1674) et **Gaspard Marsy** (1624-1681), *Le Bassin des lézards* (1668-1671) : paysans métamorphosés en grenouilles, (▶ p. 149), plomb (parterre de Latone, parc du château de Versailles).

Comprendre le texte

La métamorphose

1. a. Qui est Latone ? Quelle périphrase la désigne à la ligne 13 ?

b. Pourquoi la déesse se fâche-t-elle contre les paysans ?

2. Quelles paroles de la déesse provoquent la métamorphose ? En quoi les paysans sont-ils métamorphosés ?

3. a. Quelles parties du corps sont métamorphosées ? Relevez les termes qui expriment les changements subis.

b. Montrez qu'il y a transformation de forme, de couleur et de voix.

La portée du récit

4. Quelle faute les paysans ont-ils commise ?

5. Quelle explication la métamorphose fournit-elle à propos des grenouilles (comportement, milieu de vie) ? Précisez en quoi leur nouvel état est en rapport avec la faute.

Lire l'image

Que font les paysans lyciens ? Montrez qu'ils sont surpris dans leur activité par la métamorphose.

Écriture

Pour punir Lycaon, un roi cruel, Jupiter le transforme en loup. Décrivez la métamorphose.

Conseils

- Précisez les parties du corps transformées.
- Employez des verbes de transformation (▶ LISTE, p. 146, n° 14), que vous conjuguerez au présent.
- Terminez par : *Il devient loup.*

L'ESSENTIEL

L'origine de certaines espèces animales

- Les récits mythologiques **expliquent comment** certains animaux sont nés d'une **métamorphose**.
- La métamorphose est souvent une **punition** infligée par les dieux. La **forme nouvelle** imposée aux humains fautifs **tient compte** de la **nature de leur faute**.

Une particularité géographique

PRÉPARER LA LECTURE

1. Recherchez où se trouve le fleuve Pactole (▶ CARTE, p. 131).
2. Cherchez qui est Dionysos (▶ LEÇON 41, p. 336).

« Midas »

Le roi Midas a rendu service au dieu Dionysos, qui cherche à le récompenser. Dionysos lui demande de faire un vœu...

Le roi émit le désir de voir se transformer en or tout ce qu'il toucherait. « Qu'à cela ne tienne, dit Dionysos en souriant, ton souhait sera exaucé ! » Mais voilà qu'au moment où Midas se met à table, les mets se transforment en or, le vin qu'il veut boire aussi. Impossible de rien avaler ! Midas, affamé et assoiffé, supplie alors le dieu de mettre fin à ces prodiges. Le dieu, qui pense que la leçon a porté, accepte : Midas doit aller se baigner dans le fleuve Pactole, et sera ainsi débarrassé de son dangereux pouvoir. C'est depuis, dit-on, que les eaux du fleuve charrient[1] des paillettes d'or. [...]

Lors d'un concours musical entre le dieu Apollon et le Satyre[2] Marsyas, Midas est le seul membre du jury à voter pour Marsyas. Le dieu le punit en lui faisant pousser des oreilles d'âne.

Pauvre Midas, le voilà tout honteux ! Il cherche par tous les moyens à cacher cette infirmité ridicule : bonnet, chapeau, coiffure, tout est bon. Le seul à être au courant de la catastrophe est son coiffeur, que le roi menace de mort s'il révèle le secret. Mais, au bout d'un certain temps, le coiffeur n'en peut plus : rien ne chatouille plus la langue qu'un secret à garder. Un matin, ne pouvant résister, il creuse un trou dans la terre et murmure : « Midas, le roi Midas, a des oreilles d'âne. » Convaincu que personne n'a pu entendre, il rebouche le trou, soulagé.

Mais au printemps suivant, des roseaux poussés à l'endroit de la confidence répètent au vent qui passait : « Midas, le roi Midas a des oreilles d'âne ! » Le vent indiscret fit passer le message et bientôt tout le monde sut que le roi Midas avait des oreilles d'âne !

Odile **Gandon**, ***Dieux et héros de l'Antiquité : toute la mythologie grecque et latine*** © Le Livre de poche Jeunesse.

1. **charrient :** transportent.
2. **le Satyre :** divinité au corps humain, aux cornes et aux pieds de bouc, souvent représenté en train de jouer de la flûte.

Nicolas **Poussin** (1594-1665), *Midas à la source du Pactole*, huile sur toile, 0,48 m x 0,65 m (musée Fesch, Ajaccio).

Comprendre le texte

Un vœu imprudent (l. 1 à 9)

1. a. Quel vœu le roi Midas a-t-il formulé auprès de Dionysos ?

b. Pourquoi son vœu se retourne-t-il contre lui ?

2. En quoi consiste *la leçon* (l. 6) donnée par Dionysos ?

3. Comment Midas pourra-t-il perdre son pouvoir de métamorphose ?

Une métamorphose incomplète (l. 13 à 24)

4. Quelle faute Midas a-t-il commise envers le dieu Apollon ? À quelle occasion ?

5. Comment Midas est-il puni ? En quoi la punition est-elle une métamorphose incomplète ?

6. Qui connaît le secret du roi ? Comment ce secret va-t-il être révélé à tous ?

La portée du récit

7. a. Quelle particularité du fleuve Pactole est expliquée dans la première partie du récit ?

b. Que signifie aujourd'hui l'expression *gagner le pactole* ?

8. Les métamorphoses sont-elles en rapport avec les fautes commises ?

Lire l'image

1. Identifiez l'auteur du tableau et son siècle.

2. Dans quel cadre la scène se déroule-t-elle ?

3. a. Où Midas se trouve-t-il ? Que fait-il ?

b. Qui peut être l'autre personnage ? Comment est-il vêtu ?

4. Quelles sont les couleurs principalement utilisées ? En quoi sont-elles en rapport avec l'histoire de Midas ?

L'ESSENTIEL

Les particularités géographiques

- Les récits mythologiques expliquent **certaines particularités géographiques** : ainsi, le fleuve Pactole doit ses paillettes d'or au vœu de Midas.
- Ces récits transmettent aussi aux hommes des **leçons de morale** : les dieux punissent l'avidité et la sottise.

La force de l'amour

PRÉPARER LA LECTURE Situez l'île de Chypre (▶ CARTE, p. 131).

« Pygmalion »

[Pygmalion] sculpta dans l'ivoire une statue merveilleuse, blanche comme neige, et plus belle qu'aucune femme en chair et en os. Et il devint amoureux d'elle.

Elle avait l'air d'une jeune fille. On aurait cru qu'elle était vivante, qu'elle allait se mettre à bouger – ce qui est le comble[1] de l'art.

Pygmalion, ému, émerveillé par la ressemblance de son œuvre avec un vrai corps humain, promenait ses mains sur l'ivoire et il se demandait si c'était bien de l'ivoire ou de la chair. Il embrassait la statue, il s'imaginait qu'elle lui rendait ses baisers. […]

Arrive la fête de Vénus. Pygmalion prie la déesse qu'elle lui accorde une femme qui ressemble à cette statue.

Pygmalion rentra chez lui et retourna auprès de sa statue. Il se pencha sur elle et l'embrassa. Il lui sembla que le corps était tiède. Il s'approcha davantage, tâta le cou, les épaules, la poitrine : sous ses mains, l'ivoire s'amollit, s'enfonça, prit la consistance[2] de la cire, qui devient molle au soleil et qu'on façonne du pouce, selon sa fantaisie.

Frappé d'étonnement, rempli de joie, d'appréhension, craignant de se tromper, le sculpteur n'en finissait plus de palper le corps aimé. Mais ce corps était bien vivant. Pygmalion sentait battre les veines au contact de ses doigts.

Alors, plein de reconnaissance, il rendit grâce à Vénus et put enfin poser sa bouche sur une bouche véritable.

La jeune fille sentit le baiser. Elle rougit. Elle ouvrit les yeux. Elle vit en même temps le ciel et le visage de celui qui l'aimait.

1. le comble : le plus haut degré.
2. la consistance : état d'une matière (dur, mou…).

Jean Léon Gérôme (1824-1904), *Pygmalion et Galatée* (XIXe siècle), huile sur toile, 94 x 74 cm (collection privée).

Vénus présida à leurs noces. Et quand, pour la neuvième fois, la Lune montra dans le ciel son visage rond, une petite fille leur naquit, Paphos, qui donna son nom à l'île. Car l'île de Chypre jadis s'appelait ainsi, en souvenir de Pygmalion et de sa statue, devenue femme.

16 métamorphoses d'Ovide, extrait du livre X, traduit et adapté du latin par Françoise Rachmühl © éd. Flammarion, coll. « Castor poche » (2003).

Pygmalion (1748), ballet composé par **J.-P. Rameau** (1683-1764), mise en scène, vidéo et chorégraphie de **K. Armitage** (2005), avec C. Auvity dans le rôle de Pygmalion et C. Berthon dans le rôle de la Statue (Centre chorégraphique national – ballet de Lorraine).

Lire l'image

Observez les deux illustrations.

a. Qui est Galatée ?

b. Quels sont les différents arts représentés ?

c. Notez les ressemblances et les différences entre les deux scènes (décors, personnages).

Comprendre le texte

La statue

1. a. Avec quelle matière Pygmalion a-t-il sculpté sa statue ? De quelle couleur est-elle ?

b. Quelle comparaison insiste sur cette couleur ? De quoi est-elle le symbole ?

c. Quels adjectifs soulignent la beauté de la statue (l. 1-2) ?

Amour et métamorphose

2. Pourquoi Pygmalion tombe-t-il amoureux de la statue ? Comment manifeste-t-il son amour pour elle ?

3. En quoi la statue est-elle métamorphosée ?

4. Quelle déesse a permis la métamorphose ? Pour quelle raison ?

5. a. Quels gestes de Pygmalion provoquent la métamorphose ?

b. Relevez les étapes de la transformation. Quels changements se produisent ?

6. Quelle explication géographique est donnée à la fin du texte ?

La portée du récit

7. En quoi l'histoire de Pygmalion illustre-t-elle la force de l'amour et le pouvoir de l'artiste ?

L'ESSENTIEL

La force de l'amour

● Les récits mythologiques racontent des histoires qui montrent la force et le pouvoir de l'amour : **Vénus**, déesse de l'Amour, sensible aux sentiments de **Pygmalion** pour sa statue, **accorde la vie** à cette dernière.

● La métamorphose de la statue est à la fois le fait de l'**homme amoureux** et de l'**artiste** : ce sont les **gestes du sculpteur** qui donnent la vie, autant que ceux de l'**amant**.

Je lis une œuvre complète

16 métamorphoses d'Ovide

traduites et adaptées du latin

par Françoise Rachmühl (2003)

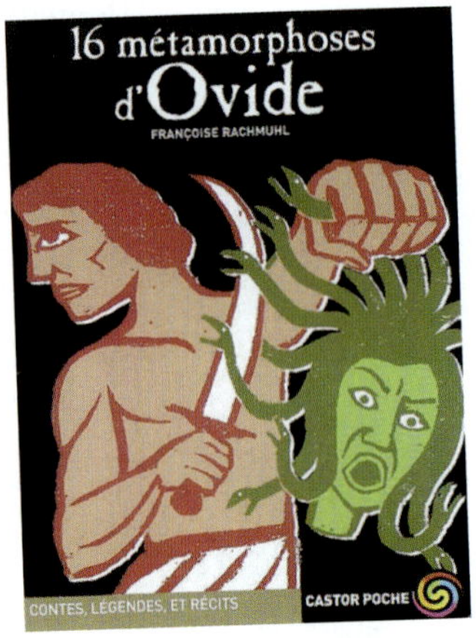

Le guide de lecture

• Lisez les seize métamorphoses en vous référant au tableau des dieux et au lexique de la mythologie (▶ LEÇON 41, p. 336-337).

• Au fur et à mesure de votre lecture, remplissez le tableau ci-dessous, que vous recopierez dans votre carnet de lecture (▶ FICHE MÉTHODE 12, p. 375).

Titres	Qui est métamorphosé ?	Par qui ?	En quoi ?	Métamorphose provisoire ou définitive ?	Causes de la métamorphose (ruse, punition, récompense…)	Fonctions (explicative ou morale)
1. Deucalion et Pyrrha						
2. Io						
3. Phaéton						
4. Narcisse						
5. Bacchus						
6. Persée						
7. Cérès						
8. Pallas et Arachné						
9. Médée						
10. Philémon et Baucis						
11. Dryopé						
12. Orphée						
13. Pygmalion						
14. Atalante						
15. Midas						
16. Pomone et Vertumne						

Le bilan

Quelle histoire avez-vous préférée ? Pourquoi ? Échangez à l'oral vos impressions.

La mythologie à travers les récits d'Ovide

Signification des récits mythologiques

■ La mythologie (du grec *muthos*, « légende », et *logos*, « étude ») est l'**étude des légendes** et de leurs significations. Les récits mythologiques sont des **récits fabuleux** qui mettent en scène les **hommes** et les **dieux**.

■ Ovide a rapporté **plus de deux cents récits** et légendes dans les *Métamorphoses*. Ces textes ont plusieurs fonctions :
– une **fonction explicative** (ils expliquent le monde) : repeuplement de la Terre (Deucalion et Pyrrha ▸ p. 132), origine d'une espèce animale (les grenouilles ▸ p. 136), particularité géographique (le fleuve Pactole ▸ p. 138)… ;
– une **fonction morale** (ils donnent une leçon) : le héros commet une **faute** (ou **transgression**), qui entraîne une **punition** (Phaéton, qui a prétendu égaler les dieux ▸ p. 134 ; les paysans, qui refusent de donner à boire à une déesse ▸ p. 136 ; Midas, qui est trop intéressé par l'argent ▸ p. 138)…

■ Les récits et légendes sont souvent **liés à l'amour** (Pygmalion ▸ p. 140-141).

Le phénomène de la métamorphose

■ La plupart des récits d'Ovide sont fondés sur une métamorphose. Le mot ***métamorphose*** vient du préfixe grec *méta*, qui indique un changement, et du nom *morphê*, qui signifie « forme » : la métamorphose est un **passage d'une forme à une autre**.

■ Les récits de métamorphoses comportent des **constantes**. Il y a toujours :
– un **personnage métamorphosé** ;
– un **agent** qui provoque la métamorphose (divinité) ;
– une **raison** qui justifie la métamorphose (punition, récompense, amour, jalousie…) ;
– un **processus de transformation** (changement de forme, de taille, de consistance, de couleur), exprimé à l'aide de verbes de transformation (▸ LISTE, p. 146, n° 14) ;
– un **résultat** (transformation provisoire ou définitive en animal, minéral, végétal).

GRAMMAIRE

1 La caractérisation : les expansions du nom

Pour caractériser un être, une chose, on peut enrichir le nom à l'aide d'expansions.

Relevez les expansions qui caractérisent les noms en rose ; puis, précisez leur classe grammaticale : adjectif ou groupe nominal.

a. Narcisse contemple dans l'eau ses joues lisses, son cou d'ivoire, sa bouche gracieuse, son teint de rose.
b. Persée a tranché la tête de Méduse aux cheveux de serpents.
c. Proserpine, la fille de Cérès, a été enlevée par Pluton.

2 L'attribut du sujet ▶ leçon 16, p. 286

Relevez les attributs du sujet et précisez leur classe (adjectif, nom ou GN).

a. La déesse Junon est jalouse. **b.** L'oiseau préféré de Junon est le paon. **c.** La nymphe Callisto est devenue une ourse. **d.** La nymphe Écho demeurait inconsolable. **e.** Le pirate est métamorphosé en dauphin, son dos se courbe et devient noir.

Gustave Moreau (1826-1898), *Le Paon se plaignant à Junon* (1881), aquarelle, 29 x 19 cm (musée Gustave-Moreau, Paris).

3 Les valeurs des temps

1. Relevez les verbes conjugués et identifiez les temps.

2. Quel est l'effet produit par l'emploi du présent ?

La déesse Diane aimait à se baigner nue dans une source retirée. Un jour, le chasseur Actéon la surprit. La déesse, furieuse, lui jeta de l'eau à la figure. Sur sa tête ruisselante poussent alors les cornes d'un cerf, son cou s'allonge, ses oreilles se dressent en pointe, ses mains se changent en pieds, ses bras en longues jambes fines, son corps se couvre d'un pelage tacheté. Actéon s'enfuit. Lorsqu'il aperçut dans l'eau sa tête recouverte de bois, il pleura.

Ovide, ***Métamorphoses***, « Actéon » (▶ p. 129), extrait du livre III, traduit et adapté du latin par Hélène Potelet.

CONJUGAISON

4 Présent, imparfait et passé simple

1. Conjuguez les verbes à l'indicatif présent, puis imparfait.

a. Le palais du Soleil (rayonner) de mille feux. **b.** À l'intérieur comme à l'extérieur, tout y (scintiller, étinceler, flamboyer). **c.** Midi y (être) l'heure unique.

2. Conjuguez les verbes au passé simple.

a. Phaéton (se diriger) vers le palais. **b.** Souvent, il (devoir) s'arrêter pour reposer ses yeux éblouis. **c.** Le dieu (apercevoir) le garçon.

5 Les formes active, passive et pronominale

Les verbes de métamorphose peuvent être à la forme active, passive ou pronominale.

Identifiez la forme des verbes en bleu. Précisez leur temps.

a. Les bras de Callisto se hérissent de poils noirs. **b.** Apollon a transformé Daedalion en épervier : il l'a pourvu d'ailes, lui a donné un bec recourbé, des serres crochues. **c.** Clytie, amoureuse du Soleil, qui la dédaignait, fut changée en fleur, le tournesol.

ORTHOGRAPHE

6 Dictée préparée

Préparez la dictée en répondant aux questions.

Jupiter était assis, s'appuyant sur son sceptre d'ivoire, l'air terrible. Il hocha la tête à plusieurs reprises et **ses** mouvements ébranlèrent la terre, la mer et jusqu'aux astres.

Il parla :

« Je veux détruire la race des humains. Ils ont commis trop de crimes. Je les **savais malhonnêtes** et **méchants**. Leur mauvaise réputation était parvenue jusqu'à mes oreilles. J'ai voulu en avoir le cœur net. Sous un déguisement, je suis descendu parmi eux. Ce que j'ai vu dépasse de loin ce qu'on pouvait imaginer. Je les **ferai** tous disparaître. Je le jure par le Styx. »

16 métamorphoses d'Ovide (extrait du livre I), traduit et adapté du latin par Françoise Rachmühl © éd. Flammarion, coll. « Castor poche » (2003).

1. Expliquez l'orthographe du déterminant *ses* (l. 3).

2. Identifiez le temps et le sujet des verbes *savais* (l. 9) et *ferai* (l. 15).

3. Identifiez la classe grammaticale des mots *malhonnêtes* et *méchants* (l. 9). Expliquez l'accord.

4. Donnez un exemple de participe passé conjugué avec les auxiliaires *être* et *avoir*. Rappelez la règle d'accord.

Tête de Jupiter (Ier-IIe siècle), terre cuite, hauteur 14 cm (Fitzwilliam Museum, université de Cambridge, Angleterre).

7 Dictée de mots

Recopiez les mots suivants, avec leur définition, et apprenez-les. Ils vous seront donnés en dictée.

- UNE MÉTAMORPHOSE : changement de forme.
- UN SCULPTEUR : artiste qui travaille la matière pour lui donner une forme.
- S'AMOLLIR : devenir mou.
- L'ORGUEIL : fierté, prétention.
- UNE GRENOUILLE : batracien.

FIGURES DE STYLE

8 La périphrase ▶ LEÇON 42, p. 338

1. Que désignent les périphrases ?

a. le maître des dieux. **b.** le fils de Prométhée. **c.** les dons de Cérès. **d.** la déesse de Cythère.

Si vous trouvez l'exercice difficile, voici les réponses dans le désordre :
– *Deucalion, Vénus, le blé, Jupiter.*

2. Désignez, à l'aide de périphrases, Junon, Diane, Apollon, Orphée. ▶ LEÇON 49, p. 352-353

9 La comparaison ▶ LEÇON 42, p. 338

1. Relevez les comparaisons et complétez le tableau. Expliquez le choix de la comparaison.

Éléments comparés	Outils de comparaison	Comparants

a. Il y avait une source limpide, dont les eaux brillaient comme de l'argent. **b.** La nymphe fuit, comme la biche effrayée fuit le loup. **c.** Galatée, tu es plus farouche que les taureaux indomptés, plus emportée que le torrent.

2. Trouvez une comparaison pour caractériser le palais du Soleil, la statue de Pygmalion, une nymphe.

VOCABULAIRE DES MÉTAMORPHOSES

10 Nom propre et nom commun

À vos dictionnaires !

De quels noms propres sont issus les noms communs suivants ? Précisez leur sens.

a. un atlas. **b.** un dédale. **c.** un narcisse. **d.** un écho. **e.** un argus. **f.** le mercure. **g.** une méduse.

11 Le champ lexical

Identifiez le champ lexical dominant. Appuyez-vous sur un relevé précis (7 mots).

Phaéton a insisté pour conduire le char du Soleil, mais les chevaux s'emballent…

Phaéton voit les flammes envahir l'univers tout entier. Les montagnes et les forêts s'embrasent, les villes, les pays sont brûlés par le gigantesque incendie. L'air est brûlant, Phaéton sent, sous ses pieds, le char chauffé à blanc. Aveuglé par les cendres qui volettent, il ne sait où les chevaux l'entraînent.

Ovide, ***Métamorphoses***, « Phaéton », extrait du livre II, traduit et adapté du latin par Hélène Potelet.

12 Texte à compléter

Complétez le texte avec les verbes donnés dans le désordre : *remplacent, disparaît, s'allonge, relie, rougissent, recouvrent, s'affaiblit.*

Le roi Cygnus est transformé en cygne.

Soudain sa voix ……, des plumes blanches …… ses cheveux, son cou …… ; une membrane …… ses doigts qui ……, des ailes …… ses flancs ; sa bouche …… ; à sa place, un bec sans pointe. Cygnus devient un oiseau nouveau.

D'après **Ovide**, ***Métamorphoses***, extrait du livre II, traduit et adapté du latin par Hélène Potelet.

13 S'initier au latin

Voici un extrait des *Métamorphoses* : Niobé est changée en statue.

Ipsa quoque interius cum duro lingua palato
Congelat et venae desistunt posse moveri ;
Nec flecti cervix nec bracchia reddere motus
Nec pes ire potest ; intra quoque viscera
[saxum est.

Traduction :

Sa langue se glace à l'intérieur de son palais devenu dur ; le sang ne coule plus dans ses veines, son cou ne peut plus fléchir, ses bras ne peuvent plus bouger, ses pieds ne peuvent plus avancer. Même dans ses entrailles, elle est de pierre.

Ovide, *Métamorphoses*, extrait du livre VI, traduit et adapté du latin par Hélène Potelet.

En vous aidant de la traduction, retrouvez le sens des sept mots en orange. À quel champ lexical appartiennent-ils ?

14 Apprendre des mots : les verbes de transformation

Recopiez les mots suivants et apprenez-les pour enrichir votre vocabulaire.

FORME ET TAILLE (apparition ou disparition d'un élément, diminution ou accroissement de taille ou de grosseur) :
se transformer • se changer en • se muer • remplacer • devenir • s'allonger • se courber • rétrécir • s'amincir • diminuer • rapetisser • grandir • s'élargir • enfler • se distendre • perdre • disparaître • pousser.

CONSISTANCE OU MATIÈRE :
durcir • devenir rigide • s'amollir • se figer • se couvrir d'écailles.

COULEUR :
se colorer • rosir • rougir • blanchir • noircir • verdir.

Activités d'écriture

1. Vous buvez une potion magique

Poussé(e) par la curiosité, vous buvez une potion magique et vous retrouvez transformé(e) en animal. Décrivez, en deux ou trois phrases, le processus de la métamorphose.

Conseils

- Choisissez les parties du corps qui se transforment et notez en face le résultat de la transformation (mains → pattes).
- Rédigez la métamorphose à la 1re personne.
- Utilisez les verbes de transformation (▶ LISTE, p. 146, n° 14).

2. Des objets qui se transforment

Dans le film *Transformers* (2007), de Michael Bay, de mystérieux robots, d'origine extraterrestre, capables de se transformer en véhicules et objets de manufacture humaine, attaquent les systèmes de défense de l'armée américaine.

Transformers, film de **Michael Bay** (2007).

Sujet 1 : imaginez que vous assistez à l'une de ces scènes de transformation.
Sujet 2 : imaginez que vous vivez une autre situation dans laquelle un objet se transforme dans votre intérêt.

Conseils

- Décrivez le processus de transformation.
- Utilisez une comparaison.
- Pour le sujet 2, montrez en quoi la transformation de l'objet a pu vous être utile.

3. Des mots qui métamorphosent

Imaginez une métamorphose qui surviendra à partir d'une des expressions suivantes : *être un âne, faire le singe, verser des larmes de crocodile, être fier comme un paon* ou *un coq, être serrés comme des sardines, voler de ses propres ailes.*
Votre récit sera à la 1re personne.

Conseils

- **Paragraphe 1** (introduction) **:** exposez la situation dans laquelle la phrase est prononcée ou pensée ; précisez par qui.
- **Paragraphe 2 :** décrivez la métamorphose (changement d'aspect physique, de taille, de couleur…) au présent de narration.
- **Paragraphe 3** (conclusion) **:** indiquez vos réactions ou celles de votre entourage.

Activité d'oral

Raconter une histoire de métamorphose

Racontez oralement, en classe, l'une des métamorphoses que vous avez lues et préférées.

Conseils

- Articulez.
- Veillez à ce que les actions s'enchaînent clairement.
- Faites partager votre plaisir aux autres : ménagez le suspense et ayez le ton, les gestes, les regards qui conviennent.

Fontaines et jardins

◄ **Pirro Ligorio** (vers 1510-1583), *Allée des Cent-Fontaines* (vers 1550) (villa d'Este, Tivoli, Italie).

Antiquité, Moyen Âge, Renaissance

■ Les jardins les plus célèbres de l'**Antiquité** furent les **jardins suspendus de Babylone** (actuel Irak), l'une des Sept Merveilles du monde. Composés de **plusieurs étages**, ils auraient été imaginés par Sémiramis, reine légendaire de Babylone, ou par le roi syrien Nabuchodonosor II.

■ Au **Moyen Âge**, le jardin était un **lieu fermé** : petit espace fleuri devant la maison, jardin potager, jardin de monastère.

■ À la **Renaissance**, l'Occident redécouvrit le **jardin ouvert**. Les **jardins de la villa d'Este**, à **Tivoli** (près de Rome), sont parmi les plus célèbres.

Versailles, le jardin « à la française »

■ Le **parc de Versailles** a été conçu par André **Le Nôtre**, créateur des **jardins « à la française »**, au dessin régulier et symétrique, et ornés de pièces d'eau. Entre 1668 et 1670, André **Le Nôtre** et Jules **Hardouin-Mansart** construisirent *Le Bassin de Latone*, à la **forme pyramidale** et à plusieurs **étages** ; les frères **Marsy** sculptèrent les statues de **marbre blanc**, figurant au sommet.

■ La punition infligée par **Jupiter** aux paysans lyciens rappelait aux courtisans de Louis XIV qu'il ne fallait pas offenser les puissants.

■ Le **miroir d'eau**, qui reflète la lumière, renvoie au mythe du roi Soleil.

Dates clés

Vers 600 avant J.-C. Jardins suspendus de Babylone.

Vers 1550 Jardins de la villa d'Este, à Tivoli.

1613-1700 André Le Nôtre

1668-1686 Construction du *Bassin de Latone*, à Versailles.

J'analyse les sculptures d'un bassin ► p. 149

1. a. Quelle œuvre est représentée ? Où peut-on la voir ?
b. Qui l'a réalisée ? À quelles dates ?
2. Décrivez l'œuvre : forme, éléments qui la composent, matériaux, reflets…
3. Relisez l'histoire de Latone (► p. 136) : montrez que l'artiste représente les étapes de la métamorphose.
4. Quel avertissement cette œuvre pouvait-elle donner aux courtisans de Louis XIV ?

André Le Nôtre (1613-1700), **Jules Hardouin-Mansart** (1646-1708), **Balthazar Marsy** (1628-1674) et **Gaspard Marsy** (1624-1681), *Le Bassin de Latone* (de 1668 à 1686), marbre et plomb (parterre de Latone, parc du château de Versailles).

Dans l'eau alternent tortues et lézards de plomb entourant la pyramide centrale. Sur la 1re vasque (bassin), on voit des paysans à demi métamorphosés et des grenouilles ; sur les 2e et 3e vasques, des grenouilles ; au sommet, Latone implorant Jupiter, entourée de ses enfants, Apollon et Diane.

Lire... des histoires de métamorphoses

▶ FICHE MÉTHODE **12, p. 375 :** tenir un carnet de lecture.

D'autres *Métamorphoses* d'Ovide, traduites et / ou adaptées

16 métamorphoses d'Ovide, traduites et adaptées par Françoise Rachmühl (Flammarion, « Castor poche », 2003), parmi lesquelles les histoires d'Io, victime de la jalousie de Junon ; de Phaéton, conduisant le char du Soleil ; de Narcisse, amoureux de son image ; d'Arachné…

Ovide, ***Métamorphoses*** (traduit du latin par Anne Videau, « Classiques Hatier », 2005) : le récit des origines du monde, Dédale et Icare, Midas, Europe et le taureau…

Odile Gandon, ***Dieux et héros de l'Antiquité : toute la mythologie grecque et latine***, 2005 (« Le Livre de poche Jeunesse ») : les histoires sont classées par ordre alphabétique : Cadmos, Callisto, Europe, Icare, Jason, Narcisse, Orphée, Persée, Phaéton, Zeus…

Des récits comportant une métamorphose

Charles Perrault, ***Contes de ma mère l'Oye***, 1697 : « Cendrillon », « Riquet à la houppe ».

Jacob et Wilhelm Grimm, ***Contes***, 1812, dont « Le Roi Grenouille » : une grenouille rapporte à la fille du roi le ballon d'or qu'elle a fait tomber dans la fontaine…

Hans Christian Andersen, ***Contes***, 1835-1872, dont « La Petite Sirène » : amoureuse d'un prince, la petite sirène obtient d'avoir deux jambes à la place de sa queue de poisson ; mais il lui faut aussi perdre sa belle voix…

Carlo Collodi, ***Pinocchio***, 1883 : avec un morceau de bois, Gepetto fabrique une marionnette qui tout à coup s'anime…

Des récits du XXe siècle

J. K. Rowling, ***Harry Potter à l'école des sorciers***, 1997 ; ***Harry Potter et la Chambre des secrets***, 1998 ; ***Harry Potter et la Coupe de feu***, 2000 (« Folio Junior ») : l'histoire célèbre du jeune sorcier. On y trouve des « cours de métamorphoses » et de multiples transformations magiques…

Philip Pullman, ***J'étais un rat***, 1999 (« Folio Junior ») : un petit garçon a été rat dans les premières années de sa vie. Sans savoir comment, il s'est transformé en être humain. Un couple de personnes âgées l'a adopté, mais il a encore des comportements étranges…

« Cérès et l'enfant »

Cérès, déesse des moissons, parcourt le monde à la recherche de sa fille, Proserpine, enlevée par Pluton, dieu des Enfers.

Épuisée de fatigue, la déesse avait soif ; elle n'avait trouvé aucune source pour s'y désaltérer, quand elle aperçut par hasard le toit de chaume d'une maison. Elle frappa à la petite porte : une vieille en sortit. Comme la déesse lui demandait de l'eau, elle lui offrit une boisson douce qu'elle avait saupoudrée de farine d'orge grillée. Tandis que la déesse buvait avec avidité, un enfant à l'air méchant et insolent s'arrêta devant elle et se moqua en la traitant de goinfre. Offensée, elle l'aspergea avec ce qui lui restait de breuvage, alors qu'il parlait encore. Aussitôt, le visage de l'enfant s'imprègne de taches et ses bras deviennent des pattes. Une queue vient s'ajouter à son corps métamorphosé et, pour qu'il soit inoffensif, sa taille rétrécit pour devenir plus courte que celle d'un petit lézard.

La vieille, étonnée de ce prodige et en pleurs, essaya de le toucher ; mais l'animal étrange se sauva et chercha une cachette. Son nom, le lézard-stellion[1], rappelle sa couleur constellée de gouttelettes parsemées ici et là.

Ovide, ***Métamorphoses*** (8 après J.-C.), extrait du livre V, traduit et adapté du latin par Hélène Potelet.

1. **le lézard-stellion** : petit lézard, dont le nom est dérivé du mot latin *stella*, « étoile ».

La Métamorphose de l'enfant insolent (XVIIe siècle), gravure (BnF, Paris).

COMPRENDRE LE TEXTE

Répondez par des phrases complètes.

La métamorphose

1. **a.** Quel personnage est métamorphosé ? Par qui ?

b. En quoi est-il transformé ?

c. Quels changements se sont produits (forme, taille, couleur) ?

2. **a.** Relevez deux verbes pronominaux et un verbe d'état qui expriment la transformation.

b. À quel temps sont-ils conjugués ? Quelle est la valeur de ce temps ? Justifiez son emploi.

3. Donnez la classe et la fonction mot *pattes* (l. 9).

La portée du récit

4. **a.** Pour quelle raison y a-t-il eu métamorphose ? Quelle loi l'enfant a-t-il enfreinte ?

b. Quelle morale peut-on en tirer ?

5. Quelle explication ce récit donne-t-il ?

6 Les grandes figures bibliques

Objectifs → *Découvrir des personnages chargés d'une mission divine dans les religions monothéistes ; analyser la figure du berger guidant les hommes dans la Bible.*

La Création, le septième jour : le Créateur survole son œuvre, miniature (XVe siècle) (British Library, Londres, Grande-Bretagne).

Lire l'image

1. Cherchez ce qu'est une miniature.
2. **a.** Comment l'image est-elle composée ? Retrouvez les différents plans.
   b. Quelles couleurs dominent ?
3. Quels animaux reconnaissez-vous ? Vivent-ils ensemble dans la réalité ?
4. Qualifiez le monde créé par Dieu d'après cette illustration.

Pour commencer

1. Qu'évoquent pour vous les noms Adam et Ève ?
2. Quel événement marque le début de l'ère chrétienne ? En quelle année commence-t-elle ? Comment fête-t-on cet événement tous les ans ? Aidez-vous du dictionnaire.

REPÈRES

La Bible et les religions monothéistes

Qu'est-ce que la Bible ?

- La Bible (du grec *ta biblia*, « les livres ») est composée d'un **ensemble de livres** écrits par plusieurs auteurs, connus ou anonymes. Les textes bibliques ont été rédigés du XIe siècle avant J.-C. au Ier siècle après J.-C. environ.

- La Bible constitue le **texte sacré** de deux grandes religions, le **judaïsme** (religion des juifs) et le **christianisme** (religion des chrétiens : catholiques, protestants et orthodoxes).

La Bible de Gutenberg (1455-1456) (Staatsbibliothek de Berlin, Allemagne).

- La Bible comporte deux grandes parties : l'**Ancien Testament** et le **Nouveau Testament**.

- L'**Ancien Testament** a été écrit en hébreu, en araméen (langue parlée en Mésopotamie) et en grec. Il comprend le récit de la création du monde et de la **première alliance** de Dieu avec le peuple d'Israël : selon le texte biblique, Dieu accorde à son peuple la Terre promise et sa protection en échange de sa fidélité. Seul l'Ancien Testament est commun aux juifs et aux chrétiens.

- Le **Nouveau Testament**, rédigé en grec, raconte la **nouvelle alliance** réalisée par Dieu avec tous les hommes, par l'intermédiaire de **Jésus-Christ**. La vie du Christ est connue grâce aux **quatre Évangiles**, rédigés au Ier siècle par les évangélistes, Jean, Luc, Marc et Matthieu. Le Nouveau Testament n'est reconnu que par les chrétiens.

- La Bible est divisée en **chapitres**. Chaque chapitre est découpé en petites unités numérotées, appelées **versets**. Quand on lit *Genèse 1. 1-8*, cela signifie « livre de la Genèse, chapitre 1, versets 1 à 8 ».

Dates clés de la Bible et du Coran

1800-1200 avant J.-C.
Voyage d'Abraham (selon la Bible).
Arrivée des Hébreux en Canaan (actuelle Palestine).
Installation en Égypte.

Vers 1200 avant J.-C.
Sortie d'Égypte sous la conduite de Moïse.

Du XIe au Ier siècle avant J.-C.
Rédaction de l'Ancien Testament.

Vers 5 avant l'ère chrétienne-vers 33 après J.-C.
Vie de Jésus-Christ.

Ier siècle
Rédaction des Évangiles.

610-632
Révélation faite à Mahomet : il est l'Envoyé de Dieu, le dernier des prophètes (selon le Coran).

Étui et rouleau de Torah (1860), peau de gazelle, bois recouvert de plaquettes repoussées, dorées, 86 cm (musée d'Art et d'Histoire du judaïsme, Paris).

Les lieux de la Bible

Les religions monothéistes

Une religion **monothéiste** (du grec *monos*, « un seul », et *théos*, « dieu ») est une religion qui **admet l'existence d'un dieu unique** : juifs, chrétiens et musulmans croient en un dieu, créateur du monde et des hommes (ce dieu est appelé Dieu en français, Ywvh en hébreu, Allâh en arabe, God en anglais...). Ils se reconnaissent des ancêtres communs, parmi lesquels Adam, Noé, Abraham, Moïse.

Le livre sacré des juifs est la **Torah** (Ancien Testament) ; celui des catholiques et des protestants est la **Bible** (Ancien et Nouveau Testament) ; celui des musulmans est le **Coran**. Pour ces derniers, les textes qui composent le Coran sont les paroles que Dieu a transmises au prophète Mahomet. Le Coran comporte 114 **sourates** (chapitres), elles-mêmes divisées en **versets**. Quand on lit *Coran, 4. 1-8*, cela signifie « sourate 4, versets 1 à 8 ».

Pourquoi étudier la Bible ?

La Bible constitue une **source d'inspiration** pour de nombreux artistes, poètes, écrivains et musiciens. C'est un texte qu'il est important de connaître, **quelle que soit sa religion**, si l'on veut comprendre de nombreuses œuvres littéraires et artistiques.

Coran ottoman calligraphié (1625), encre, 23 x 24 cm (musée du palais Topkapi, Istanbul, Turquie).

Je réponds aux questions

1. Quelles sont les deux parties qui composent la Bible ? Laquelle est reconnue seulement par les chrétiens ?

2. Quelles sont les trois religions monothéistes ?

3. Observez la carte. Retrouvez le trajet effectué par le peuple hébreu.

4. Pourquoi est-il important de connaître la Bible ?

Le premier homme et la première femme

PRÉPARER LA LECTURE Quel est le nom du premier homme et de la première femme de l'humanité, selon la Bible ?

« Multipliez, emplissez la terre »

Dieu dit : « Faisons l'homme à notre image, comme notre ressemblance, et qu'il domine sur les poissons de la mer, les oiseaux du ciel, les bestiaux, toutes les bêtes sauvages et toutes les bestioles qui rampent sur la terre. »

Dieu créa l'homme à son image, homme et femme il les créa.

Dieu les bénit et leur dit : « Soyez féconds[1], multipliez, emplissez la terre et soumettez-la[2], dominez sur les poissons de la mer, les oiseaux du ciel et tous les animaux qui rampent sur la terre. » Dieu dit : « Je vous donne toutes les terres portant semence[3], qui sont sur toute la surface de la terre, et tous les arbres qui ont des fruits portant semence : ce sera votre nourriture. À toutes les bêtes sauvages, à tous les oiseaux du ciel, à tout ce qui rampe sur la terre et qui est animé de vie, je donne pour nourriture toute la verdure des plantes » et il en fut ainsi.

Dieu vit tout ce qu'il avait fait : cela était très bon. Il y eut un soir et il y eut un matin : sixième jour.

Ainsi furent achevés le ciel et la terre, avec tout leur équipement. Dieu acheva au septième jour l'ouvrage qu'il avait fait et, au septième jour, il se reposa.

La Bible illustrée de Taizé,
extrait tiré de ***La Bible de Jérusalem***, Genèse 1. 26-31,
traduit et adapté de l'hébreu © éd. du Cerf (1973).

1. **soyez féconds :** ayez beaucoup d'enfants.
2. **soumettez-la :** dominez-la en travaillant.
3. **portant semence :** qui peuvent produire des plantes.

L'Histoire d'Adam et Ève, scènes tirées de la Genèse, miniatures de la Bible de Moutier-Grandval (840) (British Library, Londres, Grande-Bretagne).

Comprendre le texte

La création de l'homme

1. Quel jour l'homme fut-il créé ? En quoi se distingue-t-il des autres créatures (l. 1 à 4) ?

2. Quelle mission Dieu confie-t-il à l'homme (l. 6 à 11) ?

3. De quoi les humains se nourrissent-ils ? De quoi se nourrissent les animaux ? Pourquoi, à votre avis, Dieu se préoccupe-t-il de cette question ?

4. Relevez les termes qui traduisent un jugement positif de Dieu sur son œuvre. Quels éléments, selon vous, peuvent expliquer sa satisfaction ?

La poésie et les symboles bibliques

5. Combien de jours ont été nécessaires à Dieu pour créer le monde ? À quoi ce chiffre correspond-il dans le temps de notre vie quotidienne ?

6. a. Combien de fois le verbe *dire* est-il répété ? Comment Dieu crée-t-il ? Montrez, en citant le texte, qu'il y a correspondance entre ce que Dieu dit et ce qu'il fait.

b. Relevez d'autres expressions qui se répètent. Quel est l'effet produit à la lecture ?

Lire l'image ► p. 156

1. Quelle livre de la Bible l'image illustre-t-elle ?

2. Comment l'image est-elle composée ?

3. Retrouvez les scènes suivantes :

a. Dieu bénit Adam et Ève. Dieu leur interdit de manger les fruits de l'Arbre.

b. Adam et Ève sont chassés du Paradis. Ève élève son enfant ; Adam travaille la terre.

c. Dieu crée Adam et Ève.

d. Ève est tentée de manger le fruit par le serpent. Adam et Ève ont honte d'avoir désobéi.

4. Quelle partie de l'image correspond au texte étudié ?

5. Quelles remarques faites-vous sur les couleurs et sur le dessin ?

Écriture

Avant de créer l'homme et la femme, Dieu a créé les animaux. Imaginez ce moment : choisissez un animal et rapportez ce que Dieu a pu lui dire.

Conseils

- Exposez le projet de Dieu en commençant par : *Dieu dit : …*
- Énoncez la mission que Dieu confie à cette espèce : *Dieu leur dit : …*
- Utilisez le mode impératif.

L'ESSENTIEL

La création du monde

- Le récit de la **création du monde** (la Genèse), qui ouvre l'Ancien Testament, montre l'étendue des **pouvoirs de Dieu** et l'**origine divine** de l'homme et de la femme. Dieu réserve à l'homme une **place privilégiée** en lui donnant la mission de **peupler la terre**.
- Dieu crée le monde **par la parole**, en **sept jours**, fondant ainsi le **cycle de la semaine**. La beauté du monde tient à son **parfait équilibre**, à la juste place accordée à chacun.
- De nombreuses expressions, régulièrement **répétées**, rythment le texte biblique et lui donnent un **caractère poétique**.

Noé et le Déluge

PRÉPARER LA LECTURE Lisez (ou relisez) les récits du Déluge dans le chapitre 3 (Gilgamesh ▶ p. 86-87) et dans le chapitre 5 (La mythologie à travers les récits d'Ovide ▶ p. 132).

« Il ne resta que Noé »

Les hommes se sont rendus coupables de mauvaises actions. Dieu décide de les punir en noyant l'univers sous un déluge de pluie. Il charge Noé, un homme juste qui n'a pas cédé à la tentation du mal, de construire une arche (un bateau) et d'emmener à bord sa famille, ainsi qu'un couple de chaque espèce animale qu'il souhaite sauver.

Les eaux furent grosses sur la terre pendant plusieurs semaines. Alors Dieu se souvint de Noé et de toutes les bêtes qui étaient avec lui dans l'arche ; Dieu fit passer un vent sur la terre et les eaux désenflèrent[1]. Au septième mois, au dix-septième jour du mois, l'arche s'arrêta sur les monts d'Ararat[2]. Les eaux continuèrent de baisser trois mois durant et, les sommets des montagnes apparurent.

Au bout de quarante jours, Noé ouvrit la fenêtre qu'il avait faite à l'arche et il lâcha le corbeau, qui alla et vint jusqu'à ce que les eaux aient séché sur la terre.

Alors Noé lâcha d'auprès de lui la colombe pour voir si les eaux avaient diminué à la surface du sol. La colombe, ne trouvant pas un endroit où poser ses pattes, revint vers lui dans l'arche, car il y avait de l'eau sur toute la surface de la terre ; il étendit la main, la prit et la fit rentrer auprès de lui dans l'arche. Il attendit encore sept autres jours et lâcha de nouveau la colombe hors de l'arche. La colombe revint vers lui sur le soir et voici qu'elle avait dans le bec un rameau[3] tout frais d'olivier ! Ainsi Noé connut que les eaux avaient diminué à la surface de la terre. Il attendit encore sept autres jours et lâcha la colombe, qui ne revint plus vers lui. […]

Dieu bénit Noé et ses fils et il leur dit : « Soyez féconds[4], multipliez, emplissez la terre. Dominez tous les animaux de la terre et tous les oiseaux du ciel, comme tout ce dont la terre fourmille et tous les poissons de la mer : ils sont livrés entre vos mains. Tout ce qui se meut[5] et possède la vie vous servira de nourriture, je vous donne tout cela au même titre que la verdure des plantes. Observez mes commandements et dominez sur la terre, car je vous ai faits à mon image. »

La Bible illustrée de Taizé, extraits tirés de ***La Bible de Jérusalem***,
Genèse 7. 17-24 ; 8. 1, 4-12 ; 9. 1-3, 6, 13,
traduit et adapté de l'hébreu © éd. du Cerf (1973).

1. **désenflèrent :** le niveau des eaux diminua.
2. **les monts d'Ararat :** montagne de l'actuelle Turquie (▶ CARTE, p. 155).
3. **un rameau :** une petite branche tout juste poussée.
4. **soyez féconds :** ayez beaucoup d'enfants.
5. **tout ce qui se meut** (du verbe *se mouvoir*) **:** tout ce qui est animé, qui bouge.

Comprendre le texte

Le récit biblique

1. a. Quelles sont les conséquences de la montée des eaux ?

b. Qui est épargné ?

2. Relevez les indications de temps : quelles sont les étapes de la diminution des eaux (l. 2 à 19) ?

Les symboles bibliques et la portée de l'événement

3. Quel chiffre symbolique rappelle le temps de la création du monde (▶ p. 156) ?

4. Quel rôle la colombe joue-t-elle ?

5. a. Comparez les paroles que Dieu adresse à Noé et à ses fils (l. 20 à 26) avec celles qu'il adresse au premier homme et à la première femme dans le texte précédent (▶ p. 156, l. 6 à 11) : quelles similitudes retrouvez-vous ?

b. Quelle mission Dieu confie-t-il à Noé et à sa famille ? En quoi est-ce une mission importante ?

Lire l'image

1. Que représente l'image ci-dessous ? Quels animaux reconnaissez-vous ?

2. a. De quel pays l'image est-elle originaire ?

b. Relevez les éléments qui peuvent renvoyer à ce pays (décor, personnages, motifs du cadre…).

c. Quelle est la principale religion des habitants de ce pays ? L'épisode représenté se trouve-t-il dans le livre sacré de cette religion (▶ p. 160) ?

3. Quelles remarques faites-vous sur les couleurs ?

4. Quelles sont vos impressions face à cette image ?

L'Arche de Noé au moment du Déluge, imagerie tunisienne (XIXe siècle) (collection Selva).

Texte écho

« Montez dans le vaisseau »

Le Coran, comme la Genèse, présente un récit du Déluge. Le prophète Noé, envoyé pour inviter le peuple à adorer Dieu, l'avertit qu'une terrible catastrophe surviendra s'il continue à prier les idoles[1]. Mais personne ne l'écoute…

Nous[2] dîmes à Noé : « Emporte dans ce vaisseau un couple de chaque espèce, ainsi que ta famille, excepté celui sur qui le jugement a été prononcé[3]. Prends aussi tous ceux qui ont cru[4] : et il n'y eut qu'un petit nombre qui aient cru. »

Noé leur dit : « Montez dans le vaisseau. Il voguera et il s'arrêtera au nom de Dieu. Dieu est indulgent et miséricordieux[5]. »

Et le vaisseau voguait avec eux au milieu de flots *soulevés* comme des montagnes. Noé cria à son fils qui était à l'écart : « Ô mon enfant ! monte avec nous, et ne reste pas avec les incrédules[6]. »

« Je me retirerai sur une montagne, dit-il, qui me mettra à l'abri des eaux. » Noé lui dit : « Nul ne sera aujourd'hui à l'abri des arrêts[7] de Dieu, excepté celui dont il aura eu pitié. » Les flots les séparèrent, et le fils de Noé fut submergé.

Et il fut dit : « Ô terre ! absorbe tes eaux. Ô ciel ! arrête ! » et les eaux diminuèrent.

Le Coran, sourate 11, 42-46, traduit de l'arabe par Kazimirski

1. **les idoles** : les représentations (statues, images) des dieux païens.
2. **Nous** : c'est Dieu qui parle, par l'intermédiaire de Mahomet.
3. Un des fils de Noé, que la tradition représente comme infidèle.
4. **qui ont cru** : qui ont cru en Dieu.
5. **miséricordieux** : qui accorde son pardon aux coupables.
6. **les incrédules** : ceux qui ne croient pas.
7. **les arrêts de Dieu** : ordres de Dieu.

Comprendre le texte écho

Les arrêts de Dieu

6. De quelle faute Dieu punit-il les hommes ?
7. Quelle mission Dieu confie-t-il à Noé ?
8. Noé parvient-il à sauver toute sa famille ? Pourquoi ?
9. Comment se manifeste la colère divine ?

Comparer les textes

La Bible et le Coran

10. Quel texte, du Coran ou de l'Ancien Testament, raconte le début de l'histoire ?
11. Quelles expressions, dans les deux textes, rendent compte de la force du Déluge ?
12. Quel sort est réservé à la famille de Noé dans chacun des deux textes ? Quelle leçon le Coran donne-t-il aux hommes en présentant la mort d'un fils de Noé ?

L'ESSENTIEL

Le Déluge

- L'**épisode du Déluge** – rencontré dans l'épopée de **Gilgamesh** (▶ p. 86-87) et dans les ***Métamorphoses*** d'Ovide (▶ p. 132) – est commun à l'**Ancien Testament** et au **Coran**.
- La Bible développe davantage le récit de la montée des eaux, puis de la diminution des eaux, qui engage une **nouvelle relation entre les hommes et Dieu**. Le Coran insiste sur la séparation que le Déluge permet d'effectuer entre les **croyants** et les **incrédules**, jusqu'au sein d'une même famille. Il met en avant le fait que **Dieu** est le **juge suprême** des hommes.

Moïse et la traversée du désert

PRÉPARER LA LECTURE

En vous aidant des *Repères* (▶ p. 154-155), situez l'époque de la vie de Moïse. Repérez sur la carte où se situent l'Égypte et les régions désertiques.

« Vous nous avez amenés dans ce désert »

Moïse est un personnage commun aux trois religions monothéistes : judaïsme, christianisme et islam. Le texte biblique raconte que, sous sa conduite, les Hébreux[1] ont fui l'Égypte des pharaons, où ils étaient esclaves, pour rejoindre la Terre promise par Dieu à leur ancêtre Abraham. Mais la traversée du désert est éprouvante…

Toute la communauté des enfants d'Israël[2] atteignit le désert – situé entre Elim[3] et le Sinaï[4] – deux mois après leur sortie du pays d'Égypte. Toute la communauté des enfants d'Israël se mit à murmurer[5] dans le désert, contre Moïse et Aaron[6]. Les enfants d'Israël leur dirent : « Pourquoi ne sommes-nous pas restés au pays d'Égypte, où nous étions assis devant des marmites de viande et mangions du pain tout notre soûl[7] ! Vous nous avez amenés dans ce désert pour faire mourir de faim toute cette multitude ! »

Dieu dit à Moïse : « Je vais vous faire pleuvoir du pain du haut du ciel. Les gens sortiront et en recueilleront au jour le jour leur ration quotidienne. Je veux ainsi les mettre à l'épreuve, pour voir s'ils se conformeront, ou non, à mes ordres. Mais le sixième jour, lorsqu'ils prépareront ce qu'ils auront rapporté, leur récolte aura été double de celle de chaque jour. » Moïse et Aaron s'adressèrent à toute la

Michelangelo Buonarroti, dit **Michel-Ange** (1475-1564), *Moïse*, détail du tombeau de Jules II, marbre (basilique Saint-Pierre-aux-Liens, Rome, Italie).

1. **les Hébreux** : peuple d'Israël, élu de Dieu, selon la tradition biblique.
2. **les enfants d'Israël** : les descendants de Jacob (ou Israël), dont les douze fils ont donné naissance aux douze tribus d'Israël, qui constituent, d'après la Bible, le peuple hébreu.

3. **Elim** : nom d'une oasis dans le désert, où le peuple hébreu s'est arrêté pour se reposer.
4. **le Sinaï** : nom du désert où, selon la Bible, Moïse recevra de Dieu les tables de la Loi.
5. **murmurer** : se plaindre, protester.
6. **Aaron** : frère de Moïse.
7. **tout notre soûl** : jusqu'à ne plus avoir faim.
8. Pourquoi vous en prenez-vous à nous ?
9. **à satiété** : en abondance.
10. **des cailles** : oiseaux migrateurs des champs.

communauté des enfants d'Israël : « Dieu vous a entendus murmurer contre lui. Nous, que sommes-nous pour vous en prendre à nous[8] ? Dieu vous donnera, ce soir, de la viande à manger et, au matin, du pain à satiété[9], vous reconnaîtrez que c'est Dieu qui vous a fait sortir du pays d'Égypte et, vous verrez de vos yeux la gloire de Dieu ; présentez-vous devant Dieu, car il a entendu vos murmures. » Comme Aaron parlait à toute la communauté des enfants d'Israël, ils se tournèrent vers le désert et voici que la gloire de Dieu apparut en forme de nuée.

De fait, le soir, des cailles[10] montèrent et couvrirent le camp et, le lendemain matin, une couche de rosée recouvrait les alentours du camp. Cette couche de rosée évaporée, apparut, sur la surface du désert, quelque chose de menu, de granuleux, de fin comme du givre sur le sol. À cette vue, les enfants d'Israël s'interrogèrent mutuellement : « Qu'est cela ? » car ils ne savaient pas ce que c'était. Moïse leur dit : « Cela, c'est le pain que Dieu vous donne comme nourriture. Voici ce qu'a ordonné Dieu : Recueillez-en chacun selon vos besoins – une mesure par personne – d'après le nombre des membres de vos familles. Chacun de vous s'en procurera pour ceux qui partagent sa tente. » Les enfants d'Israël obéirent à cet ordre. […]

Le peuple d'Israël donna le nom de manne à cette nourriture. Elle était blanche, et avait le goût d'un gâteau au miel. On devait la ramasser le matin car, dès que le soleil devenait chaud, elle fondait.

La Bible illustrée de Taizé, extrait tiré de *La Bible de Jérusalem*, Exode 16, traduit et adapté de l'hébreu © éd. du Cerf (1973).

Comprendre le texte

L'intervention divine

1. De quoi le peuple hébreu souffre-t-il ? Comment manifeste-t-il sa souffrance ?

2. Quel secours Dieu décide-t-il de lui envoyer ?

3. Quelle épreuve lui impose-t-il ? Quel est l'enseignement de cette épreuve ?

4. Quelle récompense Dieu promet-il à ceux qui lui obéiront ?

Le rôle de Moïse

5. Quel rôle Moïse et Aaron jouent-ils ?

6. a. Comparez les paroles que Dieu adresse à Moïse (l. 10 à 18) et celles que Moïse adresse au peuple (l. 20 à 25 et l. 33 à 37) : quelles paroles divines Moïse reprend-il ? Quelles paroles interprète-t-il ?

b. Que veut-il faire comprendre à son peuple à propos de Dieu ?

La manne, nourriture céleste

7. Comment la nourriture promise parvient-elle au peuple ?

8. Quels sont sa couleur, sa consistance, son goût ? Relevez les termes qui la caractérisent.

9. À partir de cet épisode, précisez les relations que Dieu entretient avec son peuple.

Texte écho

« Mangez ces régals »

Dans le Coran, la vie de Moïse est l'objet d'un récit détaillé dans les sourates (chapitres) 18, 20 et 28. Ici, Dieu s'adresse au peuple d'Israël en marche dans le désert.

Fils d'Israël, nous vous avons sauvés de votre ennemi et nous vous avons donné rendez-vous sur le flanc droit du mont. Nous avons fait pleuvoir sur vous la manne et les cailles.

Mangez ces régals que nous vous donnons, mais sans excès ou bien ma colère sera sur vous.

Le Coran, sourate 20, 80-81, traduit de l'arabe par J. Grosjean © éd. Gallimard (2008).

Comparer les textes

La Bible et le Coran

10. Qui est l'ennemi des enfants d'Israël ? Reportez-vous au paratexte de l'extrait précédent (► p. 161).

11. Quel épisode de la vie de Moïse l'extrait du Coran évoque-t-il ?

12. Comparez avec le texte précédent :

a. Relevez les mots de vocabulaire que l'on retrouve dans les deux textes.

b. *Recueillez-en chacun selon vos besoins* (**extrait 1**, l. 35) : quelle expression fait écho à celle-ci dans le Coran ?

c. À qui Dieu s'adresse-t-il dans chacun des textes ?

Dieu nourrit les Hébreux d'œufs de caille et de manne, fac-similé d'un manuscrit allemand (XVe siècle) (collection privée).

Écriture

Dieu a fourni de l'eau aux Hébreux assoiffés. Imaginez la façon dont elle leur apparaît, ainsi que leur joie.

Conseil

• Vous commencerez par : *Au petit matin, en s'éveillant…*

L'ESSENTIEL

Moïse et le peuple hébreu

● Moïse est un **intermédiaire** privilégié **entre Dieu et les hommes.** Selon la Bible, il libère le peuple hébreu de l'esclavage et le conduit, **à travers le désert**, vers la Terre promise par Dieu à leur ancêtre Abraham.

● Au cours de ce voyage éprouvant, Dieu se montre **bienveillant** envers son peuple en lui envoyant une nourriture céleste, la **manne** : le peuple reçoit ainsi la preuve de la **puissance divine**.

Un nouveau roi

PRÉPARER LA LECTURE

1. **a.** Dans le calendrier romain, à quelle date célèbre-t-on la visite des mages ?
b. Comment s'appelle cette fête ? Quelle tradition lui est associée ?

B2i 2. Cherchez sur Internet quels sont les trois noms que la tradition populaire a donnés aux mages.

« Un chef qui sera pasteur de mon peuple »

Jésus naît sous le règne du roi Hérode[1] *qui a conquis son pouvoir grâce à l'aide des Romains. L'annonce de la naissance d'un nouveau roi des Juifs inquiète Hérode, qui demande aux mages*[2] *de le renseigner sur lui.*

Quand Jésus fut né, trois hommes sages découvrirent en Orient une étoile dans le ciel. On les appelait aussi les mages. Ils savaient que le roi était né, celui que Dieu avait destiné à tous les hommes. Ils se mirent en route, arrivèrent à Jérusalem et demandèrent : « Où est le roi des Juifs qui vient de naître ? Nous avons vu, en effet, son étoile se lever et sommes venus lui rendre hommage. »

Ayant appris cela, le roi Hérode s'émut[3], et tout Jérusalem avec lui. Il assembla tous les grands prêtres avec les scribes[4] du peuple, et s'informa auprès d'eux du lieu où devait naître le Christ. « À Bethléem de Judée, lui répondirent-ils ; car c'est ce qui est écrit par le prophète[5] : "De toi, Bethléem, sortira un chef qui sera pasteur[6] de mon peuple Israël". »

Alors Hérode fit appeler secrètement les mages, se fit préciser par eux la date de l'apparition de l'étoile, et les dirigea sur Bethléem en disant : « Allez vous renseigner exactement sur l'enfant ; et quand vous l'aurez trouvé, avisez-moi[7], afin que j'aille, moi aussi, lui rendre hommage. »

Sur ces paroles du roi, ils se mirent en route ; et voici que l'étoile, qu'ils avaient vue à son lever, marchait devant eux jusqu'à ce qu'elle vînt s'arrêter au-dessus de l'endroit où était l'enfant.

La vue de l'étoile les remplit d'une très grande joie. Entrant alors dans la maison, ils virent l'enfant avec Marie sa mère, et tombant à genoux, se prosternèrent devant lui ; puis, ouvrant leurs trésors, ils lui offrirent de l'or, de l'encens[8] et de la myrrhe[9]. Après quoi, Dieu les ayant avertis en songe de ne point retourner chez Hérode, ils prirent une autre route pour rentrer dans leur pays.

La Bible illustrée de Taizé, extrait tiré de ***La Bible de Jérusalem***, Évangile selon Matthieu 2. 1-12, traduit et adapté de l'hébreu © éd. du Cerf (1973).

1. **Hérode :** roi des Juifs de Judée. Ayant appris la naissance d'un enfant-roi, il cherche à le faire périr.
2. **les mages :** astrologues.
3. **s'émut** (verbe *s'émouvoir* au passé simple) : s'inquiéta.
4. **les scribes :** administrateurs de l'État, savants en écriture.
5. **le prophète :** le prophète Michée aurait annoncé, au VIIIe siècle avant J.-C., que le Messie naîtrait à Bethléem, le village où le berger David, devenu roi des Juifs, était né.
6. **pasteur :** berger, guide.
7. **avisez-moi :** avertissez-moi.
8. **l'encens :** résine qui brûle en dégageant un fort parfum et souvent utilisée au cours des cérémonies religieuses.
9. **la myrrhe :** substance résineuse parfumée.

Comprendre le texte

L'accomplissement d'une prophétie

1. Quels éléments dans le texte montrent que la naissance de Jésus était attendue ?

2. a. Quel nom les mages donnent-ils à Jésus ? En quoi cela peut-il inquiéter Hérode ?

b. Quel plan Hérode adopte-t-il ? Quel est son objectif ?

L'hommage des mages

3. a. Quels sentiments les mages éprouvent-ils quand ils arrivent à Bethléem ?

b. Comment se comportent-ils ? Citez le texte. Que traduit leur attitude ?

Un univers symbolique

4. Quelle est la fonction de l'étoile dans le texte ? Que représente-t-elle ?

5. *un chef qui sera pasteur de mon peuple* (l. 11) : identifiez la figure de style. Quelle sera la mission de l'enfant qui vient de naître ?

6. Quels cadeaux les mages offrent-ils à Jésus ? Que symbolisent-ils ?

L'ESSENTIEL

La naissance d'un nouveau roi

- La naissance de Jésus remplit les mages d'une très grande joie. Elle marquera le début d'une **ère nouvelle**.
- Certains juifs, parmi lesquels les mages, ont pensé que le nouveau-né était le Messie, le Sauveur annoncé et attendu. Pour eux, il est le **fils de Dieu** et bénéficie de la protection divine, **symbolisée par l'étoile**, qui guide les mages jusqu'à Bethléem. La croyance en Jésus-Christ constitue le fondement de la religion chrétienne.
- La naissance de Jésus, appelée la **Nativité**, ainsi que l'**adoration des mages**, ont inspiré un grand nombre d'artistes (▶ IMAGE CI-DESSOUS).

Lire l'image

1. Quelle est la nature de l'image **ci-contre** ? Quel est son titre ?

2. De quand date-t-elle ? Qui en est l'auteur ?

3. Comment le peintre a-t-il rendu la pauvreté du lieu de la naissance de Jésus ?

4. Décrivez les mages. Montrez qu'ils viennent de tous les pays pour célébrer l'événement.

5. Y a-t-il des témoins de la scène ? Où sont-ils placés ?

6. Quel contraste voyez-vous entre les mages et Jésus (taille, vêtement, posture) ?

7. À quelle place Marie se trouve-t-elle dans le tableau ? Décrivez-la.

Jérôme Bosch (vers 1450-1516), *L'Adoration des mages* (1511), panneau central d'un polyptyque, peinture (musée du Prado, Madrid, Espagne).

La figure du berger

PRÉPARER LA LECTURE

1. Cherchez dans le dictionnaire des informations sur David : quel était son métier ? Quel art pratiquait-il ? Quel exploit a-t-il accompli ? Comment en a-t-il été récompensé ?
2. Cherchez dans votre manuel des récits porteurs d'un enseignement (▶ CHAPITRES 1 et 8). À quels genres de textes appartiennent-ils en général ?

Extrait 1

« Psaume de David »

La Bible contient cent cinquante psaumes (ou poèmes destinés à être chantés) qui constituaient des prières. La tradition attribue à David la composition de tous les psaumes.

Le Seigneur[1] est mon berger[2],
je ne manque de rien.
Sur de frais herbages il me fait coucher ;
près des eaux du repos il me mène,
il me ranime[3].

Il me conduit par les bons sentiers,
pour l'honneur de son nom.
Même si je marche dans un ravin d'ombre et de mort,
je ne crains aucun mal, car tu es avec moi :
ton bâton et ta canne, voilà qui me rassure.

Devant moi tu dresses une table,
face à mes adversaires.
Tu parfumes d'huile ma tête[4],
ma coupe est enivrante[5].

Oui, bonheur et fidélité me poursuivent
tous les jours de ma vie,
et je reviendrai à la maison du SEIGNEUR
pour de longs jours.

La Bible, Psaume 23, extrait de la traduction œcuménique

1. **le Seigneur :** Dieu, pour les Hébreux.
2. **mon berger :** homme chargé de conduire les troupeaux et de veiller à leur sécurité.
3. **il me ranime :** il me donne des forces.
4. C'est l'usage de l'hospitalité orientale.
5. Ma coupe déborde.

Comprendre l'extrait 1

Une prière

1. a. Qui le pronom *je* (v. 2) désigne-t-il ?

b. Qui est le destinataire de la prière ? Par quel nom et quels pronoms (relevez-en deux) est-il désigné ?

Un texte poétique

2. a. En quoi ce texte se présente-t-il comme un poème ?

b. À qui Dieu est-il comparé au début du texte ?

c. Relevez les éléments qui se réfèrent à l'univers du berger.

Un texte symbolique

3. a. Que symbolisent le *ravin* (v. 8) et les *adversaires* (v. 12) dans la route de la vie ?

b. Quel est le rôle du Dieu berger ?

David jouant de la lyre, vitrail gothique (XIIIe siècle) (cathédrale de Chartres).

Extrait 2

« La parabole de la brebis perdue »

Jésus-Christ s'adressait souvent à ses interlocuteurs à l'aide de paraboles (courts récits à visée éducative et morale, fondés sur des images). Il dit cette parabole :

« Lequel d'entre vous, s'il a cent brebis et vient à en perdre une, n'abandonne les quatre-vingt-dix-neuf autres dans le désert pour s'en aller après celle qui est perdue, jusqu'à ce qu'il l'ait retrouvée ? Et, quand il l'a retrouvée, il la met, tout joyeux, sur ses épaules et, de retour chez lui, il assemble amis et voisins et leur dit : "Réjouissez-vous avec moi, car je l'ai retrouvée, ma brebis qui était perdue !" C'est ainsi, je vous le dis, qu'il y aura plus de joie dans le ciel pour un seul pécheur[1] qui se repent[2] que pour quatre-vingt-dix-neuf justes, qui n'ont pas besoin de repentir[3]. »

1. **un pécheur :** celui qui commet des péchés, des fautes.
2. **se repent :** regrette.
3. **le repentir :** regret d'avoir commis une faute.

La Bible illustrée de Taizé, extrait tiré de ***La Bible de Jérusalem***, Évangile selon Luc 15. 4-7, traduit et adapté de l'hébreu © éd. du Cerf (1973).

Comprendre l'extrait 2

La structure de la parabole

4. Quelles lignes constituent le récit ? Dans quelles lignes se trouve la conclusion ?

5. Qui les pronoms *je* (l. 5-6) et *vous* (l. 5-6) désignent-ils ?

Le récit pastoral

6. Quel est le devoir du berger, selon la parabole ?

7. Quel sentiment suscite le fait d'avoir retrouvé la brebis égarée ?

Un récit symbolique

8. Qui représente, chez les humains, la brebis perdue ?

9. Que représente *le ciel* (l. 7) dans le récit biblique ?

10. Reformulez avec vos propres mots le sens de la parabole.

Le Bon Pasteur, détail d'une mosaïque paléochrétienne (IVe siècle) (basilique d'Aquilée, Italie).

Comparer les textes

Le psaume et la parabole

11. a. Quelle image est utilisée dans les deux textes (▶ p. 166-167) pour désigner Dieu ?

b. À qui Dieu accorde-t-il sa protection dans les deux textes ?

Écriture

Vous avez perdu votre chat, votre chien ou un autre animal. Racontez votre joie lorsque vous le retrouvez.

Conseils

- Dites de quel animal il s'agit et précisez les circonstances des retrouvailles.
- Utilisez le vocabulaire de l'émotion (▶ LEÇON 44, p. 342).

L'ESSENTIEL

La figure du berger

- L'image du **berger** (ou du **pasteur**) avait un sens très concret pour les peuples de l'Antiquité biblique, souvent **nomades** et **éleveurs de troupeaux**. Le Proche-Orient, où est apparu le monothéisme, est un monde du désert et de la steppe.
- Dans beaucoup de textes bibliques, Dieu est comparé à un **berger** conduisant son troupeau de **fidèles**, assurant sa nourriture, son repos et sa sécurité.
- Avec la parabole de la brebis perdue, Jésus transmet un **message d'amour** qui incite au **pardon**.
- Dans les **œuvres d'art**, le Christ est souvent représenté portant un **agneau sur les épaules**.

La Bible, Dieu et les hommes

Les relations entre Dieu et les hommes

■ L'**Ancien Testament** (du latin *testimonium*, traduction d'un mot hébreu qui signifie « alliance ») présente le récit de l'**alliance** que Dieu a conclue **avec le peuple hébreu** pour transmettre à l'humanité son message divin. La première alliance a été établie avec **Adam et Ève**, chargés de peupler l'univers (▶ p. 156).

■ Mais les hommes ont, à plusieurs reprises, rompu les liens établis avec Dieu, en s'écartant des règles qui leur ont été données. Pour renouveler son alliance, Dieu a choisi comme **intermédiaires privilégiés** quelques hommes justes, comme **Noé** (▶ p. 158) et **Moïse** (▶ p. 161).

■ L'Ancien Testament se termine par l'annonce de la venue d'un **Sauveur**, le Messie. Pour les chrétiens, Jésus-Christ est le fils de Dieu venu sur Terre pour sceller, par le don de sa vie, la dernière alliance de Dieu **avec tous les hommes**. Dans un premier temps, les chrétiens sont des juifs qui croient que Jésus est le Messie qui a été annoncé. Bien plus tard, des non-juifs, en particulier des Romains, se convertissent au christianisme.

Poésie et symboles bibliques

■ Les textes bibliques, écrits par **plusieurs auteurs**, connus ou anonymes, appartiennent à des **genres très variés** : récits, prières (comme les psaumes), paraboles… De nombreuses expressions répétées donnent un caractère **poétique** au texte.

■ La Bible s'appuie sur de nombreux symboles : la **colombe**, symbole de la paix (▶ p. 158) ; le **berger**, symbole de Dieu défendant ses brebis, image des fidèles (▶ p. 166-167) ; l'**arc-en-ciel**, après le Déluge, signe d'alliance entre Dieu et les hommes.

La Bible, un texte fondateur

■ L'Ancien Testament, dont certaines parties sont **communes aux trois religions monothéistes** (**judaïsme** ou religion des juifs, **christianisme** ou religion des chrétiens, **islam** ou religion des musulmans), permet d'**établir des liens** entre les **différentes communautés** religieuses.

■ Il est important de connaître la Bible pour apprécier les **œuvres d'art** qu'elle a inspirées.

Détail du manuscrit de la Bible de Borso d'Este (XVe siècle), illustration des différentes étapes de la création du monde (bibliothèque Estense de Modène, Ravenne, Italie).

Étude de la langue

GRAMMAIRE

1 L'attribut et le COD

Donnez la nature et la fonction des groupes nominaux en rose.

a. Le plus grand des animaux des champs était le serpent. **b.** Adam et Ève ont écouté le serpent. **c.** Les vagues furieuses soulevaient l'arche. **d.** Le seul moyen de survivre fut l'arche. **e.** Après le Déluge, Dieu signe une alliance avec les hommes. **f.** L'arc-en-ciel demeure le symbole de l'alliance de Dieu avec son peuple. **g.** Dieu est le berger des brebis égarées. **h.** Le troupeau suit le berger.

2 COD, COI et COS

▶ Leçon 13, p. 280

Identifiez les COD, COI et COS dans les phrases suivantes.

a. Dieu confie à Adam et Ève la mission de peupler le monde. **b.** Dieu interdit à Adam et Ève de manger les fruits de l'arbre de sagesse. **c.** Adam et Ève ne résistent pas à la tentation. **d.** Dieu demande à Noé de construire une arche. **e.** La fille de Pharaon découvre l'enfant dans une corbeille et lui donne le nom de Moïse. **f.** Les Hébreux réclament du pain à Dieu. **g.** Dieu leur envoie la manne. **h.** Jésus parle de Dieu en utilisant des paraboles.

3 Les indications de temps

Relevez les expressions marquant le temps dans les phrases suivantes. Donnez leur classe grammaticale (groupe nominal, proposition subordonnée, adverbe).

a. Au sixième jour, Dieu créa l'homme et la femme. **b.** La pluie tomba durant quarante jours et quarante nuits. **c.** Noé attendit encore sept autres jours avant de lâcher à nouveau la colombe. **d.** La traversée du désert dura longtemps. **e.** Dieu protège les hommes tous les jours de leur vie. **f.** Les mages suivirent l'étoile jusqu'à ce qu'elle s'arrête au-dessus d'une étable.

CONJUGAISON

4 L'indicatif futur et futur antérieur

Écrivez les verbes entre parenthèses au temps (futur ou futur antérieur) et à la forme qui conviennent.

a. Dieu dit à Noé : quand tu (terminer) la construction de l'arche, tu (embarquer) ta famille. **b.** Lorsque David (vaincre) le géant Goliath, il (devenir) roi. **c.** La fille de Pharaon promit : lorsque vous (prendre) soin de l'enfant, je vous (apporter) moi-même votre salaire. **d.** Moïse annonça aux Hébreux : quand nous (traverser) le désert, nous (arriver) en Terre promise. **e.** Quand ils (recueillir) la manne, les Hébreux (se nourrir). **f.** Quand les pécheurs (se repentir), ils (être pardonné).

5 L'impératif présent

Conjuguez les verbes entre parenthèses à l'impératif présent, à la personne qui convient.

a. Dieu dit aux hommes : (être) féconds, (croître), (multiplier), (emplir) la terre de votre descendance. **b.** Dieu ordonne à Noé : (construire) une arche, (emmener) avec toi ta famille et un mâle et une femelle de chaque espèce animale. **c.** (Aller) chercher une nourrice, (donner)-lui l'enfant, dit la fille de Pharaon à Myriam. **d.** (Remercier) Dieu de nous avoir comblés, déclarent Moïse et Aaron. **e.** (Se rendre) à Bethléem et (avertir)-moi lorsque vous aurez trouvé l'enfant, demande Hérode aux mages. **f.** (Se réjouir) car j'ai retrouvé ma brebis, dit le berger à ses amis.

ORTHOGRAPHE

6 Dictée de mots

Recopiez les noms suivants (vus dans le chapitre) et apprenez leur orthographe ; ils vous seront donnés en dictée.

- **le monothéisme :** croyance en une divinité unique, Dieu.
- **le pasteur :** celui qui fait paître le bétail ; symbole du Christ.
- **la parabole :** récit biblique visant à donner un enseignement.
- **le psaume :** poème religieux.
- **la manne :** nourriture céleste.

7 Dictée préparée

Préparez la dictée en répondant aux questions.

La construction du Temple

Le roi ordonna d'extraire de grands blocs, des pierres de taille, pour établir les fondations du Temple. La construction se fit avec des pierres toutes taillées ; on n'entendit ni marteaux, ni pics, ni aucun outil de fer pendant qu'on construisait. Salomon fit revêtir de planches de cèdre l'intérieur des murs, depuis le sol jusqu'au plafond. Il fit couvrir le sol de planches de cyprès. Tout était en cèdre à l'intérieur, on ne voyait aucune pierre. Le Temple avait trois étages et Salomon aménagea des annexes et des cours protégées de murs autour.

La Bible illustrée de Taizé, extrait tiré de *La Bible de Jérusalem*, premier livre des Rois 6. 1, traduit et adapté de l'hébreu

1. Relevez les deux participes passés. Avec quels mots s'accordent-ils ?
2. Relevez les négations dans la phrase *on n'entendit [...] on construisait* (l. 4-7). Réécrivez ce passage à la forme affirmative.
3. Relevez et recopiez les noms d'arbres ; apprenez leur orthographe.
4. Relevez et recopiez les noms désignant les différents éléments qui composent le temple.
5. *marteaux* (l. 5) : comment se forme le pluriel des mots en *-eau* ? Donnez un exemple.

Figures de style

8 Les symboles bibliques

Que représentent les symboles suivants ?

a. le chiffre 7. **b.** l'arc-en-ciel. **c.** le serpent. **d.** l'étoile. **e.** la colombe. **f.** le rameau d'olivier. **g.** la manne. **h.** la croix.

Pour vous aider, voici les réponses dans le désordre :

– la paix ; la générosité divine ; la tentation ; l'alliance de Dieu et des hommes ; la création du monde ; la mort de Jésus ; la renaissance du monde ; la présence divine.

9 Comparaisons et métaphores

► LEÇON 45, p. 344

Identifiez les comparaisons et les métaphores dans les extraits suivants.

a. Ta descendance sera pareille à la poussière de la terre (Genèse 28. 14). **b.** Le Seigneur est mon berger (Psaume 25). **c.** Cette couche de rosée évaporée, apparut, sur la surface du désert, quelque chose de menu, de granuleux, de fin comme du givre sur le sol (Exode 16. 14). **d.** Il est apparu afin de guider nos pas sur la route de la paix (Luc 1. 79). **e.** Tout à coup il y eut un bruit qui venait du ciel comme le souffle d'un violent coup de vent (Actes des Apôtres 2. 2).

Extraits de *La Bible de Jérusalem*, traduits de l'hébreu par l'École biblique et archéologique française de Jérusalem

La Construction du Temple de Jérusalem (au premier plan, le roi Salomon), miniature (XIVe siècle) (Bibliothèque royale, Turin, Italie).

VOCABULAIRE DE LA BIBLE ET DES AUTRES RELIGIONS

10 LA RACINE GRECQUE *THÉO*

Remplacez les pointillés par les mots ci-dessous, formés à partir de la racine grecque *théo* (« dieu ») et de préfixes : ***monothéistes*** (*monos*, « seul »), ***athée*** (*a*, « sans »), ***polythéistes*** (*poly*, « plusieurs »), ***panthéon*** (*pan*, « tout »).

a. Celui qui ne croit pas en Dieu est ...... **b.** Les Grecs honoraient plusieurs dieux : ils étaient ...... **c.** Les juifs, les chrétiens, les musulmans ne croient qu'en un seul dieu : ils sont ...... **d.** Le ...... romain comprend l'ensemble de tous les dieux de la religion romaine.

11 À VOS DICTIONNAIRES !

Donnez le sens des expressions suivantes.

a. appartenir à une confession. **b.** être croyant mais peu pratiquant. **c.** être tolérant en matière religieuse. **d.** respecter les principes de la laïcité. **e.** être athée.

12 PRATIQUANTS ET LIEUX DE CULTE

Associez à chaque religion le nom des pratiquants, le lieu de culte, le chef de prière.

RELIGIONS : le judaïsme, l'islam, le catholicisme.
PRATIQUANTS : les catholiques, les juifs, les musulmans.
LIEUX DE CULTE : l'église, la synagogue, la mosquée.
CHEFS DE PRIÈRE : l'imam, le prêtre, le rabbin.

13 RITES ET OBJETS RELIGIEUX

Donnez le sens des termes suivants. À quelles religions se rattachent-ils ?

a. le muezzin, le tapis de prière, les ablutions.
b. la menorah, la kippa, un plat cacher.
c. le crucifix, le missel, l'hostie.

14 EXPRESSIONS BIBLIQUES

Retrouvez le sens des expressions bibliques (aidez-vous du dictionnaire ou d'Internet) ; utilisez-les dans des phrases.

a. C'est le paradis. **b.** Cela remonte au déluge. **c.** Faire une traversée du désert. **d.** Se prendre pour la reine de Saba. **e.** C'est un calvaire. **f.** Nul n'est prophète en son pays. **g.** C'est David contre Goliath. **h.** Être treize à table.

15 APPRENDRE DES MOTS : VIE MORALE ET ARTS

Recopiez les mots et expressions suivants et apprenez-les pour enrichir votre vocabulaire.

Le vocabulaire de la vie morale
le bien • le pardon • la tolérance (respect des opinions, des religions, de l'absence de religion, d'autrui) • un bienfait (bien que l'on fait à quelqu'un) • la justice • le respect • la sincérité • la franchise • l'honnêteté • la générosité • la vérité.

Le vocabulaire des arts religieux
LA NATIVITÉ : œuvre représentant la naissance de Jésus.
L'ANNONCIATION : œuvre représentant l'ange Gabriel annonçant à Marie qu'elle sera mère de Dieu.
L'ADORATION DES MAGES : œuvre représentant les trois rois mages venus honorer le Messie.
LA CÈNE : représentation du dernier repas du Christ.
UNE PIETÀ : statue ou tableau représentant Marie assise et tenant sur ses genoux le corps du Christ descendu de la croix.

Giotto di Bondone (1266-1337), *La Cène* (1304), fresque, détail du décor de la chapelle des Scrovegni (Padoue, Italie).

Expression écrite et orale

Activités d'écriture

1. Raconter un déluge

Un jour, la pluie tombe sans discontinuer. Racontez.

Conseils
- Précisez les circonstances (le moment, le lieu, la durée) et votre situation.
- Décrivez la scène (les éléments naturels ; les passants, s'il y en a…) et vos impressions.

René Magritte (1898-1967), *La Promesse* (1950), huile sur toile, 24 x 33 cm (collection privée, Monaco).

2. Raconter un voyage

Imaginez ou racontez un voyage long et pénible auquel vous avez participé.

Conseils
- Précisez les circonstances (lieu, moment, mode de transport…).
- Décrivez vos sensations (inconfort, bruit, mal des transports, faim, soif, fatigue, chaleur ou froid, engourdissement, sommeil…).

3. Raconter une réconciliation

Vous vous êtes montré(e) injuste envers quelqu'un, ou quelqu'un vous a offensé(e) (blessé(e)) : racontez comment vous parvenez à une réconciliation.

Conseils
- Précisez qui est l'offenseur, qui est l'offensé.
- Indiquez le motif de l'offense.
- Racontez les efforts fournis par l'un et par l'autre pour parvenir à la réconciliation.

Activités d'oral

1. Lire à voix haute

Choisissez l'un des textes du chapitre et lisez-le à voix haute. Vous pouvez lire les dialogues à plusieurs voix.

Conseils
- Délimitez bien les parties de chaque voix.
- Tenez compte de la ponctuation et du rythme.

2. Présenter un récit

Présentez à la classe l'un des récits que vous avez lus en lecture personnelle (▶ p. 176).

Conseils
- Donnez le titre et le nom de l'auteur de l'ouvrage. Faites un court résumé du récit.
- Dites ce qui vous a intéressé(e) et pour quelles raisons vous en conseilleriez la lecture.

3. Faire un exposé

Faites un court exposé sur un personnage biblique (Noé, Moïse, David, Salomon, Ève, Judith, Dalila…).

Conseils
- Utilisez les ouvrages documentaires conseillés dans le manuel (▶ p. 176) ; faites éventuellement des recherches sur Internet.
- Racontez brièvement la vie de ce personnage et montrez l'importance de son rôle dans la Bible.
- Choisissez et lisez un court passage de la Bible le concernant.

La mosaïque byzantine

Façade et campanile de l'église de Saint-Apollinaire-in-Classe (VIe siècle) (Ravenne, Italie).

L'art de la mosaïque

- Le terme *mosaïque* désignait, en latin, un revêtement décoratif fait de pierres de couleur et de coquillages, ornant les grottes et les fontaines consacrées aux Muses.
- Les **mosaïques de sol**, les plus anciennes, utilisent des **cailloux** ou des **petits galets**. Les galets ont ensuite été remplacés par des **petits cubes de pierres, de marbre** ou **de pâte de verre coloré** (**tesselles**) servant aux décorations murales : les **pièces retaillées** permettent des motifs plus fins et plus précis.
- L'art de la mosaïque s'enrichit de l'influence byzantine (verres multicolores, fonds or) et devient l'élément principal de décoration intérieure des **édifices chrétiens**.

L'église de Ravenne

- L'église de Saint-Apollinaire-le-Neuf (Italie) est célèbre pour la splendeur de ses mosaïques. On y voit les **rois mages** (▶ p. 164-165), astrologues venus d'Orient, portant leurs offrandes au Christ (or, encens, myrrhe). On les représente vêtus à l'**orientale** : cape et bonnet phrygien. À l'arrière-plan, la présence de **palmiers** symbolise la **victoire**.

Dates clés

IIIe siècle avant J.-C.
Introduction, dans les ateliers occidentaux, de la mosaïque orientale (verre multicolore, or).

395
Division de l'Empire romain en Empire d'Occident (capitale : Rome) et Empire d'Orient (capitale : Constantinople, ancienne Byzance).

476
Chute de l'Empire romain d'Occident.

VIe siècle
Construction des églises Saint-Apollinaire-le-Neuf et Saint-Apollinaire-in-Classe à Ravenne, splendeurs de l'art byzantin (art des chrétiens d'Orient).

J'analyse une mosaïque byzantine. ▶ p. 175

1. Où se trouve la mosaïque ?
2. a. Décrivez les mages (vêtements, gestes, attitudes).
b. Semblent-ils avoir le même âge ? Déchiffrez leurs noms en haut de l'image.
3. Quels arbres constituent le décor ? Repérez l'étoile. Quel est son rôle (▶ p. 164) ?
4. Quelles sont les couleurs utilisées ? Quel est l'effet produit ?
5. Quel mage est reproduit en détail ? Montrez la précision de la technique.

Les Rois mages, détail d'une mosaïque (VIe siècle)
(église Saint-Apollinaire-le-Neuf, Ravenne, Italie).

Détail de la mosaïque ci-dessus.

Lire... des textes autour de la Bible

▶ **FICHE MÉTHODE 12, p. 375 :** tenir un carnet de lecture.

La Bible et des récits inspirés de la Bible

La Bible (Hatier, « Œuvres et thèmes », 2003) : des extraits de l'Ancien et du Nouveau Testament.

La Bible illustrée, traduction de la Bible de Jérusalem (les Presses de Taizé, 1968) : une version simplifiée et illustrée de la Bible.

Michèle Kahn, illustrations de **Gustave Doré**, *Contes et légendes de la Bible* (vol. 1 et 2), 1994 (« Pocket Junior ») ; *Les Trésors de la Bible : d'Adam à Salomon*, 2005 (« Pocket Junior ») : trois ouvrages pour vous familiariser avec les grandes figures bibliques.

Léon Abramowicz, *Le Berger qui devint roi*, 1993 (Gallimard Jeunesse) : l'histoire, fidèle au récit biblique, de David, le berger musicien, vainqueur du géant Goliath, et qui devint le roi des Juifs et l'auteur des Psaumes.

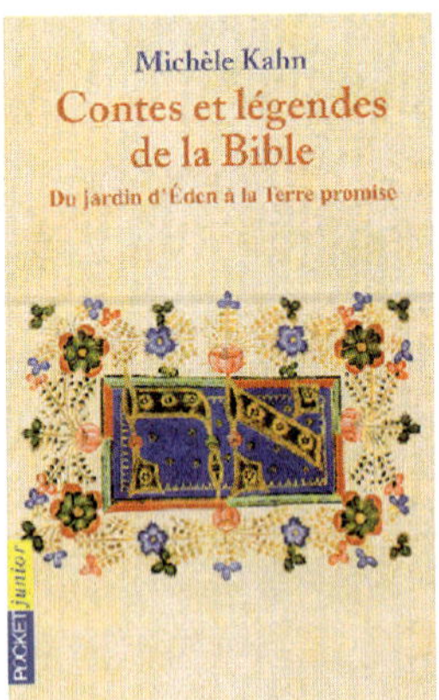

Des récits contemporains

Frederick Forsyth, *Le Berger, un conte de Noël*, 2003 (Gallimard Jeunesse) : la nuit de Noël 1957, un pilote anglais survole la mer du Nord quand survient une panne sur son appareil. Un berger, c'est-à-dire un avion chargé d'aider les appareils en détresse, lui porte secours. Le jeune pilote cherche à savoir qui pilote ce berger…

Entre documentaire et fiction

Philippe Le Guillou, *Sur les traces de Jésus*, 2002 (Gallimard Jeunesse) : le récit de la vie de Jésus, tel que le Nouveau Testament l'a transmis, accompagné de documents retraçant l'histoire de la Judée au temps de Jésus.

Ouvrages documentaires

Sandrine Mirza et **Marianne Boilève**, *Les Religions de la préhistoire à nos jours*, 2005 (Milan Jeunesse) : des explications sur plus de quarante religions, disparues ou actuelles.

Monique Gilbert, *Il était plusieurs « foi »*, 1978 (Albin Michel Jeunesse) : des réponses aux questions que l'on se pose sur les religions.

Marie-Hélène Delval et **Marie Bertherat**, *La Bible racontée par les peintres*, 1999 (Bayard Jeunesse) : des œuvres de Vélasquez, de Rembrandt, de Giotto mises en regard avec les textes bibliques.

Monique Scherrer, *Le Dico des symboles chrétiens dans l'art*, 2009 (Bayard Jeunesse).

Moïse sauvé des eaux, image extraite de la *Vie de Moïse* (éd. Olivier Pinot, fin XIXe siècle) (collection privée).

« La naissance de Moïse »

Au XIIe siècle avant J.-C., les Hébreux vivent en Égypte. Ils deviennent si nombreux que Pharaon, craignant pour son autorité, se met à les persécuter. Un jour, il ordonne de jeter dans le fleuve le Nil tous les garçons nouveau-nés…

En ce temps-là une femme de la maison de Lévi[1] mit au monde un enfant, et c'était un fils. Voyant qu'il était beau, elle le dissimula pendant trois mois. Lorsqu'il lui fut impossible de le tenir caché plus longtemps, elle se procura pour lui une corbeille en roseaux qu'elle enduisit d'asphalte[2] et de poix[3]. Elle y plaça le petit enfant et la déposa parmi les roseaux proches de la rive du Fleuve[4]. La sœur de l'enfant se posta à distance pour voir ce qui lui adviendrait.

Or la fille de Pharaon descendit au Fleuve pour s'y baigner, tandis que ses suivantes se promenaient sur la rive. Elle aperçut la corbeille parmi les roseaux et envoya sa servante la prendre. Elle l'ouvrit et vit : c'était un enfant qui pleurait. Touchée de compassion[5] pour lui, elle dit : « C'est un petit Israélite[6]. » La sœur de l'enfant dit alors à la fille de Pharaon : « Veux-tu que j'aille te quérir[7], parmi les femmes des Israélites, une nourrice qui t'allaitera ce petit ? » – « Va », lui répondit la fille de Pharaon.

La jeune fille s'en alla donc chercher la mère du petit. La fille de Pharaon lui dit : « Emmène ce petit et nourris-le-moi. Je te donnerai, moi-même, ton salaire. » Alors la femme emporta le petit et l'allaita. Lorsqu'il eut grandi, elle le ramena à la fille de Pharaon qui le traita comme un fils et lui donna le nom de Moïse (ce qui signifie « tiré des eaux »).

La Bible illustrée de Taizé, extrait tiré de ***La Bible de Jérusalem***, Exode 2. 1-10, traduit et adapté de l'hébreu © éd. du Cerf (1973).

1. **de la maison de Lévi :** d'Israël.
2. **asphalte :** goudron utilisé pour rendre la corbeille étanche.
3. **poix :** colle.
4. **Fleuve :** le Nil.
5. **compassion :** pitié.
6. **un Israélite :** un Hébreu.
7. **quérir :** chercher.

COMPRENDRE LE TEXTE

Répondez par des phrases complètes.

Un enfant menacé

1. Pourquoi la mère de Moïse doit-elle cacher son enfant ? Que fait-elle pour le sauver ?
2. Donnez la classe et la fonction grammaticale de *un enfant* (l. 2) et *beau* (l. 3).
3. Quelle femme découvre l'enfant ? Sait-elle qui est cet enfant ?
4. Pourquoi décide-t-elle de le prendre en charge ? En quoi commet-elle un acte interdit ?
5. Indiquez le mode et le temps des verbes *va* (l. 15), *emmène* (l. 18) et *nourris* (l. 18).

Le rôle des femmes

6. Quel rôle la sœur de l'enfant joue-t-elle ?
7. Quelle fonction la mère de l'enfant assure-t-elle auprès de lui ? Qui élève l'enfant quand il a grandi ?
8. Quel nom l'enfant porte-t-il ? Pourquoi ? Citez le texte.

7 Fantaisie et émotions en poésie

Objectifs → *Découvrir le langage poétique à travers la poésie du XIXe et du XXe siècle ; étudier l'expression de l'émotion en poésie ; identifier les effets produits par le rythme et les sonorités.*

Vassily Kandinsky (1866-1944), *Bleu de ciel* (1940), huile sur toile, 100 x 73 cm (musée national d'Art moderne, centre Georges-Pompidou, Paris).

Lire l'image

1. Identifiez le titre du tableau, sa date et son auteur.
2. Quelles remarques faites-vous sur la composition du tableau ? Comment le peintre a-t-il joué avec les couleurs ?
3. Pouvez-vous identifier ce que représentent les dessins ? Reconnaissez-vous certaines formes ?
4. Quelles sont vos impressions, face à ce tableau ?

Pour commencer

1. Pour vous, qu'est-ce que la poésie ? Mettez en commun vos réponses et essayez de trouver ensemble une définition de ce mot.
2. Citez ou récitez un poème que vous aimez.

REPÈRES
Fantaisie et émotions en poésie

L'origine de la poésie

- Le mot ***poésie*** vient du **verbe grec *poieïn***, qui signifie « fabriquer », « créer ». Le nom ***poiêsis*** désigne, en grec, tout type de **création** : manuelle, intellectuelle ou artistique. Le poète est celui qui assemble les mots de façon à **évoquer des sentiments**, à **faire naître des émotions**.

- Selon la légende grecque, le premier poète était **Orphée** : il récitait ses poèmes en s'accompagnant de la **lyre**. On dit que le **charme** de ses chants était si puissant que les animaux, les arbres et les rochers venaient l'écouter. Il pouvait calmer les tempêtes, adoucir les fauves les plus cruels et les hommes les plus violents. Le **mythe d'Orphée** montre combien **poésie et musique sont liées**.

La poésie française du XIXe au XXIe siècle

- Au **XIXe siècle**, les poètes romantiques se réunissent derrière Victor Hugo pour **renouveler le langage poétique** : le poète choisit librement ses rythmes pour mieux exprimer ses sentiments et ses émotions.

- **Aujourd'hui**, la poésie prend des **formes diverses** : elle peut s'écrire en **vers** ou en **prose** et aborde tous les sujets, **sérieux** ou **fantaisistes**.

Émotions et fantaisie poétiques

- Le poète est celui qui **chante** et **enchante** par l'**art du langage**. Il exprime ses **émotions** pour les **partager** avec le lecteur : avec des mots simples et des textes courts, comme dans un **haïku** (▶ p. 192), ou de façon plus grandiose, comme dans la poésie de **Victor Hugo** (▶ p. 190). Il nous invite au **rêve** (**René de Obaldia** ▶ p. 186), nous renvoie à l'**univers de l'enfance** (**Jacques Brel** ▶ p. 188) ou nous **amuse** en **jouant avec les mots** (**Maurice Carême, Andrée Chedid** ▶ p. 182-183).

Dates clés

Antiquité grecque
Orphée, poète légendaire.

XVIIe siècle
Jean de La Fontaine, poète fabuliste ▶ p. 202

XIXe siècle
Le romantisme (Victor Hugo, 1802-1885).

XXe siècle
Maurice Carême (1899-1978) ▶ p. 182, Robert Desnos (1900-1945) ▶ p. 218, Raymond Queneau (1903-1976) ▶ p. 213

Marcello Provenzale (v. 1575-1639), *Orphée* (1618), mosaïque, 44 x 33 cm (galerie Borghèse, Rome).

Je réponds aux questions

1. Quelle est l'origine du mot poésie ? Qu'est-ce qu'un poète ?
2. Qui était le premier poète, selon la légende ? De quel instrument s'accompagnait-il ?
3. Quelle est la caractéristique de la poésie, aujourd'hui ?

Émotion poétique

PRÉPARER LA LECTURE

1. Comment un poème est-il disposé dans l'espace de la page ?
2. Cherchez ce que sont un vers et une strophe.

Jean Joubert
(né en 1928)

« Je te donne ce poème »

Je te donne ce poème,
le mot arbre, le mot maison,

et sentier, ruche, rivière,
mésange, jardin, lumière,

lune et soleil, nuit et jour,
étoile, sourire, amour,

le mot cœur, le mot caresse.

Je te donne la promesse
de l'amitié du monde.

Jean **Joubert**, « Je te donne ce poème »,
dans ***Les Plus Beaux Poèmes d'hier et d'aujourd'hui***

Paul Klee (1879-1940), *Paysage* (vers 1900), huile sur toile, 35 x 100 cm (collection particulière).

Comprendre le poème

Un poème du don

1. Quel verbe ouvre le poème ?

2. a. Quels dons sont énumérés par le poète ? Quelle progression remarquez-vous ?

b. Classez ces dons en deux champs lexicaux : les sentiments et émotions ; la nature.

3. Combien les vers ont-ils de syllabes, pour la plupart (▶ LEÇON 46, p. 346) ? Sont-ils courts ou longs ? Quel est le rythme créé ?

4. Combien y a-t-il de strophes dans le poème ? Quelle strophe ne comporte qu'un vers ? Quels mots sont mis en valeur dans cette strophe ?

5. À qui le poète peut-il s'adresser ? Quelles émotions le poète cherche-t-il à susciter ?

Écriture

À votre tour, écrivez un court poème commençant par : *Je te donne ce poème.*

L'ESSENTIEL

Le langage poétique

- Le poème se distingue par sa **mise en page** : il est composé de **vers** et de **strophes**.
- Le poète, par les mots, **recrée un univers**. Il privilégie l'**émotion** au moyen de différents procédés, comme l'**énumération** ou l'**adresse directe**.

Animaux fantaisistes

PRÉPARER LA LECTURE Cherchez ce que sont un lama, un ara, un cobra, un chinchilla et un alpaca.

Poème 1

Maurice Carême
(1899-1978)

« Le Ragara »

Existe-t-il, le ragara,
Sur les bords du Niagara
Ou court-il dans les bois, là-bas,
Sur les flancs de l'Himalaya ?
Il existe bien un lama,
Un ara parlant, un cobra,
Un chinchilla, un alpaca.
Pourquoi mon animal à moi,
Plus doux que le chat angora,
Pourquoi, mais oui, pourquoi
N'existerait-il pas ?…

Maurice **Carême**, « Le Ragara » (1961), dans ***La Grange bleue*** © fondation Maurice-Carême, tous droits réservés.

Illustrations d'**Alban Marilleau** (p. 182, 187, 189, 193, 194).

Comprendre le poème 1

Une supposition fantaisiste

1. Quelle question le poète se pose-t-il ? Reconstituez son raisonnement :
– combien de fois le verbe *exister* est-il répété ?
– identifiez les types (interrogatif, déclaratif) et formes (affirmative, négative) des phrases ;
– identifiez le mode et le temps de *existerait* (v. 11).

2. Qu'est-ce qu'un « ragara » ? Comment ce mot a-t-il pu être formé ? Appuyez-vous sur des mots du poème pour répondre.

3. Quelle comparaison permet au poète de décrire l'animal ?

4. Quels sont les différents animaux énumérés par le poète ? D'où viennent ces animaux, pour la plupart ?

Un langage rythmé et humoristique

5. a. Quelles sonorités sont répétées, dans ce poème ? Donnez des exemples.

b. Les vers sont-ils courts ou longs ? Quel est le rythme créé ?

6. Quel est l'effet produit par l'ensemble ?

Poème 2

« Le Boa[1] »

Andrée Chedid
(née en 1920)

Coiffé d'un panama[2]
Et aux lèvres un dahlia[3],
Messire le Boa
Se pointe à l'Opéra.

Là des souris-bêta[4]
Faisant « Hourrah ! Hourrah ! »
Invitent le boa
À rejoindre leur polka[5]
ABRA ET CADABRA

Soudain, à l'Opéra,
Il n'y a plus qu'un
BOA
Couché sur un sofa,
Qui digère sur un fa :
Souris en falbalas[6],
Sans oublier, ma foi,
Dalilah, la diva[7] !

Andrée **Chedid**, « Le Boa » (1977),
dans ***La Parole aux animaux***

1. **le boa : a.** gros serpent d'Amérique du Sud, qui étouffe ses proies avant de les avaler ; **b.** parure en fourrure ou en plumes se portant autour du cou.
2. **un panama :** chapeau à large bord.
3. **un dahlia :** fleur du Mexique.
4. **Opéra - souris :** jeu de mots ; on appelle les jeunes danseuses des rats de l'Opéra.
5. **polka :** danse rapide.
6. **falbalas :** ornements abondants sur un vêtement.
7. **la diva :** chanteuse d'opéra.

Comprendre le poème 2

Un univers de fantaisie

1. Dans quel lieu l'histoire se déroule-t-elle ? Résumez l'histoire. Comparez le début et la fin.

2. a. Quels éléments montrent que le boa est personnifié (▶ LEÇON 45, p. 344) ?

b. Quels mots montrent qu'il reste un animal ?

c. Quelle formule magique permet le passage de l'un à l'autre ?

3. a. Quelle est la sonorité répétée ? Les vers sont-ils courts ou longs ?

b. Quel est le rythme créé ?

4. Montrez que le poète joue sur les mots. Reportez-vous aux notes 1 et 4.

5. Avez-vous aimé ce poème ? Pourquoi ?

L'ESSENTIEL

Le jeu avec les mots

● Le poète peut porter un regard **amusé** sur le monde, **en jouant avec le langage** : jeux sur les mots (*boa*, *souris*) ; création de mots (*ragara*) ; figures de style (énumération, personnification…) ; jeu sur les rythmes et les sonorités. Le langage devient alors un espace de **jeu**, d'**humour** et de **fantaisie**.

Émotion fugitive

PRÉPARER LA LECTURE

1. Chercher ce que sont un nom concret et un nom abstrait.
2. Le mot *bonheur* est-il un nom concret ou abstrait ?

Zohra Karim
(née en 1970)

« Simplement »

Regarde ! le bonheur est là,
Juste là, à côté de toi.
Attends, ne bouge pas !
Tiens ? il s'est glissé dans ton sourire,
Maintenant il a coulé dans le bain,
Il va se blottir dans mes bras.
Ho ! le voilà dans le jardin.
Tu sais pourquoi il est là ?
Pour rien, et c'est la meilleure raison qui soit.

Zohra **Karim**, « Simplement »,
dans *Les Plus Beaux Poèmes d'hier et d'aujourd'hui*
© Le Livre de poche Jeunesse.

Berthe Morisot (1841-1895), *Dans le parc* (XIXe siècle), pastel, 72,5 x 91,8 cm (musée du Petit-Palais, Paris).

Comprendre le poème

Une émotion fugitive

1. Quel est le thème du poème ?

2. Quels lieux sont évoqués ? À quel univers appartiennent-ils ?

3. Repérez les verbes de mouvement et leur sujet (v. 3 à 6). Montrez que le bonheur est personnifié (▶ LEÇON 45, p. 344).

4. a. Comment l'émotion est-elle exprimée dans ce poème ? Pour répondre, appuyez-vous sur le vocabulaire et les types de phrases (▶ LEÇON 18, p. 290).

b. À qui la poétesse peut-elle s'adresser ?

5. Quelle image du bonheur se dégage du poème ? Prenez en compte le titre et la longueur du texte.

Oral

Apprenez le poème et récitez-le. Respectez le rythme (tour à tour lent, rapide et saccadé).

L'ESSENTIEL

Poésie en liberté

- Le poète peut saisir le caractère **fugitif** (fuyant) d'une émotion à travers un texte **court**.
- Dans le poème de Zohra Karim, le bonheur est **personnifié** : toujours en mouvement, il est insaisissable. La poétesse évoque les **petits bonheurs du quotidien**.

Jeu d'enfant

PRÉPARER LA LECTURE

B2i 1. Comment est formé le mot *calligramme* ? Qu'est-ce qu'un calligramme ?
2. Cherchez sur Internet qui a inventé cette forme poétique.

Daniel Brugès
(né en 1958)

« Quand l'enfant rit »

Daniel **Brugès**,
dans *Jouer avec les poètes* (1999)

Comprendre le poème

L'enfant et le monde

1. Comment le poème se présente-t-il dans la page ?
2. Que représente-t-il ? En quoi y a-t-il correspondance entre le dessin et le texte ?
3. Relevez l'expression répétée au début de deux phrases. Quel rythme est créé ?
4. Quels éléments naturels sont évoqués ? Lequel est personnifié ?
5. Quel est le pouvoir de l'enfant sur la marche de l'univers ? Justifiez votre réponse.
6. Quel lien pouvez-vous faire entre *mille mots cachés* et le calligramme ?

Écriture

Écrivez un calligramme sur le thème de la nature (arbre, soleil…).
Commencez par le texte… ou par le dessin !

L'ESSENTIEL

Le calligramme

- Le calligramme est un poème dont le texte forme un **dessin**.
- L'**univers de l'enfance** est un thème fréquent en poésie : la fantaisie et la **curiosité de l'enfant pour le langage** le rapprochent du poète.

Trésors d'enfant

PRÉPARER LA LECTURE

Avez-vous des « trésors », des objets trouvés au cours de promenades ou associés à des souvenirs particuliers, que vous conservez précieusement ?

René de Obaldia (né en 1918)

« Le Secret »

Sur le chemin près du bois
J'ai trouvé tout un trésor :
Une coquille de noix
Une sauterelle en or
Un arc-en-ciel qu'était mort.

À personne je n'ai rien dit
Dans ma main je les ai pris
Et je l'ai tenue fermée
Fermée jusqu'à l'étrangler
Du lundi au samedi.

Le dimanche l'ai rouverte
Mais il n'y avait plus rien !
Et j'ai raconté au chien
Couché dans sa niche verte
Comme j'avais du chagrin.

Il m'a dit sans aboyer :
« Cette nuit, tu vas rêver. »
La nuit, il faisait si noir
Que j'ai cru à une histoire
Et que tout était perdu.

Mais d'un seul coup j'ai bien vu
Un navire dans le ciel
Traîné par une sauterelle
Sur des vagues d'arc-en-ciel !

René de **Obaldia**, « Le Secret » (1969),
dans ***Innocentines*** © éd. Grasset & Fasquelle.

Kestutis Kasparavicius (XXe siècle), *Lune* (2005), aquarelle sur papier (collection particulière).

Comprendre le poème

Histoire d'un secret

1. Retrouvez les différents moments et lieux de l'histoire : appuyez-vous sur la composition en strophes et sur les indications de temps et de lieu.

2. a. Qui raconte l'histoire ? Quel âge peut avoir le personnage ?

b. Quels sont les objets qui, pour lui, constituent un *trésor* (v. 2) ? Comment s'y prend-il pour les garder secrets ?

Imagination et émotion

3. Montrez que l'enfant mêle réel et imaginaire (v. 3 à 5).

4. Quelle émotion le personnage ressent-il lorsqu'il pense avoir perdu son trésor (troisième strophe) ? Relevez un terme précis à la rime (à la fin d'un vers).

5. À quel endroit du poème le personnage raconte-t-il qu'il a retrouvé son trésor ? Qu'est-ce que le rêve en a fait ?

6. À quels champs lexicaux appartiennent les mots *navire* (v. 22) et *vagues* (v. 24), et les mots *ciel* (v. 22) et *arc-en-ciel* (v. 5 et 24) ? Quel effet produit leur association dans les derniers vers ?

Oral

Apprenez le poème et récitez-le.

Conseils

- Récitez le poème comme une confidence, un secret que vous partagez avec l'auditoire.
- Marquez les pauses.

Lire l'image

1. Quelle est la nature de l'image (▶ p. 186) ?

2. Décrivez la scène représentée (personnages, cadre, moment de la journée…).

3. Quels éléments du poème peut-on retrouver dans cette image ?

L'ESSENTIEL

La poésie, langage de l'imaginaire

- La poésie donne libre cours à l'**imaginaire** et au **rêve** : elle permet d'accéder à une autre dimension du monde, en se rapprochant de l'**univers de l'enfance**.
- L'**image poétique** associe des éléments souvent très éloignés les uns des autres, qui frappent l'imagination du lecteur : la sauterelle en or, la coquille de noix qui devient navire…

Nostalgie de l'enfance

PRÉPARER LA LECTURE Faites une recherche sur Jacques Brel dans le dictionnaire.

Jacques Brel
(1929-1978)

« Un enfant »

Un enfant
Ça vous décroche un rêve
Ça le porte à ses lèvres
Et ça part en chantant
Un enfant
Avec un peu de chance
Ça entend le silence
Et ça pleure des diamants
Et ça rit à n'en savoir que faire
Et ça pleure en nous voyant pleurer
Ça s'endort de l'or sous les paupières
Et ça dort pour mieux nous faire rêver

Un enfant
Ça écoute le merle
Qui dépose ses perles
Sur la portée du vent
Un enfant
C'est le dernier poète
D'un monde qui s'entête
À vouloir devenir grand
Et ça demande si les nuages ont des ailes
Et ça s'inquiète d'une neige tombée
Et ça s'endort de l'or sous les paupières
Et ça se doute qu'il n'y a plus de fées

Mais un enfant
Et nous fuyons l'enfance
Un enfant
Et nous voilà passants
Un enfant
Et nous voilà patience
Un enfant
Et nous voilà passés

« Un enfant », paroles de Jacques **Brel** ; musique de G. Jouannest et J. Brel

Comprendre la chanson

Une image de l'enfance

1. Quelles émotions éprouvent les enfants, selon le poète ? Citez des termes précis.

2. Montrez que le monde de l'enfance est lié aux univers de la poésie, du conte et de la musique (deuxième strophe). Citez des termes précis.

3. Relevez les vers dans lesquels le poète chanteur fait sentir sa présence (première et dernière strophes). Au moyen de quel pronom ?

4. Quel est le pouvoir de l'enfant sur les adultes (v. 12) ?

5. Par quels mots et par quelles sonorités à la rime le poète exprime-t-il la nostalgie de l'enfance (dernière strophe) ?

La musicalité du texte

6. Les vers de cette chanson sont-ils de même longueur ? Relevez quelques rimes.

7. Indiquez les répétitions de mots, d'expressions, de vers : quel effet produisent-elles sur le rythme et sur la musicalité du texte ? Quel type de musique pourrait accompagner ce texte, selon vous ?

Oral

Lisez le texte à plusieurs voix. Vous changerez de voix à chaque reprise de *Un enfant* (ou au vers 25 : *Mais un enfant*).

Conseils

- Préparez votre lecture : repérez les pauses (le plus souvent en fin de vers, mais pas toujours : attention aux enchaînements !).
- Soyez attentifs afin d'enchaîner votre partie au bon moment.

L'ESSENTIEL

La nostalgie de l'enfance

- De nombreux poètes expriment les **émotions** liées à la **nostalgie de l'enfance perdue** et au thème du **temps qui passe**.
- Jacques Brel, **poète chanteur**, met ses **émotions en musique** : les **répétitions** créent un rythme qui participe à la **musicalité** du texte.

Rêve d'infini

PRÉPARER LA LECTURE

B2i **1.** Cherchez sur Internet des informations sur Victor Hugo et sa petite-fille Jeanne.
2. Quel âge avait Jeanne lorsque Hugo écrivit *L'Art d'être grand-père* ?

Victor Hugo
(1802-1885)

« Jeanne songeait »

Jeanne songeait, sur l'herbe assise, grave et rose ;
Je m'approchai : – Dis-moi si tu veux quelque chose,
Jeanne ? – car j'obéis à ces charmants amours[1],
Je les guette, et je cherche à comprendre toujours
Tout ce qui peut passer par ces divines têtes.
Jeanne m'a répondu : – Je voudrais voir des bêtes.
Alors je lui montrai dans l'herbe une fourmi.
Vois ! – Mais Jeanne ne fut contente qu'à demi.
– Non, les bêtes, c'est gros, me dit-elle.

Leur rêve,
C'est le grand. L'Océan les attire à sa grève[2],
Les berçant de son chant rauque[3], et les captivant[4]
Par l'ombre, et par la fuite effrayante du vent ;
Ils aiment l'épouvante[5], il leur faut le prodige[6].
– Je n'ai pas d'éléphant sous la main, répondis-je.
Veux-tu quelque autre chose ? ô Jeanne, on te le doit !
Parle. – Alors Jeanne au ciel leva son petit doigt.
– Ça, dit-elle. – C'était l'heure où le soir commence.
Je vis à l'horizon surgir la lune immense.

Victor **Hugo**, ***L'Art d'être grand-père*** (1877).

1. ces amours : les enfants de l'âge de Jeanne.
2. sa grève : l'endroit où l'océan vient rejoindre la terre.
3. rauque : grave et voilé.
4. captivant : fascinant.
5. l'épouvante : peur violente et soudaine.
6. le prodige : événement extraordinaire, magique ou surnaturel.

Comprendre le poème

Une situation dialoguée

1. Qui sont les personnages en présence ? Que sont-ils l'un pour l'autre ?

2. a. Repérez le dialogue.

b. Qui est à l'initiative de l'échange ? Sur quel sujet porte le dialogue ?

Rêves enfantins

3. Où se trouve Jeanne au début du poème ? Où se trouve la fourmi ? Quel mot relie le vers 7 au vers 1 ?

4. Quels désirs Jeanne exprime-t-elle (v. 6 et 17-18) ?

5. Comment le poète interprète-t-il ces désirs (v. 10 à 13) ? Relevez les assonances en [an] et les allitérations en [v] qui soulignent la force des émotions enfantines (▶ LEÇON 42, p. 338).

Grand-père et poète

6. Comment le poète conçoit-il son rôle de grand-père (v. 3 à 5) ?

7. a. Quel mètre est utilisé dans ce poème (comptez le nombre de syllabes) ? Quel est le nom de ce mètre (▶ LEÇON 46, p. 346) ?

b. Quelles expressions sont mises en valeur dans les vers 9 et 10 ? De quelle façon ?

8. Dans les vers 9 à 13, quels pronoms montrent que le poète parle de tous les enfants ?

Oral

Lisez le poème à trois voix : l'un d'entre vous joue le rôle de Jeanne ; un autre, celui de Victor Hugo lorsqu'il s'adresse à Jeanne ; un autre encore lit les parties narratives et les commentaires de l'auteur.

CONSEIL

- Respectez le rythme des vers.

L'ESSENTIEL

La poésie de Victor Hugo

- La poésie de Victor Hugo associe souvent **art du théâtre** (scène avec dialogue), **expression des émotions et des sentiments** et **réflexion sur la marche de l'univers**.
- Auprès de Jeanne, sa petite-fille, le poète redécouvre l'**imaginaire de l'enfance** et l'harmonie qui **lie l'enfant et la nature**.

Sir Frederick William Burton (1816-1900), *Rêves* (vers 1861), aquarelle et crayon sur carton (Yale Center for British Art, États-Unis).

*I*nstants d'émotion

PRÉPARER LA LECTURE

1. Cherchez dans un atlas où se situe le Japon.
2. Comment se présente l'écriture japonaise ?

Katsushika Hokusai (1760-1849), *Martin-pêcheur, iris et roses* (vers 1832) (Victoria & Albert Museum, Londres, Grande-Bretagne).

Sur une pierre
la libellule
rêve en plein jour

Taneda **Santôka**, dans ***Haïku, Anthologie du poème court japonais*** traduit du japonais par C. Atlan et Z. Bianu © éd. Gallimard (2002).

Délice
de traverser la rivière d'été
sandales en mains !

Yosa **Buson**, dans ***Haïku,*** traduit du japonais par R. Munier © librairie Arthème-Fayard (1978).

Mon cœur bat
comme une houle
d'hirondelles

Yotsuya **Ryû**, dans ***Haïku, Anthologie du poème court japonais*** traduit du japonais par C. Atlan et Z. Bianu © éd. Gallimard (2002).

Comprendre les poèmes

L'homme et la nature

1. Observez la forme de ces poèmes : quelles particularités relevez-vous ?

2. Pour chacun des poèmes, relevez les termes qui renvoient à l'univers de la nature (minéraux, animaux, eau) et à celui de l'humain.

3. a. Quelles figures de style identifiez-vous dans le premier et le troisième haïku (▶ LEÇON 45, p. 344) ? Expliquez-les.

b. Qu'est-ce qu'une houle ?

c. Expliquez ces images.

4. Quelles émotions sont exprimées dans ces poèmes ?

L'ESSENTIEL

Le haïku

- Le haïku est un **poème traditionnel japonais**. Sa forme **brève** permet de fixer les **émotions d'un instant**, souvent liées au spectacle de la nature et des saisons.
- Le haïku comporte **une seule phrase**, avec ou sans verbe. Il touche le lecteur par l'**effet de surprise** provoqué par des **images** et des **comparaisons inattendues**.

Fantaisie et émotions en poésie

L'expression des émotions

■ La poésie est l'expression des émotions. Ressentir une émotion, c'est **être touché** par quelque chose, **éprouver** de la joie, de la tristesse, de la peur… L'**émotion poétique** est ressentie par le **poète** au moment de l'écriture, et par le **lecteur** au moment de la lecture : elle est partagée.

■ Les émotions peuvent être de **natures diverses** : joie de l'enfance (calligramme de Daniel Brugès ▶ p. 185), nostalgie, tristesse face au temps qui passe (« Un enfant » ▶ p. 188), mélancolie du quotidien (« Matin de décembre » ▶ p. 201)…

La fantaisie

■ Le **jeu sur le langage** permet au poète de décrire un **univers de fantaisie** : jeux et créations de mots, répétitions, jeux sur les sonorités, etc., sont utilisés par le poète pour exprimer un regard plein d'**humour** sur le monde (« Le Ragara » et « Le Boa » ▶ p. 182-183).

Le langage poétique

■ La poésie utilise les **mots de tous les jours**, mais le poète possède l'art de les **disposer**, de jouer avec leurs **sens** et leurs **sonorités** pour créer un **poème**.

■ Le poète **écrit en vers**. Un vers commence par une **majuscule** et est caractérisé par le **passage à la ligne**.

■ On distingue :
– les **vers réguliers** : vers (ou mètres) qui comportent un nombre déterminé de syllabes et qui riment entre eux (« Jeanne songeait » ▶ p. 190) ;
– les **vers libres**, utilisés à partir du XIXe siècle : vers de longueurs variables et qui ne comportent pas obligatoirement de rimes (« Simplement » ▶ p. 184).
L'utilisation de l'ensemble de ces éléments permet au poète de **créer des effets de sens et de rythme**, et de faire naître l'émotion poétique.

Méthode pour étudier un poème

■ Pour étudier un poème, il convient d'analyser :
– les **champs lexicaux**, qui permettent de dégager les **thèmes dominants** ;
– les **figures de style** : image (comparaison, métaphore, personnification), énumération, reprise ou répétition (▶ LEÇON 45, p. 344) ;
– les **jeux sur le rythme et sur les sonorités** (allitération, assonance ▶ LEÇON 46, p. 346).

Étude de la langue

GRAMMAIRE

1 Les pronoms et les déterminants

▶ Leçon 4, p. 262

Relevez les pronoms personnels et les déterminants.

a. Qui chacun des pronoms désigne-t-il ?

b. Précisez la nature des déterminants (article ou déterminant possessif).

> Mes deux frères et moi, nous étions tout enfants.
> Notre mère disait : « Jouez, mais je défends
> Qu'on marche dans les fleurs et qu'on monte aux échelles. »
>
> Abel était l'aîné, j'étais le plus petit.
> Nous mangions notre pain de si bon appétit,
> Que les femmes riaient quand nous passions près d'elles.
>
> Victor **Hugo**, « Aux Feuillantines », dans *Les Contemplations* (1856), livre V, X.

VERSIFICATION

2 Les mètres

▶ Leçon 46, p. 346

Identifiez les mètres (comptez le nombre de syllabes). Attention aux *e* muets !

a. Elle avait pris ce pli dans son âge enfantin
De venir dans ma chambre un peu chaque matin ;

Victor Hugo, *Les Contemplations* (1856), livre IV, V.

b. La plaine brille, heureuse et pure ;
Le bois jase ; l'herbe fleurit…

Victor Hugo, « Spectacle rassurant », dans *Les Rayons et les Ombres* (1840), XVII.

CONJUGAISON

3 L'indicatif présent, passé composé, futur

▶ Leçons 22 et 25, p. 298 et p. 304

Je te donne ce poème : conjuguez le verbe *donner* au présent, au passé composé, au futur, et à toutes les personnes, en utilisant les pronoms *je te, tu me, il te, nous te, vous me, ils te*.

ORTHOGRAPHE

4 Dictée de mots

Recopiez les mots suivants avec leur définition et apprenez-les. Ils vous seront donnés en dictée.

- UNE STROPHE : groupe de vers.
- UNE RIME : sons identiques à la fin de mots placés en fin de vers.
- UN RYTHME : retour à intervalles réguliers de temps forts et de temps faibles.
- UN ALEXANDRIN : vers de douze syllabes.
- UN CALLIGRAMME : poème en forme de dessin.

5 Dictée préparée

Préparez la dictée en répondant aux questions.

J'aime l'âne

J'aime l'âne si doux
marchant le long des houx.

Il prend garde aux abeilles
et bouge ses oreilles ;

et il porte les pauvres
et des sacs remplis d'orge.

Il va, près des fossés,
d'un petit pas cassé.

Mon amie le croit bête
parce qu'il est poète.

Il réfléchit toujours.
Ses yeux sont en velours.
[...]

Francis **Jammes**, « J'aime l'âne »,
dans ***De l'angélus de l'aube à l'angélus du soir***
(1898) © Mercure de France.

1. Observez les noms au pluriel. Expliquez leur orthographe. Le mot *velours* (v. 12) est-il au singulier ou au pluriel ?
2. Relevez les participes adjectifs. Avec quels mots s'accordent-ils ? Justifiez.
3. Relevez les déterminants possessifs.

Hugo Mühlig (1854-1929), *Dans les dunes*, aquarelle et gouache sur carton, 39 x 51,1 cm (galerie G. Paffrath, Düsseldorf, Allemagne).

FIGURES DE STYLE

6 L'image poétique ▶ LEÇON 45, p. 344

Identifiez les images. Précisez, dans chaque cas, s'il s'agit d'une métaphore, d'une comparaison ou d'une personnification. Expliquez-les.

a. Le Temps a laissé son manteau
De vent, de froidure et de pluie,
Et s'est vêtu de broderie,
De soleil luisant, clair et beau.

Charles **d'Orléans**, « Rondeau de printemps »
(XVe siècle).

b. Mignonne souris blanche
Comme un flocon de neige
Tombé un beau dimanche
D'une branche légère,
Joli flocon d'argent
Au museau si malin,
Pourquoi as-tu si peur
Que je sens, dans ma main,
Battre ton petit cœur ?

Maurice **Carême**, « Mignonne souris blanche »
(1959), dans ***La Cage aux grillons*** © fondation
Maurice-Carême, tous droits réservés.

7 L'énumération ▶ LEÇON 45, p. 344

Combien de termes sont énumérés dans ce poème ? Quel est l'effet produit ?

Pour les enfants et pour les raffinés

Je te donne pour ta fête
Un chapeau couleur noisette
Un petit sac en satin
Pour le tenir à la main
Un parasol en soie blanche
Avec des glands sur le manche
Un habit doré sur tranche
Des souliers couleur orange :
Ne les mets que le dimanche
Un collier, des bijoux
Tiou !

Max **Jacob**, « Pour les enfants et pour
les raffinés », dans *Les Œuvres burlesques
et mystiques de frère Matorel*, recueilli dans
Saint Matorel © éd. Gallimard (1936).

VOCABULAIRE DE LA POÉSIE ET DES ÉMOTIONS

8 LES JEUX SUR LES MOTS

Relevez les jeux sur les mots et expliquez-les. Quel est l'effet produit ?

La mer

La mer s'est retirée,
Qui la ramènera ?
La mer est démontée,
Qui la remontera ?
La mer est déchaînée,
Qui la rattachera ?
Un enfant qui joue sur la plage
Avec un collier de coquillages.

Jacques **Charpentreau**, « La Mer »,
dans ***Poésie d'écoliers*** (1992)

Enfant jouant avec des coquillages.

Eugenio Foz (né en 1923), *La Promenade* (1988), huile sur toile, 130 x 89 cm (collection de l'artiste).

9 LES JEUX SUR LES SONORITÉS : LES ALLITÉRATIONS ► LEÇON 46, p. 346

Sur le modèle : *L'hiver, le vers vert va vers verrière* (allitération en [v]), écrivez une phrase qui présentera des jeux sur les sonorités.

Conseils : choisissez un son et faites une liste de mots où ce son sera répété (ex : *bébé, biberon, bu...*). Aidez-vous du dictionnaire.

10 LES JEUX SUR LES SONORITÉS : LES RIMES ► LEÇON 46, p. 346

Regroupez les mots qui riment.

a. flâne. **b.** tambourine. **c.** satin. **d.** velours. **e.** savane. **f.** voile. **g.** brume. **h.** retours. **i.** pousse. **j.** étoile. **k.** plume. **l.** marine. **m.** félin. **n.** mousse.

11 LES CHAMPS LEXICAUX

Voici une liste de mots que vous avez rencontrés dans le chapitre.

a. Regroupez-les en trois champs lexicaux : paysage naturel ; cosmos ou météorologie ; animaux.

b. Effectuez un second classement pour les animaux : insectes ; oiseaux ; reptiles ; mammifères.

a. arbre. **b.** sentier. **c.** nuage. **d.** nuit. **e.** cobra. **f.** âne. **g.** rivière. **h.** chien. **i.** jour. **j.** jardin. **k.** chat. **l.** les bois. **m.** mésange. **n.** soleil. **o.** lama. **p.** ara. **q.** neige. **r.** boa. **s.** vent. **t.** sauterelle. **u.** hirondelle. **v.** étoile. **w.** libellule. **x.** arc-en-ciel. **y.** merle.

12 APPRENDRE DES MOTS : LE VOCABULAIRE DES ÉMOTIONS

Recopiez les mots et expressions suivants et apprenez-les pour enrichir votre vocabulaire.

LES ÉMOTIONS : l'émoi • être ému • être touché, troublé, bouleversé.

LA JOIE : le rire • la gaieté • le ravissement • l'enchantement • être content, joyeux, ravi • sauter de joie.

LA TRISTESSE : le chagrin • la peine • les larmes • les pleurs • les sanglots • être triste, peiné.

LA PEUR : la crainte • la frayeur • pâlir • trembler • frémir • être inquiet, affolé, terrorisé • avoir le cœur qui bat • être glacé d'effroi.

Activités d'écriture

1. Écrire des haïkus

Écrivez un ou plusieurs haïkus. Vous évoquerez des émotions devant le spectacle de la nature. Respectez la forme brève (une phrase) et la mise en page (trois vers) du haïku.

CONSEILS

- Utilisez le vocabulaire des émotions (▶ LEÇON 44, p. 342 et LISTE, p. 196, n° 12) et de la nature (▶ EXERCICE 11, p. 196).
- Utilisez des images : comparaison, métaphore, personnification… (▶ LEÇON 45, p. 344).

2. Jouer avec les sons

À la manière de Maurice Carême ou d'Andrée Chedid (▶ p. 182-183), écrivez un court poème bâti sur un son voyelle (*o*, *ou*, *i*, *a*) dominant.

CONSEILS

- Choisissez un thème (l'animal, par exemple).
- Faites une liste de mots (ex : *hibou*, *kangourou*, *toupie*, *caillou*, *roudoudou*).
- Construisez ensuite un poème fantaisiste, mais non dépourvu de sens.
- Utilisez des reprises de mots ou d'expressions (ex : *Existe-t-il…*), ainsi qu'une énumération.

3. Réaliser une anthologie

Constituez votre propre anthologie poétique (un recueil des poèmes que vous aimez).

CONSEILS

- Classez les poèmes choisis (par thèmes, auteurs ou ordre de préférence…).
- Recopiez-les, en soignant l'écriture, dans un cahier que vous illustrerez (dessins…).

Claude Monet (1840-1926), *Nymphéas* (vers 1915), huile sur toile, 1,40 x 1,85 m (Bayrische Staatsgemäldesammlungen, Neue Pinakothek, Munich, Allemagne).

Activités d'oral

1. Présentation collective

Par groupes, sélectionnez quelques poèmes (ou extraits de poèmes) en vue de les présenter à la classe. Déterminez l'ordre de présentation des textes et répartissez-vous les récitations.

CONSEILS

- Votre texte doit être appris par cœur.
- Parlez fort et articulez.
- Respectez le ton du poème (émotion, jeux de mots amusants…).
- Présentez les auteurs (s'ils sont connus).

2. Présentation individuelle

Sélectionnez quelques poèmes (ou extraits de poèmes) que vous aimez en vue de les présenter à la classe. Lisez vos textes et expliquez les raisons de vos choix (*Ce poème me touche car… ; J'ai choisi ce poème car…*).

CONSEIL

- Lisez de façon à partager vos émotions.

La peinture à l'huile

La découverte de la peinture à l'huile

■ Jusqu'au XIIIe siècle, les peintres **mélangent les couleurs en poudre à de l'œuf** (détrempe à l'œuf). Par la suite, les couleurs sont diluées dans de l'**huile de lin** ; les peintres obtiennent ainsi une pâte **brillante** et **veloutée**, dont **la couleur ne s'altère pas** avec le temps. Le peintre flamand **Jan Van Eyck** (vers 1390-1441) est le premier à utiliser couramment cette technique.

■ La peinture à l'huile permet de traiter les **effets de lumière** : l'Italien **Caravage** (1571-1610) invente le **clair-obscur** (contraste entre l'ombre et la lumière).

La révolution impressionniste

■ Au XIXe siècle, grâce à l'invention du **tube de peinture en métal**, facile à transporter, les artistes peuvent peindre **en plein air**. Les **impressionnistes**, comme Claude Monet, rendent les effets de **la lumière naturelle** en appliquant la peinture par **touches successives juxtaposées**.

■ La peinture à l'huile est utilisée par les **coloristes**, tel **Pierre Bonnard** (1867-1947) : ses tableaux, aux **couleurs chaudes** (à base de **jaune** et de **rouge**), ouvrent une fenêtre sur le monde (► p. 199).

Dates clés

Fin du Moyen Âge
Découverte de la technique de la peinture à l'huile.

XVe siècle
Jan Van Eyck, peintre flamand, perfectionne cette technique.

XIXe siècle
Invention du tube de peinture en métal.

1872
Impression, soleil levant, de Claude Monet, peintre impressionniste (voir aussi *Nymphéas* ► p. 197).

Début du XXe siècle
Apparition de l'art abstrait (► IMAGE À GAUCHE, p. 198).

1939
L'Atelier au mimosa, de Pierre Bonnard, grand coloriste.

◄ **Mark Rothko** (1903-1970), *Number 8* (1952), peinture (collection particulière).

J'étudie une peinture à l'huile ► p. 199

1. Quel est le titre du tableau ? Qui en est l'auteur ? De quand date-t-il ?
2. Que représente ce tableau ? Distinguez les plans et les deux espaces qu'ils délimitent.
3. Quel est l'angle de vue adopté ? Quel est l'effet sur le spectateur ?
4. Quelles sont les couleurs dominantes ? Sont-elles chaudes ou froides ? Comment sont-elles appliquées sur la toile ?
5. Bonnard glisse souvent une image de sa femme dans ses tableaux. Retrouvez-la.
6. Quelles impressions ou émotions éprouvez-vous face à ce tableau ?

Pierre Bonnard (1867-1947), *L'Atelier au mimosa* (1939, retouché en 1946), huile sur toile, 1,275 x 1,275 m (musée national d'Art moderne, centre Georges-Pompidou, Paris).

Lire... des poèmes

L'univers du poète

Claude Haller, ***Poèmes du petit matin***, 1994 (Le Livre de poche Jeunesse) : pour découvrir les jardins, les couleurs, les senteurs du monde qui se réveille.

Bernard Friot, ***La Bouche pleine, Poèmes pressés***, 2008 (« Milan poche Junior ») : des poèmes à déguster…

Des anthologies

Les Plus Beaux Poèmes d'hier et d'aujourd'hui, 1999-2001 (Le Livre de poche Jeunesse) : un recueil pour s'initier aux différentes formes poétiques. L'ouvrage rassemble des textes (réunis par Jacques Charpentreau) de Claude Roy, Maurice Carême, Victor Hugo ou encore Jacques Prévert.

Michel Piquemal, ***Mon premier Hugo***, 2001 (« Milan poche Junior ») : pour faire plus ample connaissance avec le grand-père de Jeanne et entrer dans l'univers de l'un des plus grands poètes du XIXe siècle.

Collectif, ***Haïku, Anthologie du poème court japonais***, 2002 (Gallimard) : les quatre saisons sont à l'honneur, au pays du Soleil Levant.

Les Plus Beaux Poèmes pour les enfants, 2004 (Le Livre de poche) : une anthologie de Jean Orizet pour découvrir de grands poètes classiques et modernes (La Fontaine, Hugo, Carême…).

Collectif, ***Quatre saisons***, 2005 (Gallimard Jeunesse) : un album illustré.

Pour écrire des poèmes

Jacques Charpentreau, ***Jouer avec les poètes***, 2002 (Le Livre de poche Jeunesse) : un recueil de poèmes contemporains. Chaque poème est bâti sur un procédé : au lecteur de le découvrir… et même de créer ses poèmes !

Rolande Causse, ***J'écris des poésies***, 2004 (Albin Michel Jeunesse) : pour écrire des poèmes en jouant avec les mots.

Bernard Friot, ***Presque poèmes, Écriture poétique***, 2005 (La Martinière Jeunesse) : un cahier d'activités et un cédérom pour créer ses poèmes en utilisant l'outil informatique.

Claude Monet (1840-1926),
La Pie (hiver 1868-1869),
huile sur toile, 89 x 130 cm
(musée d'Orsay, Paris).

« Matin de décembre »

On s'éveille
du coton dans les oreilles,
une petite angoisse douce
autour du cœur, comme mousse ;
C'est la neige,
l'hiver blanc
sur ses semelles de liège
qui nous a surpris, dormant.

Guy-Charles **Cros**, « Matin de décembre »,
dans ***Avec des mots*** (1927) © librairie Giraud-Badin.

COMPRENDRE LE TEXTE

Répondez par des phrases complètes.

Une surprise matinale

1. Quelle est la saison évoquée, dans ce poème ? Citez le texte.

2. Observez les temps des verbes : retrouvez l'ordre chronologique des événements.

3. Relevez les pronoms, puis montrez que le poète associe le lecteur à son expérience.

Émotions et sensations

4. Quelle est l'émotion éprouvée au réveil ? Relevez la comparaison qui la met en valeur.

5. **a.** Relevez les mots qui riment. Quelles sensations (vue, ouïe ou toucher) sont mises en valeur dans les vers 1 à 4 ?

b. Relevez les assonances et les allitérations aux vers 3 et 4 (▶ LEÇON 46, p. 346) : quel effet produisent ces sonorités ?

6. Quelles métaphores évoquent le silence dans chacune des strophes ?

7. Quel élément est personnifié ? Citez le texte. Quel est l'effet produit ?

8 S'instruire avec les fables

Objectifs → *Analyser la représentation des hommes par des animaux ; comprendre le lien entre le récit et la morale ; connaître des fables d'époques différentes et analyser l'évolution du genre.*

Arthur Rackham (1867-1939), *Les Animaux des fables d'Ésope* (vers 1900), aquarelle.

Lire l'image

1. Qui est l'auteur de cette image ? De quand date-t-elle ? Quelle technique est utilisée ?
2. Qu'illustre-t-elle ? Quels animaux reconnaissez-vous ? Comment sont-ils représentés ?
3. Citez des titres de fables dans lesquelles figurent ces animaux.

Pour commencer

Quelles fables de La Fontaine connaissez-vous ? Récitez-en une (ou seulement quelques vers), ou bien racontez celle de votre choix.

REPÈRES

Les fables

Les origines du genre de la fable

Selon la tradition, le fabuliste grec **Ésope** (VIe siècle avant J.-C.) est le créateur du genre de la fable. La légende rapporte qu'il était esclave, qu'il bégayait, et que tous les Grecs aimaient à l'écouter quand il disait ses fables. Ces courts récits en prose, sans fantaisie ni description, expriment une sagesse (▶ p. 208).

Après lui, le fabuliste latin **Phèdre** (vers 15 avant J.-C.-50 après J.-C.), ancien esclave, a écrit des fables imitées d'Ésope ; mais celles-ci sont en vers et de formes plus variées (▶ p. 208).

Au XVIIe siècle, **Jean de La Fontaine**, auteur d'environ 240 fables, s'inspire d'Ésope et de Phèdre, mais il transforme et renouvelle le genre (▶ p. 209, 210, 212, 215, 227).

La vie de La Fontaine

Jean de La Fontaine est né le **8 juillet 1621**, à Château-Thierry (Picardie). Son père était maître des Eaux et des Forêts (chargé de la surveillance des rivières et des forêts). La Fontaine, enfant, l'accompagnait souvent dans ses inspections. Il conservera toute sa vie l'amour de la nature.

La Fontaine étudie le droit à Paris, puis devient lui aussi maître des Eaux et des Forêts. Mais il s'adonne surtout à la poésie.

Le Lion, le Roi des animaux (XVe siècle), enluminure d'un manuscrit des *Fables* de Bidpay (musée Condé, Chantilly).

Il rencontre **Nicolas Fouquet**, ministre de Louis XIV et amateur d'art, qui lui accorde pension (argent) et protection. Mais en 1661, Fouquet est arrêté et emprisonné à vie, accusé d'avoir détourné l'argent de l'État.

La Fontaine recherche de nouveaux **protecteurs**. Il se met au service de la duchesse d'Orléans, puis de Mme de La Sablière. Il écrit ses fables, mène une vie

Dates clés

VIe siècle avant J.-C.
Fables, d'Ésope (fabuliste grec).

Ier siècle après J.-C.
Fables, de Phèdre (fabuliste latin).

1621
Naissance de Jean de La Fontaine.

1643-1661
Régence d'Anne d'Autriche, mère de Louis XIV.

1661-1715
Règne de Louis XIV.

1668
Premier recueil des *Fables*, de La Fontaine.

1792
Fables, de Jean-Pierre de Florian.

1995
Après vous, M. de La Fontaine… Contrefables, de Gudule.

2005
Salut, monsieur de La Fontaine, de Pierre Gamarra.

Benjamin Rabier (1864-1939), page de garde d'un recueil des *Fables* de La Fontaine (XIXe siècle), illustration.

mondaine, fréquentant les écrivains de son temps (Charles Perrault, Molière). Il est élu à l'**Académie française** en 1684. Il meurt le **13 avril 1695**.

Les recueils des *Fables* de La Fontaine

- Le **premier recueil** (livres I à VI), publié en 1668, est dédié au Dauphin, fils de Louis XIV, âgé de 6 ans. Il vise à donner un enseignement moral sur le mode plaisant.
- Le **deuxième recueil** (livres VII à XI), publié en 1678, s'inspire des fabulistes orientaux, comme l'Indien **Pilpay** (ou Bidpay), auteur légendaire du IIIe siècle.
- Le **troisième recueil** (livre XII), publié en 1693, est dédié au petit-fils de Louis XIV. Il présente, d'un ton plus sérieux, une vision pessimiste de la nature humaine.

Les fabulistes après La Fontaine

- Au **XVIIIe siècle**, de nombreux fabulistes, parmi lesquels Jean-Pierre Claris de **Florian** (*Fables*, 1792 ▶ p. 211), soucieux d'**instruire en amusant** un jeune public de plus en plus nombreux, reprennent la tradition de la fable.
- Des **poètes contemporains**, comme Robert **Desnos**, Raymond **Queneau** (▶ p. 213) et Jacques **Roubaud** (▶ p. 216) renouvellent le genre en y introduisant de la **fantaisie**. **Gudule** et Pierre **Gamarra** reprennent des fables de La Fontaine en en **modernisant la leçon**.

6 FABLES CHOISIES.
Il ouvre un large bec, laisse tomber sa proye.
Le Renard s'en saisit, & dit; Mon bon Monsieur,
Apprenez que tout flateur
Vit aux dépens de celui qui l'écoute.
Cette leçon vaut bien un fromage sans doute.
Le Corbeau honteux & confus
Jura, mais un peu tard, qu'on ne l'y prendroit plus.

III.

LIVRE I. 7

P.7

III.

La Grénoüille qui se veut faire aussi grosse que le Bœuf.

UNe Grenoüille vit un Bœuf,
Qui lui sembla de belle taille.
Elle qui n'étoit pas grosse en tout comme un œuf,
Envieuse s'étend, & s'enfle, & se travaille,
Pour égaler l'animal en grosseur,
Disant, Regardez bien, ma sœur
Est-ce assez ? dites-moi, N'y suis-je point encore ?
Nenni. M'y voici donc. Point du tout. M'y voila.
Vous n'en approchez point. La chétive pecore
S'enfla si bien, qu'elle créva.
A 4

« La Grenouille qui se veut faire aussi grosse que le Bœuf » (▶ p. 227), double page de la première édition des *Fables* de La Fontaine (XVIIe siècle), illustration (BnF, Paris).

Je réponds aux questions

1. À quel siècle La Fontaine a-t-il vécu ?
2. De quels fabulistes s'est-il inspiré ?
3. Quel haut personnage a permis à La Fontaine de se consacrer à la poésie ? Qu'est-il arrivé à ce personnage ? Quelles en ont été les conséquences pour La Fontaine ?
4. Citez trois auteurs contemporains qui ont écrit des fables.

La dédicace

PRÉPARER LA LECTURE

1. Cherchez dans le dictionnaire ce qu'est une dédicace.
2. Si vous deveniez écrivain, à qui aimeriez-vous dédicacer votre premier livre ? Pourquoi ?

Jean de La Fontaine (1621-1695)

« Je me sers d'Animaux pour instruire les Hommes »

À MONSEIGNEUR LE DAUPHIN.

Je chante les Héros dont Ésope est le Père :
Troupe de qui[1] l'Histoire, encor que[2] mensongère[3],
Contient des vérités qui servent de leçons.
Tout parle en mon Ouvrage, et même les Poissons :
Ce qu'ils disent s'adresse à tous tant que nous sommes.
Je me sers d'Animaux pour instruire les Hommes.

Jean de **La Fontaine**, ***Fables***,
extrait de la dédicace du livre I (1668).

1. **de qui** : dont.
2. **encor que** : bien que.
3. **mensongère** : inventée.

Jean-Baptiste Oudry (1686-1755), frontispice d'un recueil des *Fables* de La Fontaine (1755), gravure.

Comprendre le texte

La dédicace

1. La dédicace est-elle en prose ou en vers ? Justifiez votre réponse.

2. À qui le recueil de fables est-il dédicacé ?

3. Qui les pronoms *je* (v. 1 et 6) et *nous* (v. 5) désignent-ils ?

Les fables et leur portée

4. De quel auteur La Fontaine s'inspire-t-il ? Citez le texte.

5. Qui sont les personnages des fables ? Quelle est leur caractéristique ?

6. À qui les fables sont-elles destinées ? Relevez les mots qui désignent les destinataires.

7. Quels buts La Fontaine poursuit-il lorsqu'il écrit des fables ?

Étudier le vocabulaire

1. Cherchez dans le dictionnaire l'origine et le sens du mot *fable*.

2. Complétez les phrases suivantes à l'aide des suffixes *-er*, *-ier*, *-eux*, *-iste*.

a. Un auteur de fables est un fabul....

b. Un livre contenant des fables est un fabl....

c. Présenter comme réels des faits imaginés, c'est fabul....

d. La mythologie est emplie d'animaux fabul....

Écriture

Vous offrez à l'un de vos amis un livre que vous avez particulièrement aimé. Rédigez la dédicace que vous inscrirez à son intention, en tête de l'ouvrage, pour l'encourager à le lire. Commencez par : *À toi, ce livre...*

Marcel Jeanjean (1893-1973), couverture d'un recueil des *Fables* de La Fontaine (XXe siècle), illustration.

Lire l'image

a. Quelle est la nature de l'image ci-dessus ?

b. Quels animaux sont représentés ? En quoi sont-ils personnifiés ? Quel est l'effet produit ?

L'ESSENTIEL

Qu'est-ce qu'une fable ?

● La fable plonge le lecteur dans un **monde imaginaire**, où les animaux parlent et se comportent comme des humains. La Fontaine cherche à **instruire ses lecteurs** tout en les divertissant.

La Fontaine et ses maîtres

PRÉPARER LA LECTURE Quels sont les défauts et les qualités du renard dans les fables et les récits que vous connaissez ?

Fable 1

« Le Renard et les Raisins »

Ésope
(VIe siècle avant J.-C.)

Un renard affamé aperçut des grappes qui pendaient d'une vigne grimpante et voulut les cueillir, mais n'y parvint pas. Il s'éloigna donc en murmurant à part soi : « Ils sont trop verts. »

De même certains hommes, quand leur propre faiblesse les empêche d'arriver à leurs fins, s'en prennent aux circonstances.

Ésope, ***Fables***, traduit du grec par Daniel Loayza © éd. Flammarion (1995).

Fable 2

« Le Renard et les Raisins »

Phèdre
(15 avant J.-C.-50 après J.-C.)

Poussé par la faim, un renard, dans une vigne dont les guirlandes étaient hautes, cherchait à attraper des raisins ; il sautait de toutes ses forces. Ne pouvant les atteindre, il dit en s'éloignant : « Ils ne sont pas encore mûrs ; je ne veux pas les cueillir verts. »

Ceux qui, incapables d'exécuter une entreprise, la déprécient[1] dans leurs discours, devront s'appliquer cet exemple.

1. déprécient : diminuent la valeur.

Phèdre, ***Fables***, traduit du latin par Alice Brenot © Les Belles Lettres (1989).

Walter Crane (1845-1915), illustration du « Renard et les Raisins », fable d'Ésope, gravure d'une édition anglaise (1887).

1. Les Gascons avaient la réputation de se vanter ; les Normands, d'être prudents.
2. **une treille :** tonnelle où grimpe la vigne.
3. **vermeille :** rouge foncé.
4. **le Galant :** coquin, rusé.
5. **eût :** aurait.
6. **des Goujats :** personnages grossiers.
7. Il vaut mieux critiquer que se plaindre.

Fable 3

« Le Renard et les Raisins »

Certain Renard gascon, d'autres disent normand[1],
Mourant presque de faim, vit au haut d'une treille[2]
Des Raisins mûrs apparemment
Et couverts d'une peau vermeille[3].
Le Galant[4] en eût[5] fait volontiers un repas ;
Mais comme il n'y pouvait atteindre :
« Ils sont trop verts, dit-il, et bons pour des Goujats[6]. »
Fit-il pas mieux que de se plaindre[7] ?

Jean de **La Fontaine**, *Fables*, livre III, 11 (1668).

Comprendre les fables

Le récit

1. a. Identifiez l'auteur de chaque fable.

b. Distinguez le récit de la morale. Appuyez-vous sur les temps des verbes.

2. Quels sont les éléments communs aux trois récits (cadre, personnage, situation, actions, dénouement) ?

La morale

3. Où les morales se trouvent-elles ? Qui les énonce ?

4. Quel comportement les hommes adoptent-ils quand ils ne peuvent réussir une entreprise ? Appuyez-vous sur les trois fables.

5. Quels fabulistes condamnent le renard et tous ceux qui agissent comme lui ? Quel fabuliste lui donne raison ? Justifiez votre réponse.

L'originalité de La Fontaine

6. Quels changements La Fontaine introduit-il par rapport à ses modèles ? Prenez en compte la forme du texte (vers / prose), la présentation du personnage, la situation, la façon dont les paroles du renard sont rapportées, la forme de la morale.

Étudier le vocabulaire

– *un renard mourant de faim* (fable 3).
– *un renard affamé* (fable 1).

Sur ce modèle, remplacez chacune des expressions suivantes par l'adjectif correspondant :
– *un renard mourant de peur ; un renard mourant de soif ; un renard plein de tristesse.*

L'ESSENTIEL

La Fontaine et ses maîtres

- La Fontaine **s'est inspiré** des fables d'**Ésope** et de **Phèdre**, fabulistes de l'Antiquité.
- Il écrit en **vers**. Il rend le **récit vivant et amusant**, en caractérisant le personnage, le cadre ou le paysage en quelques mots.
- **La Fontaine** modifie parfois la morale des fables des Anciens : il tire les leçons de l'**expérience** et du **bon sens**.

Les bienfaits du travail

Grandville (1803-1847), illustration du « Laboureur et ses enfants » (1868), fable de La Fontaine, gravure.

PRÉPARER LA LECTURE

Quels conseils les adultes vous donnent-ils pour vous guider dans votre vie et pour vous préparer à votre vie future ?

Fable 1

« Le Laboureur et ses enfants »

Travaillez, prenez de la peine :
C'est le fonds qui manque le moins[1].
Un riche laboureur, sentant sa mort prochaine,
Fit venir ses enfants, leur parla sans témoins.
« Gardez-vous, leur dit-il, de vendre[2] l'héritage
Que nous ont laissé nos parents.
Un trésor est caché dedans.
Je ne sais pas l'endroit ; mais un peu de courage
Vous le fera trouver, vous en viendrez à bout.
Remuez votre champ dès qu'on aura fait l'oût[3].
Creusez, fouillez, bêchez ; ne laissez nulle place
Où la main[4] ne passe et repasse. »
Le père mort, les fils vous retournent le champ
Deçà, delà, partout ; si bien qu'au bout de l'an
Il en rapporta davantage[5].
D'argent, point de caché. Mais le père fut sage
De leur montrer avant sa mort
Que le travail est un trésor.

Jean de **La Fontaine**, *Fables*, livre V, 9 (1668).

1. Le travail est le bien sur lequel on peut le plus compter.
2. **gardez-vous de vendre :** ne vendez surtout pas.
3. dès la fin du mois d'août, c'est-à-dire à la fin des moissons.
4. **la main :** c'est-à-dire l'outil dont se sert le laboureur (la bêche, la pioche).
5. Le champ retourné a produit de meilleures récoltes.

Comprendre la fable 1

La composition de la fable

1. Distinguez le récit de la morale. Résumez l'histoire racontée.

2. Quels vers présentent la morale ? Où sont-ils placés par rapport au récit ?

3. a. Par qui la morale est-elle énoncée ?

b. Quelle phrase donne un conseil (v. 1 à 4) ? Laquelle dresse un constat d'expérience (v. 16 à 18) ? Appuyez-vous sur le mode des verbes.

Les conseils d'un père

4. Quelle recommandation le laboureur fait-il à ses enfants ? Comment la justifie-t-il ? Que désigne le mot *trésor* au vers 7 ?

5. a. Son conseil est-il suivi ? En quoi consiste réellement le *trésor* (v. 18) ?

b. Le résultat obtenu est-il celui que les enfants pouvaient attendre ?

6. Selon vous, le père a-t-il menti à ses enfants ?

Fable 2

« La Guenon, le Singe et la Noix »

Jean-Pierre Claris de Florian
(1755-1794)

Une jeune guenon cueillit
Une noix dans sa coque verte ;
Elle y porte la dent, fait la grimace… « Ah ! certes,
Dit-elle, ma mère mentit
Quand elle m'assura que les noix étaient bonnes.
Puis, croyez aux discours de ces vieilles personnes
Qui trompent la jeunesse ! Au diable soit le fruit ! »
Elle jette la noix. Un singe la ramasse,
Vite entre deux cailloux la casse,
L'épluche, la mange, et lui dit :
« Votre mère eut raison, ma mie[1] :
Les noix ont fort bon goût, mais il faut les ouvrir.
Souvenez-vous que, dans la vie,
Sans un peu de travail on n'a point de plaisir. »

Jean-Pierre Claris de **Florian**, *Fables*, livre IV, 12 (1792).

1. **ma mie :** mon amie.

Comprendre la fable 2

Une situation de conflit

7. Distinguez les deux parties de la fable. Quel est le personnage principal dans chacune d'elles ?

8. a. Quel personnage la guenon accuse-t-elle (v. 3 à 7) ? Que lui reproche-t-elle ?

b. Le singe est-il d'accord avec l'accusation portée ? Justifiez votre réponse.

c. Quel conseil le singe donne-t-il ?

Comparer les fables

D'une fable à l'autre

9. À quoi le singe de la **fable 2** associe-t-il le travail ? Comparez avec les propos du laboureur dans la **fable 1** : les deux conseils sont-ils semblables ?

10. Identifiez les mètres utilisés dans les deux fables (comptez le nombre de syllabes) : quelles expressions sont mises en valeur par les vers courts ?

Écriture

Illustrez les propos du singe par une courte anecdote de votre invention ou fondée sur une expérience personnelle : *Sans un peu de travail on n'a point de plaisir* (v. 14).

L'ESSENTIEL

La valorisation du travail

- Les fables assurent la **transmission du savoir** d'une génération à une autre, en **mettant en scène parents et enfants**.
- Les fabulistes mettent en avant les **valeurs du travail**, en montrant que les **efforts sont toujours récompensés**.
- Les **morales** peuvent se présenter sous forme de **conseil** ou de **constat d'expérience**.

Compter sur les autres

PRÉPARER LA LECTURE

B2i Faites sur Internet une courte recherche sur la cigale (description, milieu de vie, nourriture, chant, durée de vie...) et sur la fourmi (description, habitat, mode de vie, comportement...).

Fable 1

« La Cigale et la Fourmi »

La Cigale, ayant chanté
Tout l'été,
Se trouva fort dépourvue[1]
Quand la bise[2] fut venue.
Pas un seul petit morceau
De mouche ou de vermisseau.
Elle alla crier famine[3]
Chez la Fourmi sa voisine,
La priant de lui prêter
Quelque grain pour subsister
Jusqu'à la saison nouvelle[4].
« Je vous paierai, lui dit-elle,
Avant l'oût[5], foi d'animal[6],
Intérêt et principal[7]. »
La Fourmi n'est pas prêteuse :
C'est là son moindre défaut.
« Que faisiez-vous au temps chaud ?
Dit-elle à cette emprunteuse.
– Nuit et jour à tout venant[8]
Je chantais, ne vous déplaise.
– Vous chantiez ? J'en suis fort aise :
Eh bien ! dansez maintenant. »

Jean de **La Fontaine**, *Fables*, livre I, 1 (1668).

1. **dépourvue :** sans ressources.
2. **la bise :** vent du nord, qui souffle en hiver.
3. **crier famine :** demander de la nourriture.
4. **la saison nouvelle :** le printemps.
5. **oût :** août, mois des moissons.
6. **foi d'animal :** je vous donne ma parole d'animal.
7. **principal :** le capital prêté.
8. **à tout venant :** à toute occasion.

Marcel Jeanjean (1893-1973), illustration c
« La Cigale et la Fourmi », fable de La Font
similigravure (XXe siècle).

Fable 2

« La Fourmi et la Cigale »

Raymond Queneau
(1903-1976)

Une fourmi fait l'ascension
d'une herbe flexible[1]
elle ne se rend pas compte
de la difficulté de son entreprise[2]

elle s'obstine la pauvrette
dans son dessein[3] délirant
pour elle c'est un Everest[4]
pour elle c'est un Mont Blanc

ce qui devait arriver arrive
elle choit[5] patatratement[6]
une cigale la reçoit
dans ses bras bien gentiment

eh dit-elle point n'est la saison
des sports alpinistes
(vous ne vous êtes pas fait mal j'espère ?)
et maintenant dansons dansons
une bourrée[7] ou la matchiche[8]

Raymond **Queneau**, « La Fourmi et la Cigale »,
recueilli dans *Battre la campagne* © éd. Gallimard (1968).

1. **flexible :** souple.
2. **son entreprise :** la tâche qu'elle a entreprise.
3. **son dessein :** projet.
4. **Everest :** le plus haut sommet du monde (8 846 m), dans la chaîne de l'Himalaya.
5. **choit :** tombe.
6. **patatratement :** adverbe inventé par Queneau (néologisme), formé sur l'onomatopée *patatras*.
7. **une bourrée :** danse paysanne.
8. **la matchiche :** danse d'origine brésilienne.

Félix **Lorioux** (1872-1964), *Une infatigable fourmi avec un gros sac de grain*, illustration du « Buffon des enfants », de B. Roy (éd. Marcus, 1943).

Comprendre les fables

Les personnages et leurs relations

1. Quels sont les personnages présents dans les deux fables ?

2. Dans chaque texte, quel personnage est en difficulté ? Comment se comporte l'autre personnage à son égard ?

L'art de raconter

3. Quelle fable comporte un dialogue ? Qui a le dernier mot ? Pourquoi ?

4. Relevez, dans chacune des fables, les passages dans lesquels se fait sentir la présence du fabuliste. Quel regard chacun porte-t-il sur les personnages ?

5. Quel ton a adopté Queneau dans « La Fourmi et la Cigale » ? Relevez des expressions qui justifient votre réponse. Comparez avec le ton adopté par La Fontaine.

La morale

6. Dans ces fables, les morales ne sont pas exprimées : formulez-les.

7. Quel(s) comportement(s) La Fontaine critique-t-il ?

8. Quelle position Queneau a-t-il adoptée par rapport à celle de La Fontaine ?

Écriture

La fourmi de la fable de Queneau reçoit, l'hiver suivant, la visite de la cigale qui l'a secourue. Racontez la scène.

Conseils
- Écrivez en prose.
- Introduisez un court dialogue.

Lire l'image

a. Qui est l'auteur de chaque illustration (▶ p. 212 et p. 213) ?

b. Comparez les deux illustrations :
– le plan utilisé (▶ Leçon 49, p. 351) ;
– le trait du dessin ;
– le décor ;
– la représentation des deux fourmis (silhouettes, vêtements, expressions) ;
– la situation. Notez les points communs et les différences.

c. Quelle impression se dégage de chaque illustration ? Laquelle préférez-vous ? Pourquoi ?

L'ESSENTIEL

Les relations humaines

- Les fables mettent en scène des personnages vivant des **situations dramatiques**. Un **même personnage** peut se trouver en **position de force** ou de **faiblesse**.
- La **morale** peut être **implicite** (elle n'est pas exprimée) : c'est au lecteur de la formuler.
- **De nos jours**, les poètes qui s'inspirent de La Fontaine adoptent un **ton humoristique** et **parodique** (**qui imite de façon amusante**), en inversant souvent les situations et les rôles.

Désir de richesse

PRÉPARER LA LECTURE Quelle est l'importance de l'argent dans la vie ? Échangez vos points de vue.

Fable 1

« La Poule aux œufs d'or »

L'avarice[1] perd tout en voulant tout gagner.
Je ne veux, pour le témoigner,
Que celui[2] dont la Poule, à ce que dit la fable,
Pondait tous les jours un œuf d'or.
Il crut que dans son corps elle avait un trésor.
Il la tua, l'ouvrit, et la trouva semblable
À celles dont les œufs ne lui rapportaient rien,
S'étant lui-même ôté le plus beau de son bien.
Belle leçon pour les gens chiches[3] :
Pendant ces derniers temps, combien en a-t-on vus,
Qui du soir au matin sont pauvres devenus,
Pour vouloir trop tôt être riches ?

Jean de **La Fontaine**, *Fables*, livre V, 13 (1668).

1. **l'avarice** : désir excessif de richesse.
2. Je ne veux prendre pour exemple que celui…
3. **chiches** : avares.

Anonyme, illustration de « La Poule aux œufs d'or » (vers 1900), fable de La Fontaine, imagerie populaire au pochoir, (imagerie Marcel Vagne, Pont-à-Mousson).

Fable 2

« La Pieuvre »

Jacques Roubaud
(né en 1932)

La pieuvre à l'œil mélancolique
au-dessus d'un sourire amer
attend sur le fond de la mer
la caméra panoramique

qui va filmer sa lutte épique[1]
contre un scaphandrier[2] pervers[3]
d'Hollywood ; on lui a offert
des quantités astronomiques[4]

de dollars pour qu'elle succombe[5]
au cinquième round[6], gentiment
alors qu'elle pourrait aisément

et d'un bras… Voyez comme on tombe
bas, quand on veut être riche
et avoir son nom sur l'affiche.

Jacques **Roubaud**, « La Pieuvre »,
dans *Les Animaux de tout le monde*
© éd. Seghers (1990).

1. **épique :** héroïque, digne de figurer dans une épopée.
2. **un scaphandrier :** plongeur sous-marin, équipé d'un scaphandre (combinaison étanche).
3. **pervers :** qui se plaît à faire le mal.
4. **astronomiques :** énormes.
5. **succombe :** perde le combat.
6. **round :** reprise d'un combat de boxe.

Comprendre la fable 1

La fable de La Fontaine

1. a. Délimitez les vers qui constituent le récit.

b. Retrouvez-en les étapes. Donnez un titre à chacune.

2. Dans quels vers le fabuliste intervient-il ? À l'aide de quels pronoms ?

3. Relevez une antithèse (une forte opposition) dans les vers 11 et 12. Que veut montrer le fabuliste ?

4. Comptez les syllabes et identifiez les deux mètres. Quelles expressions sont mises en valeur par les vers plus courts ?

Comprendre la fable 2

La fable de Roubaud

5. Quel personnage est mis en scène ? Dans quel cadre ?

6. a. Quelle histoire est racontée ?

b. *et d'un bras…* (v. 12) : complétez le vers. Que pourrait faire le personnage ?

7. À qui s'adresse le poète au vers 12 ?

8. Quel mètre est utilisé ?
Comment les rimes sont-elles disposées ? Relevez des enjambements d'un vers à l'autre et d'une strophe à l'autre (▶ LEÇON 46, p. 346). Quel est l'effet produit ?

Comparer les fables

La mise en scène des défauts humains

9. a. Quel est le thème commun aux deux fables ? Combien de siècles les séparent ?

b. Quel défaut humain les fabulistes dénoncent-ils ?

10. Dans quelle fable l'auteur met-il en scène un homme pour dénoncer ce défaut humain ? Dans laquelle met-il en scène un animal ?

11. En quoi les deux fables diffèrent-elles par leur ton ?

Pieuvre agressant un scaphandrier (début XXᵉ siècle), gravure.

Écriture

Que signifie, dans la langue courante, l'expression *il ne faut pas tuer la poule aux œufs d'or* ? Écrivez un court récit auquel cette phrase pourrait servir de conclusion.

L'ESSENTIEL

La critique des défauts humains

- À côté des animaux, les fabulistes **mettent en scène des hommes**, afin de souligner les **défauts** de la nature humaine : avarice, orgueil, ingratitude, amour de l'argent…
- Le **fabuliste intervient** lorsqu'il **énonce la morale**, mais aussi pour faire des commentaires souvent **ironiques** : il souligne la bêtise des hommes, qui se laissent aveugler par leur désir de richesse.

Je lis une œuvre complète

Chantefables

(1944)

de Robert Desnos

Robert Desnos
(1900-1945)

Lire un recueil de poèmes

Les recueils de poésie laissent plus de liberté au lecteur que les romans. Vous pouvez lire tous les poèmes du recueil dans l'ordre où ils sont donnés ou bien vous laisser guider par votre fantaisie.

a. Notez dans votre carnet de lecture (▶ MÉTHODE 12, p. 375) le parcours que vous avez suivi : avez-vous tout lu ? dans quel ordre ? Qu'est-ce qui a motivé votre choix de lecture ?

b. Choisissez deux ou trois poèmes que vous avez le plus appréciés et recopiez-les dans votre carnet de lecture.

c. Illustrez vos poèmes (photos, dessins, collages…).

Le bilan de lecture

1. En vous aidant de la table des matières et de vos notes de lecture, dites combien de poèmes le recueil contient. Quel est leur point commun ?

2. **a.** D'après le titre des poèmes, classez-les selon que les personnages vivent dans l'air, dans l'eau ou sur la terre ; selon qu'ils vivent dans nos contrées ou en Afrique ; selon qu'ils sont petits ou gros.

b. Quelles sont les catégories les plus représentées ? Pourquoi, à votre avis ?

3. Cherchez dans le recueil :

a. un poème qui raconte une histoire ;

b. un poème où le personnage parle ;

c. un poème qui utilise des noms de lieux.

4. **a.** Pourquoi, à votre avis, Robert Desnos a-t-il choisi le titre *Chantefables* ?

b. Imaginez un autre titre pour ce recueil. Faites appel à votre fantaisie. Justifiez votre choix.

Devinettes. À vous de jouer !

1. Retrouvez qui se cache derrière ces vers. Aidez-vous de la table des matières.

a. Mais la prison, sur son pelage,
A laissé l'ombre du grillage

b. Leur bec est dur comme des cailloux
Ils sont doux comme des joujoux

c. Dans une rose en Picardie
Elle a trouvé son Paradis

Robert **Desnos**, « Le Zèbre, les Hiboux et la Coccinelle », extraits de ***Chantefables et chantefleurs*** © éd. Gründ (1944).

2. À votre tour, sous la forme de quelques vers choisis dans le recueil, posez une devinette à vos camarades pour leur faire découvrir votre poème préféré.

Écrire et réciter

a. Réécrivez le poème de votre choix sous forme de calligramme (▶ CHAPITRE 7, p. 183).

b. À la manière de Desnos, écrivez un poème dans lequel vous présenterez l'animal de votre choix.

c. En classe, organisez une récitation publique de vos poèmes préférés.

e fais
e point

La Fontaine et la fable

Définition de la fable

■ La fable (du latin *fabula*, « récit ») est un **récit bref**, mettant en scène des **animaux** ou des **hommes** et comportant une **morale**. La fable est un **genre didactique** : elle se propose de donner un **enseignement** de façon **plaisante**.
Le plus grand fabuliste français est Jean de **La Fontaine** (1621-1695).

Les caractéristiques des fables

■ La fable est **fondée sur la personnification**, qui consiste à attribuer des comportements humains à des **animaux** ou à des objets.

■ Par-delà les intrigues animalières, les fabulistes font une **satire** (**critique moqueuse**) **de la société humaine** : ils montrent les malheurs que les hommes s'attirent par leurs défauts.

■ Les fables comportent toujours une **leçon** ou **morale**, qui peut être exprimée (**explicite**) par le fabuliste, ou sous-entendue (**implicite**).

■ La **morale** exprime souvent un **constat pessimiste** sur la nature humaine : les fabulistes représentent un monde régi par la loi du plus fort, l'égoïsme, la flatterie, l'amour de l'argent… Mais ils formulent aussi des morales de **conseil** (utilisation du mode impératif, de l'expression « il faut… »).

La Fontaine et le renouvellement du genre

■ La Fontaine a puisé une partie de son inspiration chez les fabulistes de l'Antiquité, **Ésope** et **Phèdre**. Mais il a renouvelé le genre en enrichissant le récit et en le rendant **vivant** et **plaisant**, notamment par :
– l'emploi du **dialogue**, qui donne à la fable un caractère théâtral (« La Cigale et la Fourmi » ▶ p. 212) ;
– l'utilisation d'**expressions amusantes** (*le Galant* ▶ p. 209) ou de **périphrases** (*le Roi des animaux* ▶ EXERCICE 4, p. 220) pour désigner les personnages ;
– l'utilisation de la **versification** (effets de rythme, créés par le jeu sur la longueur des metres ou vers).

Détail de la tapisserie de la Savonnerie (milieu du XVIIIe siècle), représentant « Le Renard et les Raisins », fable d'Ésope (▶ p. 208).

GRAMMAIRE

1 Les expansions du nom

Les expansions du nom permettent de caractériser un personnage.

Identifiez la classe grammaticale (groupe nominal ou adjectif) des expansions des noms en rose.

a. Un pauvre bûcheron. **b.** La cigogne au long bec. **c.** Le lion, terreur des forêts. **d.** Un vieux coq adroit et matois (rusé).

2 Les valeurs du présent

Dans les fables, on trouve trois valeurs du présent : le présent d'actualité, de narration et de vérité générale.

▶ LEÇON 28, p. 310

Identifiez les valeurs du présent dans ces extraits des *Fables* de La Fontaine.

a. Quelle chose par là nous peut être [enseignée ?
J'en vois deux, dont l'une est qu'entre [nos ennemis
Les plus à craindre sont souvent les plus [petits.

« **Le Lion et le Moucheron** », livre II, 9.

b. Un souffle, une ombre, un rien, tout [lui donnait la fièvre.
Le mélancolique Animal,
En rêvant à cette matière,
Entend un léger bruit : ce lui fut un signal
Pour s'enfuir devers[1] sa tanière.

« **Le Lièvre et les Grenouilles** », livre II, 14.

1. **devers** : vers.

3 Les compléments circonstanciels

Relevez les compléments circonstanciels de lieu, de temps et de manière.

a. Maître corbeau sur un arbre perché. **b.** Le chat, de grand matin, sort pour aller chercher sa proie. **c.** Un pauvre bûcheron marchait à pas pesants. **d.** Damoiselle belette entra dans un grenier par un trou fort étroit. **e.** Le loup aborde le chien humblement. **f.** Un malheureux appelait tous les jours la mort à son secours.

VERSIFICATION

4 Replacer les rimes

a. Replacez les rimes : *dents, ouvrage, perdu, défaire, forêts, rage, occasion, cru, vie.*

b. Qui la périphrase *le Roi des animaux* (v. 3) désigne-t-elle (▶ EXERCICE 9, p. 221) ?

Le Lion et le Rat

Entre les pattes d'un Lion,
Un Rat sortit de terre assez à l'étourdie :
Le Roi des animaux, en cette ......,
Montra ce qu'il était, et lui donna la ....
Ce bienfait ne fut pas ....
Quelqu'un aurait-il jamais ......
Qu'un Lion d'un Rat eût affaire ?
Cependant il advint qu'au sortir des ......
Le Lion fut pris dans des rets[1],
Dont ses rugissements ne le purent ....
Sire Rat accourut, et fit tant par ses ......
Qu'une maille rongée emporta tout l'.......
Patience et longueur de temps
Font plus que force ni que ....

D'après Jean de **La Fontaine**, ***Fables***, livre II, 11 (1668).

1. **des rets** : un piège.

Armand Rapeno (XXe siècle), illustration du « Lion et le Rat », fable de La Fontaine, chromotypographie (éd. Albin Michel, 1947).

CONJUGAISON

5 L'indicatif présent

Écrivez les verbes au présent.

a. Je (plier) et ne (rompre) pas. **b.** La cigogne (accourir). **c.** Le renard (sortir) du puits. **d.** Le moucheron (fondre) sur le cou du lion. **e.** Le quadrupède (écumer), son œil (étinceler). **f.** L'alouette (bâtir) un nid, (pondre), (couver) et (faire) éclore.

6 L'impératif présent

Écrivez les morales à l'impératif présent, à la personne qui convient.

a. Si tu veux qu'on t'épargne, (épargner) aussi les autres. **b.** Trompeurs, c'est pour vous que j'écris : (S'attendre) à la pareille. **c.** Ne (s'associer) qu'avec nos égaux.

ORTHOGRAPHE

7 Dictée préparée

Préparez la dictée en répondant aux questions.

L'âne qui porte du sel

Un âne portant du sel traversait une rivière ; il glissa et tomba dans l'eau. Alors le sel se fondit, et il se releva plus léger, et fut enchanté de l'accident. Une autre fois, comme il arrivait au bord d'une rivière avec une charge d'éponges, il crut que, s'il se laissait tomber encore, il se relèverait plus léger, et il fit exprès de glisser. Mais il advint que les éponges ayant pompé l'eau, il ne put se relever et périt noyé.

Ainsi parfois les hommes ne se doutent pas que ce sont leurs propres ruses qui les précipitent dans le malheur.

Ésope, *Fables*, traduit du grec par É. Chambry

1. Relevez et recopiez les verbes au passé simple ; donnez leur infinitif.

2. Relevez les verbes pronominaux conjugués à la 3e personne du singulier.

3. Recopiez l'expression *fit exprès* (l. 8).

4. *se relever* (l. 10), *noyé* (l. 10) : identifiez la classe grammaticale de ces mots.

8 Dictée de mots

Recopiez les mots suivants et apprenez leur orthographe. Ils vous seront donnés en dictée.

- INSECTES : la fourmi, le grillon.
- OISEAUX : le cygne, le paon, le hibou, l'alouette, le geai, la perdrix.
- MAMMIFÈRES : la chauve-souris, la souris, la laie, la belette, le chameau, le taureau.
- MOLLUSQUES : le limaçon, l'huître.

FIGURES DE STYLE

9 La périphrase

▶ LEÇON 45, p. 344

Dans les fables, la périphrase sert souvent à désigner un personnage en en soulignant une caractéristique.

Retrouvez les animaux des fables désignés par les périphrases.

a. sa Majesté fourrée. **b.** la dame au nez pointu. **c.** ronge-maille. **d.** les coursiers aux longues oreilles. **e.** la gent trotte-menu. **f.** la gent marécageuse. **g.** la gent qui fend les airs. **h.** l'oiseau de Jupiter.

Si vous trouvez l'exercice difficile, voici les réponses dans le désordre :

– le rat, les souris, les ânes, les grenouilles, l'aigle, le chat, la belette, les oiseaux.

10 Les symboles

Les animaux sont souvent les symboles de qualités ou de défauts humains.

Retrouvez le symbole associé à chaque animal.

Animaux	Symboles
l'éléphant •	• la mémoire
le chien •	• l'épargne
la cigale •	• le sommeil
la colombe •	• la fidélité
le loir •	• l'insouciance
l'écureuil •	• la paix

VOCABULAIRE DU MONDE ANIMAL

11 Les termes génériques

À vos dictionnaires !

Pour désigner un animal, on peut utiliser un terme générique (terme général).

Sous quels termes génériques pouvez-vous classer les animaux suivants ? Aidez-vous de la liste de mots de l'exercice n° 15.

– le cerf, le brochet, le héron, le lion, la perdrix, le rat, la truite, la truie, la chouette, la tanche, le frelon, la belette, le milan, la fourmi, le corbeau, le goujon.

12 Mâles, femelles, petits et cris

a. Donnez le nom de la femelle, du petit et le cri des animaux suivants.

– le chien, l'âne, le bélier, le bouc, le cerf, le porc, le cheval, le loup, le renard, le pigeon.

b. Donnez le nom du mâle et du petit des animaux suivants.

– la hase, la laie, l'oie, la poule, l'ourse.

c. Quel animal brait ? barrit ? brame ? caquette ? hulule ? cacarde ? coasse ? croasse ? jacasse ?

13 Les habitats

a. Quel animal vit dans une écurie ? dans une aire ? dans un clapier ? dans une étable ?

b. Citez un animal qui vit dans une tanière, dans une bauge, dans un terrier, dans un gîte, dans un antre, dans un repaire (plusieurs réponses possibles).

14 Comparaisons et expressions animales

1. Complétez les comparaisons.

a. bavard comme .... **b.** frisé comme .... **c.** lent comme .... **d.** malin comme .... **e.** gai comme .... **f.** .... comme un agneau. **g.** .... comme une mule.

2. Que signifient ces mots et expressions lorsqu'ils se rapportent à des humains ?

a. un ours mal léché. **b.** un requin. **c.** une langue de vipère. **d.** faire le coq. **e.** une tigresse. **f.** un vieux renard. **g.** une fine mouche. **h.** un perroquet. **i.** un œil de lynx.

15 Apprendre des mots : les espèces d'animaux

Voici quelques animaux des fables. Recopiez les mots et apprenez-les pour enrichir votre vocabulaire.

Les mammifères (domestiques, sauvages, européens ou exotiques, marins) :
un chat • un chien • une vache • une belette • un renard • un lion • un singe • un éléphant • une baleine • un dauphin.

Les oiseaux (gallinacés, colombidés, palmipèdes, passereaux, échassiers, rapaces) :
un coq • une poule • une colombe • un pigeon • un canard • un cygne • un corbeau • un merle • une cigogne • un héron • un aigle • un hibou.

Les poissons :
une anguille • un brochet • une truite.

Les reptiles :
un crocodile • un serpent • une tortue.

Les batraciens, les crustacés, les mollusques :
une grenouille • une écrevisse • un crabe • un escargot.

Les insectes :
une abeille • une cigale • une fourmi.

Illustration du « Héron », fable de La Fontaine, lithographie colorée (XIXe siècle) (bibliothèque des Arts décoratifs, Paris).

Expression écrite et orale

Activités d'écriture

1. Écrire un récit illustrant une morale

Choisissez l'une des morales suivantes, tirées des *Fables* de La Fontaine. Écrivez un récit en prose ou en vers pour illustrer cette morale.

Morale 1

Garde-toi, tant que tu vivras,
De juger des gens sur la mine.

« **Le Cochet, le Chat et le Souriceau** », livre VI, 5.

Morale 2

Rien ne sert de courir ; il faut partir à point.

« **Le Lièvre et la Tortue** », livre VI, 10.

Morale 3

En toute chose il faut considérer la fin.

« **Le Renard et le Bouc** », livre II, 5.

Conseils

- Choisissez l'endroit où vous insérerez la morale (au début ou à la fin).
- L'histoire peut se passer aujourd'hui.

2. Écrire une fable à partir d'une trame

Écrivez une fable en prose ou en vers libres (sans rimes obligatoires), à partir de la trame suivante : un chat laisse la vie sauve à une souris ou à un oiseau. Bientôt, le chat se trouve en difficulté ; il est sauvé par l'animal qu'il a épargné.

Conseils

- Précisez le cadre, les circonstances.
- Trouvez des termes expressifs pour désigner les personnages.
- Introduisez un court dialogue.
- N'oubliez pas la morale.

3. Écrire une suite

Continuez « La Cigale et la Fourmi » (▶ p. 212), en racontant ce qui arrive à la Cigale après que la Fourmi a refusé de lui prêter de quoi se nourrir. Vous pouvez écrire en vers ou en prose. Employez les temps du passé.

Activités d'oral

1. Réciter, jouer une fable

Choisissez une fable du chapitre (ou une autre) et récitez-la à plusieurs voix.

Conseils

- Apprenez votre texte par cœur.
- Respectez le rythme (appuyez-vous sur la longueur des mètres).
- Articulez et variez le ton pour mettre en valeur les différentes péripéties, les paroles des personnages (s'il y en a), la morale.
- Vous pouvez réciter la fable à plusieurs voix et faire une petite mise en scène.

2. Justifier un choix

Si vous étiez un animal, lequel aimeriez-vous être ? Dites pourquoi. Justifiez votre choix et échangez vos points de vue.

Le livre illustré

Félix Lorioux (1872-1964), illustration du « Renard et la Cigogne », fable de La Fontaine, similigravure (éd. Hachette, vers 1910).

Manuscrits et images

■ Au Moyen Âge, avec les manuscrits enluminés, l'**illustration** est à la fois un **ornement** et un **moyen de comprendre le texte**.

■ En 1796, l'**imagerie d'Épinal** imprime des planches de vignettes racontant de brèves histoires morales destinées à **éduquer le peuple** (▶ p. 32).

L'édition illustrée

■ Au XIXe siècle, les procédés de la **lithographie** et de la **gravure sur acier et sur bois** permettent le développement de l'illustration, avec **Grandville** (▶ p. 210) et Gustave **Doré** (▶ p. 31 et 277). Cet essor est favorisé par le **succès de la presse destinée à la jeunesse** et coïncide avec la **naissance** de la **bande dessinée**.

■ Benjamin **Rabier** (1864-1939) crée d'abord des **publicités**, dont la célèbre « **Vache qui rit** » (1921). Ses **illustrations** des *Fables* de La Fontaine (▶ p. 205 et 225), **naïves et colorées**, soulignent les **temps forts du récit**. Arthur **Rackham** (1867-1939 ▶ p. 203) et Félix **Lorioux** (1872-1964 ▶ p. 39, 42, 213 et 224) contribuent à enrichir l'édition illustrée.

■ Beaucoup d'auteurs illustrent leur propre texte. Parmi eux, Jean de **Brunhoff**, Antoine de **Saint-Exupéry** (▶ p. 55-56), **Pef** et Tomi **Ungerer** (▶ DATES CLÉS).

Dates clés

Moyen Âge
Manuscrits enluminés.

1796
Création de l'imagerie d'Épinal.

1838
Grandville illustre les *Fables* de La Fontaine.

1867
Gustave Doré illustre les *Fables*.

1906
Benjamin Rabier illustre les *Fables*.

1931
Babar, de Jean de Brunhoff.

1943
Le Petit Prince, d'Antoine de Saint-Exupéry.

1980
La Belle Lisse Poire du Prince de Motordu, de Pef.

2004
Otto, autobiographie d'un ours en peluche, de Tomi Ungerer.

J'analyse une illustration ▶ p. 225

1. Qui est l'auteur des illustrations ?

2. a. Quelles remarques faites-vous sur la disposition des images par rapport au texte ?
b. Que représentent-elles ? Que permettent-elles de comprendre de la fable, sans lire le texte ?

3. Comment l'artiste a-t-il rendu :
– le milieu de vie des personnages ?
– le mécontentement éprouvé par chacun ?

4. Lisez la fable : à quels vers correspond chacune des images ?

FABLES DE LA FONTAINE — LIVRE PREMIER

LE RENARD ET LA CIGOGNE

Compère le renard se mit un jour en frais,
Et retint à diner commère la cigogne.
Le régal fut petit et sans beaucoup d'apprêts :
Le galant, pour toute besogne,
Avait un brouet clair ; il vivait chichement.
Ce brouet fut par lui servi sur une assiette :
La cigogne au long bec n'en put attraper miette ;
Et le drôle eut lapé le tout en un moment.
Pour se venger de cette tromperie,
A quelque temps de là, la cigogne le prie.
Volontiers, lui dit-il ; car avec mes amis
Je ne fais point cérémonie.
A l'heure dite, il courut au logis
De la cigogne son hôtesse ;
Loua très fort sa politesse ;
Trouva le diner cuit à point :
Bon appétit surtout ; renards n'en manquent point
Il se réjouissait à l'odeur de la viande
Mise en menus morceaux, et qu'il croyait friande.
On servit, pour l'embarrasser,
En un vase à long bec et d'étroite embouchure.
Le bec de la cigogne y pouvait bien passer,
Mais le museau du sire était d'autre mesure.
Il lui fallut à jeun retourner au logis,
Honteux comme un renard qu'une poule aurait pris,
Serrant la queue, et portant bas l'oreille.
Trompeurs, c'est pour vous que j'écris :
Attendez-vous à la pareille.

— 20 —

Benjamin Rabier (1864-1939), illustration du « Renard et la Cigogne », fable de La Fontaine, chromotypographie (éd. Tallandier, 1906).

Lire... des fables et des récits qui racontent des fables

▶ **FICHE MÉTHODE 12, p. 375 :** tenir un carnet de lecture.

▶ www.lafontaine.net

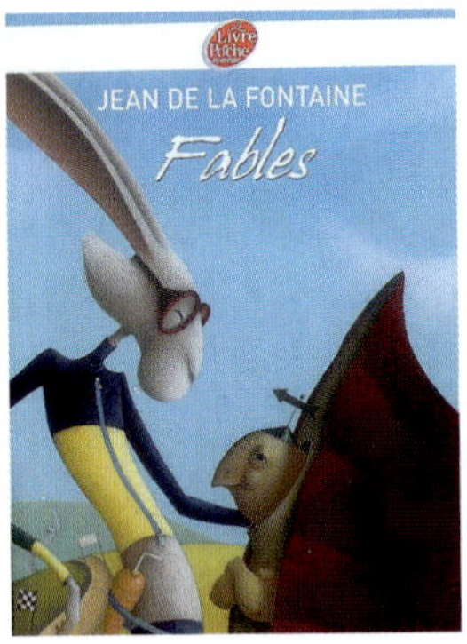

D'Ésope à La Fontaine

Ésope, *Fables*, VIe siècle avant J.-C. (« Folio Junior »).

Jean de La Fontaine, *Fables*, 1668 à 1693 (« Livre de poche Jeunesse »).

Jean de La Fontaine, *Le Corbeau et le Renard et autres fables*, 1668 à 1693 (Flammarion, « Étonnants Classiques »).

Dominique Moncond'huy, *Fabuleux fabulistes*, 2006 (Seghers Jeunesse) : une anthologie contenant cinquante fables de vingt-deux auteurs différents, d'Ésope à Roubaud, en passant par La Fontaine, Florian, Anouilh…

Des fables en bandes dessinées

Fables de La Fontaine, illustrées par **Benjamin Rabier**, 1906 (Tallandier) : Benjamin Rabier, maître du dessin animalier, présente une lecture des fables pleine de finesse et d'humour.

La Fontaine aux fables, 12 fables interprétées en bandes dessinées, en 3 volumes, 2004 à 2006 (Delcourt) : des fables, connues et moins connues, illustrées par douze illustrateurs contemporains.

Des fables modernes inspirées de La Fontaine

Gudule, *Après vous, M. de La Fontaine… Contrefables*, 1995 (« Le Livre de poche Jeunesse ») : Gudule imagine des dénouements heureux pour vingt-trois fables de La Fontaine.

Pierre Gamarra, *Salut, monsieur de La Fontaine*, 2005 (Le Temps des cerises) : à la manière de La Fontaine, des sujets modernes traités avec humour.

Des recueils de poésie où les animaux sont rois

Guillaume Apollinaire, *Petit Bestiaire*, 1911 (Gallimard Jeunesse, « Enfance en poésie »).

Jacques Roubaud, *Les Animaux de tout le monde*, 1983 (Seghers Jeunesse).

Des récits qui se lisent comme des fables

Rudyard Kipling, *Le Livre de la jungle*, 1894 (Hachette Jeunesse) : Mowgli, enfant, est recueilli par les loups de la jungle indienne.

Roald Dahl, *Fantastique Maître Renard*, 1983 (« Folio cadet ») : Renard et sa famille s'allient avec les Blaireaux pour déjouer les pièges tendus par les fermiers.

« La Grenouille qui se veut faire aussi grosse que le Bœuf »

Une Grenouille vit un Bœuf
Qui lui sembla de belle taille.
Elle qui n'était pas grosse en tout comme un œuf,
Envieuse s'étend, et s'enfle, et se travaille[1]
Pour égaler l'animal en grosseur,
Disant : « Regardez bien, ma sœur,
Est-ce assez ? dites-moi : n'y suis-je point encore ?
– Nenni[2]. – M'y voici donc ? – Point du tout. – M'y voilà ?
– Vous n'en approchez point. » La chétive[3] pécore[4]
S'enfla si bien qu'elle creva.
Le monde est plein de gens qui ne sont pas plus sages :
Tout Bourgeois veut bâtir comme les grands Seigneurs,
Tout petit Prince a des Ambassadeurs[5],
Tout Marquis veut avoir des Pages[6].

Jean de **La Fontaine**, ***Fables***, I, 5 (1668).

1. se travaille : fait des efforts. **2. nenni :** non. **3. chétive :** de petite taille, maigre. **4. la pécore :** bête stupide. **5.** Seules les grandes puissances ont des ambassadeurs à l'étranger. **6. des Pages :** jeunes gens au service des rois et des princes.

Godefroy, illustration de « La Grenouille et le Bœuf », fable de La Fontaine, gravure (vers 1900).

COMPRENDRE LE TEXTE

Répondez par des phrases complètes.

Structure et personnages

1. Délimitez les vers qui constituent le récit.

2. Quels animaux sont mis en scène ? Relevez les expressions qui les caractérisent.

3. À quoi la Grenouille est-elle comparée ?

L'art du récit

4. Dans quels vers les animaux dialoguent-ils ? Qui pose des questions ? Par quelle forme de phrases l'autre répond-il ?

5. Les trois valeurs du présent sont utilisées dans la fable : présent d'énonciation, de narration et de vérité générale. Trouvez un exemple de chaque emploi.

La leçon de la fable

6. Quel est le défaut de la Grenouille ?

7. La morale a-t-elle la forme d'un constat ou d'un conseil ? Justifiez votre réponse.

8. Quelle leçon le fabuliste donne-t-il aux hommes ?

9 Scènes de la vie quotidienne au théâtre

Objectifs → *Connaître les caractéristiques du texte de théâtre ; repérer des procédés comiques ; analyser le pouvoir critique du rire.*

Commedia dell'arte, peinture anonyme (XVIIe siècle) (collection privée, Milan, Italie).

Lire l'image

1. Que représente ce tableau ?
2. Où la scène est-elle dressée ?
3. Que font les personnages du premier plan ? Lesquels sont les plus attentifs au spectacle ?
4. Quelle image du théâtre ce tableau donne-t-il ?

Pour commencer

1. Quelles pièces de théâtre connaissez-vous ? Avez-vous déjà assisté à une représentation ? Racontez.
2. Avez-vous déjà eu l'occasion de jouer une scène ?

REPÈRES

Le comique au théâtre

Le théâtre antique

Le mot *théâtre* vient du grec ; il désigne le **lieu où l'on regarde**. Le théâtre est en effet né dans la **Grèce antique**, lors des fêtes données en l'honneur de **Dionysos**, dieu de la Vigne. Le spectacle, d'abord constitué de chants et de danses, se transforme peu à peu en un **dialogue d'acteurs**, puis en véritable **pièce de théâtre**.

Dans la Grèce antique, les spectacles sont donnés dans des **théâtres à ciel ouvert** (▶ HISTOIRE DES ARTS, p. 250). Les représentations font l'objet d'un concours : les auteurs dramatiques (auteurs de pièces de théâtre) présentent leur pièce devant un public populaire, et un jury de citoyens attribue les prix.

Le théâtre, appelé aussi **art dramatique**, se divise en deux genres distincts : la **tragédie**, qui raconte les histoires tragiques vécues par les héros de la mythologie ; la **comédie**, qui met en scène des **personnages ordinaires** et qui **se moque** des personnalités politiques et de certains défauts de la société.

Le **théâtre romain** s'inspire du théâtre grec. **Plaute**, auteur comique latin, met en scène des personnages comme l'**avare**, le **père autoritaire** ou encore le **valet rusé**, dont s'inspirera Molière.

Le théâtre au XVIIe siècle

Au XVIIe **siècle**, le théâtre, en faveur à la Cour de Louis XIV, connaît un **développement extraordinaire**. Pierre Corneille et Jean Racine portent le genre de la tragédie à sa perfection ; Molière excelle dans la comédie. En 1680, un théâtre prestigieux est créé à Paris : la **Comédie-Française**. De nos jours encore, les pièces classiques y sont régulièrement jouées.

Scène de comédie, mosaïque romaine (IIIe siècle) (Musée archéologique, Lesbos, Grèce).

Dates clés

Ve siècle avant J.-C.
Apogée du théâtre grec à Athènes.

1643
- Molière fonde la troupe de L'Illustre-Théâtre.
- *L'Amour médecin*, de Molière.

1673
Le Malade imaginaire, dernière pièce de Molière.

1680
Création de la Comédie-Française.

1966
La Comédie du langage, de Jean Tardieu.

1976
Les Diablogues, de Roland Dubillard.

1999
Pour ses beaux yeux, de René de Obaldia.

Molière et la comédie

Le genre de la comédie est dominé par **Molière** (1622-1673), de son vrai nom Jean-Baptiste Poquelin. Fils d'un riche tapissier du roi, il se passionne dans son enfance pour les spectacles de rues : **mimes et improvisations** joués par les **comédiens italiens**. Il devient lui-même comédien, crée en 1643 une troupe de théâtre, **L'Illustre-Théâtre**, et prend le nom de Molière. **Louis XIV** lui accorde sa protection ; Molière est alors chargé des **divertissements royaux** à la Cour.

Entre 1645 et 1673, Molière écrit plus de trente pièces : des **farces** (courtes pièces comiques), telles que *Le Médecin malgré lui* (1666), où apparaît le personnage de Sganarelle ; des **comédies-ballets**, mêlant la musique et la danse à la comédie (*L'Amour médecin*, 1665 ► p. 232-233 et p. 253 ; *Le Sicilien ou l'Amour peintre*, 1667) ; des **comédies de mœurs**, dans lesquelles il **se moque des défauts humains** et **critique la société de son temps**.

Molière : Sganarelle, dans *L'École des maris* (1661) (collection privée).

Représentation du *Malade imaginaire* de Molière (1673), à Versailles, gravure (1676) (BnF, Paris).

Molière meurt en février 1673, quelques heures après la quatrième représentation du *Malade imaginaire*.

Le théâtre aux XXe et XXIe siècles

Le monde moderne inspire de **nouvelles formes de comiques**. Eugène **Ionesco** (1909-1994), Jean **Tardieu** (1903-1995 ► p. 235-236), René de **Obaldia** (né en 1918 ► p. 241-242) ou encore Roland **Dubillard** (né en 1923 ► p. 238 à 240) expriment dans leurs pièces la difficulté des êtres à communiquer. Le comique est fondé sur des jeux sur les mots et sur le langage, ou sur des parodies (imitations comiques ► p. 241-242) au travers desquelles les auteurs critiquent des faits de société.

Je réponds aux questions

1. Dans quel pays le théâtre est-il né ? Quel est le dieu inspirateur du théâtre ?
2. Quels sont les deux grands genres théâtraux qui se sont développés dans l'Antiquité ?
3. À quel siècle Molière a-t-il vécu ? Quelle troupe a-t-il fondée ? Quelle est la dernière pièce écrite et jouée par Molière ?
4. À quelle date fut créée la Comédie-Française ?
5. Citez trois auteurs de théâtre contemporains.

*U*ne dispute familiale

PRÉPARER LA LECTURE

1. À quoi reconnaissez-vous un texte de théâtre, à la lecture ?
2. Au théâtre, les paroles des personnages s'adressent-elles seulement aux autres personnages présents sur scène ?

Molière
(1622-1673)

« Un mari, un mari, un mari »

Inquiet de la tristesse de sa fille Lucinde, Sganarelle lui demande l'origine de son mal. Elle lui avoue alors qu'elle souhaiterait se marier. Mais Sganarelle refuse cette idée et décide de faire comme s'il n'entendait pas. Lisette, la servante de Lucinde, entre en scène.

LISETTE, SGANARELLE, LUCINDE

LISETTE. – Hé bien ! Monsieur, vous venez d'entretenir votre fille[1]. Avez-vous su la cause de sa mélancolie[2] ?

SGANARELLE. – Non. C'est une coquine[3] qui me fait enrager.

LISETTE. – Monsieur, laissez-moi faire, je m'en vais la sonder[4] un peu.

SGANARELLE. – Il n'est pas nécessaire ; et puisqu'elle veut être de cette humeur, je suis d'avis qu'on l'y laisse.

LISETTE. – Laissez-moi faire, vous dis-je. Peut-être qu'elle se découvrira plus librement à moi qu'à vous. Quoi ? Madame, vous ne nous direz point ce que vous avez, et vous voulez affliger[5] ainsi tout le monde ? Il me semble qu'on n'agit point comme vous faites, et que, si vous avez quelque répugnance[6] à vous expliquer à un père, vous n'en devez avoir aucune à me découvrir votre cœur. Dites-moi, souhaitez-vous quelque chose de lui ? Il nous a dit plus d'une fois qu'il n'épargnerait rien pour vous contenter. Est-ce qu'il ne vous donne pas toute la liberté que vous souhaiteriez, et les promenades et les cadeaux ne tenteraient-ils point votre âme ? Heu. Avez-vous reçu quelque déplaisir de quelqu'un ? Heu. N'auriez-vous point quelque secrète inclination[7], avec qui vous souhaiteriez que votre père vous mariât ? Ah ! je vous entends. Voilà l'affaire. Que diable ? pourquoi tant de façons ? Monsieur, le mystère est découvert ; et…

SGANARELLE, *l'interrompant.* – Va, fille ingrate[8], je ne te veux plus parler, et je te laisse dans ton obstination.

LUCINDE. – Mon père, puisque vous voulez que je vous dise la chose…

SGANARELLE. – Oui, je perds toute l'amitié[9] que j'avais pour toi.

1. **entretenir votre fille :** parler à votre fille.
2. **mélancolie :** tristesse.
3. **une coquine :** ici, injure.
4. **sonder :** interroger.
5. **affliger :** attrister.
6. **vous avez quelque répugnance :** vous n'avez pas envie.
7. **inclination :** amour.
8. **ingrate :** qui n'est pas reconnaissante.
9. **l'amitié :** l'affection.

Lisette. – Monsieur, sa tristesse…

Sganarelle. – C'est une coquine qui me veut faire mourir.

Lucinde. – Mon père, je veux bien…

Sganarelle. – Ce n'est pas la récompense de t'avoir élevée comme j'ai fait.

Lisette. – Mais, Monsieur…

Sganarelle. – Non, je suis contre elle dans une colère épouvantable.

Lucinde. – Mais, mon père…

Sganarelle. – Je n'ai plus aucune tendresse pour toi.

Lisette. – Mais…

Sganarelle. – C'est une friponne[10].

Lucinde. – Mais…

Sganarelle. – Une ingrate.

Lisette. – Mais…

Sganarelle. – Une coquine, qui ne me veut pas dire ce qu'elle a.

Lisette. – C'est un mari qu'elle veut.

Sganarelle, *faisant semblant de ne pas entendre.* – Je l'abandonne.

Lisette. – Un mari.

Sganarelle. – Je la déteste.

Lisette. – Un mari.

Sganarelle. – Et la renonce pour ma fille.[11]

Lisette. – Un mari.

Sganarelle. – Non, ne m'en parlez point.

Lisette. – Un mari.

Sganarelle. – Ne m'en parlez point.

Lisette. – Un mari.

Sganarelle. – Ne m'en parlez point.

Lisette. – Un mari, un mari, un mari.

Molière, *L'Amour médecin* (1665), acte I, scène 3.

10. une friponne : qui trompe (injure).
11. Et je ne la reconnais plus.

L'Amour médecin de Molière, par la compagnie Baptiste et Cie, mise en scène de **Damien Bricoteaux** (1996).

Comprendre le texte

Le texte de théâtre

1. Qui sont les personnages en présence ? Comment sait-on qui parle ?

2. Observez la longueur des répliques (des prises de parole). Qui parle le plus ? Justifiez votre réponse.

3. a. Relevez les pronoms par lesquels les personnages s'adressent l'un à l'autre.

b. Quels sont les temps utilisés dans le dialogue ?

4. Relevez les didascalies (textes en italique, non prononcés par les personnages) : quelles indications fournissent-elles à l'acteur ?

Une scène comique

5. Le comique de situation.

a. Quelle vérité Sganarelle ne veut-il pas entendre ?

b. Comment s'y prend-il pour tenter d'y échapper ? Citez le texte. Y parvient-il ?

c. En quoi la situation est-elle comique ?

6. Le comique de mots.

a. De quels noms Sganarelle traite-t-il sa fille ?

b. Relevez les répétitions à la fin de la scène. Pourquoi font-elles rire ?

7. Le comique de gestes. Quels peuvent être les gestes et les expressions de Sganarelle dans cette scène ? En quoi le jeu de l'acteur participe-t-il au comique ?

8. Le comique de caractère. Comment Sganarelle se comporte-t-il dans cette scène ? En quoi est-il ridicule ?

La critique

9. Quel est le rôle de la servante dans le conflit familial ? Est-elle soumise à son maître ? Pour qui prend-elle parti ?

10. Quelle critique Molière émet-il à propos du mariage des filles et de l'autorité des pères ?

Jouer la scène

Par groupes de trois, apprenez la scène et jouez-la.

Conseils

- Repérez à qui s'adresse chaque réplique.
- Choisissez quelques accessoires qui permettront d'identifier les personnages.

Écriture

Écrivez une courte scène de dispute à deux personnages (entre frères et sœurs, parents et enfants, élèves…). Choisissez une situation du quotidien : envie d'un vêtement, chambre à ranger, musique trop forte…

Conseils

- Veillez au bon enchaînement des répliques.
- Utilisez des didascalies pour préciser l'interprétation (▶ VOCABULAIRE, p. 248, n° 14).

L'ESSENTIEL

Le pouvoir critique du rire

- Au théâtre, les paroles des personnages sont destinées aux **personnages présents sur la scène et aux spectateurs**.
- Le **comique** naît de différents procédés : le comique de **mots**, de **gestes**, de **situation**, de **caractère** (▶ JE FAIS LE POINT, p. 245).
- Dans ses pièces, Molière aborde, à travers des **conflits familiaux**, les **problèmes de la société** de son temps : l'**éducation des filles**, le **mariage** et l'**autorité des pères**. Il met en scène des **valets** ou des **servantes** vifs d'esprit et emplis de bon sens.

Une heureuse rencontre

PRÉPARER LA LECTURE Que peuvent exprimer les points de suspension dans un texte ?

Jean Tardieu
(1903-1995)

« Voilà le mot ! C'est cela ! »

Monsieur A, *quelconque. Ni vieux, ni jeune.*
Madame B, *même genre.*

Monsieur A et Madame B, personnages quelconques, mais pleins d'élan (comme s'ils étaient toujours sur le point de dire quelque chose d'explicite) se rencontrent dans une rue quelconque, devant la terrasse d'un café.

Monsieur A, *avec chaleur.* – Oh ! Chère amie. Quelle chance de vous…

Madame B, *ravie.* – Très heureuse, moi aussi. Très heureuse de… vraiment oui !

Monsieur A. – Comment allez-vous, depuis que ?…

Madame B, *très naturelle.* – Depuis que ? Eh ! bien ! J'ai continué, vous savez, j'ai continué à…

Monsieur A. – Comme c'est !… Enfin, oui vraiment, je trouve que c'est…

Madame B, *modeste.* – Oh, n'exagérons rien ! C'est seulement, c'est uniquement… Je veux dire : ce n'est pas tellement, tellement…

Monsieur A, *intrigué, mais sceptique*[1]. – Pas tellement, pas tellement, vous croyez ?

Madame B, *restrictive*[2]. – Du moins je le… je, je, je… Enfin !…

Monsieur A, *avec admiration.* – Oui, je comprends : vous êtes trop, vous avez trop de…

Madame B, *toujours modeste, mais flattée.* – Mais non, mais non : plutôt pas assez…

Monsieur A, *réconfortant.* – Taisez-vous donc ! Vous n'allez pas nous… ?

Madame B, *riant franchement.* – Non ! Non ! Je n'irai pas jusque-là !

Un temps très long. Ils se regardent l'un l'autre en souriant.

1. **sceptique :** qui doute.
2. **restrictive :** ici, synonyme de *modeste*.

MONSIEUR A. – Mais, au fait ! Puis-je vous demander où vous… ?

MADAME B, *très précise et décidée.* – Mais pas de ! Non, non, rien, rien. Je vais jusqu'au, pour aller chercher mon. Puis je reviens à la.

MONSIEUR A, *engageant*[3] *et galant, offrant son bras.* – Me permettez-vous de… ?

MADAME B. – Mais, bien entendu ! Nous ferons ensemble un bout de.

MONSIEUR A. – Parfait, parfait ! Alors, je vous en prie. Veuillez passer par ! Je vous suis. Mais, à cette heure-ci, attention à, attention aux !

MADAME B, *acceptant son bras, soudain volubile*[4]. – Vous avez bien raison. C'est pourquoi je suis toujours très. Je pense encore à mon pauvre. Il allait, comme ça, sans, – ou plutôt avec. Et tout à coup, voilà que ! Ah la la ! Brusquement ! Parfaitement. C'est comme ça que. Oh ! J'y pense, j'y pense ! Lui qui ! Avoir eu tant de ! Et voilà que plus ! Et moi je, moi je, moi je !

MONSIEUR A. – Pauvre chère ! Pauvre lui ! Pauvre vous !

MADAME B, *soupirant.* – Hélas oui ! Voilà le mot ! C'est cela !

3. **engageant :** aimable.
4. **volubile :** parlant vite et beaucoup.

Jean **Tardieu**, « Finissez vos phrases ! ou Une heureuse rencontre », dans ***La Comédie du langage*** (1966) © éd. Gallimard (1987).

Illustrations d'**Alban Marilleau** (p. 236-237, 243, 248).

Comprendre le texte

Le texte théâtral

1. Qui sont les personnages de cette scène ? Comment sont-ils désignés ? Ont-ils des traits distinctifs ? Appuyez-vous sur les didascalies initiales pour répondre.

2. a. Quelle particularité les phrases présentent-elles ? Cette particularité empêche-t-elle les personnages de se comprendre ? Pourquoi ?

b. Pour mieux comprendre la situation, de quelles aides bénéficient les lecteurs ? les spectateurs ?

La rencontre

3. Dans quel lieu les personnages se rencontrent-ils ? Se connaissent-ils ?

4. a. Que traduisent, selon vous, les points de suspension ? À partir de quelle ligne disparaissent-ils ?

b. Comment évolue alors la relation entre les personnages ? Appuyez-vous sur les didascalies pour répondre.

Le comique de la scène

5. Quel rôle le lecteur (ou le spectateur) est-il amené à jouer dans la scène ?

6. a. *Voilà le mot ! C'est cela !* (l. 41) : en quoi cette dernière réplique est-elle drôle ?

b. Comment les hommes communiquent-ils, selon Tardieu ?

Lire et jouer la scène

Par groupes de deux, faites une lecture expressive de la scène.

Conseil

• Préparez votre lecture : tenez compte des didascalies et de la ponctuation.

Écriture

Complétez les six premières répliques du texte (l. 4 à 14). Lisez-les à haute voix et comparez vos interprétations.

L'ESSENTIEL

La comédie du langage

● Avons-nous besoin des **mots pour communiquer** ? C'est la question que pose Tardieu dans son théâtre.

● Tardieu démonte le **fonctionnement du langage**, en présentant des personnages qui dialoguent **sans finir leurs phrases** ou qui utilisent **un mot pour un autre**... Pourtant, ces personnages **se comprennent** parce qu'ils vivent des situations types (courantes). Ils **se font comprendre aussi du spectateur**, qui devient un complice amusé.

Une consultation médicale

PRÉPARER LA LECTURE

B2i Qu'est-ce qu'un sketch ? Faites une recherche sur Internet : citez des sketchs connus et le nom de leurs auteurs.

Roland Dubillard
(né en 1923)

« Vous avez encore mal à votre dent ? »

Roland Dubillard a écrit de nombreux sketchs pour la radio. Cet extrait constitue le début de « Consultation », une courte pièce qui fait partie du recueil des Diablogues.

UN. – Bien. Bien. Très bien. Eh bien mettez-vous à votre aise, Monsieur, euh… comment donc ?

DEUX. – Commandon.

UN. – Monsieur Commandon. Nous allons voir ce qu'on peut faire pour améliorer votre état.

DEUX. – Oui. Il y a aussi le veau, qui me donne des vertiges.

UN. – Nous verrons, nous verrons. Je vais d'abord vous demander, s'il vous plaît, qui vous a donné mon adresse.

DEUX. – Eh bien, docteur, voilà, je suis venu à vous progressivement. J'ai consulté un certain nombre de spécialistes. J'avais remarqué que j'éprouvais un malaise à chaque fois que je prenais un bain. Un malaise dans les gencives. J'ai donc fait venir mon plombier. Car il m'avait semblé que mon malaise pouvait avoir son origine dans le robinet gauche de ma baignoire qui grinçait.

UN. – En effet, il n'est pas rare de constater des troubles assez voisins de ceux que vous m'avez décrits, dans certains cas de vrombissement[1] de tuyauterie.

DEUX. – N'est-ce pas ? Mon hypothèse n'était pas invraisemblable. Cependant, mon plombier, dès sa première visite, m'a détrompé[2].

UN. – Votre plombier, comment s'appelle-t-il ?

DEUX. – Tolstoï, il s'appelle. Léon Tolstoï[3]. Mais c'est un homme tout simple.

UN. – Un excellent plombier, en tout cas. Je le connais.

DEUX. – Il m'a dit : Monsieur, votre robinet n'a rien. Si vous grincez des dents, ça doit venir des dents. Et il m'a donné l'adresse d'un dentiste. J'y suis été[4].

1. **vrombissement** : bruit ressemblant à un gros ronflement.
2. **m'a détrompé** : m'a dit que je me trompais.
3. **Léon Tolstoï** : écrivain russe (1828-1910).
4. **J'y suis été** : J'y suis allé.

5. **Michel Legrand :** pianiste et compositeur français, né en 1932.
6. **Alexandre Legrand :** Alexandre le Grand, roi de Macédoine (356-323 avant J.-C.).
7. **mon vilebrequin :** outil que l'on fait tourner, qui sert à percer des trous.
8. **oculiste :** médecin spécialiste de la vue.
9. **Kuklops :** « œil rond », en grec.
10. **ophtalmologue :** synonyme de *oculiste* (voir note 8).

UN. – C'était monsieur… ?

DEUX. – Mon dentiste ?

UN. – Oui.

DEUX. – Legrand.

UN. – Michel Legrand[5] ?

DEUX. – Non : Alexandre Legrand[6]. Mais c'est un homme tout simple.

UN. – Je le connais, c'est un excellent dentiste.

DEUX. – Alors, il m'a dit : En effet, votre malaise aux gencives ne vient certainement pas d'un défaut de votre robinet. Vous avez une dent à la mâchoire supérieure qui ne fonctionne plus que d'une patte, je vais essayer de vous arranger ça avec mon vilebrequin[7]. Il prend son vilebrequin, il me vilebrequine ma deuxième prémolaire en haut à droite, là… Au bout d'une heure, il me dit : Ça va pour aujourd'hui, revenez demain. Le lendemain, il me vilebrequine plus sérieusement, enfin bref, il me vilebrequine ma dent pendant quatre jours, et le cinquième jour, il me dit : Désolé, je ne peux pas aller plus loin, si je vais plus loin, ce n'est plus de mon ressort, est-ce que vous avez encore mal à votre dent ? Je lui dis, non, plus du tout, maintenant ça commence à me faire mal à l'œil ; c'est ce que je dis, qu'il me dit, je vais vous donner l'adresse d'un oculiste[8].

UN. – Quel oculiste vous a-t-il indiqué ?

DEUX. – Le docteur Kuklops[9].

UN. – Je le connais, c'est un excellent ophtalmologue[10]. [...]

UN. – […] Bon. Nous allons voir ça. D'abord, une question : de quelle maladie souffrez-vous ?

Claude Piéplu et Roland Dubillard dans *Les Diablogues* de R. Dubillard, mise en scène de **Jean Chouquet** (1975) (théâtre de la Michodière, Paris).

DEUX. – Eh bien, euh... Je vous avouerai que c'est un peu pour que vous me le disiez, si je suis venu vous voir.

UN. – Oh, alors... Ce ne doit pas être bien sérieux. Je vais vous ausculter, malgré tout, par acquit de conscience. Votre nombril, je vous prie.

DEUX. – Voilà.

UN. – Je vais appuyer dessus avec mon doigt, vous me direz l'impression que ça vous fait.

DEUX. – Hé !

UN. – Alors ? Quelle impression avez-vous eue ?

DEUX. – L'impression d'être une sonnette dont le bouton ne marche pas.

UN. – Bon. Laissez votre nombril à découvert. Maintenant, je vais vous donner un bon coup de pied dedans. Attendez que je prenne mon élan. Un, deux, trois, et une deux trois, pan !

DEUX. – Ouf.

UN. – Alors ? Vous avez toujours mal partout ?

DEUX. – Non, j'ai mal au ventre.

UN. – Eh bien, que voulez-vous que je vous dise ? C'est normal.

DEUX. – Ah ?

UN. – Ce que vous avez, ce n'est pas une maladie, c'est un cas spécial. Je vais vous donner l'adresse d'un spécialiste des cas spéciaux [...].

Roland **Dubillard**, « Consultation » (1976), dans ***Les Diablogues et autres inventions à deux voix*** © éd. Gallimard (1998).

Comprendre le texte

Une situation familière

1. Qui sont les deux personnages en présence ? Comment sont-ils désignés ? Remplacez ces désignations par une dénomination plus précise, en vous aidant des éléments fournis par le texte.

2. Dans quel lieu la scène se déroule-t-elle ?

Le comique

3. De quoi Deux souffre-t-il ? Qui a-t-il consulté ? S'agit-il toujours de médecins ?

4. a. En quoi cette consultation médicale est-elle étrange ? Appuyez-vous sur le comportement et les paroles des personnages.

b. Relevez des exemples de comique de mots (noms propres, mots créés...).

5. a. Y a-t-il une logique dans l'enchaînement des répliques ? Justifiez votre réponse.

b. Quel est l'effet produit sur le spectateur par l'ensemble du dialogue ?

Lire la scène

À deux, lisez la scène et proposez une mise en voix. Trouvez un débit de paroles et un ton pour chacun des personnages.

Écriture

Deux raconte à Un comment s'est déroulée sa consultation chez l'oculiste. Rédigez une réplique de quelques lignes.

CONSEILS

- Conservez le caractère étrange qui se dégage du texte de Dubillard.
- Reprenez des éléments qui figurent dans la réplique des lignes 34 à 45.

L'ESSENTIEL

Les sketchs

- Un **sketch** est un texte **comique court**. À travers ses sketchs, Dubillard porte un regard amusé sur des **situations ordinaires**, comme la consultation médicale.
- Dans les sketchs de Dubillard, les personnages sont à peine caractérisés : ils se nomment souvent Un et Deux, ne sont pas décrits physiquement... Dubillard, comme d'autres auteurs contemporains, privilégie les **jeux sur le langage**, sources de **comique**.

Un jeu télévisé

PRÉPARER LA LECTURE

1. B2i Citez des jeux télévisés que vous connaissez. Expliquez leur déroulement. Vous pouvez faire une recherche sur Internet pour vous aider.
2. Cherchez dans le dictionnaire ce qu'est une parodie.

René de Obaldia (né en 1918)

« Allons-y. Play ? »

Pour faire plaisir à sa femme, Camille Benoit, adjoint responsable au Service des Eaux, a accepté de se porter candidat au jeu télévisé SUPERCRACK. *Un professeur de jeux télévisés, Étienne Longchamp de Beaupré, se rend chez Camille pour le préparer à l'épreuve.*

PROFESSEUR. – Allons-y. Play ?

CAMILLE. – Ready.

PROFESSEUR. – Comment s'appelait le gentilhomme qui épousa la fille de la marquise de Sévigné[1] ?

CAMILLE. – Euh… euh… le gentilhomme… la marquise… le gentil…

PROFESSEUR, *frappant d'un coup sec, le coin de la table avec la règle.* Trop tard ! Bien trop tard ! Le comte de Grignan.

CAMILLE. – Le comte de Grignan.

PROFESSEUR. – Le comte de Grignan, lieutenant-général, gouverneur de Provence. *(Léger temps)* Play ?

CAMILLE. – Ready.

PROFESSEUR. – Quel est le cristal qui présente des prismes hexagonaux[2] terminés par deux pyramides à six pans[3] ?

CAMILLE. – Euh… Euh… le cristal qui… heu… Vous voulez bien répéter ?

PROFESSEUR. – Quel est le cristal qui présente des prismes hexagonaux terminés par deux pyramides à six pans ?

CAMILLE. – … terminés par deux pyramides à six pans… euh…

1. la marquise de Sévigné : femme de lettres française (1626-1696).
2. prismes hexagonaux : cristaux qui présentent six facettes.
3. pans : parois.

Obaldiableries, « Pour ses beaux yeux », de René de Obaldia, mise en scène de **Thomas le Douarec** (1999) (Théâtre 14 – Jean-Marie-Serreau, Paris).

PROFESSEUR, *coup de règle sur le dos du fauteuil.* – Trop tard ! Le cristal de roche.

CAMILLE. – Je l'avais sur le bout de la langue : le cristal de roche.

PROFESSEUR. – Que vous l'ayez sur le bout de la langue ou au fond de la glotte[4], trop tard !... Vous lambinez[5], Camille, vous lambinez !... Et puis... *(L'imitant)* euh, euh, euh... Tous ces œufs qui sortent de votre bouche en cul de poule[6] !

CAMILLE, *vexé.* – Permettez, professeur, si je vous paie – moins cher que prévu, d'accord –, ce n'est pas pour que vous m'insultiez !

PROFESSEUR. – Loin de moi, monsieur Benoit, Camille, l'idée de vous insulter, mais je prends tellement à cœur votre réussite... j'aimerais tellement que... pardonnez-moi s'il m'arrive d'être un peu vif... Voyons... je vais vous poser une question plus simple... *(Il réfléchit)* Jeanne d'Arc. Vous voyez qui je veux dire ?

CAMILLE. – La pucelle d'Orléans ?

PROFESSEUR. – C'est cela même. Play ?

CAMILLE. – Ready.

PROFESSEUR. – Jeanne d'Arc. Quel est le surnom que les historiens ont accolé à son nom ?... Le surnom.

CAMILLE. – Le surnom ?... Vous me demandez le surnom... euh...

PROFESSEUR. – Trop tard ! Trop tard ! La pucelle d'Orléans.

CAMILLE. – Je viens de vous le dire, il y a une seconde, la pucelle d'Orléans !

PROFESSEUR, *étonné.* Tiens oui, c'est vrai !... Mais trop tôt ! Trop tôt ! *(Camille s'assied sur une pile d'encyclopédies, accablé)*... évidemment, l'idéal serait que la réponse arrive alors que la question n'est pas encore posée. Nous n'en sommes pas encore là. Je crois que nous devrions faire une pause.

René de **Obaldia**, *Pour ses beaux yeux* (1999), scène VI,
dans *Théâtre complet*, tome 8 © éd. Grasset (2000).

4. la glotte : entrée du gosier.
5. Vous lambinez : vous traînez.
6. bouche en cul de poule : lorsque les lèvres sont arrondies, comme pour chercher à séduire.

Comprendre le texte

Les personnages et la situation

1. Qui sont les personnages en scène ? Pourquoi sont-ils réunis ?

2. Quel est le rôle joué par chacun ?

Une imitation comique

3. a. Quel est le nom du jeu auquel Camille va se présenter ? Que signifie ce nom ?

b. Pourquoi les personnages utilisent-ils du vocabulaire de langue anglaise ?

4. Sur quels sujets les questions portent-elles ?

5. a. Combien de fois Camille donne-t-il la bonne réponse ? Comment se manifeste son embarras lorsqu'il ne sait pas répondre ?

b. Quel est le comportement du professeur ? Expliquez le jeu de mots de la phrase : *euh, euh, euh… Tous ces œufs qui sortent de votre bouche en cul de poule !* (l. 29-30)

La satire

6. Quelle opinion l'auteur a-t-il des jeux télévisés (questions, candidats, animateurs) ?

Jouer la scène

Par groupes de deux, apprenez la scène. Jouez-la devant la classe en adoptant les intonations, les gestes et les attitudes que vous avez pu observer dans des jeux télévisés.

Écrire et jouer

C'est le jour J : Camille participe au jeu SUPERCRACK, diffusé à la télévision. Par groupes de deux, imaginez les questions du présentateur, ainsi que les réactions et réponses de Camille. Jouez ensuite la scène devant la classe.

CONSEILS

- Pour les questions du présentateur : aidez-vous de vos manuels scolaires (français, histoire, SVT…) et d'ouvrages documentaires ou inspirez-vous de jeux télévisés.
- N'oubliez pas d'écrire quelques didascalies !
- Pour jouer : mettez en valeur les expressions du visage, les hésitations…

Lire l'image

1. Qui sont les personnages représentés sur la photo ▶ p. 241 ? Reportez-vous au texte pour répondre.

2. Quels éléments montrent que les personnages font une répétition en vue d'un jeu télévisé (décor, accessoires) ?

3. Que traduisent les attitudes, les gestes et les expressions du visage de chacun des personnages ?

4. L'interprétation des deux comédiens vous paraît-elle convenir à la scène ? Justifiez votre réponse.

L'ESSENTIEL

La satire moderne

- La **comédie contemporaine** fait souvent la **satire** (critique moqueuse) de la société moderne et des comportements humains.
- À travers une imitation d'un jeu télévisé, Obaldia offre une **critique amusante** des émissions de jeux : genres de questions posées, attitudes des candidats et des présentateurs…

Je lis une œuvre complète

L'Amour médecin

(1665)

Molière (1622-1673)

Le guide de lecture

• Prenez des notes au fil de votre lecture.

Acte I

Scène 1. a. Pourquoi Sganarelle s'inquiète-t-il pour sa fille ?

b. Quels différents conseils reçoit-il de son entourage ? En tient-il compte ? Pourquoi ?

c. Est-il prêt à marier sa fille ?

Scènes 2, 3 et 4. a. Pourquoi Lucinde est-elle triste ?

b. Quelle confidence fait-elle à Lisette ?

c. Quelle résolution Lisette prend-elle ?

Scène 5. Pourquoi Sganarelle ne veut-il pas marier sa fille ?

Scène 6. Quelle fausse nouvelle Lisette apprend-elle à Sganarelle ? Comment réagit-il ?

Acte II

Scènes 1 et 2. À quoi servent les médecins, selon Lisette ? Comment Lisette les reçoit-elle ?

Scène 3. De quoi discutent les médecins entre eux ? S'intéressent-ils aux malades ?

Scènes 4 et 5. Quel est l'avis des médecins sur la maladie de Lucinde et les soins à lui apporter ? À quelle conclusion arrivent-ils ?

Scènes 6 et 7. Qu'est-ce qu'un monologue ? Quelle décision Sganarelle prend-il ?

Acte III

Scènes 1, 2, 3, 4 et 5. a. Quels conseils M. Filerin donne-t-il à ses confrères ?

b. Quel nouveau « médecin » fait son apparition ? Est-il réellement médecin ?

Scènes 6, 7 et 8. a. Comment Clitandre parvient-il à convaincre Sganarelle de consentir au mariage de sa fille ?

b. Quelle est la réaction de Sganarelle quand il apprend la vérité ?

Le bilan de lecture

Les personnages et leurs relations

1. Qui sont les personnages principaux ? Lesquels sont en conflit (s'affrontent) et à quel sujet ? Lesquels sont complices ?

2. Quels personnages mènent le jeu ? De quelle façon ?

Le comique

3. Quelles scènes ou quelles répliques vous ont particulièrement amusé(e) ? Pourquoi ?

4. Comment Molière ridiculise-t-il les médecins ?

Jouer une scène

Par groupes, apprenez différentes scènes de la pièce. Chaque groupe jouera sa scène devant la classe. Travaillez le ton, les gestes et les jeux de scène. Apportez ou fabriquez quelques accessoires.

L'Amour médecin de Molière, par la compagnie Baptiste et Cie, mise en scène de **Damien Bricoteaux** (1996).

e fais
e point

Théâtre et comédie

Le texte de théâtre

■ Le mot ***théâtre*** vient du verbe grec *theasthai*, qui signifie « **regarder** » : le théâtre est le lieu où l'on regarde.

■ Un texte de théâtre est **écrit pour être joué**. À l'écrit, il se reconnaît par sa présentation ; il est composé de répliques et de didascalies :
– les **répliques** sont les paroles **prononcées par les personnages**. Elles sont destinées non seulement aux **personnages présents** sur la scène, mais aussi aux **spectateurs** ;
– les **didascalies**, en italique et, parfois, entre parenthèses, sont destinées au **metteur en scène** et aux **acteurs**. Elles fournissent des **indications** sur l'identité des personnages (noms, liens de parenté…), sur leurs intonations, gestes, déplacements sur scène ou encore accessoires, sur les lieux (éléments du décor), l'époque, le moment de la journée…

■ En général, une pièce de théâtre est divisée en actes et en scènes :
– un **acte** correspond à une étape importante de l'action ;
– le **changement de scène** correspond à l'entrée ou à la sortie d'un ou de plusieurs personnages (▶ JE LIS UNE ŒUVRE COMPLÈTE, p. 244).

■ Une pièce peut ne comporter qu'une scène (▶ p. 235-236) ou qu'un acte (▶ p. 241-242).

Le comique et le pouvoir du rire

■ On distingue le comique :
– de **mots** : jeux de mots (▶ p. 235-236 et 241-242), jurons, répétitions, défauts de prononciation… ;
– de **gestes** : mimiques, déguisements, poursuites… ;
– de **situation** : personnages trompés, dialogue de sourds (▶ p. 232-233 ; ÉVALUATION, p. 253) ;
– de **caractère** : traits de caractère exagérés (colère, avarice…), manies…

■ **À travers le rire**, les auteurs font la **satire** (critique moqueuse) des défauts humains ou de faits de société. Au XVIIe siècle, Molière critiquait l'incompétence des médecins en les ridiculisant. Aujourd'hui, René de Obaldia critique les **jeux télévisés à travers la parodie** (imitation amusante). Jean Tardieu (▶ p. 235-236 ; ACTIVITÉS D'ÉCRITURE, p. 249) ou encore Roland Dubillard (▶ p. 238 à 240) **jouent avec les mots** pour créer des situations **absurdes** qui suscitent le **rire**.

Masques italiens de la commedia dell'arte (détail), peinture anonyme (XVIIe siècle) (musée de la Scala, Milan, Italie).

Étude de la langue

GRAMMAIRE

1 Les types et les formes de phrases ▶ leçon 18, p. 290

1. Identifiez les types de phrases et leurs formes (affirmative, négative).

2. Identifiez les sentiments ou les émotions exprimés par les phrases de type exclamatif. Quelles phrases commencent par une interjection ?

a. Monsieur, n'est-ce pas vous qui vous appelez Sganarelle ? **b.** Monsieur, nous sommes ravis de vous voir. **c.** Je ne suis point médecin. **d.** Vous n'êtes point médecin ? **e.** Comment s'appelle votre fille ? **f.** Mon Dieu ! arrêtez-vous, laissez-moi médicamenter cette affaire. **g.** Voilà ma fille qui parle ! Ô grande vertu du remède ! Ô admirable médecin ! **h.** Monsieur le Médecin, vous serez pendu : ne bougez de là seulement.

Extraits du *Médecin malgré lui* (1666), de Molière.

2 Les interrogations totale et partielle ▶ leçon 18, p. 290

Distinguez l'interrogation totale (réponse par *oui*, *non*, *si*) de l'interrogation partielle.

a. Quel conseil me donneras-tu ? **b.** Hé bien ! Mademoiselle, vous êtes malade ? **c.** Sentez-vous de grandes douleurs à la tête, aux reins ? **d.** Sganarelle, qu'as-tu fait depuis que je ne t'ai point vu ?

Extraits du *Médecin volant* (1647), de Molière.

3 Questions-réponses

Trouvez dans la liste 2 les réponses aux questions de la liste 1.

Liste 1. a. Hé bien ! Lisette, me trouves-tu bien ainsi ? **b.** Mais d'où vient donc, Madame, que jusqu'ici vous m'avez caché votre mal ? **c.** Es-tu contente ?

Liste 2. 1. Hélas ! de quoi m'aurait servi de te le découvrir plus tôt ? **2.** Le mieux du monde ; et je vous attendais avec impatience. **3.** Plus qu'on ne peut s'imaginer.

Extraits de *L'Amour médecin* (1665), de Molière.

4 Les pronoms personnels ▶ leçon 6, p. 266

1. a. Relevez les pronoms par lesquels Sganarelle désigne sa fille.

b. Lesquels utilise-t-il quand il s'adresse à elle ? quand il parle d'elle ?

2. Identifiez la fonction grammaticale des pronoms *elle* (l. 2 et 3) et *me* (l. 2 et 7).

Sganarelle ne comprend pas pourquoi sa fille est triste.

SGANARELLE. – Ah ! voilà ma fille qui prend l'air. Elle ne me voit pas ; elle soupire ; elle lève les yeux au ciel. Dieu vous garde ! Bon jour, ma mie[1]. Hé bien ! qu'est-ce ? Comme vous en va[2] ? Hé ! quoi ? toujours triste et mélancolique comme cela, et tu ne veux pas me dire ce que tu as.

Molière, *L'Amour médecin* (1665), acte I, scène 2.

1. **ma mie :** mon amie.
2. **comme vous en va ? :** comment ça va ?

Le Médecin volant de Molière (v. 1647), avec Francis Perrin dans le rôle de Sganarelle, mise en scène de F. Perrin (Versailles, 1990).

CONJUGAISON

5 L'indicatif présent et passé composé ► LEÇON 22, p. 298

Conjuguez à l'indicatif présent et passé composé le verbe *promettre*.

a. Je te ...... **b.** Tu me ...... **c.** Il te ...... **d.** Nous te ...... **e.** Vous me ...... **f.** Ils vous ......

6 L'impératif présent ► LEÇON 27, p. 308

Conjuguez les verbes à l'impératif présent, à la 2e personne du singulier et du pluriel.

a. (Aller) vite me chercher un médecin. **b.** (Se taire), impertinente ! **c.** (Accepter) cette bague en gage de mon amour. **d.** (Dire)-lui qu'il entre. **e.** (Laisser)-moi faire.

ORTHOGRAPHE

7 Dictée de mots

Recopiez les mots suivants avec leur définition et apprenez-les. Ils vous seront donnés en dictée.

- UN APOTHICAIRE : pharmacien.
- LA MÉLANCOLIE : tristesse.
- LES MESSIEURS : pluriel de *monsieur*.
- L'IMPERTINENCE : insolence, manque de respect.
- UNE COQUINE, UNE FRIPONNE : qui est d'une grande insolence.

8 Dictée préparée

Préparez la dictée en répondant aux questions.

Clitandre s'adresse à Lucinde.

CLITANDRE. – [...] Ce n'est pas d'aujourd'hui que je vous aime, et que je brûle de me voir votre mari. Je ne suis venu ici que pour cela ; et si vous voulez que je vous dise nettement les choses comme elles sont, cet habit n'est qu'un pur prétexte inventé, et je n'ai fait le médecin que pour m'approcher de vous et obtenir ce que je souhaite.

Molière, *L'Amour médecin* (1665), acte III, scène 6.

1. *Je ne suis venu* (l. 3-4) : identifiez le temps du verbe et justifiez l'accord du participe passé.

2. Conjuguez le verbe *vouloir* (l. 4-5) à toutes les personnes de l'indicatif présent.

3. Expliquez la formation de l'adverbe *nettement* (l. 5). ► LEÇON 8, p. 270

4. *cet habit* (l. 6) : identifiez la classe du déterminant et justifiez son orthographe devant un mot commençant par *h*. ► LEÇON 4, p. 262

5. *m'approcher* (l. 8) ; *obtenir* (l. 9) : identifiez le mode de ces verbes et justifiez son emploi.

FIGURES DE STYLE

► LEÇON 45, p. 344

9 La comparaison, la métaphore et la personnification

Identifiez et expliquez les comparaisons, la métaphore et la personnification.

a. *Dom Pèdre est jaloux d'Isidore, la jeune fille qu'il garde captive. Elle s'en étonne...*
ISIDORE. – Quoi ? jaloux de ces choses-là ?
DOM PÈDRE. – Oui, jaloux de ces choses-là, mais jaloux comme un tigre, et, si vous voulez : comme un diable.

Molière, *Le Sicilien ou l'Amour peintre* (1667).

b. *Les ruses de Sganarelle ont été découvertes...*
SGANARELLE. – Ma foi, me voilà attrapé ce coup-là ; il n'y a plus moyen de m'en échapper. Le nuage est fort épais, et j'ai bien peur que, s'il vient à crever, il ne grêle sur mon dos force coups de bâton.

Molière, *Le Médecin volant* (1647).

c. *Lisette encourage Lucinde, qui se heurte à un père autoritaire.*
LISETTE. – Allez, allez, il ne faut pas se laisser mener comme un oison.

Molière, *L'Amour médecin* (1665).

d. HALI, *aux Musiciens.* – Il fait noir comme dans un four [...] et je ne vois pas une étoile qui montre le bout de son nez ?

Molière, *Le Sicilien ou l'Amour peintre* (1667).

LE VOCABULAIRE DU THÉÂTRE

10 Les sens du mot *théâtre*

Donnez le sens des mots *théâtre(s)* et *théâtral(aux)* dans les expressions suivantes.

a. En Grèce, les théâtres étaient adossés à une colline. **b.** Elle a lu tout le théâtre de Molière. **c.** L'année prochaine, je m'inscris à des cours de théâtre. **d.** Le professeur a eu un geste théâtral. **e.** Cet endroit a été le théâtre de violents combats pendant la guerre. **f.** La comédie et la tragédie sont des genres théâtraux.

11 L'aménagement d'un théâtre

Retrouvez dans la liste 2 les définitions des termes de la liste 1.

Aidez-vous du dictionnaire et de l'illustration.

Liste 1. a. la scène. **b.** l'orchestre. **c.** les coulisses. **d.** les balcons. **e.** les loges des spectateurs. **f.** la rampe. **g.** le poulailler (ou le paradis).

Liste 2. 1. différents étages de galeries qui font le tour d'une salle de spectacle. **2.** places du rez-de-chaussée face à la scène. **3.** sortes de petits salons particuliers de trois à huit places. **4.** places les moins chères, situées dans la partie la plus haute du théâtre. **5.** partie du théâtre cachée au public, située derrière et sur les côtés de la scène. **6.** rangée de lumières bordant la scène. **7.** partie du théâtre où jouent les acteurs.

12 Les métiers du théâtre

À vos dictionnaires !

En quoi consiste l'activité d'un metteur en scène, d'un accessoiriste, d'un comédien, d'un maquilleur, d'un décorateur, d'un figurant, d'un costumier, d'un machiniste ?

13 Les sentiments et les émotions au théâtre

Relevez et recopiez le vocabulaire des sentiments et des émotions dans ces extraits de *L'Amour médecin*, de Molière.

a. Lisette. – Votre fille, toute saisie des paroles que vous lui avez dites et de la colère effroyable où elle vous a vu contre elle, est montée vite dans sa chambre.

b. Lisette. – Je ne puis voir deux amants soupirer l'un pour l'autre, qu'il ne me prenne une tendresse charitable, et un désir ardent de soulager les maux qu'ils souffrent.

c. Clitandre. – La grande joie où je suis étouffe toutes mes paroles.

14 Apprendre des mots : les médecins chez Molière, les didascalies

Recopiez les mots suivants et apprenez-les pour enrichir votre vocabulaire.

Malades et médecins

Les actes : ausculter • prendre le pouls • prescrire une ordonnance.

Les maladies : un symptôme • la fièvre • souffrir de maux de tête • une maladie chronique • une affection des poumons, des reins, des intestins, du foie.

Les remèdes : un médicament • une potion • un sirop • une tisane.

Les indications scéniques (didascalies)

Les gestes : se tournant vers • faisant des signes • regardant l'heure • reculant • se levant • s'asseyant • haussant les épaules • lui prenant les mains avec tendresse.

Les sentiments : contrarié • vexé • étonné • ravi • mal à l'aise • un peu gêné • paniqué • furieux • agacé • exaspéré.

Le ton, la voix : bas • en murmurant • entre ses dents • sèchement • très vite • avec douceur • avec emportement.

Activités d'écriture

1. Écrire un dialogue de théâtre

Écrivez un court dialogue de théâtre, dans lequel figurera la réplique suivante :
– *Qu'y a-t-il donc ? Voyons un peu s'il n'y a pas moyen de vous mettre d'accord.*
Vous êtes libre de choisir le sujet, ainsi que l'époque à laquelle se déroule la scène.

Conseil

• Respectez les caractéristiques du langage théâtral (dialogue, didascalies).

2. Employer un mot pour un autre

Écrivez un court dialogue inspiré de la vie quotidienne, à la manière de Jean Tardieu (extrait ci-contre).

Conseils

• Écrivez d'abord le dialogue.
• Remplacez quelques mots par d'autres.
• Introduisez des didascalies qui aideront à comprendre le sens.

IRMA, *entrant et apportant le courrier.* – Madame, la poterne vient d'élimer le fourrage…

Elle tend le courrier à Madame, puis reste plantée devant elle, dans une attitude renfrognée et boudeuse.

MADAME, *prenant le courrier.* – C'est tronc !… Sourcil bien !… *(Elle commence à examiner les lettres puis, s'apercevant qu'Irma est toujours là :)* Eh bien, ma quille ! Pourquoi serpez-vous là ? *(Geste de congédiement.)* Vous pouvez vidanger !

IRMA. – C'est que, Madame, c'est que…

MADAME. – C'est que, c'est que, c'est que quoi-quoi ?

IRMA. – C'est que je n'ai plus de « Pull-over » pour la crécelle…

Jean **Tardieu**, « Un mot pour un autre » (1951) dans ***La Comédie du langage***, © éd. Gallimard (1987).

Activités d'oral

1. Exercice de diction

Exercez-vous à répéter les mots, expressions ou phrases suivants en articulant.

a. piano, panier, piano, panier…
b. fruits cuits, fruits crus, fruits cuits, fruits crus…
c. J'exige seize chemises fines et six fichus fins.
d. Chat vit rat, rat tenta chat, chat mit patte à rat, rat brûla patte à chat.
e. Didon dîna dit-on du dos d'un dodu dindon.
f. Je cherche ces chiots chez Sancho. Je cherche ces chats chez Sacha.

2. Exercice d'intonation

Apprenez par cœur ces répliques et récitez-les en restituant les émotions exprimées.

LUCAS. – […] votre fille s'en est enfuie avec son Liandre. C'était lui qui était l'Apothicaire ; et velà Monsieur le Médecin qui a fait cette belle opération-là.

GÉRONTE. – Comment ? m'assassiner de la façon ! Allons, un commissaire ! et qu'on empêche qu'il ne sorte. Ah, traître !

Molière, ***Le Médecin malgré lui*** (1666), acte III, scène 8.

Le théâtre antique

Dom Juan de Molière (1665), salut final, mise en scène de **Jean Vilar** (cour d'Honneur du palais des Papes, Avignon, 1953).

Le théâtre grec

■ Les premiers théâtres grecs sont des théâtres **à ciel ouvert**, **adossés à une colline** et disposés en **arc de cercle**, pour une bonne acoustique (un bon son).

■ Le théâtre est composé de trois parties :
– l'**orchestre**, au centre : espace circulaire réservé au **chœur** (chanteurs et danseurs) ;
– la **scène**, derrière l'orchestre : estrade haute et étroite où jouent les **acteurs** ; la scène est fermée par un **mur de scène**, où sont accrochés les décors peints et derrière lequel se trouvent les **coulisses** ;
– le *theatron* : **gradins** de pierre qui servaient de sièges.

■ Le **théâtre d'Épidaure** pouvait jadis accueillir 14 000 spectateurs.

Le théâtre romain

■ Les théâtres romains, comme celui d'**Orange**, sont des bâtiments **semi-circulaires** construits sur le modèle des théâtres grecs. Toutefois, les gradins, au lieu d'être à flanc de colline, sont soutenus par un **mur de scène**, très haut et orné de statues, qui ferme le théâtre. Une **immense toile** protège les spectateurs du soleil.

■ La **cour d'Honneur du palais des Papes**, à **Avignon**, reproduit l'espace du théâtre antique. Chaque année s'y déroule un grand **festival** de théâtre.

Dates clés

À partir du Vᵉ siècle avant J.-C.
Construction des premiers théâtres grecs.

III-IVᵉ siècles avant J.-C.
Construction du théâtre d'Épidaure, en Grèce.

55 avant J.-C.
Inauguration à Rome du premier théâtre en pierre.

Iᵉʳ siècle après J.-C.
Construction du théâtre d'Orange.

1947
Création du Festival d'Avignon.

J'analyse l'architecture d'un théâtre antique ► p. 251

1. Quelle est la nature de ce document ? Que représente-t-il ?
2. D'où la prise de vue a-t-elle été réalisée ? Quel point de vue l'image offre-t-elle ?
3. Quelle est la forme de ce théâtre ? Montrez qu'il s'inscrit dans le paysage.
4. Retrouvez les différentes parties du théâtre : les gradins, l'orchestre, la scène.
5. Quelle impression se dégage de ce théâtre ?

Le théâtre d'Épidaure (III-IVe siècle avant J.-C.), photographie.

Lire... des pièces de théâtre

Des comédies de Molière

Le Médecin volant, 1647 : l'une des toutes premières comédies de Molière. Un valet se déguise en médecin pour faciliter le mariage de son maître.

L'Amour médecin, 1665 (▶ p. 232-233).

Le Médecin malgré lui, 1666 : on trouve, dans cette pièce, les ingrédients de la farce et de la comédie : Sganarelle en faux médecin, soignant une fausse malade, un père égoïste et des jeunes gens à la recherche du bonheur, des ruses et des coups de bâton...

Le Sicilien ou l'Amour peintre, 1667 : pour approcher la jeune fille qu'il aime, un jeune homme se fait passer pour un peintre et lui fait son portrait.

Des comédies contemporaines

Jacques Prévert, *Le Bel Enfant* (2 volumes, « Folio Junior théâtre ») : de courtes pièces écrites dans les années 1930, à lire et à jouer.

Jean Tardieu, « Un mot pour un autre », 1951, et « Finissez vos phrases ! ou une heureuse rencontre », dans *La Comédie du langage*, 1987 (« Folio ») : de courtes pièces dans lesquelles Tardieu joue avec les mots, se demandant s'ils sont vraiment utiles pour communiquer...

Roland Dubillard, *Les Diablogues et autres inventions à deux voix*, 1976 ; *Les Nouveaux Diablogues*, 1998 (« Folio ») : série de sketchs dans lesquels deux personnages se lancent dans des dialogues sans queue ni tête.

Des comédies contemporaines pour la jeunesse

Catherine Zambon, *Sissi pieds-jaunes*, 1998 (L'École des loisirs) : inventer une nouvelle langue ne va pas sans quelque souci de communication pour Lionel... surtout lorsqu'il rencontre une fille sourde et muette.

Roland Shön, *Les Ananimots*, 2001 (éditions Théâtrales) : des animaux bien étranges se nourrissent de mots.

Fabrice Melquiot, *Bouli Miro*, 2002 (L'Arche, coll. « Théâtre Jeunesse ») : Bouli Miro n'est pas un enfant ordinaire et le regard des autres n'est pas toujours aisé à supporter, mais la joie de vivre de Bouli et sa famille est communicative.

’Amour médecin de Iolière, mise en scène e **Jean-Marie Villégier** t **Jonathan Duverger** a Comédie-Française, 005).

Évaluation

« Est-ce que les médecins font mourir ? »

Pour tromper son père, qui ne veut consentir à son mariage, Lucinde, sur le conseil de sa servante Lisette, décide de lui faire croire qu’elle est malade. Affolé, le père appelle des médecins.

SGANARELLE, LISETTE

LISETTE. – Que voulez-vous donc faire, Monsieur, de quatre médecins ? N’est-ce pas assez d’un pour tuer une personne ?

SGANARELLE. – Taisez-vous. Quatre conseils valent mieux qu’un.

LISETTE. – Est-ce que votre fille ne peut pas bien mourir sans le secours de ces messieurs-là ?

SGANARELLE. – Est-ce que les médecins font mourir ?

LISETTE. – Sans doute ; et j’ai connu un homme qui prouvait, par bonnes raisons, qu’il ne faut jamais dire : « Une telle personne est morte d’une fièvre et d’une fluxion sur la poitrine[1] » ; mais : « Elle est morte de quatre médecins et de deux apothicaires. »

SGANARELLE. – Chut. N’offensez pas[2] ces messieurs-là.

LISETTE. – Ma foi ! Monsieur, notre chat est réchappé[3] depuis peu d’un saut qu’il fit du haut de la maison dans la rue ; et il fut trois jours sans manger, et sans pouvoir remuer ni pied ni patte ; mais il est bien heureux de ce qu’il n’y a point de chats médecins, car ses affaires étaient faites, et ils n’auraient pas manqué de le purger et de le saigner[4].

SGANARELLE. – Voulez-vous vous taire ? vous dis-je. Mais voyez quelle impertinence ! Les voici.

LISETTE. – Prenez garde, vous allez être bien édifié[5] : ils vous diront en latin que votre fille est malade.

Molière, ***L’Amour médecin*** (1665), acte II, scène 1.

1. **une fluxion sur la poitrine :** maladie pulmonaire.
2. **n’offensez pas :** ne blessez pas.
3. **est réchappé :** s’est remis.
4. **saigner :** soigner en retirant du sang, que l’on croyait porteur de microbes.
5. **édifié :** éclairé.

COMPRENDRE LE TEXTE

Répondez par des phrases complètes.

Les relations entre les personnages

1. a. Qui sont les personnages en scène ? De quoi parlent-ils ? Qui attendent-ils ?

b. Lequel parle le plus ? De quoi veut-il convaincre l’autre ?

La satire des médecins

2. Que reproche Lisette aux médecins ?

3. a. Quel est le sens du mot *apothicaires* (l. 10) ?

b. Comparez la construction des deux phrases des lignes 8 à 10. À quoi sont assimilés médecins et apothicaires ?

4. Que veut prouver Lisette, avec l’anecdote du chat ?

5. *ils vous diront en latin que votre fille est malade* (l. 19-20) : en quoi cette phrase est-elle amusante ? Quelle critique Lisette émet-elle, ici ?

Le personnage de Sganarelle

6. a. Comment se manifeste l’autorité de Sganarelle ? Appuyez-vous sur les types de phrases qu’il utilise.

b. Quels mots ou répétitions prononcés par Sganarelle provoquent le rire ?

7. Réécriture. *Taisez-vous* (l. 3) ; *N’offensez pas* (l. 11) ; *Voulez-vous vous taire ?* (l. 17) : récrivez les verbes à la 2e personne du singulier.

Auguste Herbin (1882-1960), *Composition* (1936), peinture (collection particulière).

Leçons et exercices

LES CLASSES DE MOTS

LES FONCTIONS GRAMMATICALES

LA PHRASE

LA CONJUGAISON ET LA VALEUR DES TEMPS

L'ORTHOGRAPHE

LE LEXIQUE

Leçon 1 Les classes grammaticales

J'observe

a. Le chaton est très joueur. **b.** Les chatons sont très joueurs. **c.** Mon chat miaule quand il a faim ou quand il veut sortir. **d.** Mes chats miaulent quand ils ont faim ou quand ils veulent sortir. **e.** Ce chat grimpe lestement sur l'arbre. **f.** Ces chats grimpent lestement sur les arbres.

1. Recopiez les phrases. Soulignez en rouge les mots variables et en bleu les mots invariables.

2. **a.** Mots variables : identifiez le nom, l'adjectif, le déterminant et le verbe (**a**, **b**), le pronom répété (**c**, **d**).

b. Mots invariables : identifiez la conjonction de coordination (**c**, **d**), l'adverbe (**e**, **f**), la préposition (**e**, **f**).

Leçon

- La classe grammaticale d'un mot est indiquée dans le dictionnaire par une abréviation. Ex : *chat : n. m.* (= nom masculin).
- On distingue **cinq classes de mots variables** (changeant de forme) et **cinq classes de mots invariables** (restant inchangés).

Classes	Définitions	Exemples
Les mots variables		
Le nom	désigne un être, une chose, une idée…	*roi, château, beauté…*
Le déterminant	se rapporte au nom.	*un, le, ce, mon…*
L'adjectif qualificatif	caractérise le nom.	*blanc, belle, triste…*
Le pronom	désigne une personne ou renvoie à un élément déjà nommé.	*je, tu, il, le mien, celui-ci…*
Le verbe	exprime une action ou un état.	*danser, être…*
Les mots invariables		
L'adverbe	modifie le sens d'un mot.	*doucement, très…*
La préposition	relie des mots (ou groupes de mots).	*à, de, en, dans…*
La conjonction de coordination	relie deux mots de même classe, propositions ou phrases.	*mais, ou, et, donc, or, ni, car.*
La conjonction de subordination	introduit une proposition subordonnée (dépendant d'une autre proposition).	*que, quand, parce que, comme, si…*
L'interjection	exprime une émotion, un sentiment, un bruit.	*Hélas ! Ah ! Plouf !*

Remarque : certains mots peuvent appartenir à **plusieurs classes grammaticales**.
Ex : ***Le*** *chat court* (***le*** **:** déterminant). *Je* ***le*** *vois courir* (***le*** **:** pronom).

Je m'exerce

1 **Écrivez les phrases suivantes au pluriel. Encadrez ensuite les mots invariables (qui n'ont pas changé de forme d'une phrase à l'autre).**

a. Le grand cygne blanc glisse majestueusement sur l'eau du lac. **b.** Hier, j'ai regardé une émission fort intéressante. **c.** Ton ami bavarde beaucoup trop. **d.** Quand il aura terminé son dessert, il sortira. **e.** Ma sœur est contente car elle a eu une bonne note. **f.** « Bonjour, bel oiseau », dit la petite fille.

2 **Relevez dans les phrases suivantes un mot appartenant à chacune des classes grammaticales (les dix classes sont représentées).**

a. Une femme et son mari désiraient avoir un petit enfant. **b.** Hélas ! soupirait-elle tristement, notre souhait sera-t-il un jour exaucé ? **c.** Or un jour, lorsque l'hiver arriva, un magnifique corbeau se posa sur la fenêtre.

3 **Identifiez la classe des mots suivants : noms, verbes ou adverbes.**

a. difficilement. **b.** aboiement. **c.** classement. **d.** fortement. **e.** allument. **f.** animent. **g.** évidemment. **h.** consomment. **i.** avertissement.

4 **Identifiez les classes du mot *fort*.**

a. Les dauphins sont fort intelligents. **b.** Mes deux meilleurs amis sont très forts en math. **c.** La Fontaine met en scène les forts et les faibles. **d.** Un ancien fort surplombe la mer. **e.** Il aime le café fort.

5 **Cherchez l'intrus ! Trouvez le mot qui appartient à deux classes grammaticales. Dites lesquelles.**

a. tableau. **b.** bruyamment. **c.** école. **d.** écrire. **e.** il. **f.** classe. **g.** chez.

POUR ALLER PLUS LOIN

6 **Complétez les phrases avec les homonymes proposés (▶ LEÇON 47, p. 348). Vous préciserez leur classe.**

a. réveille / réveil. Mon ...... sonne à sept heures. / Ma mère me ...... à sept heures. **b.** envoi / envoie. Votre ...... m'est bien parvenu. / Mélanie ...... une lettre à sa mère. **c.** emploi / emploie. Cette entreprise ...... plus de deux cents personnes. / Il a trouvé un ...... **d.** calcul / calcule. Ton ...... est faux. / Je ...... plus vite que toi.

7 Casse-tête : **chacun des mots suivants a un homonyme de même orthographe. Employez-les dans deux phrases différentes. Vous préciserez leur classe grammaticale.**

Ex : *joues* → *Il a les* ***joues*** *rouges* (nom) ; *tu* ***joues*** *dans la cour* (verbe).

a. porte. **b.** lit. **c.** vers. **d.** élève. **e.** presse. **f.** livre. **g.** cru. **h.** sous.

8 **Observez l'image. Décrivez-la en employant au moins trois noms accompagnés de leur déterminant, trois adjectifs, trois verbes et trois prépositions.**

Enfants jouant avec des cerfs-volants.

Leçon 2 Le nom et le groupe nominal

J'observe

a. La grand-mère offre un livre à ses petits-enfants.

b. Romulus est le premier roi de Rome.

c. Il a acheté une belle voiture rouge.

d. La fille du roi, d'une grande beauté, monta sur son cheval noir et fit une promenade.

1. Phrase a : précisez le genre et le nombre des noms en orange.

2. Phrase b : quels noms n'ont pas de déterminant ? Pourquoi, selon vous ?

3. Phrase c : quel est le nom noyau du groupe nominal en orange ?

4. Dans l'ensemble des phrases, relevez :
a. un nom qui désigne une personne, un animal, un objet, une action ;
b. un nom concret (être ou chose que l'on peut voir ou toucher) et un nom abstrait.

Leçon

1 Définition et caractéristiques

- Un **nom** sert à désigner un être, un objet, un sentiment, une idée, une action.
  – Le **nom propre** désigne un être ou un lieu unique, identifiable par la majuscule.
  Ex : *Pierre, (la) France.*
  – Le **nom commun** désigne une catégorie d'êtres ou de choses.
  Ex : *(le) roi, (la) souris, (le) château.*

- Le nom a un **genre**, masculin ou féminin, indiqué dans le dictionnaire.
  Ex : *(une) panthère, (un) lièvre.*
  Cependant, beaucoup de noms ont une forme masculine et une forme féminine.
  Ex : *(un) lion / (une) lionne.*

- Le nom a un **nombre**, singulier ou pluriel. ▶ Leçon 34, p. 322
  Ex : *(un) lièvre / (des) lièvres.*

- Le nom est souvent précédé d'un **déterminant**. ▶ Leçons 3 et 4, p. 260 et 262

- On distingue les noms **concrets** (êtres ou objets que l'on peut voir ou toucher) des noms **abstraits** (idées, faits, qualités).
  Ex : *(un) lapin / (le) courage.*

2 Le groupe nominal

- Un groupe nominal (GN) est un groupe de mots dont l'**élément central** (le noyau) est un **nom**. Il comporte un déterminant, un nom (qui forment le **groupe nominal minimal**) et, éventuellement, des expansions. ▶ Leçon 15, p. 284
  Ex : *le **lièvre*** → déterminant + nom (GN minimal) ;
  *le **lièvre** rapide* → déterminant + nom + adjectif.

Je m'exerce

1 **Relevez les noms. Précisez si ce sont des noms propres ou des noms communs.**

a. Durant nos vacances, nous sommes passés par Roquefort. **b.** Nous avons dégusté un excellent roquefort. **c.** Hercule est célèbre pour ses travaux. **d.** Cet homme est un véritable hercule.

2 **Quel est le genre des noms en rose ? Quels indices grammaticaux vous ont permis de le trouver ?**

a. L'entracte est prévu pour la fin du deuxième acte. **b.** Les explorateurs s'enfoncent dans l'atmosphère lourde et humide de la forêt amazonienne. **c.** L'hémisphère nord de la Terre est le plus peuplé. **d.** J'ai vu tous les épisodes passionnants de cette série télévisée.

3 **Cherchez dans le dictionnaire le genre des noms suivants.**

a. astérisque. **b.** oasis. **c.** épiderme. **d.** épithète. **e.** narcisse. **f.** orbite. **g.** autoroute. **h.** obélisque.

4 **Utilisez chacun des noms dans deux phrases : dans l'une, il sera au masculin ; dans l'autre, au féminin.**

a. mousse. **b.** livre. **c.** cartouche. **d.** page. **e.** somme. **f.** tour. **g.** poêle. **h.** manche. **i.** vase.

5 **Classez les noms suivants en deux groupes : noms concrets et noms abstraits.**

a. soleil. **b.** beauté. **c.** récompense. **d.** château. **e.** prince. **f.** corbeau. **g.** fromage. **h.** patrie.

6 **Identifiez le nom noyau du groupe nominal dans les expressions suivantes.**

a. une maison belle et accueillante. **b.** les deux sœurs aînées. **c.** un bouquet de fleurs. **d.** de jolis coquillages. **e.** une étoile filante. **f.** l'hirondelle au vol rapide.

POUR ALLER PLUS LOIN

7 **Précisez si les mots en rose sont des noms ou des adjectifs qualificatifs.**

a. Il y a eu beaucoup de malades cet hiver. **b.** Comme il est malade, il ne peut aller dîner chez ses amis. **c.** Autrefois, nous étions amis. **d.** Ce jeune garçon rêve d'aller jouer dans la cour des grands. **e.** Les grandes personnes n'aiment pas toujours la musique des jeunes.

8 **Distinguez parmi les noms suivants ceux qui sont toujours des noms et ceux qui peuvent aussi être des verbes.**

Ex : *lit* → *un lit* (nom) ; *il lit* (verbe).

a. port. **b.** livre. **c.** cheval. **d.** sort. **e.** lance. **f.** rire. **g.** lapin. **h.** voix. **i.** fruit.

9 **a.** Choisissez au hasard l'une des lettres suivantes : A, B, C, E, L, M, P, T, R, S, V.

b. Trouvez, le plus rapidement possible et sans dictionnaire, sept noms commençant par cette lettre :
– trois noms propres (un prénom, un personnage célèbre, un nom géographique) ;
– trois noms communs concrets (un animal, un végétal [un fruit, une plante ou un légume], un objet) ;
– un nom commun abstrait (sentiment, notion).

Hercule nettoie les écuries d'Augias, chromolithographie (1928).

Leçon 3 Les déterminants (1) : les articles

J'observe

1. **a.** Alice voit passer **un** lapin blanc.
b. Alice suivit **le** lapin.
Quel article renvoie à un lapin déjà connu d'Alice ? Lequel renvoie à un lapin non encore connu d'elle ?

2. **a.** Alice voit passer **des** lapins blancs.
b. Les yeux **des** lapins sont roses.
Quel article est le pluriel de *un* (indéfini) ? Quel article est mis pour *de les* (défini contracté) ?

3. **a.** Les yeux **du** lapin sont roses.
b. Les yeux **de la** chatte Dinah sont verts.
c. C'était un lapin **à l'**œil vif.
d. C'étaient des lapins **aux** yeux vifs.
Observez les articles en orange dans les phrases. Quelles prépositions servent à former l'article défini contracté ?

4. Alice mangea **du** gâteau. Alice mangea **des** gâteaux.
Quel article désigne une partie d'un ensemble ? Quel article renvoie à un ensemble indéfini ?

Leçon

1 Définition

- L'article est un **déterminant**. Il est placé **devant** le nom. Il porte la marque du **genre** et du **nombre** du nom.

2 L'article défini

- Il s'emploie devant un nom qui désigne un être ou un objet **déjà identifié**. Ex : *Sais-tu où est **le** chat ?*
- Il peut désigner aussi une **catégorie** d'êtres ou de choses.
Ex : ***Le** chat est très curieux.*
- Les formes de base sont ***le***, ***la***, ***les***. L'article défini peut aussi être :
– **élidé** (*l'*) devant une voyelle ou devant un *h* muet (qu'on ne prononce pas) ; Ex : ***l'**automne, **l'**hiver.*
– **défini contracté** (préposition + article défini) : **du** (= *de le*), **des** (= *de les*), **au** (= à le), **aux** (= *à les*). Ex : *les feuilles **des** (= de les) arbres.*

3 L'article indéfini

- Il introduit un élément qui n'est **pas encore identifié**. Ses formes sont : ***un***, ***une***, ***des*** (**de** ou **d'** dans les phrases négatives ou devant un adjectif).
Ex : *Un avion passa. Le jardinier a planté **des** arbres / **de** beaux arbres.*

4 L'article partitif

- Il désigne une **partie** d'une chose ou d'un ensemble que l'on ne peut **pas compter**. Ex : ***du** pain, **du** courage, **de la** crème, **de l'**eau, **des** épinards.*
- Ses formes sont : ***du***, ***de la***, ***de l'*** (devant une voyelle), ***des***. Dans les phrases négatives, il prend la forme **de**. Ex : *Il boit **du** lait. → Il ne boit pas **de** lait.*

Je m'exerce

1 **Relevez les articles et donnez leur classe précise.**

a. J'ai trouvé une gomme. **b.** L'été est la saison que je préfère. **c.** J'ai vu passer des hirondelles. **d.** Je regarde le vol gracieux des hirondelles. **e.** Je mange du chocolat. **f.** Prends un chocolat.

2 **Remplacez les pointillés par les articles qui conviennent.**

a. ... cinéma de mon quartier offre ... prix avantageux ... abonnés. **b.** Mon voisin a ... chat siamois. **c.** ... baleine est un mammifère. **d.** Je trouve qu'il a ... courage. **e.** C'était ... roi qui avait ... femme ... cheveux d'or.

3 **Précisez la classe des articles *du* et *de la*.**

a. As-tu acheté du pain ? **b.** J'adore la croûte du pain. **c.** Veux-tu de la crème avec les fraises ? **d.** Les flocons de neige tombaient du ciel.

4 **Dans les phrases suivantes, dites si *des* est un article défini contracté, indéfini ou partitif.**

a. À midi, j'ai mangé des épinards. **b.** J'adore le parfum des fraises. **c.** Il y a des fruits en quantité au marché. **d.** J'ai été réveillé par le chant des oiseaux. **e.** Des oiseaux ont fait leur nid sous la gouttière.

5 **Dites si les mots en rose sont des pronoms ou des articles** (▶ LEÇON 1, p. 256).

a. J'ai écrit la lettre, peux-tu la poster ? **b.** Elle prend l'enveloppe et l'ouvre. **c.** Alice prit le morceau de gâteau et le mangea. **d.** Alice sortit les dragées de sa poche et les distribua.

6 **Transformez les phrases suivantes en phrases négatives.**

a. Il reste encore du lait. **b.** J'ai trouvé des livres intéressants. **c.** J'achèterai de la limonade aujourd'hui. **d.** J'ai fait un gâteau hier.

7 **Sur le modèle : *un arbre → des arbres → de grands arbres*, mettez les noms suivants au pluriel, puis faites-les précéder de l'adjectif entre parenthèses.**

a. une histoire (effrayante). **b.** un gâteau (bon). **c.** une maison (belle). **d.** une aventure (étrange).

POUR ALLER PLUS LOIN

8 **Remplacez *un* ou *une* par *le* ou *l'*.**

Vérifiez si l'on peut faire la liaison :
un héros (pas de liaison → *le héros*) ;
un (h)omme (liaison → *l'homme*).

a. une hirondelle. **b.** un hérisson. **c.** un hôtel. **d.** une histoire. **e.** un horaire. **f.** un habit. **g.** un honneur. **h.** un haricot.

9 Casse-tête : **l'omission de l'article.**

Il arrive que l'article soit omis devant certains proverbes ou expressions.

Construisez une courte phrase avec chacune des expressions suivantes.

a. donner raison. **b.** donner la raison. **c.** prendre congé. **d.** prendre un congé.

Eloise Harriet Stannard (vers 1829-1915), *Un festin de fraises*, peinture (collection privée, Londres, Grande-Bretagne).

Leçon 4

Les déterminants (2) : possessifs, démonstratifs, numéraux et indéfinis

J'observe

a. J'ai découvert **ma** classe. **Cette** classe me semble sympathique. **b.** **Deux** élèves sont arrivés en retard. **c.** **Quelques** élèves sont arrivés en retard. **d.** **Mon** voisin m'a prêté **son** livre. **e.** J'aime beaucoup **ce** professeur.

1. Observez les déterminants en orange. Quels noms déterminent-ils ?

2. Classez les déterminants selon qu'ils indiquent une possession ou une quantité (précise ou imprécise) ou selon qu'ils renvoient à un élément dont on parle ou dont on a déjà parlé.

Leçon

1 Les déterminants possessifs

- Ils indiquent une **appartenance**. Leur **forme** varie en fonction de la **personne grammaticale** du possesseur : ***mon***, ***ton***, ***son***, ***ma***, ***ta***, ***sa***, ***notre***, ***votre***, ***leur***, ***mes***, ***tes***, ***ses***, ***nos***, ***vos***, ***leurs***. Ils prennent le **genre** et le **nombre** du nom qu'ils déterminent. Ex : ***tes*** *fils* (possesseur à la 2e pers. du sing. ; accord avec *fils*, au masc. plur.).

- Devant les noms féminins commençant par une **voyelle** ou un ***h*** **muet**, on emploie ***mon***, ***ton***, ***son*** à la place de *ma*, *ta*, *sa*.
Ex : ***Son*** *amie/* ***son*** *héroïne préférée.*
Attention ! Ne confondez pas ***leur***, déterminant possessif (suivi d'un nom), avec ***leur***, pronom personnel (suivi d'un verbe).
Ex : *Je* ***leur*** *ai demandé où ils avaient acheté* ***leur*** *chien.*

2 Les déterminants démonstratifs

- Ils désignent l'être ou la chose dont on **parle** ou dont on **vient de parler** : ***ce***, ***cet***, ***cette***, ***ces***.
Ex : *Lisez* ***ce*** *livre. Il aperçoit une lumière.* ***Cette*** *lumière vient d'un palais.*

- On emploie ***cet*** à la place de *ce* devant un nom masculin commençant par une **voyelle** ou un ***h*** **muet**. Ex : ***cet*** *avion /* ***cet*** *homme.*
Attention ! Ne confondez pas ***ce***, déterminant démonstratif (Ex : ***ce*** *peigne*), avec ***se***, pronom personnel (Ex : *il* ***se*** *coiffe*).

3 Les déterminants numéraux et indéfinis

- Les **déterminants numéraux** indiquent la **quantité** : *un, deux, trois, dix, cent, mille…* Ex : *J'ai* ***deux*** *amis.*

- Les **déterminants indéfinis** indiquent une **quantité nulle ou imprécise** : *tout, tous, certains, aucun, plusieurs, quelque(s).* Ex : *J'ai* ***plusieurs*** *amis.*

Je m'exerce

1 Complétez avec le déterminant possessif qui convient.

a. Je ne retrouve plus ... lunettes. **b.** Obéis à ... parents. **c.** Rangez ce document dans ... cartable. **d.** Avez-vous terminé ... devoirs ? **e.** Pourquoi n'a-t-il pas répondu à ... lettre ? J'attends toujours ... réponse. **f.** Ce sont ... jouets, n'y touche pas.

2 Conjuguez à l'indicatif présent, à toutes les personnes.

a. apprendre sa leçon. **b.** mettre son blouson.

3 Complétez par *son* ou *sa*, puis par *cet* ou *cette*.

a. ... amie. **b.** ... épée. **c.** ... enthousiasme. **d.** ... voiture. **e.** ... ordinateur. **f.** ... opinion. **g.** ... instinct.

4 Complétez par le déterminant démonstratif qui convient.

a. ... horrible sorcière. **b.** ... épisode. **c.** ... hiver. **d.** ... vélos. **e.** ... hérisson. **f.** ... habit. **g.** ... athlète. **h.** ... hibou. **i.** ... objet.

5 Complétez par *ces* ou *ses*.

a. Achète-lui ... fleurs, ce sont ... préférées. **b.** ... amies m'ont dit que ... jours-ci elle avait été souffrante. **c.** Ce sont ... voisins qui gardent ... chats. **d.** ... tableaux que tu vois sont ... œuvres.

6 Complétez par *leur* ou *leurs* et identifiez la classe du mot (déterminant possessif ou pronom personnel).

a. Le professeur ... distribuera ... copies demain. **b.** ... enfants ne ... ont pas dit toute la vérité. **c.** ... chats et ... chien ... ont manqué.

7 Complétez par *ce* ou *se*.

a. ... livre ... lit facilement. **b.** ... lit ... démonte facilement. **c.** ... château ... visite le dimanche.

POUR ALLER PLUS LOIN

8 Complétez par un déterminant indéfini : *quelques, tout, tous, aucun*.

a. ... élèves n'ont pas fait leur travail. **b.** ... élève ne doit sortir avant la sonnerie. **c.** ... les élèves ont été félicités. **d.** ... retard de plus de cinq minutes sera sanctionné.

9 Analysez les déterminants en rose : distinguez l'article indéfini des déterminants numéraux.

a. C'est un chat que j'ai recueilli il y a un an. **b.** J'aimerais avoir deux chats, je n'en ai qu'un. **c.** Je ne me suis pas absenté un seul jour. **d.** Un jour, il est arrivé en retard.

10 Identifiez la classe des dix déterminants en rose. (Révisez la leçon 3 ▸ p. 260.)

a. Quinze élèves ont obtenu la moyenne à ce devoir. **b.** Qui veut lire sa rédaction ? **c.** Je vois que des élèves n'ont pas encore rendu leur copie. **d.** Cet exercice est difficile. **e.** Aucun élève ne sortira sans mon autorisation. **f.** Je serai dans la salle des professeurs.

Deux chatons.

Leçon 5 L'adjectif qualificatif

J'observe

a. Ali Baba se retrouva dans un lieu **spacieux** et **éclairé**.
b. La caverne était **spacieuse** et **éclairée**.
c. Il y avait à l'intérieur des objets **précieux** : de **riches** tapis **colorés**, des vases **dorés**, des saphirs **bleus**.

1. Phrases **a** et **b**. Observez les adjectifs en orange et les participes employés comme adjectifs en vert. Sont-ils variables ou invariables ?
2. Phrases **a**, **b** et **c**. À quel nom chacun des adjectifs se rapporte-t-il ?
3. Réécrivez la phrase **c** en supprimant les adjectifs. Qu'apportent ces adjectifs ?

Leçon

1 Définition

- L'adjectif qualificatif est un **mot qui se rapporte à un nom** (ou à un **pronom**) pour en préciser une qualité, une caractéristique.
Ex : *C'est une voiture **rouge**. Elle est **rouge**.* → L'adjectif *rouge* se rapporte au nom *voiture* et au pronom *elle*. → Il précise la couleur de la voiture.

2 Formation

- Certains adjectifs sont formés en ajoutant un **suffixe** au radical :
– d'un verbe ; Ex : *lire* → *lisible*.
– d'un nom ; Ex : *douleur* → *douloureux*.
– d'un adjectif. Ex : *rouge* → *rougeâtre*.
- D'autres sont formés en ajoutant un **préfixe** à un autre adjectif.
Ex : *adroit* → *maladroit*.
- On peut associer deux adjectifs pour former un **adjectif composé**.
Ex : *sourd-muet*.
- Les **participes passés** peuvent être employés comme des adjectifs qualificatifs. Ex : *Veux-tu une tranche de pain grillé ?*

3 Caractéristiques

- L'adjectif qualificatif **s'accorde** en genre et en nombre **avec le nom** (ou le **pronom**) **qu'il qualifie**. Ex : *un **petit** camion, de **petits** camions, une **petite** voiture, de **petites** voitures.* (▶ Leçons 33 et 34, p. 320 et 322)
Remarque : cela permet de le différencier de l'**adverbe** qui est **invariable**.
Ex : *Les camions avancent vite.* → *vite* est invariable.
- Lorsque l'adjectif s'accorde avec plusieurs noms de **genres différents**, il se met au **masculin pluriel** (▶ Leçon 31, p. 316).
Ex : *une baguette et un croissant dorés.*
- Certains adjectifs **changent de sens** selon qu'ils sont placés avant ou après le nom. Ex : *un homme grand* → de grande taille ; *un grand homme* → célèbre. Pour les **fonctions de l'adjectif** ▶ Leçons 15 et 16, p. 284 et 286.

Je m'exerce

1 **Relevez les adjectifs qui se rapportent aux noms en rose.**

a. La pluie noire et glacée tombait sur le petit village. **b.** Jean resta indifférent à ce compliment. **c.** Cette belle jeune femme a retrouvé son petit caniche noir. **d.** Quel formidable comédien !

2 **Retrouvez les mots qui ont servi à former les adjectifs suivants. Précisez leur classe grammaticale (verbe, nom, adjectif).**

a. fautif. **b.** variable. **c.** farceur. **d.** risible. **e.** monumental. **f.** bleuâtre. **g.** aigre-doux. **h.** immangeable. **i.** franc.

3 **a. En employant les suffixes *-able, -aire, -al, -âtre, -ible, -en(ne)*, formez des adjectifs à partir des mots suivants.**
b. Construisez un groupe nominal à partir de chacun des adjectifs formés.

a. réparer. **b.** Méditerranée. **c.** légende. **d.** prévoir. **e.** ami. **f.** vert. **g.** volonté. **h.** province.

4 **Donnez les différents sens de l'adjectif selon qu'il est placé avant ou après le nom. Puis écrivez une phrase pour illustrer chacun des cas.**

a. une femme pauvre / une pauvre femme. **b.** un garçon brave / un brave garçon. **c.** un homme curieux / un curieux homme. **d.** un succès certain / un certain succès.

5 **Reconstituez des groupes nominaux en associant chaque adjectif (liste 2) à un nom (liste 1).**

Liste 1 (noms) : une maison, un enfant, un film, des soins, un temps, un triangle, une végétation.

Liste 2 (adjectifs) : rêveur, printanier, captivant, dense, neuve, dentaires, isocèle.

6 **Remplacez les pointillés par un adjectif (ou un participe adjectif) qui convient.**

a. La fillette a trouvé sur la route un chien ...... **b.** Le tigre ...... guette sa proie dans les ...... herbes. **c.** Après un voyage ...... et ......, nous vîmes enfin la mer ...... **d.** Sur la plage, il y a des coquillages ......

POUR ALLER PLUS LOIN

7 **Dites si les mots en rose sont des adjectifs ou des adverbes.**

a. Le rugby est un sport où il faut être physiquement très fort. **b.** Ils étaient fort tristes d'avoir perdu le match. **c.** « Bon voyage ! », dit-elle tout bas. **d.** Ne marche pas la tête basse ! **e.** Pour son évaluation de mathématiques, elle a travaillé dur. **f.** Il y a des roches dures et des roches tendres.

8 **Décrivez l'image ci-dessous en employant au moins cinq adjectifs, dont deux participes adjectifs.**

Warwick Goble (1862-1943), illustration de *Blanche-Neige* (1913), des frères Grimm (collection privée).

Leçon 6 Les pronoms

J'observe

Série 1. a. Nous te félicitons. **b.** Je te téléphonerai demain.
Série 2. Mathilde a-t-elle fait son travail ? Oui, elle l'a fait.
Série 3. a. Ces chaussures sont belles, mais je préfère celles-là.
b. Ta trousse est noire, la mienne est bleue.

Série 1. Quels pronoms désignent les personnes qui parlent ? Lesquels désignent celles auxquelles on s'adresse ?
Série 2. Quels pronoms reprennent les noms ou GN en vert ?
Série 3. Quels noms le pronom démonstratif *celles-là* et le pronom possessif *la mienne* reprennent-ils ?

Leçon

1 Les pronoms personnels

● Les pronoms de la première et de la deuxième personne **désignent** les personnes qui parlent *(je, nous)* ou à qui l'on parle *(tu, vous)*.
Ex : *Puis-je vous parler ?*

● Les pronoms de la troisième personne **reprennent** un élément déjà cité : *il(s), elle(s), le, la, les, lui, leur.*
Ex : *J'ai téléphoné à Léo, mais il n'était pas là.*

● **Liste des pronoms à connaître :**
– au singulier : *je, me, moi / tu, te, toi / il, elle, se, soi / le, la, lui ;*
– au pluriel : *nous / vous / ils, elles / les / leur / se / eux.*

● Certains pronoms sont toujours **sujets** : *je, tu, il, elle, ils, elles*. Certains sont toujours **compléments** (COD, COI, COS) : *me, te, se, soi, le, la, lui, les, leur*. D'autres sont **sujets** ou **compléments** : *nous, vous, eux.*
Ex : *Je t'écoute.* → *Je* : sujet ; *t'* : COD.
Je lui parlerai. → *lui* : COI. *Je lui ai envoyé un message.* → *lui* : COS.

2 Les pronoms possessifs et démonstratifs

● Les pronoms **possessifs** reprennent un nom. Ils varient selon le possesseur et l'objet possédé :
– **un seul objet possédé** : *le mien, le tien, le sien, le nôtre, le vôtre, le leur / la mienne, la tienne, la sienne, la nôtre, la vôtre, la leur ;*
– **plusieurs objets possédés** : *les mien(ne)s, les tien(ne)s, les sien(ne)s, les nôtres, les vôtres, les leurs.*
Ex : *Si vos enfants vont à la piscine, les nôtres viendront aussi.*

● Les pronoms **démonstratifs** reprennent un élément dont on parle ou que l'on montre. Ils se présentent sous une **forme simple** *(celui, celle, ce, ça, ceux, celles)* ou une **forme composée** *(celui-ci, celui-là, celle-ci, celle-là, ceci, cela, ceux-ci, ceux-là, celles-ci, celles-là).*
Ex : *J'ai classé mes disques, mais je ne trouve pas celui que je cherche. Au fait, connais-tu celui-ci ?*

Je m'exerce

1 Relevez les pronoms personnels. Quels sont ceux qui désignent celui qui parle ou à qui l'on parle ? Quels sont ceux qui reprennent un élément déjà cité (précisez quel élément est repris) ?

a. Où es-tu allé ? – Je suis allé au cinéma. **b.** Les vacances arrivent ; les élèves les attendent avec impatience. **c.** Quand pourrez-vous venir nous voir ? **d.** Avez-vous déjà pris votre petit déjeuner ? – Non, nous ne l'avons pas encore pris.

2 Précisez la fonction des groupes nominaux en rose (sujet, COD, COI, COS), puis remplacez chacun d'eux par un pronom personnel.

Ex : *Pierre mange une pomme.* → *Pierre : sujet ; une pomme : COD* → *Il la mange.*

a. La pluie surprend les randonneurs. **b.** Lise ressemble à son frère. **c.** Matthieu donne sa copie au professeur. **d.** Manon prête son livre à son voisin. **e.** Léa demande à son frère ce qu'il veut.

3 Remplacez les groupes nominaux en rose par des pronoms possessifs.

a. Ma voiture est plus petite que votre voiture. **b.** J'ai oublié mon livre. Peux-tu me prêter ton livre ? **c.** Cette veste est-elle à Sonia ? Oui, c'est la veste de Sonia. **d.** Mon chat est noir. Quelle est la couleur de leur chat ?

4 Relevez les pronoms démonstratifs et remplacez-les par un groupe nominal qui convient.

a. Cela nous conviendra parfaitement. **b.** Prenez plutôt celui-ci. **c.** Je préfère celui que j'ai mangé hier. **d.** Essayez celles-ci. Je pense qu'elles vous iront très bien.

5 Complétez les phrases par les pronoms démonstratifs *celle-ci, celle-là, ce, cela ou celui.*

a. …… fut une très belle journée. **b.** Il ne s'est pas excusé ; …… ne m'a pas surpris. **c.** Vous prenez ce train ? Non, je prends …… qui part à une heure. **d.** Vos montres sont très belles. J'hésite encore entre …… et …….

6 Dites si les mots en rose sont des déterminants (▶ LEÇON 4, p. 262) ou des pronoms.

a. Cendrillon est contente : l'idée de se rendre au bal l'enthousiasme. **b.** La fée prend la citrouille et la transforme en carrosse. **c.** Les invités regardent Cendrillon ; elle les éblouit par sa beauté.

POUR ALLER PLUS LOIN

7 Remplacez les pointillés par *ce* (déterminant ▶ LEÇON 4, p. 262) ou par *se* (pronom personnel).

a. …… livre …… lit très facilement. **b.** Il …… peut que j'aie déjà vu …… film. **c.** …… défaut dans le tissu ne …… voit pas. **d.** …… soir …… tiendra le conseil de classe. **e.** …… garçon ne …… vante jamais.

Raoul Thomen (1876-1950), illustration de « Cendrillon », de Perrault (vers 1933).

Leçon 7 Le verbe

J'observe

Série 1. parler, finir, partir, mentir, apercevoir, vendre.
Série 2. a. Il a un vélo. **b.** Il a acheté un vélo. **c.** Il est grand pour son âge. **d.** Elle est partie hier.
Série 3. partir, partons, nous partons, il faut que nous partions, partant.

Série 1. Distinguez le radical et la terminaison des verbes. Identifiez leur groupe.
Série 2. a. Dans quelles phrases les verbes *être* et *avoir* indiquent-ils un état ou la possession ? **b.** Dans quelles phrases sont-ils auxiliaires (suivis d'un participe passé) ?
Série 3. Identifiez les modes des verbes (indicatif, impératif, subjonctif, infinitif, participe).

Leçon

1 Définition et formation du verbe

- Le verbe exprime un **état** ou une **action**.

Ex : *Il est dentiste.* → état. *Il soigne une dent.* → action.

- Un verbe est composé d'un **radical**, que l'on détermine à partir de l'infinitif auquel on enlève la terminaison (ex : *danser, finir, pouvoir, prendre*) et d'une **terminaison**, qui apporte des informations sur la personne, le temps…

(ex : *Nous arrivons dans une heure.* → radical *arriv-* + terminaison *-ons*).

2 Les groupes

- Les verbes se classent en trois groupes :

– **1er groupe** : verbes en *-er* (*chanter, aimer…*) sauf *aller* ;
– **2e groupe** : verbes en *-ir*, se terminant par *-issant* au participe présent (*finir* → *finissant*) ;
– **3e groupe** : autres verbes (*entendre* → *entendant*).

- Les verbes *être* et *avoir* n'appartiennent à aucun groupe. Ils peuvent être employés avec leur **sens plein** (ex : *Elle a un chien*) ou comme **auxiliaires** ; ils permettent alors de conjuguer les verbes aux **temps composés** (ex : *Il a fini*).

3 Les modes et les temps

- Les modes **personnels** : l'**indicatif** (*je finis*), le **subjonctif** (*[il faut] que je finisse*) et l'**impératif** (*finis*).

- Les modes **impersonnels** (sans marque de personne) : l'**infinitif** (*finir*) et le **participe** (*finissant*).

- Les **temps** situent l'action dans le passé, le présent ou le futur. On distingue les temps **simples** (verbe seul → *Je mange*) des temps **composés** (auxiliaire + participe passé → *J'ai mangé*). ► Leçons 22 à 30, p. 298 à 314

Je m'exerce

1 Classez les verbes suivants selon leur groupe.

a. offrir. **b.** aller. **c.** remplir. **d.** secouer. **e.** tordre. **f.** ouvrir. **g.** envahir. **h.** voir. **i.** arriver. **j.** voler. **k.** faiblir. **l.** réussir.

2 Dans chaque série de verbes, identifiez la forme verbale à l'infinitif.

a. sentirent, senti, sentir, sentez. **b.** pensez, penser, pensais, pensaient. **c.** offrirent, offrir, offris. **d.** formai, formais, formez, former.

3 Mettez les verbes suivants à l'infinitif et indiquez leur groupe, leur personne, leur mode et leur temps. ▶ LEÇONS 22 à 25, p. 298 à 304

a. Je parle. **b.** Vous finirez. **c.** Vous dites. **d.** Nous recevions. **e.** Il déçoit. **f.** Tu sortis. **g.** Tu vas. **h.** Il saura. **i.** N'en parlons plus !

4 Chacune des formes verbales suivantes peut se rattacher à deux verbes différents. Indiquez l'infinitif de chacun de ces verbes.

a. Je vis deux yeux jaunes dans l'obscurité. **b.** Je vis des jours heureux. **c.** Il plut longtemps. **d.** La visite nous plut beaucoup. **e.** Ils durent rentrer plus tôt. **f.** Ces querelles entre voisins durent depuis trop longtemps.

5 Identifiez les classes grammaticales des mots suivants. Attention, certains mots peuvent appartenir à deux classes grammaticales (nom, verbe) !

a. laver. **b.** lavoir. **c.** voir. **d.** rire. **e.** descente. **f.** lit. **g.** lever. **h.** venir. **i.** joue. **j.** devoir. **k.** mener. **l.** fait.

6 Identifiez les temps simples et les temps composés. Vous indiquerez l'auxiliaire des temps composés.

a. je l'ai vu. **b.** vous partez. **c.** nous l'avions déçu. **d.** il cueillait. **e.** elle est allée. **f.** nous avons hésité.

7 Conjuguez les verbes suivants à la première personne du singulier du passé composé. Classez-les selon qu'ils se conjuguent avec l'auxiliaire *avoir* ou *être*. ▶ LEÇON 22, p. 298

a. apprendre. **b.** rester. **c.** envoyer. **d.** courir. **e.** partir. **f.** oublier. **g.** arriver. **h.** devenir.

8 Dans les phrases suivantes, dites si les verbes *être* et *avoir* sont employés avec un sens plein ou comme auxiliaires.

a. Elle a le teint mat. **b.** Pierre et Jean sont cousins. **c.** Elle est revenue d'une excursion. **d.** Il a quitté la ville. **e.** Elle a un nouveau portable. **f.** Elle a acheté son appareil photos dans une grande surface.

9 Tous les pronoms sujets des verbes suivants, conjugués au présent de l'indicatif, ont été effacés. Rétablissez-les. Attention, pour certaines formes, deux pronoms peuvent convenir !

a. commence. **b.** joues. **c.** cours. **d.** venez. **e.** fait. **f.** dites. **g.** rangent. **h.** écrit. **i.** crie. **j.** savons. **k.** veux.

Illustration de Dick Whittington et son chat marchant vers Londres (vers 1920).

Leçon 8 Les adverbes

J'observe

a. Nous arriverons **demain**.
b. Il conduit **prudemment**.
c. **Ici**, il fait beau.
d. Elle est **toujours** contente.
e. Elle **n'**est **pas** contente.
f. Elle est **très** contente !

Observez les adverbes en orange.

1. Classez les adverbes selon qu'ils expriment le lieu, le temps, la manière, l'intensité ou la négation. De combien de mots l'adverbe de négation est-il formé ?

2. Comment l'adverbe *prudemment* est-il formé ?

Leçon

1 Définition

- L'adverbe est un mot invariable qui peut **compléter** ou **modifier le sens** :
– d'un **verbe** ; Ex : *Le chat avance prudemment.*
– d'un **adjectif** ; Ex : *Le chat est très prudent.*
– d'un autre **adverbe** ; Ex : *Le chat avance très prudemment.*
– d'une **proposition**. Ex : *Autrefois, il y avait moins de circulation.*

- Les adverbes peuvent être composés d'**un seul mot** *(autrefois, lentement...)* ou de **plusieurs mots** *(ne... jamais, en haut...)*.

2 Le sens des adverbes

- Les **adverbes de circonstance** précisent une circonstance par rapport à l'action exprimée par le verbe, par exemple :
– la **manière** : *mal, vite, bien, doucement* et la plupart des adverbes en -*ment* ; Ex : *Il la regarde tendrement.*
– le **temps** : *maintenant, toujours, hier, souvent...* ; Ex : *Hier, il a plu.*
– le **lieu** : *dessus, dessous, ici, là-bas, derrière, au loin...*
Ex : *Ici, il n'a pas plu.*

- Les **adverbes d'intensité** : *très, si, tellement, trop, peu...*
Ex : *Il fait très beau.*

- Les **adverbes de négation** portent sur le verbe : *ne... pas, ne... plus, ne... jamais*. Ex : *Il ne pleut plus.*

3 La formation des adverbes en *-ment*

- Les adverbes en *-ment* sont formés en général à partir du **féminin des adjectifs**. Ex : *cruel* → *cruelle* → *cruellement.*

- Quand les adjectifs se terminent par *-ant* ou *-ent*, les adverbes se terminent en *-amment* ou *-emment*.
Ex : *brillant* → *brillamment* ; *prudent* → *prudemment.*

Je m'exerce

1 **a.** Remplacez les pointillés par les adverbes suivants : *tôt, trop, ici, ne... pas, beaucoup, joyeusement, vite.*
b. Dites ce qu'ils expriment : la manière, le lieu, le temps, l'intensité ou la négation.

a. Demain, nous nous levons .... **b.** Il court .... **c.** Mets-toi ...... pour la photo. **d.** J'aime ...... ce plat. **e.** Je trouve que l'eau est ...... froide. **f.** Mon chien m'accueille ...... quand je rentre. **g.** Je ...... suis ...... d'accord avec vous.

2 Parmi les mots suivants, différenciez les noms, les verbes et les adverbes. *Astuce : pour reconnaître un nom, on le fait précéder d'un déterminant, et pour reconnaître un verbe, on essaie de le conjuguer.*

a. aboiement. **b.** suffisamment.
c. réclament. **d.** secrètement.
e. traitement. **f.** complètement.
g. miment. **h.** déménagement.
i. bêlement. **j.** tendrement.

3 Construisez les adverbes en *-ment* à partir des adjectifs suivants.

a. dur. **b.** naturel. **c.** facile. **d.** heureux.
e. brusque. **f.** galant. **g.** lent. **h.** terrible.

4 Retrouvez les adjectifs dont sont issus les adverbes suivants.

a. bruyamment. **b.** attentivement.
c. intelligemment. **d.** également.
e. poliment. **f.** gaiement.
g. normalement. **h.** joyeusement.

5 Remplacez le groupe nominal prépositionnel par un adverbe en *-ment.*

Ex : *avec habileté → habilement.*

a. avec politesse. **b.** avec brièveté. **c.** avec lenteur. **d.** avec chaleur. **e.** avec légèreté. **f.** avec courage. **g.** avec fermeté. **h.** avec méthode. **i.** avec maladresse. **j.** avec héroïsme. **k.** avec paresse. **l.** avec lourdeur. **m.** avec tristesse.

6 Complétez les phrases ci-dessous par un adverbe de négation : *ne... pas ; ne... plus ; ne... jamais ; ne... pas ... encore.*

a. La tarte ...... est ...... cuite. Il faut attendre un peu. **b.** Je ...... danse ...... très bien. **c.** Ici, il pleut tout le temps ; il ...... fait ...... beau. **d.** J'ai assez mangé, je ...... ai ...... faim.

7 Introduisez chacun des adverbes suivants dans une phrase de votre composition.

a. dehors. **b.** rarement. **c.** longtemps.
d. bien. **e.** peu. **f.** ne... plus. **g.** trop.
h. toujours.

8 Dans les phrases ci-dessous, remplacez les pointillés par un adverbe qui convient.

a. Le matin, j'arrive ...... en avance. **b.** Les absents ont ...... tort ! **c.** Nous avançons ...... pour ne pas effrayer les animaux. **d.** Je suis ...... heureuse de te revoir ! **e.** Tous les élèves écoutaient ...... l'histoire que leur lisait le professeur. **f.** Je trouve que ce plat est ...... épicé. **g.** Je ne suis pas sourde, parle ...... fort s'il te plaît !

Jork André Dieter, *À la piscine*, illustration.

Leçon 9 Les conjonctions de coordination et de subordination

J'observe

a. Anissa prend son cartable **et** son sac de sport. Elle se dépêche **car** elle est en retard.

1. Quels sont les éléments reliés par les conjonctions de coordination en couleur ?

b. Elle pense **qu'**elle attrapera le bus.

2. Quel verbe la conjonction de subordination en orange complète-t-elle ?

Leçon

1 Les conjonctions de coordination

● Les conjonctions de coordination *(mais, ou, et, donc, or, ni, car)* servent à relier des éléments de même classe grammaticale et de même fonction :
– des **mots seuls** ou des **groupes de mots** ;
Ex : *J'ai acheté un livre et un cahier.*
– des **propositions** ;
Ex : *Je connais cette région car j'y ai séjourné.*
– des **phrases**.
Ex : *Il a souvent tort. Mais je ne lui en veux pas.*

2 Les conjonctions de subordination

● Elles relient deux propositions dont l'une **dépend** de l'autre.

● On distingue les propositions subordonnées ayant la fonction :
– d'un **complément d'objet direct** du verbe qui précède ;
Ex : *Je souhaite [que tu réussisses].*
– d'un **complément circonstanciel**.
Ex : *Les voyageurs descendront [quand le train arrivera].* → complément circonstanciel de temps.

● Les conjonctions de subordination peuvent être formées d'**un seul mot** *(que, quand…)* ou de **plusieurs mots** *(parce que)*. On les appelle alors **locutions conjonctives**.

● Les **principales conjonctions** de subordination **introduisant des compléments circonstanciels** sont :
– *quand, lorsque, avant que* (valeur de temps) ;
– *comme, parce que, puisque* (valeur de cause) ;
– *si bien que* (valeur de conséquence) ;
– *pour que* (valeur de but) ;
– *si* (valeur de condition).

Je m'exerce

1 **Complétez les phrases suivantes avec des conjonctions de coordination.**

a. Préfères-tu les baleines ...... les éléphants ? **b.** Pierre est tombé malade ...... il ne s'est pas suffisamment couvert. **c.** Il n'aime ...... les crocodiles ...... les serpents. **d.** Il voudrait partir quelques jours ...... il est retenu par ses obligations. **e.** Ce coureur est arrivé le premier, ... d'habitude, il arrive toujours dans les derniers. **f.** Tu termines ton assiette ...... tu iras jouer.

2 **Relevez dans chaque phrase les conjonctions de coordination. Vous préciserez si les éléments coordonnés sont des mots, des groupes de mots ou des propositions.**

a. Votre appartement est petit mais confortable. **b.** Va-t-elle porter son jean noir ou sa jupe bleue ? **c.** Je me dépêche car je suis pressée. **d.** Nous ne pouvons ni vous critiquer ni vous approuver. **e.** Il pensait que son appartement était chauffé, or les radiateurs étaient froids, car la chaudière s'était arrêtée.

3 **Mettez les phrases suivantes à la forme négative en utilisant *ni... ni...* N'oubliez pas l'adverbe de négation *ne* devant le verbe.**

a. Elle connaît la mer et la montagne. **b.** Je joue au tennis et au golf. **c.** Vous pouvez y aller à pied ou en voiture. **d.** Il a bu et mangé. **e.** Cet appartement est spacieux et ensoleillé.

4 **Complétez les phrases suivantes par les conjonctions ou locutions conjonctives de subordination suivantes : *que, quand, jusqu'à ce que, pour que, puisque, si.***

a. ...... vous serez prêts, vous nous le direz. **b.** Je pense ...... tu as raison. **c.** Je vais prendre ton billet de train ...... tu puisses venir. **d.** Vous resterez ici ...... vous ayez fini vos exercices. **e.** Je ne te retiens pas ...... tu es pressé. **f.** ...... la pluie cesse, nous irons au jardin.

5 **Complétez les phrases suivantes en respectant le sens des conjonctions de coordination ou de subordination.**

a. Il a raté son avion parce que .... **b.** Il aurait gagné le tournoi de tennis si .... **c.** Il a roulé trop vite si bien que .... **d.** La route est glissante car .... **e.** La neige est tombée cette nuit, si bien que ....

POUR ALLER PLUS LOIN

6 **Reliez les propositions suivantes à l'aide des conjonctions de coordination qui conviennent.**

a. J'étais inquiet, je ne le montrais pas. **b.** La pluie cessa, l'orage s'éloigna. **c.** Je n'aime pas le café, je n'aime pas le chocolat. **d.** Il fait froid, je ne sortirai pas. **e.** Je l'ai vu passer il y a cinq minutes ; il ne peut ...... être très loin. **f.** Vous ne devez dire ...... oui ...... non ! **g.** ...... tu rentres ...... tu sors, ... tu ne restes pas là !

Création de **La Fleur Studio**, *High Tech Jungle*, illustration.

Leçon 10 Les prépositions, les interjections et les onomatopées

J'observe

1. Il parle **de** son métier **à** ses petits enfants.
Relevez les groupes de mots introduits par les deux prépositions en orange. Lequel est COI ? Lequel est COS ?

2. a. Regarde **devant** toi. **b.** Marche **devant**.
devant (**a**) est une préposition. Comment la distinguez-vous de l'adverbe *devant* (**b**) ?

3. a. Bravo ! tu as gagné ! **b.** Hé ! toi ! **c.** Chut !
Quelle interjection exprime un ordre ? un sentiment ? un salut ?

4. a. Glouglou. **b.** Plouf ! **c.** Cocorico !
Quel bruit chacun de ces mots reproduit-il ?

Leçon

1 La préposition

- Définition

La préposition **relie** deux mots ou groupes de mots. Elle est **invariable**. On ne peut ni la supprimer, ni la déplacer. Ex : *le chat de la voisine ; un chat à adopter.*

- On distingue les **prépositions simples** (*à, avec, chez, dans, de, en, par, pour, sans, sous, sur, vers, devant…*) et les **locutions prépositionnelles** (*à côté de, près de, en face de…*).

Ex : *Il se promène dans la forêt et marche le long d'un ruisseau.*

- Sens et emploi

La préposition introduit :
– un COI ou un COS ; Ex : *Elle parle de son père. Elle donne un cadeau à son père.*
– certains attributs ; Ex : *Le Petit Poucet est de petite taille.*
– les compléments circonstanciels. Ex : *Pendant deux jours, il erre dans la forêt.* → *deux jours* : CC temps ; *la forêt* : CC lieu.

Attention ! Il ne faut pas confondre l'adverbe et la préposition (l'adverbe n'introduit pas de complément).
Ex : *Se mettre à l'abri.* → locution adverbiale. *Se mettre à l'abri de la pluie.* → locution prépositionnelle.

2 L'interjection

- L'interjection est un mot qui permet d'exprimer un **sentiment** ou une **émotion**, de donner un **ordre**, ou d'**interpeller** quelqu'un.

Ex : *Aïe !* → douleur. *Chut !* → ordre. *Pst ! Hep !* → interpellation.

3 Les onomatopées

- Les onomatopées servent à **reproduire un son, un bruit**.

Ex : *Drrring !* → sonnerie. *Sniff* → reniflement.

Je m'exerce

1 **Complétez les groupes nominaux suivants avec la préposition qui convient *(à, de, en)*.**

a. un auteur ...... succès. **b.** un sablé ...... la confiture. **c.** un rouleau ...... printemps. **d.** une montre ...... or. **e.** des couverts ...... dessert. **f.** la maison ...... mes parents. **g.** un blouson ...... cuir. **h.** mon voisin ...... palier.

2 **Dans chaque phrase, remplacez les pointillés par la préposition ou la locution prépositionnelle qui convient *(par, depuis, pour, dans, au milieu de, au sommet de)*. Certaines peuvent être utilisées plusieurs fois.**

a. Elle cherche sa calculette ...... résoudre son exercice de calcul. **b.** ...... trois heures, ils sont coincés ...... les embouteillages. **c.** Ces deux amis se sont retrouvés ...... hasard ...... la foule. **d.** Le père Noël est descendu ...... la cheminée et a laissé un cadeau ...... toi. **e.** Les alpinistes ont grimpé ...... la montagne.

3 **Donnez la fonction des groupes prépositionnels en rose (attribut, COI, COS, complément circonstanciel).**

a. Ils dînent tous les jours à sept heures du soir. **b.** Le géant semblait de grande taille. **c.** As-tu réfléchi à ce problème ? **d.** Le bébé est assis sur sa chaise. **e.** Elle se souvient de ses anciens camarades. **f.** Il écrit une lettre à sa sœur.

4 **Distinguez les adverbes (ou locutions adverbiales) des locutions prépositionnelles.**

a. Avant de partir, vérifie la pression des pneus. / Il fallait y penser avant ! **b.** Un grand désordre régnait à l'intérieur. / Les experts pénètrent à l'intérieur de la maison. **c.** Au loin s'étendait le désert. / Notre maison n'est pas loin de la plage.

5 **Relevez les interjections et précisez ce qu'elles expriment. Aidez-vous du dictionnaire.**

a. Pouah, il y a du piment dans cette sauce ! **b.** Mais répondez donc, bon sang ! **c.** Hum, ça sent bon chez vous ! **d.** Holà ! Ne poussez pas ! **e.** Pst ! Albert !

6 **Reliez les onomatopées de la liste 1 aux bruits correspondants de la liste 2.**

Liste 1. a. Atchoum ! **b.** Tûût ! Tûût ! Tûût **c.** Ron ! Ron ! Zzzz ! **d.** Dring ! Dring ! **e.** Boum ! **f.** Vlan !

Liste 2. 1. une sonnerie. **2.** une porte qui claque. **3.** une explosion. **4.** un éternuement. **5.** une personne qui ronfle. **6.** le klaxon.

7 **Inventez des onomatopées correspondant aux bruits suivants.**

a. les pleurs d'un bébé. **b.** un chien qui aboie. **c.** une voiture qui démarre et qui cale. **d.** un avion qui décolle. **e.** un plongeur qui saute dans l'eau. **f.** un bruit de reniflement.

P. Norwins, trois hommes prennent la position de lettres pour former le mot *ZUT*, illustration pour une carte postale (vers 1910-1919).

Leçon 11 Les fonctions grammaticales

J'observe

a. Le chat boit du lait. **b.** J'ai vu le chat de la voisine. **c.** Le panier du chat est en osier. **d.** Je parle à mon chat. **e.** Grâce au chat, il n'y a plus de souris.

1. Quelle est la classe grammaticale du mot *chat* ?

2. Dans quelle(s) phrase(s) le mot *chat* :
a. commande l'accord d'un verbe ? complète un verbe, avec ou sans préposition ?
b. complète un nom ?
c. apporte une information à la phrase ? Le groupe dont il fait partie est-il déplaçable ? supprimable ?

Leçon

1 Définition

● La fonction d'un mot dépend de son **rôle** et de sa **place** dans la phrase.

2 Les fonctions liées au verbe ▶ leçons 12, 13 et 16, p. 278, 280 et 286

Un mot est lié à un verbe :

● lorsqu'il commande l'accord du verbe. Il a la fonction **sujet** ;
Ex : ***L'agneau*** *boit à la rivière.*

● lorsqu'il complète le verbe. Il a la fonction :
– **attribut du sujet** si le verbe est un verbe d'état ;
Ex : *L'animal qui boit à la rivière est* ***un agneau****.*
– **complément d'objet** (direct, indirect, second).
Ex : *Le loup voit* ***l'agneau****. Le loup s'adresse à* ***l'agneau****. Le loup tend un piège à* ***l'agneau****.*

3 Les fonctions liées au nom ▶ leçon 15, p. 284

● Un mot est lié à un nom lorsqu'il complète ce nom. Il a la fonction :
– **épithète** ; Ex : *Un* ***petit*** *agneau* ***blanc*** *boit à la rivière.*
– **complément du nom**. Ex : *La douceur* ***de l'agneau*** *est légendaire.*

4 Les fonctions liées à la phrase ▶ leçon 14, p. 282

● Un mot (ou groupe de mots) est lié à une phrase lorsqu'il donne une information sur les circonstances de l'action. On peut le supprimer ou le déplacer, sans changer le sens de la phrase. Il a la fonction **complément circonstanciel**.
Ex : *Un agneau était allé boire* ***à la rivière*** → compl. de lieu.
L'agneau répond ***avec innocence*** → compl. de manière.

Je m'exerce

1 Dites si le groupe nominal *(le) Chat botté* occupe une fonction par rapport à un verbe, à un nom ou à une phrase.

a. Le Chat botté rencontre l'ogre. **b.** « Je suis le Chat botté », lui dit-il. **c.** L'ogre reçoit le Chat botté dans son château. **d.** L'ogre ne se méfie pas du Chat botté. **e.** L'ogre offre un repas au Chat botté. **f.** L'ogre est victime de la ruse du Chat botté. **g.** Grâce au Chat botté, le meunier a fait fortune et a épousé la fille du roi.

2 Identifiez la fonction des mots en rose : sujet, complément d'objet d'un verbe ou complément d'un nom. Précisez à quels mots ils sont liés.

a. Peux-tu me prêter ce livre ? **b.** J'aime la couverture de ce livre. **c.** Ce livre est passionnant. **d.** Mon collège se trouve en ville. **e.** La cour du collège est spacieuse. **f.** De chez moi, j'aperçois mon collège. **g.** Les tables de cette classe sont neuves. **h.** On nettoiera cette classe demain. **i.** Cette classe est bien éclairée.

3 Relevez les compléments d'objet (direct et indirect).

a. Nous aimons les animaux de la jungle. **b.** Vous souvenez-vous des éléphants du zoo ? **c.** Les éléphants ont une longue trompe et des défenses. **d.** Parlez-nous encore du rhinocéros. **e.** Tu aimerais revoir les girafes et leurs petits. **f.** Je n'oublierai pas le bébé koala.

4 Construisez trois phrases avec chacun des mots ci-dessous. Dans l'une des phrases, le mot dépendra d'un verbe, dans l'autre d'un nom, dans l'autre d'une phrase.

a. le renard. **b.** mon ami. **c.** la voiture. **d.** le courage.

5 Construisez trois phrases avec les fonctions imposées. Le verbe vous est donné.

a. Sujet + est + attribut. **b.** Sujet + ont acheté + COD. **c.** Sujet + ai rencontré + COD + complément du nom. **d.** CC de temps + sujet + se promène + CC de lieu.

6 Précisez la nuance qu'expriment les compléments circonstanciels en rose : le but, le moyen, la cause, le lieu, la manière, le temps.

a. Par beau temps, nous promenons notre chien le long du canal. **b.** Nous avons dû être très patients pour apprivoiser cette jolie pie. **c.** Le vétérinaire du zoo a nourri au biberon ce petit lionceau. **d.** Le chiot dort profondément pour avoir beaucoup couru. **e.** Le faon gambade joyeusement au milieu des fleurs. **f.** Mon père a construit la niche du chien en quelques heures.

Gustave Doré (1832-1883), illustration du *Chat botté* de Perrault, gravure (1862).

Leçon 12 Le sujet

J'observe

a. La fillette a rencontré un lapin blanc. **b.** Les fillettes ont rencontré un lapin blanc. **c.** Ce lapin est étrange ; il parle. **d.** Parler est inhabituel pour un lapin. **e.** Avez-vous déjà rencontré ce lapin ?

1. Quelle question posez-vous pour connaître le sujet de chaque verbe (phrases **a**, **b**, **c**) ?

2. Quelle remarque faites-vous sur l'accord du verbe quand le sujet passe du singulier au pluriel (phrases **a**, **b**) ?

3. Identifiez la classe grammaticale du sujet dans chaque phrase : groupe nominal, pronom, infinitif.

4. Quelle est la place habituelle du sujet ? Quelle est sa place dans la phrase **e** ? Pourquoi ?

Leçon

1 Définition

- Le sujet est un **élément essentiel** dans la phrase. Il **commande l'accord** du verbe.

Ex : ***Mon ami*** *viendra demain.* ***Mes amis*** *viendront demain.*

- On peut identifier le sujet en posant les questions ***qui est-ce qui ? qu'est-ce qui ?***

Ex : ***Mes amis*** *m'ont apporté un cadeau.* ***Ce cadeau*** *me plaît.*

→ **Qui est-ce qui** m'a apporté un cadeau ? **Qu'est-ce qui** me plaît ?

Remarque : à l'impératif, le pronom sujet n'est **pas exprimé**.

Ex : *Venez ici.*

2 La classe grammaticale du sujet

- Le sujet peut être :

– un nom propre ; Ex : ***Mélanie*** *viendra demain.*

– un groupe nominal ; Ex : ***Ma meilleure amie*** *viendra demain.*

– un pronom ; Ex : ***Elle*** *viendra demain.* ***Cela*** *me plaît.*

– un verbe à l'infinitif. Ex : ***Se promener*** *est un passe-temps agréable.*

3 La place du sujet

- Le sujet se place généralement **avant le verbe**.

Ex : ***Mon ami*** *viendra demain.*

- Il est parfois rejeté après le verbe. On dit alors que le sujet est **inversé**.

Ex : *Bientôt arriveront* ***les premiers invités****.*

L'inversion est **obligatoire** :

– dans une phrase interrogative ;

Ex : *Viendra-t-**il** demain ?*

– dans une proposition incise au cours d'un dialogue.

Ex : *« Je viendrai demain », me confirme* ***mon ami****.*

Je m'exerce

1 **Relevez le sujet des verbes en rose.**

a. Mes deux frères ont des rollers. **b.** Clara aimerait bien qu'ils lui prêtent des rollers. **c.** Glisser à toute vitesse sur les trottoirs est grisant. **d.** Mais cela peut être dangereux. **e.** La maîtrise de l'équilibre et la prudence sont essentielles.

2 **Relevez les sujets des verbes conjugués en rose et indiquez leur classe grammaticale (nom propre, groupe nominal, pronom, groupe infinitif).**

a. J'ai invité mes amis à la maison. **b.** Cette année, le jour de mon anniversaire tombe un mercredi : cela me permet de tous les réunir. **c.** Bertrand apportera sa console de jeux et nous ferons une partie de tennis. **d.** Jouer avec sa console neuve nous réjouit tous.

3 **Justifiez la terminaison des verbes en rose en donnant leur sujet.**

a. Ce matin, nous irons choisir des skis neufs. **b.** Mes cousins m'invitent à faire du ski. **c.** Si le temps le permet, vous skierez tous les jours. **d.** La patinoire, qui ouvre même le dimanche, est tout près du chalet. **e.** Le soir, un bon feu flambe dans la cheminée.

4 **Relevez le sujet des verbes conjugués en rose. Dites s'il est inversé.**

a. Veux-tu venir à la piscine avec moi ? **b.** Non, je t'accompagnerai quand reviendra le soleil. **c.** Je me baigne même sous les nuages, me répondit-il. **d.** Est-ce que la pluie l'arrête malgré tout ? **e.** Je me le demande.

5 **Remplacez les pointillés par les sujets qui conviennent.**

a. Où ...... s'est-elle cachée ? **b.** Quand ...... partiront-ils au Canada ? **c.** ...... partirons dans quelques instants. **d.** ...... jouaient au ballon sur la plage. **e.** ...... rentra dans son terrier. **f.** ...... ont eu lieu dimanche dernier. **g.** ...... correspond à une période de cent ans. **h.** ...... sont deux poèmes composés, en partie, par Homère.

POUR ALLER PLUS LOIN

6 **Écrivez les phrases suivantes sous forme de questions. Vous utiliserez un pronom de reprise placé après le verbe.**

Ex : *Margot viendra en vacances avec nous.*
→ *Margot viendra-t-**elle** en vacances avec nous ?*

a. Jeanne écrit à sa tante. **b.** Les enfants sont prêts à partir. **c.** Nos parents reviendront samedi. **d.** Mon amie est malade depuis dimanche. **e.** Romain a fait ses devoirs avec Julien. **f.** Anthony n'a pas rendu le livre emprunté à la bibliothèque.

7 **Inversez le sujet dans les propositions en rose.**

a. Quand le soir tombait, l'enfant rentrait au camping. **b.** Sa mère cuisinait les poissons que son père avait pêchés. **c.** Il appréciait les vacances que ses parents lui offraient.

Enfants rentrant de l'école, Angleterre (2008).

Leçon 13 Les compléments d'objet

J'observe

a. Hugo visite **la nouvelle école**. **b.** Hugo obéit **à son père**. **c.** Hugo prête **son cartable** **à son frère**. **d.** Hugo **le lui** prête. **e.** Hugo doit **partir**. **f.** Hugo va **à l'école**.

1. Observez les compléments en couleur. Peut-on les déplacer en tête de phrase ?

2. Comparez les phrases **a** et **b** : quel complément est directement relié au verbe sans préposition ? Lequel est relié au verbe à l'aide d'une préposition ?

3. Quelles sont les deux phrases qui comportent deux compléments d'objet ?

4. Dans les phrases **a**, **b**, **c**, **d**, **e**, indiquez la classe grammaticale des compléments d'objet (groupe nominal avec ou sans préposition, pronom, verbe à l'infinitif).

5. **Phrase f.** Pouvez-vous supprimer le complément qui exprime le lieu ?

Leçon

1 Fonctions et constructions

- Les compléments d'objet **complètent le verbe**. On ne peut ni les déplacer ni les supprimer sans modifier le sens de la phrase.
- Le complément d'objet direct (COD) se construit directement après le verbe, sans préposition. Ex : *L'enfant récite la leçon.*
- Le complément d'objet indirect (COI) est introduit à l'aide des prépositions **à**, **de**. Ex : *L'enfant songe à ses vacances.*
- Le complément d'objet second (COS) complète un verbe qui a déjà un COD *(donner, prêter, dire…)* ou, plus rarement, un COI.

Ex : *L'enfant offre un cadeau* ***à sa mère****.*
COD COS

L'enfant parle de ses amis ***à sa mère****.*
COI COS

Remarque : le COS peut se placer avant ou après le COD ou le COI.
Ex : *L'enfant offre* ***à sa mère*** *un cadeau.*

2 Les classes grammaticales des compléments d'objet

- Le complément d'objet peut être :
  – un nom ou un groupe nominal ;
  Ex : *L'enfant offre un beau cadeau à sa mère.*
  – un pronom ; Ex : *L'enfant le lui offre.*
  – un infinitif. Ex : *L'enfant apprend à nager.*

3 Les compléments essentiels

- Des compléments essentiels exprimant le lieu, le temps, le prix, etc., complètent certains verbes, avec ou sans préposition. Ils ne sont **ni déplaçables ni supprimables**. Ex : *Je vais à Paris.*

Je m'exerce

1 **Dites si les compléments d'objet en rose sont des COD ou des COI et indiquez quel verbe ils complètent.**

a. Le professeur distribue des photocopies. **b.** Un élève n'écoute pas la consigne et parle à son voisin. **c.** Il ne comprend pas l'exercice. **d.** Le professeur donne de nouvelles explications. **e.** Les élèves ont bien compris le devoir et renoncent aux bavardages. **f.** Lucie n'a pas fini son exercice et se passera de récréation.

2 **Relevez les compléments d'objet. Dans chaque cas, dites s'il s'agit d'un COD, d'un COI ou d'un COS et indiquez la classe grammaticale (nom ou groupe nominal, pronom, infinitif).**

a. Les enfants jouent au ballon dans la cour. **b.** Tania veut jouer avec eux. **c.** Tania lance le ballon à Chloé. **d.** Chloé rate le ballon et une fille de l'autre équipe l'attrape. **e.** Son équipe concède un point à l'adversaire. **f.** Le professeur siffle la fin du match.

3 **a. Remplacez chaque pronom en rose par le mot auquel il renvoie.**

Ex : *Il parle à son ami. Il **lui** parle.*
→ *lui renvoie à à son ami.*

b. Indiquez sa fonction précise (COD, COI, COS).

a. Audrey achète un petit pain. La boulangère le lui vend. **b.** Le voyage a été annulé : nous avons dû y renoncer. **c.** Nos nouveaux voisins sont bizarres : tout le monde parle d'eux. **d.** Mon grand-père a oublié sa trousse de toilette. Je la lui envoie par la poste. **e.** Notre séjour a été merveilleux ; je m'en souviendrai toujours.

4 **Remplacez chaque nom ou groupe nominal COD en rose par un infinitif de même sens.**

Ex : *J'apprends la natation.*
→ *J'apprends **à nager**.*

Quelle préposition devez-vous ajouter, dans chaque cas ?

a. J'apprends le ski. **b.** Nous devons cesser les bavardages. **c.** Demain, je commence le rangement de ma chambre. **d.** As-tu bien cherché la réponse à cette question ?

5 **Relevez les compléments essentiels et nommez-les de façon précise : temps, lieu, poids, prix. Pouvez-vous les supprimer sans nuire au sens de la phrase ?**

a. Les animaux se rendent au point d'eau. **b.** Ce poisson exotique coûte vingt euros. **c.** Les ours polaires ne vivent pas dans les régions tempérées. **d.** Les chiens vivent une quinzaine d'années. **e.** Ma valise pèse vingt kilos.

POUR ALLER PLUS LOIN

6 **Complétez chaque phrase avec le complément d'objet (direct, indirect ou second) qui convient (nom, pronom, groupe nominal).**

a. Nous avons appelé l'hôtesse de l'air, elle ...... a proposé une collation. **b.** Ma petite sœur a commandé ...... au père Noël. **c.** La vendeuse propose ...... à la cliente. **d.** Le médecin prescrit des remèdes .... **e.** N'oublie pas d'écrire ...... à ....

Jeunes filles jouant au football.

Leçon 14 Les compléments circonstanciels

J'observe

a. J'ai trouvé un petit chat.
b. J'ai trouvé un petit chat **dans la rue**, **jeudi dernier**.
c. Il miaulait **d'un air plaintif**. Je suis rentré **en le portant dans mes bras**.
d. Je l'ai nourri **patiemment au biberon**.
e. **Après avoir bu**, il s'est endormi.

1. Phrases a et b. Quelles précisions les compléments circonstanciels en orange (phrase **b**) apportent-ils par rapport à la phrase **a** ? Ces compléments sont-ils déplaçables ?

2. Phrases c, d et e. Identifiez les circonstances exprimées par les compléments en orange (moyen, manière, temps).

3. Phrases b, c, d et e. Identifiez les classes grammaticales des compléments circonstanciels : GN, adverbe, infinitif, gérondif (*en* + participe présent).

Leçon

1 Définition

- Les compléments circonstanciels indiquent les **circonstances** dans lesquelles se déroulent les actions exprimées par le verbe : ils peuvent être **déplacés** ou **supprimés**.

Ex : ***À la fin des vacances***, *nous sommes rentrés.*
Nous sommes rentrés ***à la fin des vacances***. *Nous sommes rentrés.*

2 Les circonstances exprimées

- Les compléments circonstanciels peuvent exprimer :

– le **temps** ; Ex : ***Le jour de son anniversaire***, *il reçut de nombreux cadeaux.*
→ date. *Il a neigé* ***pendant trois jours***. → durée.
– le **lieu** ; Ex : *Les ciseaux sont* ***sur la table***.
– la **manière**, souvent introduite par les prépositions *avec, sans, à, de, en* ;
Ex : *L'élève écrit* ***avec soin***.
– le **moyen** (ou l'instrument), souvent introduit par les prépositions *avec, de, à*. Ex : *L'élève écrit* ***avec son stylo***.

3 Les classes grammaticales

- Le complément circonstanciel peut être :

– un **nom** ou **groupe nominal** (avec ou sans préposition) ;
Ex : *Je nage* ***tous les jours*** ***à la piscine***.
– un **groupe infinitif prépositionnel** ;
Ex : *Il se lave les mains* ***avant de se mettre à table***.
– un **adverbe** ;
Ex : *Il marche* ***prudemment*** *sur la glace.*
– un **gérondif** (*en* + participe présent).
Ex : *Essuyez vos pieds* ***en entrant***.

Je m'exerce

1 **Relevez dans les phrases suivantes les compléments circonstanciels de temps et de lieu.**

a. À midi, nous déjeunerons dans le jardin. **b.** Nous ne ferons plus de courses au supermarché le samedi. **c.** Nous avons attendu longtemps à la caisse. **d.** À la fin de la semaine, j'irai faire du sport. **e.** Tous les soirs, l'orage éclatait au-dessus de la mer.

2 **Classez les compléments circonstanciels en rose selon qu'ils expriment la manière ou le moyen. Lesquels correspondent à un nom concret ? lesquels à un nom abstrait ?**

a. Il travaille avec ardeur. **b.** Les enfants écoutent avec attention le professeur. **c.** Le jardinier ramasse les feuilles mortes avec son râteau. **d.** La ballerine exécute avec grâce ses pas de danse. **e.** Le cuisinier monte les œufs en neige avec son batteur électrique. **f.** Mon grand-père lit le journal avec ses lunettes.

3 **Complétez les phrases suivantes avec les adverbes CC de manière suivants : *gentiment, équitablement, consciencieusement, délicatement, rapidement.***

a. Fabrice a préparé ...... son exposé. **b.** Vous devriez lui parler plus .... **c.** La mésange picore ...... les graines. **d.** Les pompiers s'élancèrent ...... vers la maison en flammes. **e.** Elle partagea ...... ses bonbons avec ses camarades.

4 **a. Relevez les compléments circonstanciels.**
b. Indiquez la circonstance qu'ils expriment et précisez leur classe grammaticale.

a. Ils attendirent patiemment leur tour. **b.** Je vais à pied au collège. **c.** Tu m'attendras sagement devant l'école. **d.** Dans deux jours, nous fêterons le Nouvel An chez mon oncle. **e.** Les élèves accueillent les vacances en sautant de joie. **f.** Après avoir reçu son invitation, je suis allée lui acheter un cadeau.

POUR ALLER PLUS LOIN

5 **Les compléments de temps ou de lieu en rose sont-ils essentiels ou circonstanciels ? Pour vous aider, demandez-vous si vous pouvez les déplacer ou les supprimer.** ► LEÇON 13, p. 280

a. Mon voisin a vécu aux États-Unis. **b.** Katia se rend à l'entraînement de basket tous les mercredis. **c.** Quand il revient de l'école, il fait un détour par la rue principale. **d.** La semaine dernière, son match de tennis a duré deux heures.

6 **Remplacez les GN compléments circonstanciels de manière en rose par des adverbes en *-ment*.**

a. Nos parents ont déposé en secret nos cadeaux au pied du sapin de Noël. **b.** Il a rangé ses affaires avec soin. **c.** Les enfants écoutent avec attention les règles du jeu. **d.** Mon père, très énervé, me répondit d'un ton sec. **e.** La nouvelle élève souriait avec timidité.

Olivier Debré, *Signes*, chorégraphie de Carolyn Carlson, avec Marie-Claude Pietragalla (opéra Bastille, Paris, 2000).

Leçon 15 L'épithète

J'observe

a. Un oiseau **jaune** voletait dans la cage.
b. Un **petit** oiseau voletait dans la cage.
c. Sournois, un chat noir s'approcha.
d. Le chat a **effrayé** l'oiseau.
e. L'oiseau **effrayé** poussa un cri.
f. **Effrayé**, il poussa un cri.

1. Phrases a et b. Quel nom l'adjectif qualificatif en orange complète-t-il ? Quelle est la place de l'adjectif par rapport au nom ?

2. Phrase c. Quels adjectifs complètent le nom *chat* ? Lequel est directement placé à côté du nom ? Lequel est séparé du nom par une virgule ?

3. Phrases d, e et f. Dans quelle phrase le participe passé *effrayé* est-il employé avec un auxiliaire ? Dans quelles phrases est-il employé sans auxiliaire ? Avec quel nom ou pronom s'accorde-t-il alors ?

Leçon

1 Définition et caractéristiques

- L'épithète est une fonction de l'**adjectif qualificatif** (ou du **participe employé** comme adjectif).

- L'adjectif épithète **complète un nom**. Il s'accorde en **genre** et en **nombre** avec ce nom.
Ex : *Elle boit du thé* ***glacé****. Il boit de l'eau* ***fraîche****.*

- L'adjectif **épithète liée** est placé à côté du nom qu'il complète. Il peut être placé avant ou après ce nom.
Ex : *Il a acheté un jean* ***neuf****. Il a acheté un* ***beau*** *jean.*

- L'adjectif **épithète détachée** (appelée aussi apposition) est séparé du nom (ou du pronom) par une virgule.
Ex : ***Joyeux****, l'enfant courut remercier sa mère. Il sortit,* ***joyeux****.*

2 Un cas particulier : l'épithète homérique

- Les épithètes homériques sont des **expressions poétiques** que l'on trouve dans l'**épopée** (*Odyssée*, *Énéide* ▸ LEÇON 4, p. 98) et la poésie orale. Ce sont des expressions figées, immédiatement reconnues par l'auditoire.

- Elles expriment la **qualité permanente** d'un être ou d'une chose. Elles sont appelées épithètes bien qu'elles se présentent sous des formes différentes :
– adjectif épithète ; Ex : *la mer* ***violette****.*
– groupe nominal complément du nom ;
Ex : *la nymphe* ***aux belles boucles****.*
– groupe nominal mis en apposition (séparé du nom par une virgule).
Ex : *Poséidon,* ***l'Ébranleur du sol****.*

Je m'exerce

1 **Relevez les adjectifs qualificatifs épithètes. Dites quel nom chaque adjectif complète.**

a. Une belle table de fête était dressée. **b.** Les enfants avaient choisi une grande nappe blanche. **c.** La table était garnie d'assiettes remplies de friandises. **d.** Une immense corbeille de fruits exotiques était posée sur un petit meuble bas.

2 **Relevez les adjectifs qualificatifs. Dites s'ils ont la fonction d'épithètes liées ou d'épithètes détachées, puis relevez le nom qu'ils complètent.**

a. La fine belette entra dans un grenier par un trou étroit. **b.** Le loup cruel dévore le petit agneau. **c.** La lente tortue arriva avant le lièvre rapide. **d.** Affolés par le bruit, les rats détalèrent. **e.** Le lion, pris dans un filet, fut libéré par un petit rat. **f.** Un corbeau noir, perché sur un arbre, tenait dans son bec un fromage crémeux.

3 **Donnez la classe grammaticale (adjectif qualificatif ou participe passé employé comme adjectif) et la fonction (épithète liée ou épithète détachée) des mots en rose.**

a. Les enfants, perdus, avancèrent dans la forêt profonde. **b.** Ils arrivèrent devant une pauvre chaumière habitée par une vieille femme. **c.** Elle leur offrit un succulent repas et les fit coucher dans des petits lits douillets. **d.** Comblés et ravis, les enfants la remercièrent avant de s'endormir.

4 **Accordez correctement les adjectifs ou les participes ; vous préciserez à quel nom ou quel pronom ils se rapportent.**

a. Les photographes arrivent non loin des grand... fauves endormi.... **b.** Prudent..., ils se cachent derrière les haut... herbes. **c.** Ils photographient les majestueu... animaux. **d.** Mais la lionne s'est réveillée ; méfiant..., elle regarde autour d'elle.

5 **Composez de courtes phrases dans lesquelles vous emploierez les adjectifs suivants ayant la fonction d'épithète.**

a. noire. **b.** attentives. **c.** nuageux. **d.** interdit. **e.** gelé. **f.** marin. **g.** courageuse.

POUR ALLER PLUS LOIN

6 **a. Relevez les épithètes homériques qui caractérisent ces personnages, objets, animaux ou lieux géographiques présents dans l'*Odyssée* ou l'*Énéide*.**
b. Précisez leur classe grammaticale et leur fonction.

1. ***L'Odyssée.*** **a.** Ulysse aux mille tours. **b.** le divin Ulysse. **c.** la mer vineuse. **d.** Ulysse, fils de Laërte. **e.** l'herbe à la douceur de miel. **f.** Hermès à la baguette d'or. **g.** la rame bien équilibrée.

2. ***L'Énéide.*** **a.** la cruelle Junon. **b.** Énée, rejeton des dieux. **c.** l'énorme Cerbère. **d.** l'orgueilleuse Rome. **e.** le grand Jupiter.

Félix Lorioux (1872-1964), illustration du « Petit Poucet », de Perrault (édition Hachette, 1926).

Leçon 16 L'attribut du sujet

J'observe

a. La piscine est **profonde**.
b. La piscine paraît **profonde**.
c. Le bassin semble **profond**.
d. Mon bateau est **un petit voilier**.
e. Ce bateau blanc est **le tien**.
f. Le restaurant de la plage semble **complet**.
g. Le moniteur de voile est **bronzé**.
h. Mon voisin est **marin**.
i. Pierre est **médecin**.
j. J'appelle le **médecin**.

1. Phrases a, b, c. Quels verbes séparent les adjectifs en orange des noms sujets ?

2. Phrases d, e, f, g, h. Indiquez la classe grammaticale des mots attributs en orange (nom, groupe nominal, pronom, participe adjectif, adjectif).

3. Phrases i, j. Dans quelle phrase le mot *médecin* est-il attribut du sujet (il désigne la même personne que le sujet) ? Dans quelle phrase est-il COD (il désigne une autre personne que le sujet) ?

Leçon

1 Définition et caractéristiques

● L'attribut du sujet est un mot ou un groupe de mots relié au sujet par l'intermédiaire d'un **verbe d'état** (*être, paraître, sembler, devenir, demeurer, rester, avoir l'air*). L'attribut permet d'**attribuer une caractéristique** au sujet. L'attribut et le sujet représentent une même personne ou un même objet.
Ex : *Mathilde est **contente**. Mathilde semble **triste**.*

● D'**autres verbes** peuvent être construits avec un attribut : *naître*, *vivre* (ex : *Il vécut **heureux***) ou des verbes de métamorphose (ex : *être changé en, se métamorphoser en…* ▶ p. 146).

2 Les classes grammaticales

● L'attribut du sujet peut être :
– un **adjectif qualificatif** ; Ex : *Ce chien a l'air **gentil**.*
– un **participe passé** employé comme adjectif ;
Ex : *Ce chien est **essoufflé** par la course.*
– un **nom** ou un **groupe nominal**, avec ou sans préposition ;
Ex : *Ma fille sera **avocate**. Cette statue est **en ivoire**. Phidias est **un célèbre sculpteur**.*
– un **pronom**. Ex : *Ce pull est **le tien**.* → pronom possessif.

Attention ! Il ne faut pas confondre l'attribut du sujet :
– avec le complément d'objet direct. Le sujet et le COD représentent une personne ou un objet différent ;
Ex : ***J'**ai rencontré une élève de la classe.* → Le sujet (*j'*) et le complément d'objet (*une élève de la classe*) sont deux personnes distinctes.
– avec d'autres compléments.
Ex : ***Il** est ici.* → *ici* est complément essentiel de temps.

Je m'exerce

1 **a.** Relevez les attributs du sujet ainsi que les verbes qui les introduisent.
b. Précisez la classe grammaticale des attributs.

a. Tous les félins sont carnivores. **b.** Le ciel devient gris. **c.** La citrouille devient carrosse. **d.** Pénélope resta fidèle à Ulysse. **e.** L'enfant s'est métamorphosé en lézard. **f.** Cendrillon se maria avec le prince. Ils vécurent heureux. **g.** Il semble remis de sa chute. **h.** Les manchots empereurs sont une espèce menacée.

2 **Complétez chaque phrase avec un attribut, en respectant la classe grammaticale indiquée entre parenthèses.**

a. Son père est ...... *(nom)*. **b.** Le maître se montre ...... *(adjectif)* envers son chien. **c.** C'est ta raquette ? Non, c'est ...... *(pronom)*. **d.** Je pense que cette espèce d'oiseaux est ...... *(participe passé)*. **e.** Mon prénom est ...... *(nom propre)*.

3 **Dites si les mots ou groupes de mots en rose sont attributs du sujet, compléments d'objet ou compléments essentiels de lieu ou de temps.**

a. Marion est devenue une excellente skieuse. **b.** J'ai vu passer une excellente skieuse. **c.** La nouvelle piste est une piste noire. **d.** Ils ont ouvert la piste noire. **e.** Il demeure dans la région. **f.** Il demeure inquiet. **g.** Il est resté trois jours. **h.** Il est resté mon ami. **i.** Ils vécurent heureux et eurent beaucoup d'enfants. **j.** Ils ont vécu à la montagne.

4 **Formez quatre phrases comportant chacune un sujet, un verbe et un attribut du sujet que vous choisirez dans les listes suivantes.**

– **Sujets :** la documentaliste ; moi, je ; les élèves ; toi et ton amie.

– **Verbes d'état :** restez ; paraît ; ont l'air ; deviens.

– **Attributs du sujet :** contente ; attentifs ; assises ; silencieux.

5 **Sur le modèle, rédigez une définition pour chacun des termes suivants.**

Ex : *La chouette est un oiseau nocturne.*

a. un carré. **b.** un mammifère. **c.** une flûte. **d.** Zeus. **e.** un pharaon. **f.** l'*Odyssée*.

POUR ALLER PLUS LOIN

6 **L'attribut sert à construire des métaphores (▶ LEÇON 45, p. 344) en associant des mots et en créant des images.**
En vous aidant du modèle suivant et en utilisant les listes proposées, reconstituez les métaphores.

Ex : *Le ciel* (élément comparé) *est un globe de cristal* (élément auquel on compare).

– **Éléments comparés.**
a. l'hirondelle. **b.** les nénuphars.
c. les gouttes de pluie. **d.** la grenouille.

– **Éléments auxquels on compare.**
1. les larmes du ciel. **2.** un ressort vivant.
3. des étoiles flottantes. **4.** la messagère du printemps.

Pingouin empereur et son petit, Antarctique (2006).

Leçon 17 La phrase verbale et la phrase non verbale

J'observe

a. Création d'un atelier d'informatique au collège. **b.** Un atelier d'informatique a été créé au collège. **c.** Un atelier d'informatique sera créé au collège. **d.** Quand l'atelier sera-t-il créé ? **e.** Bientôt !

1. a. Distinguez les phrases verbales (qui comportent un verbe conjugué) des phrases non verbales (sans verbe).

b. Quelles phrases permettent de situer l'action dans le temps ? Pourquoi ?

2. Quelle phrase est constituée d'un mot ? Rétablissez les mots sous-entendus.

Leçon

1 Définition de la phrase

- La phrase est constituée d'un **mot** ou d'un **ensemble de mots qui font sens**.
Ex : *On n'entendait pas un bruit. Partout, le silence.*

- À l'écrit, une phrase commence par une **majuscule** et se termine par une **ponctuation forte** (point, point d'interrogation, point d'exclamation).
Ex : *J'aimerais que tu viennes. Est-ce que tu viens ? Viens donc !*

- À l'oral, une phrase se termine par une **pause de la voix**.

2 La phrase verbale

- La phrase verbale est organisée autour d'un **verbe conjugué**. La présence du verbe permet de **situer l'action dans le temps**.
Ex : *Le train est parti tout à l'heure. Le train partira tout à l'heure.*

3 La phrase non verbale

- Les phrases non verbales ne comportent **pas de verbe conjugué**.
Ex : *Congrès de géologues à Paris.*

- La phrase non verbale ne dit pas si l'action se situe dans le présent, le passé ou l'avenir, contrairement à la phrase verbale.

- La phrase non verbale peut avoir **différents emplois** :

– fournir des **titres** ;
Ex : *Nouveau record du monde en natation.*

– exprimer des **émotions** ;
Ex : *Bravo ! Dommage !*

– **communiquer rapidement**, surtout à l'oral.
Ex : *Par où passes-tu pour rentrer de Nice ? Par Lyon.*

Je m'exerce

1 **Recopiez le texte en rétablissant les majuscules en début de phrase et les points en fin de phrase.**

un petit chien avait été abandonné près de la voie ferrée un enfant qui passait par là le découvrit il aurait voulu l'adopter mais il devait demander la permission à ses parents qui avaient toujours interdit les animaux chez eux.

2 **Transformez les phrases verbales en phrases non verbales.**

a. Un atelier de lecture a été créé au collège. **b.** Une liste de romans a été proposée. **c.** Les livres à lire seront répartis en fonction des goûts des élèves. **d.** Une quatrième de couverture sera rédigée. **e.** Le livre sera présenté à l'oral.

3 **Transformez les phrases non verbales en phrases verbales.**

a. Dissipation des brumes matinales. **b.** Persistance du brouillard. **c.** Pluie demain sur la région parisienne. **d.** Montée des eaux de la Seine hier et avant-hier. **e.** Demain, fonte de la neige en plaine. **f.** Arrivée d'un ouragan en Floride.

4 **Terminez chaque phrase de la liste 1 en choisissant une fin qui convient dans la liste 2. Attention à la cohérence.**

Liste 1. **a.** Des millions d'oiseaux .... **b.** La fauvette couturière .... **c.** Le coucou pond .... **d.** L'aigle royal .... **e.** Le martin-pêcheur ....

Liste 2. **1.** ...... peut planer pendant plusieurs heures. **2.** ...... plonge à la verticale pour saisir sa proie. **3.** ...... coud des feuilles avec des fils végétaux pour faire son nid. **4.** ...... partent hiverner sous les tropiques. **5.** ...... ses œufs dans le nid d'un autre oiseau.

Rivière, le matin, dans la brume.

5 **Transformez les phrases non verbales de ce dialogue familier en phrases verbales.**

a. Génial, ton nouveau jeu vidéo ! **b.** Oui, super ! **c.** À moi de jouer ? **d.** Pas tout de suite. Encore deux minutes. **e.** Enfin, mon tour !

POUR ALLER PLUS LOIN

6 **Voici des notes prises pour préparer un exposé. Réécrivez le texte sous forme de phrases. Ajoutez les verbes qui conviennent.**

a. Naissance des Jeux olympiques en 775 avant J.-C.
b. Célébrations des jeux tous les quatre ans.
c. Interruption des guerres pendant les jeux.
d. Durée des épreuves : six jours.
e. Récompense pour les vainqueurs : une couronne de lauriers.

7 **Inversement, prenez des notes pour préparer un exposé. Transformez en nom les verbes en rose.**

a. La première écriture est apparue en Mésopotamie vers 3300 avant J.-C.
b. Vers 1100 avant J.-C., les Phéniciens ont créé le premier alphabet.
c. Les Grecs ont repris cet alphabet ; ils y ont ajouté les voyelles.
d. Les Romains ont adopté l'alphabet grec.

Leçon 18 Les types de phrases

J'observe

a. Les cours commencent à huit heures. **b.** À quelle heure les cours commencent-ils ? **c.** Arrivez à l'heure en cours. **d.** Comme c'est désagréable de se lever si tôt !

1. Quelle phrase énonce un fait ? Laquelle pose une question ? Laquelle donne un ordre ? Laquelle exprime un sentiment ?

2. La voix monte-t-elle ou descend-elle quand vous prononcez chacune d'elles ?

3. Par quel signe de ponctuation les phrases se terminent-elles ?

Leçon

- Pour communiquer on dispose de **quatre types de phrases**.
- Les **formes de phrases** affirmative et négative (▶ LEÇON 19, p. 292) peuvent se combiner avec chaque type de phrase.

1 La phrase de type déclaratif

- Elle permet d'énoncer une certitude, un fait, d'**affirmer** ou de **nier**. À l'écrit, elle se termine par un point. À l'oral, l'intonation est descendante.

Ex : *J'ai soif*. *Je n'ai pas soif*.

2 La phrase de type interrogatif

- Elle exprime une **question**. À l'écrit, elle se termine par un point d'interrogation. À l'oral, l'intonation est montante.

Ex : *Y a-t-il quelqu'un* **?**

- L'interrogation peut être :

– **totale**, si la réponse attendue est *oui* ou *non* ;

Ex : *Es-tu déjà venu ici* **?**

– **partielle**, si la question porte sur un élément précis.

Ex : *Où vas-tu* **?** → La question porte sur le lieu.

3 La phrase de type injonctif

- Elle exprime un **ordre**, un **conseil** ou une **interdiction**. À l'écrit, elle se termine par un point. À l'oral, l'intonation est descendante. On emploie les modes impératif, subjonctif ou infinitif.

Ex : *Apprends tes leçons*. *Qu'il se dépêche*. *Ne pas se pencher*.

4 La phrase de type exclamatif

- Elle exprime un **sentiment** ou une **émotion**. Elle peut être verbale ou non verbale. À l'écrit, elle se termine par un point d'exclamation. À l'oral, l'intonation est montante.

Ex : *Comme c'est beau* **!** *Magnifique* **!**

Je m'exerce

1 **Identifiez les types des phrases suivantes.**

a. Nous sommes absents la semaine prochaine. **b.** N'essayez pas de nous contacter. **c.** Venez plutôt dans huit jours. **d.** Nous serons sûrement rentrés. **e.** À quelle heure préférez-vous venir ? **f.** Comme nous serons heureux de vous recevoir !

2 **Transformez les phrases déclaratives en phrases interrogatives. Vous utiliserez deux tournures.**

Ex : *Tu viens.* → *Est-ce que tu viens ? Viens-tu ?*

a. Tu as assez d'argent pour acheter ce jeu. **b.** Le soleil se couche tôt l'hiver. **c.** Les fables se terminent par une morale. **d.** Nous avons le temps de faire une promenade. **e.** Tu n'es pas content.

3 **Transformez les phrases déclaratives en phrases interrogatives. L'interrogation devra porter sur les mots en rose. Vous emploierez les adverbes *où, quand, comment, pourquoi*.**

Ex : *Il part demain.* → *Quand part-il ?*

a. Les voiliers sont rentrés à cause de l'orage. **b.** Vous habitez en France. **c.** Les enfants reviennent de l'école à quatre heures. **d.** Il se rend à son travail en métro. **e.** Il s'est exprimé très poliment.

4 **Transformez les phrases déclaratives ou interrogatives en phrases injonctives à l'impératif.**

a. Tu te dépêches ? **b.** Tu arrives à l'heure. **c.** Tu regardes devant toi. **d.** Vous vous taisez. **e.** Nous avons confiance. **f.** Tu vas chercher du pain.

5 **Écrivez à l'infinitif les ordres donnés à l'impératif.**

a. Ralentissez. **b.** Ne buvez pas cette eau. **c.** Ne stationnez pas ici. **d.** Éteignez les lumières avant de partir.

Voiliers sur la mer.

6 **Dites si ces phrases injonctives expriment un ordre, une interdiction ou un conseil.**

a. Viens ici tout de suite. **b.** Ne parle pas la bouche pleine. **c.** Prends plutôt le métro pour venir me voir. **d.** Ne prenez pas le bus à cause des embouteillages. **e.** Qu'il fasse son travail, nous verrons ensuite !

7 **Rétablissez la ponctuation à la fin de chaque phrase.**

a. Partirez-vous au ski en février… **b.** Nous pourrions partir ensemble… **c.** Qu'en pensez-vous… **d.** Quelle bonne idée… **e.** Je prends les billets de train… **f.** Les enfants, vous avez entendu… **g.** Nous partons samedi à la montagne… **h.** Super…

POUR ALLER PLUS LOIN

8 **Indiquez quel sentiment ou quelle émotion expriment les phrases exclamatives suivantes.**

a. Quel beau château ! **b.** Ce bruit est vraiment insupportable ! **c.** Quel horrible cauchemar ! **d.** Comme le village a changé depuis notre déménagement ! **e.** Et elle a osé te bousculer dans l'escalier ! **f.** Que je suis heureuse de vous revoir !

Leçon 19 La forme affirmative et la forme négative

J'observe

Série 1. a. Le train est arrivé en retard. **b.** Le train n'est pas arrivé en retard. **c.** Le train arrive toujours en retard. **d.** Le train n'arrive jamais en retard.
Série 2. a. Le train a-t-il du retard ? **b.** Le train n'a-t-il pas de retard ?
Série 3. a. Venez vite. **b.** Ne tardez pas.
Série 4. a. Il marche vite ! **b.** Il ne marche pas vite !

1. Identifiez les types de phrases (▶ LEÇON 18, p. 290).

2. Distinguez les phrases de forme affirmative des phrases de forme négative : quels mots marquent la négation (adverbes de négation) ? Quelle négation correspond à l'adverbe *toujours* ?

Leçon

1 Définition

● Les types de phrases (▶ LEÇON 18, p. 290) se combinent avec une forme affirmative ou négative. Les phrases de forme **affirmative** s'utilisent pour **affirmer** quelque chose ; les phrases de forme **négative** s'utilisent pour **nier** quelque chose.

	Formes affirmatives	Formes négatives
Type déclaratif	*Il chante juste.*	*Il ne chante pas juste.*
Type interrogatif	*Aimez-vous danser ?*	*N'aimez-vous pas danser ?* (phrase interro-négative → réponse attendue : *si*)
Type injonctif	*Restez assis.*	*Ne restez pas assis.*
Type exclamatif	*Elle chante bien !* *Chante !*	*Elle ne chante pas bien !* *Ne chante pas !*

2 Les outils de la négation

● Il s'agit des **locutions négatives** *ne… pas, ne… point, ne… plus, ne… jamais, ne… aucun, ne… personne, ne… rien.*
Ex : *Elle a tout vu. Elle a vu quelque chose.* → *Elle n'a rien vu.*
Elle a vu quelqu'un. → *Elle n'a vu personne.*

● Dans la **langue orale et familière**, la première partie de la négation *(ne)* est souvent omise. Ex : *J'en veux pas !*

Remarque : dans une phrase de forme négative, les articles *du, de la* et *des* deviennent *de* (*d'*).
Ex : *Je reprends du gâteau.* → *Je ne reprends pas* ***de*** *gâteau.*
Nous faisons des efforts. → *Nous ne faisons pas* ***d'****efforts.*

Je m'exerce

1 **Identifiez les types de phrases ; puis dites quelles phrases sont à la forme affirmative et lesquelles sont à la forme négative.**

a. Que je suis contente de partir en vacances ! **b.** Nous ne sommes pas partis depuis l'été dernier. **c.** Je prépare mes bagages depuis ce matin. **d.** N'as-tu rien oublié ? **e.** J'ai tout vérifié. **f.** Ne te trompe pas de train à la gare. **g.** As-tu bien lu ton billet ? **h.** Je l'ai relu cent fois !

2 **Mettez ces phrases à la forme négative en utilisant les locutions suivantes : *ne… plus, ne… jamais, ne… rien, personne ne…, ne… aucun, nulle part.***

a. Ton père m'a tout dit. **b.** J'aime tous les films comiques. **c.** Elle prend toujours le métro. **d.** Quelqu'un a téléphoné. **e.** J'ai encore faim. **f.** Aujourd'hui, il fait beau partout.

3 **Identifiez les types de phrases ; puis mettez les phrases à la forme négative.**

a. Prends ton vélo. **b.** Cours ! **c.** Il est toujours en retard à l'entraînement. **d.** Es-tu contente de ton score ? **e.** Quelqu'un m'a accompagné. **f.** Tu t'entraînes encore ? **g.** Tu es arrivé le premier.

4 **Dites le contraire des phrases suivantes en employant la forme négative, puis une forme affirmative de sens équivalent à la forme négative.**

Ex : *Ce film est triste.* → *Ce film n'est pas triste.* → *Ce film est drôle.*

a. Les élèves bavardent. **b.** Ce tee-shirt est neuf. **c.** Ce fruit est frais. **d.** À cette heure-là, je dormais. **e.** La mer est froide. **f.** La mer est calme. **g.** Cette eau est salée.

5 **Mettez les phrases à la forme affirmative.**

a. Aucun élève n'a eu la moyenne. **b.** Tu n'as aucune raison de te fâcher. **c.** Je ne pense plus à cet incident. **d.** Je n'ai plus rien à dire. **e.** Il ne parle à personne.

6 **Dans les phrases suivantes, rétablissez la négation oubliée, *ne*. Attention, il n'y a que cinq phrases négatives.**

a. J'ai pas envie de sortir. **b.** On est très content. **c.** On a pas envie d'y aller. **d.** Il fait pas beau. **e.** Marche pas sur mes pieds. **f.** On a pas pu voir la fin du film. **g.** On a beaucoup réfléchi.

7 **Mettez à la forme négative ces phrases de type injonctif.**

a. Énerve-toi ! **b.** Inquiétez-vous. **c.** Affolons-nous. **d.** Parle-moi. **e.** Regardez-le !

POUR ALLER PLUS LOIN

8 **Mettez les phrases à la forme affirmative. Quels déterminants devez-vous rétablir ?**

a. Elle n'a pas eu de chance cette fois. **b.** Nous n'avons pas reçu de courrier hier. **c.** Mon ami ne fait plus de tennis depuis lundi. **d.** Tu n'as pas d'amis dans ton nouveau collège. **e.** On ne nous a pas servi de pain à la cantine. **f.** Mon père ne prend pas de livres à la bibliothèque.

Linda Montgomery, *Promenade à bicyclette*, illustration.

Leçon 20 La phrase simple et la phrase complexe

J'observe

a. Elle va tous les jours à la piscine. **b.** Elle va tous les jours à la piscine **:** elle prépare une compétition. **c.** Elle nage le crawl **et** elle pratique aussi la brasse papillon. **d.** **Quand** elle nage, elle est heureuse.

1. Quelle phrase ne comporte qu'un verbe (phrase simple) ? Quelles phrases comportent plusieurs verbes (phrases complexes) ?

2. Dans les phrases **b**, **c** et **d**, quelle est la classe grammaticale des outils de liaison en orange (conjonction de coordination, ponctuation, conjonction de subordination) ?

Leçon

1 Proposition et phrase

● Une proposition est un groupe de mots organisé autour d'**un verbe conjugué**. Dans une phrase, il y a autant de propositions que de verbes conjugués. Ex : *[Je joue aux cartes] [quand il pleut.]*

2 La phrase simple

● Une phrase simple ne comporte qu'**un seul verbe conjugué**. Elle forme une **proposition indépendante**.
Ex : *[Je joue aux cartes les jours de pluie.]*

3 La phrase complexe

● Une phrase complexe comporte **plusieurs verbes conjugués**, donc plusieurs propositions. Ex : *[Quand il pleut], [nous jouons aux cartes].*

● Trois procédés permettent de relier les propositions dans une phrase complexe : la **juxtaposition**, la **coordination**, la **subordination**.

	Juxtaposition	Coordination	Subordination
Définitions	Propositions « posées » les unes à côté des autres et séparées par un signe de ponctuation.	Propositions reliées par un outil de coordination.	Une proposition est dite subordonnée quand elle dépend d'une autre proposition, dite principale.
Outils de liaison	Virgule, point-virgule, deux-points.	**Conjonctions de coordination :** *mais, ou, et, donc, or, ni, car* et certains **adverbes de liaison** : *puis, ensuite…* (▶ LEÇON 9, p. 272).	**Outils de subordination :** pronoms relatifs, conjonctions de subordination (▶ LEÇON 1, p. 256).
Exemples	*La nuit arrive**,** elle allume sa lampe.*	*Elle allume sa lampe **car** la nuit arrive.*	***Comme** la nuit arrive, elle allume sa lampe.*

Je m'exerce

1 **Dites si ces phrases sont simples ou complexes.**

a. L'incendie a détruit une partie de la pinède. **b.** Nous pensons que vous réussirez. **c.** Voulez-vous que je vous aide ? **d.** Elle joue au tennis. **e.** Il rentre, prend un bain et se couche. **f.** Cours vite acheter du pain !

2 **Pour chaque phrase, délimitez les propositions. Dites si celles-ci sont juxtaposées ou coordonnées, en précisant quel est l'outil de liaison.**

a. Les trois amis se frayèrent un chemin à travers les ronces et arrivèrent devant une cabane. **b.** Ils y entrèrent mais reculèrent aussitôt car ils entendirent un bruit étrange. **c.** Luc franchit le seuil en premier : il était l'aîné. **d.** Tout à coup un gros rat noir bondit entre ses jambes, il faillit tomber et tous se mirent à rire.

3 **Remplacez les pointillés par l'outil de coordination qui convient.**

a. Mon jean est usé ...... c'est celui que je préfère. **b.** Il est pressé, il partira ...... le premier. **c.** Mettez-vous en rang ...... entrez en silence. **d.** Il a échoué à son examen ...... il n'avait pas révisé ce chapitre. **e.** Venez à la piscine avec nous ...... partez avec lui au cinéma ...... prenez une décision rapidement ! **f.** Je suis allé à la bibliothèque ...... elle était fermée, j'y retournerai ...... demain. **g.** Je n'ai ...... l'envie ...... le temps d'aller à cette soirée.

4 **Relevez les propositions subordonnées et encadrez l'outil de subordination.**

a. Elle croyait que vous étiez partis. **b.** Il attendait depuis une minute quand le métro arriva. **c.** La science qui étudie les planètes s'appelle l'astronomie. **d.** Pendant que la tarte cuit, le cuisinier prépare une crème anglaise. **e.** Il a réussi cet exploit parce qu'il s'y était bien préparé. **f.** Mon jardin est magnifique bien que le temps soit mauvais, en ce début de printemps.

5 **Complétez ces phrases simples de façon à en faire des phrases complexes. Utilisez le procédé de votre choix (juxtaposition, coordination, subordination).**

a. Les magasins vont bientôt fermer.
b. Arrêtons-nous ici.
c. Il dormait paisiblement.
d. La tempête ne se calmait pas.

POUR ALLER PLUS LOIN

6 **Transformez les propositions juxtaposées en propositions coordonnées.**

Ex : *Elle est en colère : elle a raté son bus.* → *Elle est en colère car elle a raté son bus.*

a. Ils voulaient aller à la patinoire ; au dernier moment la neige se mit à tomber. **b.** Devaient-ils partir, devaient-ils rester ? **c.** Ils étaient déçus : ils projetaient cette sortie depuis longtemps. **d.** Soudain la neige s'arrêta, ils partirent. **e.** Le soleil brillait, la température était glaciale.

Monica Seles lors d'un tournoi à Wimbledon, en Grande-Bretagne (1989).

Leçon 21 Les reprises nominales et pronominales

J'observe

a. Luc a trouvé **un petit chat** dans une grange.
b. **Ce petit chat** était tout seul.
c. Luc **l'**a pris dans ses bras.
d. Il a décidé d'adopter **l'animal**.
e. Il a déposé **le chaton** dans une corbeille.
f. **Le matou** a l'air content.

1. Quels mots ou groupes de mots reprennent le groupe nominal *un petit chat* dans les phrases **b**, **c**, **d**, **e**, **f** ?

2. a. Précisez le procédé de reprise utilisé : déterminant démonstratif + groupe nominal, terme générique (désignant l'espèce), synonyme, groupe nominal, pronom personnel.

b. Quelle nuance le mot *matou* apporte-t-il ?

Leçon

1 Les reprises pronominales

● Quand un **pronom** remplace un nom ou un groupe nominal, on parle de reprise pronominale. Le pronom peut être :
– **personnel** : *il(s), elle(s), le, la, les, lui, leur, en, y…*
Ex : *Sophie emprunte un roman. Elle aime beaucoup lire.*

– **démonstratif** : *celui-ci / là, celle-ci / là, ceux-ci / là…*
Ex : *Elle a emprunté deux romans. Elle rendra ceux-ci bientôt.*

– **possessif** : *le mien, le tien, le nôtre, le leur…*
Ex : *Luc renouvelle sa carte de bibliothèque : la sienne est périmée.*

2 Les reprises nominales

● Quand un **nom** ou un **groupe nominal** en reprend un autre, on parle de reprise nominale. Ces reprises nominales consistent à utiliser :
– le **même nom** (ou groupe nominal), **précédé d'un autre déterminant** ;
Ex : *Un dogue aboie dans la rue. Ce (le) dogue semble perdu.*

– un **terme générique** (nom qui désigne un ensemble incluant le nom que l'on remplace) ;
Ex : *Je vois un caniche. Ce chien est tout frisé.*
→ Le caniche est inclus dans la classe des chiens.

– un **synonyme** ;
Ex : *J'ai acheté un chien. Mon toutou est très gentil.*
→ Ici, le mot *toutou* apporte une nuance affective.

– une **périphrase** (groupe nominal enrichi d'expansions) ;
Ex : *Rex a aboyé toute la nuit. Cette maudite alarme à quatre pattes m'a empêché de dormir.*
→ Ici, la reprise est teintée d'humour.

Je m'exerce

1 **Dites quels sont les noms remplacés par les pronoms personnels en rose.**

a. Un dauphin s'est échoué sur la plage. On s'attroupe autour de lui. **b.** Un vétérinaire l'ausculte. Il déclare qu'il est en bonne santé. **c.** Les pompiers arrivent auprès du dauphin. Ils réussissent à le tirer jusqu'à l'eau. **d.** Des pêcheurs l'accompagnent vers le large. **e.** Il bondit au-dessus des flots, comme pour les remercier.

2 **Remplacez les groupes nominaux en rose par un pronom démonstratif (*celui-ci…*) ou possessif (*le mien…*) afin d'éviter la répétition.**

a. Nous nous sommes perdus dans une forêt. Par chance, cette forêt est très fréquentée. **b.** Noémie m'a prêté ses gants car j'ai perdu mes gants. **c.** Nous avons loué un chalet. Le chalet est bien chauffé. **d.** Notre monitrice a été championne de ski ! – Notre monitrice aussi ! **e.** Nous avons téléphoné à nos parents. Et vos amis ont-ils appelé leurs parents ?

Un chalet dans les montagnes du Colorado (États-Unis).

3 **Quels groupes nominaux sont repris par les mots en rose ? Dites, pour chaque cas, si le terme de reprise est un synonyme ou un terme générique.**

a. J'ai subi une opération des amygdales. L'intervention s'est bien passée. **b.** Je manifestai mon contentement. Tout le monde partagea ma joie. **c.** C'est le skieur autrichien qui a gagné. Ce jeune sportif est le maître du slalom. **d.** Nous sommes allés écouter le célèbre rocker. Le chanteur a été très applaudi. **e.** Pour son anniversaire, il a fait une fête. La soirée était très réussie.

4 **Complétez les phrases avec les termes de reprise suivants. Classez ces termes : synonymes, termes génériques, périphrase.**

– ces pièces de théâtre ; la catastrophe ; ces comédiens ; ce cétacé ; cet illustre héros.

a. Ulysse met dix ans à rentrer chez lui : ...... connaîtra bien des aventures. **b.** L'inondation a été forte : ...... a fait beaucoup de dégâts. **c.** La baleine est en voie de disparition ; ...... a été trop pêché. **d.** Les comédies de Molière sont encore jouées : ...... ont toujours un grand succès. **e.** Ce film a réuni de grands acteurs ; ...... ont été récompensés au Festival de Cannes.

POUR ALLER PLUS LOIN

5 **Remplacez les pointillés par une phrase qui convient, en tenant compte des pronoms de reprise en rose.**

a. .... Ils partirent à l'aube avec leurs lignes et leurs filets. **b.** .... Celui-ci est satisfait des résultats de ses élèves. **c.** .... Elle lui donna la récompense promise. **d.** .... Il leur fit promettre de ne plus recommencer. **e.** .... Ceux-ci la rendent malade. **f.** .... Non, je n'en ai plus à te prêter.

Leçon 22 L'indicatif présent et passé composé

J'observe

1. a. Je chante, tu chantes, il chante.
b. j'offre, tu offres, il offre.
2. a. Je choisis, tu choisis, il choisit.
b. je pars, tu pars, il part.
c. je peins, tu peins, il peint.
3. Je prends, tu prends, il prend.
4. Je peux, tu peux, il peut.
5. a. Je vais, tu vas, il va. **b.** j'ai, tu as, il a.
c. je suis, tu es, il est.
6. a. J'ai chanté. **b.** je suis parti.

1 à 4. Quelles sont les différentes terminaisons des verbes français aux trois premières personnes du présent de l'indicatif ?

2 et 3. Quelle différence voyez-vous entre les verbes en *-dre* (*prendre*) et les verbes en *-indre* (*peindre*) ?

5. Les verbes *aller*, *être* et *avoir* sont-ils réguliers ?

6. Comment le passé composé de l'indicatif est-il formé ?

Leçon

1 L'indicatif présent

- Les principales terminaisons des verbes au présent sont :
– verbes en *-er*, sauf *aller*, et **certains verbes** en *-ir* (*couvrir, cueillir, offrir…*) : *-e, -es, -e, -ons, -ez, -ent* ;
– verbes en *-ir* du **deuxième groupe** : *-s, -s, -t, -issons, -issez, -issent* ;
– verbes en *-ir* du **troisième groupe** et **certains verbes** en *-tre, -oir, -indre* : *-s, -s, -t, -ons, -ez, -ent* ;
– verbes en *-dre* (autres que les verbes en *-indre*) : *-ds, -ds, -d, -ons, -ez, -ent* ;
– verbes *pouvoir, valoir, vouloir* : *-x, -x, -t, -ons, -ez, -ent*.

- **Cas particuliers** (▶ TABLEAUX DE CONJUGAISON)
– Les verbes ou auxiliaires *être* et *avoir*, ainsi que le verbe *aller*.
– Les verbes *dire* et *faire*, qui changent de radical à certaines personnes (*vous dites, vous faites*).
– Les verbes en *-eler* et *-eter*, qui doublent le *l* ou le *t* devant un *e* muet (*j'appelle, je jette*).

2 L'indicatif passé composé

- Le passé composé est formé de l'**auxiliaire** *être* ou *avoir* conjugué à l'indicatif présent, suivi du **participe passé** du verbe. ▶ LEÇON 35, p. 324
Ex : *Elles ont vu ; elles sont venues.*

- Terminaisons des participes passés :
– verbes du premier groupe : *-é* (*fermer* → *fermé*) ;
– verbes du deuxième groupe : *-i* (*finir* → *fini*) ;
– verbes du troisième groupe : *-i, -is, -t, -u* (*parti, pris, écrit, vu*).

- En cas de doute sur la terminaison, il faut mettre le participe passé au féminin : *pris* / *prise* ; *fini* / *finie*.

Je m'exerce

1 **Conjuguez les verbes suivants à toutes les personnes de l'indicatif présent et de l'indicatif passé composé.**

a. remercier. **b.** rire. **c.** plaisanter. **d.** savoir. **e.** comprendre. **f.** plaindre. **g.** permettre. **h.** épeler. **i.** rester.

2 **Écrivez les verbes entre parenthèses à l'indicatif présent.**

a. Le vendeur nous (donner) le prix du VTT. **b.** Tu (lire) à haute voix. **c.** Les oiseaux (nettoyer) leurs plumes avec leur bec. **d.** Tu lui (offrir) des fleurs. **e.** Les élèves (écrire) un poème. **f.** Que (faire)-vous ici ? **g.** Je (vouloir) acheter un ballon. **h.** Tu (jeter) les papiers à la poubelle. **i.** La méchante fée (ensorceler) la princesse. **j.** Vous (dire) certainement la vérité.

3 **Écrivez ces verbes en *-indre* ou *-dre* à l'indicatif présent.**

a. J' (apprendre) ma récitation. **b.** Mon frère (repeindre) sa chambre. **c.** Tu (attendre) tes parents. **d.** Mon ami (rejoindre) sa famille à la gare. **e.** Je (craindre) d'être punie. **f.** Tu me (rendre) mon roman.

4 **Trouvez un sujet possible (nom, groupe nominal ou pronom) pour les verbes suivants. N'utilisez le pronom que dans les cas où il s'impose.**

a. ...... ne ment jamais. **b.** ...... craignons qu'il ne pleuve. **c.** ...... ne crains pas l'orage. **d.** ...... sourit à sa mère. **e.** ...... courent trop vite. **f.** ...... peux réussir si ...... veux. **g.** ...... descends l'escalier. **h.** ...... se dirigent avec leurs nageoires.

5 **Replacez dans le texte les verbes proposés : *disparaissent ; peint ; préférons ; croit ; deviens ; dites ; souviens ; lisez.***

a. Mon petit frère ne ...... plus au père Noël. **b.** Ma sœur aînée est douée, elle ...... de beaux paysages. **c.** Je ne me ...... plus de cet épisode. **d.** Tu ...... grande maintenant. **e.** Vous ...... l'*Odyssée* ; nous ...... les contes de fées. **f.** Que ......-vous ? **g.** Des espèces animales ...... chaque année.

6 **Écrivez les verbes entre parenthèses à l'indicatif passé composé. Attention à l'accord du participe passé (▶ LEÇON 35, p. 324) !**

a. Vous (prendre) le bus, pour venir ? **b.** Ils (devenir) verts de peur. **c.** Est-ce que tu (répondre) à son message ? **d.** J'(commencer) ma lecture. **e.** Elle (aller) se promener. **f.** Nous (jouer) au basket. **g.** Elles (entrer) dans la salle de classe.

POUR ALLER PLUS LOIN

7 **Écrivez les verbes ci-dessous au présent de l'indicatif, à la première personne du singulier et du pluriel.**

Ex : *je nage / nous nageons ; je lance / nous lançons ; j'emploie / nous employons.*

a. appuyer. **b.** voyager. **c.** partager. **d.** tutoyer. **e.** placer. **f.** envoyer. **g.** songer. **h.** effacer.

Shannon James Jabusa (1862-1923), *Les Contes de la Jungle* (1895), huile sur toile, 0,87 x 1,137 m (the Metropolitan Museum of Art, New York, États-Unis).

Leçon 23 L'indicatif imparfait et plus-que-parfait

J'observe

1. Je parlais ; tu pouvais ; il finissait ; nous partions ; vous veniez ; ils prenaient.
2. Nous riions ; vous essuyiez.
3. Je nageais, nous nagions ; tu annonçais, vous annonciez.
4. Elle avait parlé ; elle était venue.

1, 2, 3. a. Indiquez l'infinitif et le groupe de chaque verbe (▶ LEÇON 7, p. 268).
b. Quelles sont les terminaisons de l'imparfait pour tous les groupes ?
3. Quelles particularités orthographiques constatez-vous pour ces verbes ? Comment les expliquez-vous ?
4. Comment l'indicatif plus-que-parfait est-il formé ?

Leçon

1 Les terminaisons de l'indicatif imparfait

- Les terminaisons de l'imparfait sont : *-ais*, *-ais*, *-ait*, *-ions*, *-iez*, *-aient*.

Ex : *venir* → *Je venais, tu venais, il / elle venait, nous venions, vous veniez, ils / elles venaient.*

Remarques :

– Les verbes dont le radical se termine par *y* et *i* suivent la règle normale.
Ex : *rayer* → *vous ray-iez* ; *plier* → *vous pli-iez.*

– Les verbes dont le radical se termine par *g* prennent à l'imparfait un e intercalaire devant *a*.
Ex : *changer* → *je changeais, tu changeais, il / elle changeait, ils / elles changeaient.*

– Les verbes dont le radical se termine par *c* prennent à l'imparfait une **cédille** devant *a*.
Ex : *placer* → *je plaçais, tu plaçais, il / elle plaçait, ils / elles plaçaient.*

2 L'indicatif plus-que-parfait

- Le plus-que-parfait est formé de l'**auxiliaire** *être* ou *avoir* conjugué à l'indicatif imparfait, suivi du **participe passé** du verbe.

Ex : *penser* → *J'avais pensé, tu avais pensé, il / elle avait pensé, nous avions pensé, vous aviez pensé, ils / elles avaient pensé ;*
venir → *J'étais venu(e), tu étais venu(e), il / elle était venu(e), nous étions venu(e)s, vous étiez venu(e)s, ils / elles étaient venu(e)s.*

Je m'exerce

1 Conjuguez à toutes les personnes de l'indicatif imparfait et plus-que-parfait les verbes suivants.

a. aimer. **b.** prendre. **c.** devenir. **d.** voir. **e.** courir. **f.** lire. **g.** réfléchir. **h.** appeler.

2 Écrivez les verbes entre parenthèses à l'indicatif imparfait.

a. Tu (vouloir) partir tôt. **b.** Le professeur nous (dicter) un texte chaque lundi. **c.** Nous (avoir) souvent beau temps. **d.** Je (dormir) tard le matin. **e.** Les billets d'avion (être) dans une pochette. **f.** À 19 heures, les vendeurs (compter) leur caisse. **g.** On nous (servir) le café tous les matins. **h.** Tu (distinguer) mal le tableau car tu étais trop loin. **i.** Le petit singe (grimper) sur l'arbre.

3 Écrivez les verbes entre parenthèses à l'indicatif imparfait.

a. Le haut-parleur (annoncer) l'arrivée des trains. **b.** Il (songer) à ses amis restés là-bas. **c.** Nous (rire) à chaque plaisanterie. **d.** À la cantine, vous (essuyer) la table après chaque repas. **e.** Il ne (négliger) aucun détail. **f.** Nous (crier) très fort à chaque but marqué. **g.** Je (tracer) soigneusement un triangle sur mon cahier. **h.** Nous (classer) les livres, et vous (trier) les vieux papiers. **i.** Quand j'(être) à l'école primaire, le professeur me (placer) toujours au premier rang.

4 Trouvez le pronom sujet correspondant aux verbes de ces phrases.

a. ...... cherchions à retrouver notre chemin. **b.** ...... me souviens que ...... riiez beaucoup pendant les cours ! **c.** ...... faisaient un jogging chaque matin. **d.** Tous les mercredis, ... partageais mes gâteaux avec mes amis. **e.** ...... pouvions partir quand ...... le voulions. **f.** ...... courait après la balle. **g.** ...... cueillions des champignons. **h.** ...... voguait à l'horizon.

5 Écrivez les verbes entre parenthèses à l'indicatif plus-que-parfait. Attention à l'accord du participe passé avec l'auxiliaire *être* ! ▶ LEÇON 35, p. 324

a. Nous vous (prévenir) de notre retard. **b.** J'(avancer) la date de mon retour. **c.** Je pensais qu'elles (revenir) de vacances avant vous. **d.** Les enfants (rester) sur la plage après notre départ. **e.** Ce jour-là, tu (prendre) ton déjeuner avant nous. **f.** Cette année-là, nous (rentrer) plus tôt car le temps (devenir) exécrable.

POUR ALLER PLUS LOIN

6 Replacez dans les phrases les verbes suivants : *oubliiez ; expédiions ; plongeait ; payiez ; encourageait ; fronçait ; annonçait ; enfuyiez.*

a. Vous souvenez-vous ? Vous nous ...... toujours des glaces. **b.** Vous ...... souvent vos clés. **c.** La mouette ...... dans la mer. **d.** Le professeur ...... les sourcils. **e.** Le public ...... les joueurs. **f.** À Noël, nous ...... tous nos colis par la poste. **g.** Elle ...... toujours de bonnes nouvelles. **h.** Vous vous ...... vite après chaque bêtise.

Cueillette de champignons (Italie, 2005).

Leçon 24 L'indicatif passé simple et passé antérieur

J'observe

1. J'aimai ; tu demandas ; il alla ; nous montâmes ; vous jouâtes ; ils chantèrent.
2. Je choisis ; tu pris ; il mentit ; nous partîmes ; vous vendîtes ; ils sortirent.
3. Je lus ; tu sus ; il dut ; nous courûmes ; vous voulûtes ; ils burent.
4. Je vins ; tu soutins ; il revint ; nous tînmes ; vous devîntes ; ils retinrent.
5. Nous eûmes acheté ; nous fûmes revenus.

1, 2, 3. a. Indiquez l'infinitif et le groupe de chaque verbe (▶ LEÇON 7, p. 268).
b. Observez les terminaisons pour chaque série de verbes. Quelle règle tirez-vous sur les différentes terminaisons des verbes au passé simple ?
4. Quels sont les composés de *venir* et de *tenir* ? Comment ces verbes se conjuguent-ils au passé simple ?
5. Indiquez comment se forme le passé antérieur.

Leçon

1 Les terminaisons de l'indicatif passé simple

● À l'indicatif passé simple, les terminaisons sont :
– pour les verbes du **premier groupe** : *-ai, -as, -a, -âmes, -âtes, -èrent* ;
Ex : *je parlai, tu parlas, il / elle parla, nous parlâmes, vous parlâtes, ils / elles parlèrent.*
– pour les verbes du **deuxième groupe** et de **nombreux verbes du troisième groupe** : *-is, -is, -it, -îmes, -îtes, -irent* ;
Ex : *je frémis, tu frémis, il / elle frémit, nous frémîmes, vous frémîtes, ils / elles frémirent.*
– pour quelques verbes du **troisième groupe** : *-us, -us, -ut, -ûmes, -ûtes, -urent*.
Ex : *je courus, tu courus, il / elle courut, nous courûmes, vous courûtes, ils / elles coururent.*
Remarque : les verbes *tenir*, *venir* et leurs **composés** se terminent par *-ins, -ins, -int, -înmes, -întes, -inrent.*

2 La formation de l'indicatif passé antérieur

● L'indicatif passé antérieur est formé de l'**auxiliaire** *être* ou *avoir* à l'indicatif passé simple suivi du **participe passé** du verbe.
Ex : *finir* → *J'eus fini, tu eus fini, il / elle eut fini, nous eûmes fini, vous eûtes fini, ils / elles eurent fini.*
partir → *Je fus parti(e), tu fus parti(e), il / elle fut parti(e), nous fûmes parti(e)s, vous fûtes parti(e)s, ils / elles furent parti(e)s.*

Je m'exerce

1 **Conjuguez les verbes des phrases ci-dessous à toutes les personnes du singulier et du pluriel du passé simple.**

a. Cet été-là, je fis un grand voyage. **b.** Je parvins rapidement à destination. **c.** J'aperçus une lionne et son lionceau. **d.** J'arrivai au village.

2 **Écrivez les verbes entre parenthèses au passé simple.**

a. Après le dîner, je (débarrasser) la table. **b.** Les enfants (recueillir) un chat. Il (boire) tout le lait. **c.** Nous (pouvoir) enfin aller seuls au cinéma. **d.** Dès que je (savoir) que j'étais sélectionnée, je (sauter) de joie.

3 **Écrivez les verbes entre parenthèses au passé antérieur.**

a. Quand l'animal (repérer) les lieux, il fut rassuré. **b.** Quand il (finir) de boire, il se remit en route. **c.** En quelques minutes, il (atteindre) le sommet. **d.** Quand il (apprendre) toute l'affaire, il devint pâle de colère.

4 **Écrivez au passé simple les verbes des phrases suivantes.**

a. Le prince (revenir) sur ses pas. **b.** Il y (avoir) alors un grand bruit. **c.** La pauvre enfant (s'enfuir). **d.** La jeune fille se (résoudre) à ne rien dire à sa marâtre. **e.** Le fils du roi (devenir) amoureux de la princesse, il l' (emmener) au palais. **f.** Ils (vivre) heureux.

5 **Écrivez au passé antérieur les verbes des phrases suivantes. Attention à l'accord du participe passé avec l'auxiliaire *être*** (▶ LEÇON 35, p. 324) **!**

a. Lorsque son père (partir), la Belle se mit à pleurer. **b.** À peine la Belle (prononcer) ces paroles qu'elle vit à ses pieds un prince plus beau que le jour. **c.** La fourmi se trouva fort dépourvue quand la bise (venir). **d.** Après qu'il (brouter, trotter) et (faire) ses tours, Jeannot lapin retourna dans son terrier.

6 **Recopiez le texte en mettant les verbes entre parenthèses au passé simple.**

Quand nous (être) en pleine mer, nous (devenir) le jouet du vent et des flots qui nous jetaient tantôt d'un côté, et tantôt d'un autre, et nous (passer) ce jour-là et la nuit suivante dans une cruelle incertitude de notre destinée ; mais le lendemain, nous (avoir) le bonheur d'être poussés contre une île où nous nous (sauver) avec bien de la joie.

D'après « Sindbad le Marin »,
dans ***Les Mille et Une nuits*** (xe siècle),
traduit de l'arabe par Antoine Galland
(1704 à 1717).

POUR ALLER PLUS LOIN

7 **Conjuguez les verbes en rose à toutes les personnes de l'indicatif passé simple et passé antérieur.**

a. Quand j'eus fini mon dîner, j'allai me coucher. **b.** Quand j'eus compris mon erreur, je rougis de honte. **c.** Quand je fus arrivé, je rangeai mes affaires.

Félix Lorioux (1872-1964), illustration de « La Cigale et la Fourmi », de Jean de La Fontaine (édition Hachette, 1929).

Leçon 25 L'indicatif futur simple et futur antérieur

J'observe

1. Je parlerai ; tu diras ; il perdra ; nous arriverons ; vous choisirez ; ils plieront.
2. Je saurai ; tu feras ; il viendra ; nous tiendrons ; vous devrez ; ils iront ; j'enverrai ; tu verras ; il pourra.
3. Nous courrons ; ils mourront.
4. Je paierai ; tu essuieras ; il appellera ; il jettera.
5. Elles auront parlé ; elles seront venues.

1 à 4. a. Indiquez l'infinitif et le groupe des verbes (▶ LEÇON 7, p. 268).
b. Quelles sont les terminaisons de l'indicatif futur pour tous les verbes ?

1, 2 et 3. Dans quelle série de verbes le futur est-il construit à partir de l'infinitif ? Dans quelle série le verbe change-t-il de radical ?

3 et 4. Quelles particularités les verbes *courir* et *mourir*, d'une part, et les verbes en *-yer*, *-eler* et *-eter*, d'autre part, présentent-ils ?

5. Comment le futur antérieur des verbes est-il formé ?

Leçon

1 L'indicatif futur simple

- À l'indicatif futur simple, les terminaisons sont : *-rai, -ras, -ra, -rons, -rez, -ront*.

- Le futur simple de la plupart des verbes **se forme à partir de l'infinitif**.
Ex : *étudier* → *j'étudierai, tu étudieras, il / elle étudiera, nous étudierons, vous étudierez, ils / elles étudieront.*

- D'autres **changent leur radical**.
Ex : *pouvoir* → *je pourrai, tu pourras, il / elle pourra, nous pourrons, vous pourrez, ils / elles pourront.*

- Les verbes *courir* et *mourir* prennent deux *r*.
Ex : *je courrai ; je mourrai.*

- Les verbes en *-ayer, -oyer, -uyer* changent l'*y* en *i*.
Ex : *je balaierai, je nettoierai, j'essuierai.*

- Les verbes en *-eler* et *-eter* doublent le *l* et le *t*.
Ex : *j'appellerai, je jetterai.*

2 La formation de l'indicatif futur antérieur

- L'indicatif futur antérieur est formé de l'**auxiliaire** *être* ou *avoir* au futur simple suivi du **participe passé** du verbe.
Ex : *finir* → *j'aurai fini, tu auras fini, il / elle aura fini, nous aurons fini, vous aurez fini, ils / elles auront fini.*
venir → *je serai venu(e), tu seras venu(e), il / elle sera venu(e), nous serons venu(e)s, vous serez venu(e)s, ils / elles seront venu(e)s.*

Je m'exerce

1 **Conjuguez les verbes ci-dessous à toutes les personnes de l'indicatif futur simple et futur antérieur.**

a. fêter. **b.** crier. **c.** lire. **d.** partir. **e.** jouer. **f.** vouloir.

2 **Écrivez les verbes entre parenthèses à l'indicatif futur simple.**

a. Demain, tu n'(oublier) pas ton rendez-vous. **b.** Je (noter) votre adresse dans mon répertoire. **c.** Nous (écrire) l'exercice au crayon à papier. **d.** Les élèves (apprendre) leur leçon pour lundi. **e.** La monitrice (remplir) les assiettes des enfants. **f.** Vous (attacher) votre ceinture en voiture. **g.** Tu (remercier) ton oncle pour son invitation.

3 **Écrivez les verbes entre parenthèses à l'indicatif futur simple.**

a. Bientôt nous (aller) voir nos cousins. **b.** Au rond-point, tu (devoir) tourner à droite. **c.** Ce soir, vous (pouvoir) regarder la télévision. **d.** Demain, je (faire) un gâteau. **e.** Tu (savoir) skier à la fin des vacances. **f.** Nous vous (envoyer) des cartes postales. **g.** Dans cet exercice, vous (employer) le futur simple. **h.** Comment (appeler)-tu ton petit chien ? **i.** Nous (courir) peut-être un jour un marathon.

4 **Écrivez les verbes entre parenthèses à l'indicatif futur antérieur. Attention à l'accord du participe passé avec l'auxiliaire *être* (▶ LEÇON 35, p. 324) !**

a. Je suis sûre que nous (revenir) avant toi. **b.** Les élèves (terminer) leur repas vers 13 heures. **c.** Je parie qu'il (oublier) ses clés. **d.** Je (partir) à ton retour. **e.** Je pense que j'(terminer) mon livre à la fin de la semaine. **f.** Je vous appellerai dès que j'(recevoir) votre commande. **g.** Dans quelques jours, la chenille (devenir) un magnifique papillon.

5 **Replacez dans le texte les verbes proposés : *réfléchirons ; iront ; sera arrivé ; sauront ; pourras ; auras fini ; reparlera.***

a. Quand tu ......, ...-tu m'aider ? **b.** Les élèves ...... au théâtre avec leur professeur. **c.** Quand il ......, on en .... **d.** Nous ...... à la question plus tard. **e.** Bientôt, les poussins ...... voler.

POUR ALLER PLUS LOIN

6 **Dans les phrases suivantes, remplacez l'impératif par l'indicatif futur, à la deuxième personne du singulier, puis du pluriel.**

a. Faites cuire le riz pendant trois minutes dans de l'eau bouillante. **b.** Mettez ensuite le lait à bouillir, ajoutez le riz précuit, un peu de beurre, cent grammes de sucre, un sachet de sucre vanillé. **c.** Laissez cuire à feu doux environ trois quarts d'heure. **d.** Servez le riz, tiède ou froid, dans de petits bols. **e.** Accompagnez le riz de confiture ou de compote de fruits.

Chad J. Shaffer, *Descente à ski*, illustration.

Leçon 26 L'indicatif conditionnel présent et passé

J'observe

Série 1. je parlerais, tu dirais, il perdrait, nous arriverions, vous choisiriez, ils pleuraient.
Série 2. je saurais, tu ferais, il viendrait, nous tiendrions, vous devriez, ils iraient, j'enverrais, tu verrais, il pourrait.
Série 3. nous courrions, vous parcourriez, ils mourraient.
Série 4. je paierais, tu essuierais, il appellerait.
Série 5. elles auraient parlé, elles seraient venues.

Série 1. a. Indiquez l'infinitif et le groupe de chaque verbe.
b. Quelles sont les terminaisons de l'indicatif conditionnel présent pour tous les verbes ?

Séries 2, 3, 4. Quelles particularités les verbes présentent-ils ? (▶ LEÇON 25, p. 304).

Série 5. Comment se forme le conditionnel passé ?

Leçon

1 LE CONDITIONNEL PRÉSENT

- La plupart des verbes forment le conditionnel présent à partir de l'**infinitif**, auquel on ajoute les **terminaisons de l'imparfait** : *-rais, -rais, -rait, -rions, -riez, -raient*.

Ex : *finir* → *je finirais, tu finirais, il finirait, nous finirions, vous finiriez, ils finiraient.*
jouer → *je jouerais, tu jouerais, il jouerait, nous jouerions, vous joueriez, ils joueraient.*

- Certains verbes **changent de radical**.

Ex : *pouvoir* → *je pourrais, tu pourrais, il pourrait, nous pourrions, vous pourriez, ils pourraient.*

- Les **cas particuliers** sont les mêmes qu'au futur (▶ LEÇON 25, p. 304) :
– les verbes *courir* et *mourir* prennent deux *r* (*je courrais, tu courrais, il courrait*) ;
– les verbes en *-ayer*, *-oyer* et *-uyer* changent l'*y* en *i* (*je balaierais, je nettoierais, j'essuierais*) ;
– les verbes en *-ler* et *-ter* doublent le *l* et le *t* (*j'appellerais, tu appellerais, il appellerait, nous appellerions, vous appelleriez, ils appelleraient*).

2 LE CONDITIONNEL PASSÉ

- L'indicatif conditionnel passé est formé de l'**auxiliaire** *être* ou *avoir* au **conditionnel simple**, suivi du **participe passé** du verbe.

Ex : *finir* → *nous aurions fini* ; *venir* → *nous serions venus.*

Je m'exerce

1 **Conjuguez ces verbes à toutes les personnes de l'indicatif conditionnel présent et conditionnel passé.**

a. parler. **b.** lire. **c.** crier. **d.** appeler. **e.** courir. **f.** sentir.

2 **Conjuguez les verbes entre parenthèses au conditionnel présent.**

a. J' (aimer) que vous veniez dimanche. **b.** Tu n' (oublier) pas si vite tes leçons si tu les apprenais mieux. **c.** Mon père nous a annoncé que nous (aller) en vacances en Grèce. **d.** Je vous avais prévenu que j' (arriver) tard. **e.** Nous (préférer) le train de nuit. **f.** Je pensais que nous (pouvoir) y aller ensemble. **g.** On (dire) qu'il va pleuvoir.

3 **Écrivez les verbes entre parenthèses au conditionnel présent.**

a. Je (vouloir) que tu me prêtes ta console de jeux. **b.** Cela me (faire) plaisir que tu ranges ta chambre. **c.** Nous vous (revoir) bien volontiers. **d.** Vous (devoir) voir ce film. **e.** Tu (devoir) te dépêcher, le matin. **f.** Nous le (savoir), si elle voulait partir.

4 **Trouvez un sujet possible pour ces verbes conjugués au conditionnel présent (nom, groupe nominal ou pronom).**

a. ...... viendrais, si je t'invitais ? **b.** Marine espérait que ...... l'appellerait au téléphone ce soir-là. **c.** La fée dit que ...... jetterait un sort au prince. **d.** ...... ne tutoierions pas notre moniteur sans autorisation. **e.** ...... courraient plus vite, avec un bon entraînement. **f.** ...... mourrais de peur la nuit, dans une forêt sombre.

5 **Conjuguez les verbes entre parenthèses au conditionnel passé.**

a. J' (aimer) que vous veniez à ma fête. **b.** Nous (saluer) notre voisin, si nous l'avions vu. **c.** Tu (venir) tout de suite, si nous t'avions appelé. **d.** J' (finir) si j'avais eu plus de temps. **e.** Nous (partir) avec vous, si nous n'avions pas eu cet empêchement de dernière minute. **f.** J' (vouloir) voir ce spectacle.

POUR ALLER PLUS LOIN

6 **Complétez ces phrases avec des verbes au conditionnel présent.**

a. Je ...... si le temps était meilleur. **b.** Le facteur ...... un avis de passage en cas d'absence. **c.** Nous ...... volontiers à la tombola. **d.** Je ...... bien du gâteau. **e.** Que ......-tu si tu avais de l'argent ? **f.** Vous ne ...... pas le train sans billet, j'espère. **g.** ......-vous nous servir rapidement, s'il vous plaît ?

7 **Complétez ces phrases avec des verbes au conditionnel passé.**

a. Tu ...... ton père au match, si tu étais arrivé plus tôt. **b.** J' ...... mon travail, si tu m'avais laissé tranquille. **c.** J' ...... l'anglais plus vite si j'étais allé en Angleterre. **d.** Nous ...... en excursion, s'il avait fait beau. **e.** Vous ...... avec un peu de chance.

Touristes à Oia (Santorin, Grèce).

Leçon 27 L'impératif et le subjonctif présent

J'observe

L'impératif présent

1. chante, offre, finis, prends.

2. chantons, offrons, finissons, prenons ; chantez, offrez, finissez, prenez.

3. va, dites, faites ; sois, soyons, soyez ; aie, ayons, ayez.

Le subjonctif présent

1. il faut que je mange, que tu finisses, qu'il parte, que nous venions, que vous couriez, qu'ils prennent.

2. il faut que j'aie, que tu aies, qu'il ait, que nous ayons, que vous ayez, qu'ils aient ; que je sois, que tu sois, qu'il soit, que nous soyons, que vous soyez, qu'ils soient.

L'impératif présent

1. Quelle est la terminaison à la 2e personne du singulier des verbes du 1er groupe et des verbes du type *offrir* (*j'offre*, à l'indicatif présent) ? des autres verbes ?

2. Quelles sont les terminaisons des deux personnes du pluriel ?

3. Quels verbes font exception à ces règles ?

Le subjonctif présent

1. Quelles terminaisons retrouve-t-on dans tous les verbes au subjonctif présent ?

2. À quelles personnes *être* et *avoir* font-ils exception à la règle ?

Leçon

1 L'impératif présent

- L'impératif présent ne se conjugue qu'à la deuxième personne du singulier, et aux première et deuxième personnes du pluriel. Il s'emploie **sans sujet**.

- Les terminaisons des verbes du **premier groupe** et des verbes du type *souffrir* et *cueillir* sont : *-e, -ons, -ez*.
Ex : *chanter* → *chante, chantons, chantez.*

- Les terminaisons des verbes du **deuxième** et du **troisième groupe** sont : *-s, -ons, -ez*. Ex : *finir* → *finis, finissons, finissez ; pars, partons, partez.*

Remarques :
– Certains verbes sont **irréguliers** à certaines personnes.
Ex : *aller* → *va* ; *dire* → *dites* ; *faire* → *faites.*
– Les verbes *être* et *avoir* : *sois, soyons, soyez ; aie, ayons, ayez.*

2 Le subjonctif présent

- Au subjonctif présent, tous les verbes ont les mêmes terminaisons : *-e, -es, -e, -ions, -iez, -ent*. Ex : *que je parte, que tu partes, qu'il / elle parte, que nous partions, que vous partiez, qu'ils / elles partent.*

- **Exceptions :**
– *être : que je sois, que tu sois, qu'il / elle soit, que nous soyons, que vous soyez, qu'ils / elles soient ;*
– *avoir : que j'aie, que tu aies, qu'il / elle ait, que nous ayons, que vous ayez, qu'ils / elles aient.*

Je m'exerce

1 Conjuguez les verbes aux trois personnes de l'impératif présent.

a. jouer. **b.** crier. **c.** apprendre. **d.** faire. **e.** dire. **f.** choisir. **g.** mettre. **h.** dormir. **i.** entendre. **j.** écrire.

2 Écrivez les verbes entre parenthèses aux trois personnes de l'impératif présent.

a. (Être) à l'heure. **b.** Ne (perdre) pas tes clés. **c.** (Aller) à la plage, puisqu'il fait beau. **d.** Ne (cueillir) pas les fleurs du jardin public. **e.** (Essayer) les vêtements avant de les acheter. **f.** (Lire) le mode d'emploi de l'appareil. **g.** Ne (boire) pas si vite. **h.** (Faire) régulièrement du sport pour être en forme.

3 Conjuguez au subjonctif présent et à toutes les personnes les verbes suivants. Vous commencerez par *Il faut que*.

a. parler. **b.** choisir. **c.** entendre. **d.** rentrer. **e.** mettre. **f.** savoir. **g.** courir. **h.** faire.

4 Récrivez les phrases ci-dessous en prenant pour modèle l'exemple suivant :

Ex : *Il faut faire du sport.* → *Il faut que tu fasses du sport.*

a. Il faut partir en vacances. **b.** Il faut manger plus de fruits. **c.** Il faut lire et écrire beaucoup pour progresser en français. **d.** Il faut sourire et être aimable avec les gens. **e.** Si tu veux partir le 15 août, il faut réserver un billet longtemps à l'avance. **f.** Il faut absolument voir cette exposition.

5 Écrivez les verbes entre parenthèses au subjonctif présent.

a. Il faut que tu (écouter) cette nouvelle chanson. **b.** Il faut que nous (être) à l'heure au spectacle. **c.** Il faut que vous (avoir) votre équerre au cours de mathématiques. **d.** Il faut que je (réussir) mon examen de danse. **e.** Il faut que les élèves (apprendre) le règlement du collège.

Joueurs de basket-ball (Arizona, États-Unis).

6 Trouvez un sujet possible (nom, groupe nominal ou pronom) pour ces verbes au subjonctif. N'utilisez des pronoms que lorsque cela s'impose.

a. Il faut que ...... viennent avec nous au match. **b.** Il faut que ...... sois prêt à partir dans cinq minutes. **c.** Il faut que / qu' ...... ait son matériel de plongée en bon état. **d.** Il faut que ...... revoyiez votre poème pour demain. **e.** Il faut que ...... tiennent dans ce petit sac de voyage.

POUR ALLER PLUS LOIN

7 Mettez les verbes entre parenthèses à l'impératif présent ou au subjonctif présent. Utilisez la personne qui convient.

a. (Venir) avec ton frère demain. **b.** Je veux que vous (ouvrir) vos livres à la page des exercices. **c.** (Faire) votre possible pour venir. **d.** Il est nécessaire que nous (avoir) nos passeports pour partir à l'étranger. **e.** J'aimerais que les magasins (ouvrir) le dimanche. **f.** (Aller) toutes les deux chez le coiffeur cet après-midi.

Leçon 28 Les valeurs du présent de l'indicatif

J'observe

a. – Bonjour, Marie.
Que **fais**-tu, aujourd'hui ?
– Je **vais** à la plage. Et toi ?
b. Qui **aime** bien **châtie** bien.
c. Le prince s'ennuyait pendant le bal et refusait de danser ; mais **s'avance** alors une belle jeune fille inconnue.

Phrases a. Identifiez le temps des verbes. À quel moment ce temps renvoie-t-il par rapport au moment où les paroles sont prononcées ?

Phrase b. Dans un proverbe, le présent renvoie-t-il à un moment précis ?

Phrase c. Quel est le temps des deux premiers verbes de la phrase ? À quel temps est le verbe en orange ? Ce temps renvoie-t-il à un moment du présent ou à un moment du passé ?

Leçon

1 La valeur de base du présent de l'indicatif

- L'indicatif présent exprime des actions ou des états qui se produisent ou existent **au moment où l'on parle** ou au moment **où l'on écrit** : c'est le **présent d'actualité**. On l'utilise dans une conversation (un dialogue) et dans une lettre.
Ex : *Au moment où je vous écris, il pleut.*
– Que fais-tu ? – Je suis en train de lire.

2 Les autres valeurs du présent de l'indicatif

- L'indicatif présent peut exprimer un fait ou un état valable de tout temps : c'est le **présent de vérité générale**.
Ex : *Un triangle est une figure à trois côtés. La Terre tourne autour du Soleil.*

- L'indicatif présent peut être utilisé dans un **récit au passé**, à la place du passé simple et de l'imparfait (ou du passé composé), pour **exprimer un moment fort** de l'action et rendre celle-ci plus présente aux yeux du lecteur : c'est le **présent de narration**.
Ex :

Un Agneau se désaltérait
Dans le courant d'une onde pure.
Un Loup survient à jeun qui cherchait aventure,
Et que la faim en ces lieux attirait.

Jean de La Fontaine, « Le Loup et l'Agneau », *Fables*, (1668), livre I, 10.

→ Le présent de narration marque une rupture et crée un effet de dramatisation.

Je m'exerce

1 **Pour chaque phrase, indiquez la valeur du présent (actualité, vérité générale ou narration).**

a. Qui dort dîne. **b.** Je t'écris ce texto de la plage, où je profite du soleil. **c.** L'eau bout à cent degrés. **d.** Tout était calme dans la nuit. Soudain, un cri déchire le silence. **e.** C'est aujourd'hui que commence la grande braderie. **f.** Les oiseaux font leur nid au printemps. **g.** Allô ! Comment vas-tu ce matin ? **h.** Le train arrive maintenant en gare de Limoges : cinq minutes d'arrêt.

2 **Complétez chacune des morales suivantes, extraites des *Fables* de La Fontaine. Vous utiliserez les verbes suivants : *font, vit, a, sert, écoute, est.***

a. On ...... souvent besoin d'un plus petit que soi. **b.** Rien ne ...... de courir, il faut partir à temps. **c.** La raison du plus fort ...... toujours la meilleure. **d.** Apprenez que tout flatteur ...... aux dépens de celui qui l'....... **e.** Patience et longueur de temps ...... plus que force ni que rage.

3 **Dans le texte suivant, relevez les verbes au présent et précisez, dans chaque cas, la valeur de ce temps.**

Mes parents avaient loué une petite maison au bord de l'océan l'été dernier. Quand nous arrivâmes, mon père s'écria :

– Je suis vraiment heureux d'être arrivé sans rencontrer d'embouteillage ; je ne regrette pas d'être parti à cinq heures ce matin. Le monde appartient à ceux qui se lèvent tôt.

– Oui, c'est vrai, ajouta ma mère, mais il nous faut maintenant défaire les bagages.

Je commençai à faire mon lit, quand une petite boule noire me passe entre les jambes.

– Ah ! Qu'est-ce que c'est ? m'écriai-je.

– C'est un petit chat qui a eu aussi peur que toi, répliqua ma sœur d'un ton moqueur.

POUR ALLER PLUS LOIN

5 **Imaginez la suite de ces phrases : vous utiliserez à chaque fois le présent de narration pour souligner un fait surprenant ou pour ménager un suspense.**

a. Nous étions tranquillement en train de cueillir des cerises, quand .... **b.** C'était pour moi un long jour d'ennui, le temps s'écoulait lentement. Soudain, ... **c.** Le brouillard était épais, nous avancions avec difficulté ; tout à coup ...... **d.** Je commençais à m'endormir lorsque ......

Bon point avec un proverbe : « L'union fait la force ».

Leçon 29

Les valeurs du passé composé et du futur

J'observe

Série 1. a. Hier il **a plu**, donc nous **n'avons pas pu** sortir. **b.** Aujourd'hui, il fait enfin beau !
Série 2. a. Comme il ne pleut plus, nous **partirons** demain. **b.** Tu **laveras** la voiture et tu **prendras** de l'essence avant de partir. **c.** Ce **sera** sans doute un beau voyage. **d.** Tu verras, tu **te feras** beaucoup d'amis.

Série 1. Quel temps exprime une action passée par rapport au présent ?
Série 2. a. À quel temps sont les verbes en orange ?
b. Identifiez ce qu'exprime ce temps dans chaque phrase : une action future par rapport au présent ? une supposition ? un ordre ? une prédiction ?

Leçon

1 L'indicatif passé composé

- Le passé composé exprime une **action passée** par rapport au présent.

Ex : *Comme j'ai fini mes devoirs hier, aujourd'hui je peux sortir.*

Remarque : certains romanciers contemporains utilisent le passé composé comme **temps de base du récit au passé**, à la place du passé simple. Le récit est ainsi plus proche de la langue orale.

Ex : *Le mois dernier, nous sommes allés passer quelques jours en Normandie. Nous avons marché au bord de la mer, puis nous avons pris une glace.*

2 L'indicatif futur simple

- L'indicatif futur exprime des **faits** ou des **actions à venir** par rapport au présent.

Ex : *Je te téléphonerai demain.*

- L'indicatif futur peut avoir d'autres valeurs. Il peut exprimer :

– un **ordre** ;

Ex : *Tu prendras le pain en passant.*

– une **prédiction** ;

Ex : *La fée lui dit : « Tu auras l'apparence d'un hibou. »*

– une **supposition**.

Ex : *Nous irons dans le Midi ; il y fera sans doute beau.*

Je m'exerce

1 Mettez les verbes entre parenthèses au temps qui convient : présent ou passé composé.

a. J'(voir) un très bon film, la semaine dernière. **b.** Je (être) triste depuis qu'il (partir). **c.** Est-ce que vous (prendre) vos maillots de bain ? – Oui, car nous (être) sûrs que le beau temps va revenir. **d.** Il y (avoir) bien longtemps que l'on ne vous (voir). **e.** L'autre jour j' (rencontrer) Marie ; elle (ne pas changer). **f.** Nous (passer) un bon moment ensemble, hier. Je lui (offrir) des fleurs. **g.** Je t' (assurer) que j' (lire) tout le livre.

2 Mettez les verbes entre parenthèses au temps qui convient : présent ou futur simple.

a. Je ne (savoir) pas encore quel métier j' (exercer) plus tard. **b.** Elle (être) très contente lorsqu'elle (apprendre) la bonne nouvelle. **c.** Les élèves (aller) au Louvre lundi prochain et (visiter) la section égyptienne. **d.** Le capitaine de l'équipe ne (connaître) pas encore les noms de ceux qui (jouer) dimanche prochain.

3 Indiquez quelle est la valeur du futur, dans ces phrases : ordre, action future par rapport au présent, prédiction, supposition.

a. Vous ne ferez pas de bruit dans la voiture. **b.** Nous irons peut-être en vacances en Espagne. **c.** Tu laveras tes mains avant de passer à table. **d.** Abracadabra ! Tu deviendras Oiseau bleu pour sept ans. **e.** Maudit Ulysse, tu as blessé mon fils Polyphème, crie Poséidon, tu ne rentreras à Ithaque qu'après maintes tempêtes ! **f.** La nappe est tachée ; ce sera sans doute le chat qui a renversé le verre. **g.** Je reviendrai tout à l'heure, ne te fais pas de souci.

4 Complétez ces deux phrases avec deux verbes au futur.

a. Quand je serai grand, je ...... et je ....
b. Quand tu viendras me voir, nous ...... et nous ....

POUR ALLER PLUS LOIN

5 Récrivez le texte en conjuguant au passé composé les verbes qui sont au passé simple.

Sindbad le Marin voyage avec des marchands. Au cours d'une escale sur une île, il s'est endormi…

Je ne vous dirai pas si je dormis longtemps, mais quand je me réveillai, je fus bien étonné de ne plus voir le vaisseau à l'ancre ; je me levai, je regardai de toutes parts et je ne vis pas un des marchands qui étaient descendus dans l'île avec moi. J'aperçus seulement le navire à la voile, mais si éloigné que je le perdis de vue peu de temps après.

« Sindbad le Marin », dans ***Les Mille et Une nuits*** (xe siècle), traduit de l'arabe par Antoine Galland (1704 à 1717).

Lola Anglada (1892-1984), illustration de « L'Oiseau bleu » de Mme d'Aulnoy (xxe siècle).

Leçon 30 Les valeurs de l'imparfait et du passé simple

J'observe

a. Minuit **sonna**, Cendrillon **s'enfuit** du bal et **perdit** sa pantoufle de verre.
b. Le prince **chercha** Cendrillon toute la nuit.
c. Comme il **faisait** jour, le prince **arriva** chez elle.
d. Cendrillon **portait** des vêtements de paysanne.
e. Cendrillon **accomplissait** tous les jours de durs travaux.

1. Phrases a et b. Identifiez le temps des verbes. Dans la phrase **a**, l'ordre des actions peut-il être modifié ? Dans la phrase **b**, la durée de l'action est-elle déterminée ?

2. Phrase c. Quel est le temps utilisé pour l'action principale ? Quel est le temps utilisé pour poser le décor (arrière-plan du récit) ?

3. Phrases d et e. Dans quelle phrase l'imparfait sert-il à décrire le personnage ? Dans quelle phrase exprime-t-il l'habitude ?

Leçon

1 Les valeurs du passé simple de l'indicatif

- Le passé simple est le **temps de référence** du **récit au passé**. Il est utilisé pour exprimer les actions de **premier plan** : ce sont des actions à **durée déterminée** (durée limitée dans le temps).
Ex : *Il **régna** pendant dix ans.*

- Les actions au passé simple s'enchaînent selon un **ordre chronologique** et font progresser le récit.
Ex : *Le marin **manœuvra** habilement, **évita** les écueils et **ramena** le bateau au port.*

2 Les valeurs de l'imparfait de l'indicatif

- L'imparfait est un temps qui présente l'**arrière-plan** du récit :
– **descriptions** ;
Ex : *C'**était** le printemps. La prairie **était** couverte de fleurs.*
– actions de **durée indéterminée** ;
Ex : *Il **neigeait** depuis des jours.*
– actions **répétées** dans le passé.
Ex : *Tous les matins, nous **allions** faire une promenade au bord de la Seine.*

Remarque : les actions exprimées à l'imparfait ne font pas progresser le récit.

Je m'exerce

1 Dans ces phrases, distinguez le premier plan et l'arrière-plan du récit ; puis indiquez à quel temps chaque verbe est conjugué.

a. Il était déjà midi quand les enfants rentrèrent de la plage. **b.** Anaïs rinçait ses pieds sous le robinet du jardin ; elle entendit soudain la voiture du facteur. **c.** Elle courut en bas du chemin, récupéra le paquet et rejoignit sa famille qui commençait à déjeuner.

2 Mettez les verbes en rose au passé simple ou à l'imparfait selon qu'ils expriment une action de premier plan ou d'arrière-plan.

Ce jour-là, nous (passer) l'après-midi ensemble, le temps (être) doux et clair ; nous (s'asseoir) sur l'herbe. Michaël me (raconter) son enfance en Afrique parmi les lions. Il (passer) des heures à observer les fauves qui (venir) s'abreuver non loin de la maison.

Petite fille regardant la lune, carte postale (1941).

3 Dans ces phrases, indiquez la valeur de l'imparfait.

a. La lune éclairait doucement le jardin. **b.** Depuis des mois, l'informaticien travaillait sur ce logiciel. **c.** La jeune fille avait de longs cheveux bouclés. **d.** Comme le soleil se levait, nous partîmes à la pêche. **e.** Le chien somnolait dans sa niche tous les après-midi.

POUR ALLER PLUS LOIN

4 Mettez les verbes en rose au passé simple ou à l'imparfait ; vous retrouverez ainsi le texte de La Fontaine.

a. Un riche laboureur sentant sa mort prochaine / (Faire) venir ses enfants, leur (parler) sans témoins. (D'après « Le Laboureur et ses enfants ».)

b. Un Loup n' (avoir) que les os et la peau, / Tant les Chiens (faire) bonne garde. (D'après « Le Loup et le Chien ».)

c. Maître Corbeau, sur un arbre perché, / (Tenir) en son bec un fromage. / Maître Renard, par l'odeur alléché, / Lui (tenir) à peu près ce langage. (D'après « Le Corbeau et le Renard ».)

5 Mettez les verbes en rose au passé simple ou à l'imparfait ; vous retrouverez ainsi le texte des contes de Perrault.

a. Comme ils (commencer) à se chauffer, ils (entendre) heurter trois ou quatre grands coups à la porte : c' (être) l'Ogre qui (revenir). Aussitôt sa femme les (faire) cacher sous le lit et (aller) ouvrir la porte. (D'après *Le Petit Poucet*.)

b. Cendrillon (entendre) sonner onze heures trois quarts : elle (faire) aussitôt une grande révérence à la compagnie, et s'en (aller) le plus vite qu'elle (pouvoir). (D'après *Cendrillon*.)

c. Au bout de cent ans, le Fils du Roi qui (régner) alors [...] étant allé à la chasse de ce côté-là, (demander) ce que c' (être) que des Tours qu'il (voir) au-dessus d'un grand bois fort épais. (D'après *La Belle au bois dormant*.)

Leçon **31**

Les accords dans le groupe nominal

J'observe

Série 1. a. le **cartable** neuf. **b.** une **trousse** neuve. **c.** ses **crayons** neufs. **d.** ces **gommes** neuves.
Série 2. a. un cartable et un cahier **neufs**. **b.** une trousse et un cartable **neufs**. **c.** une trousse et une règle **neuves**.

1. a. Quels sont le genre et le nombre du nom noyau en orange dans chaque groupe nominal ?
b. Dans chaque groupe nominal, identifiez le déterminant et l'adjectif. Quelles marques de genre et de nombre ont-ils ? Pourquoi ?
2. Avec quels noms les adjectifs en orange s'accordent-ils en nombre ? Avec le(s)quel(s) s'accordent-ils en genre ? Quelle règle d'accord pouvez-vous en déduire ?

Leçon

1 Définition

● Le nom est le noyau du groupe nominal (GN). Il possède un **genre** qui lui est propre (masculin ou féminin) et un **nombre** (singulier ou pluriel). Le nom impose son genre et son nombre au **déterminant** et à l'**adjectif qualificatif** qui l'accompagnent.

Ex :	*une*	*grande*	*porte*	*verte.*
	article indéfini féminin singulier	adjectif qualificatif féminin singulier	**nom noyau féminin singulier**	adjectif qualificatif féminin singulier

2 Les accords

● Pour bien accorder les déterminants, il faut connaître leurs **formes** (▶ leçons 3 et 4, p. 260 et 262).

● Pour bien accorder les adjectifs qualificatifs, il faut savoir orthographier leur **genre** et leur **nombre** (▶ leçons 33 et 34, p. 320 et 322).

● Quand l'adjectif se rapporte à **plusieurs noms coordonnés**, il prend la marque du **pluriel**.

– Si ces noms sont de **genre identique**, l'adjectif conserve le genre de ceux-ci et prend la marque du **pluriel**.
Ex : *Il a un masque et un tuba verts. Il a une trousse et une gomme vertes.*

– Si ces noms sont de **genre différent**, l'adjectif prend la marque du **pluriel** et le genre **masculin**.
Ex : *Il a une trousse et un sac verts.*

● Ces règles d'accord sont valables pour les participes employés comme adjectifs épithètes (non accompagnés d'un auxiliaire).
Ex : *Il a acheté un masque et des palmes adaptés à sa taille.*

Je m'exerce

1 Remplacez les pointillés par l'article défini qui convient *(le, la, les)* et par l'adjectif *noir*.

a. ...... chats .... **b.** ...... voiture .... **c.** ...... pantalon .... **d.** ...... boîtes ......

2 Parmi les trois groupes nominaux entre parenthèses, un seul s'accorde avec l'adjectif (ou le participe adjectif) en rose. Trouvez lequel.

a. Elle porte *(un sac / une valise / des bagages)* lourde. **b.** *(Le journal télévisé / L'actualité / Les nouvelles)* réjouissantes le mettent de bonne humeur. **c.** L'astronome observait *(un point / une planète / des astres)* brillants. **d.** Il mangeait *(un croissant / une baguette / des raviolis)* chaud.

3 Remplacez les pointillés par les adjectifs suivants qui vous sont donnés dans le désordre : *belles, fraîche, mûr, prochaines, environnante, grand.*

a. Nous nous abritons sous ce ...... chêne. **b.** Ses ...... feuilles vertes s'agitent dans le vent. **c.** La campagne ...... est écrasée par la chaleur. **d.** Nous buvons de l'eau ...... dans un verre. **e.** Elle mange un fruit .... **f.** Nos cousins nous attendent pour les ...... vacances.

4 Accordez correctement les adjectifs (ou participes adjectifs) entre parenthèses avec le(s) nom(s) qu'ils qualifient.

a. Le jardinier ratisse les allées (sablonneux). **b.** La jeune fille, (fatigué), arrête de travailler. **c.** Elle arrache les (mauvais) herbes. **d.** Il coupe les branches (mort). **e.** Il a fini de tailler les arbres (fruitier) avec un (grand) sécateur. **f.** Bientôt apparaîtront les (joli) violettes et boutons d'or.

Chêne dans une prairie en fleurs (Texas, États-Unis).

5 Complétez les phrases suivantes avec des adjectifs (ou participes adjectifs) de votre invention. Pensez à les accorder correctement.

a. Quel hiver ...... ! **b.** Les arbres ...... de givre brillent au soleil. **c.** Les enfants marchent dans la neige .... **d.** Ils ont les joues ...... par le froid. **e.** Quand ils rentrent, ils boivent un chocolat ....

6 Choisissez un déterminant, un nom et un adjectif pour former cinq groupes nominaux.

Liste 1 : un, une, des.

Liste 2 : lionne, lézard, fourmis, papillons, tortue.

Liste 3 : rugissante, inoffensif, blancs, ailées, marine.

POUR ALLER PLUS LOIN

7 Donnez le genre et le nombre des noms en rose ; puis accordez les adjectifs (ou participes adjectifs) entre parenthèses.

a. Elle doit aménager sa *(nouveau)* chambre. **b.** On a livré une commode et un lit *(neuf)*. **c.** Elle doit déballer des caisses et des cartons *(rempli)* de livres et de vêtements. **d.** Elle nettoie les vitres *(poussiéreux)*, accroche aux fenêtres une tringle et des rideaux *(blanc)*. **e.** Elle installe de *(nombreux et grand)* étagères pour y mettre ses objets et ses livres *(préféré)*.

Leçon 32 L'accord sujet-verbe et sujet-attribut

J'observe

a. La reine n'avait pas d'enfants.
b. Le roi et la reine n'avaient pas d'enfants.
c. Il était une fois une reine qui n'avait pas d'enfants.
d. Au bout de cent ans arrive le prince charmant.
e. La Belle au bois dormant est heureuse.

Observez les sujets en orange.
1. À partir des phrases a et b, énoncez la règle d'accord du verbe.
2. Phrase c. Avec quel mot le verbe *avait* s'accorde-t-il ?
3. Phrase d. À quelle place le sujet se trouve-t-il ?
4. Phrase e. Avec quel mot l'adjectif attribut en vert s'accorde-t-il ?

Leçon

1 L'accord du verbe avec le sujet

- Le sujet commande l'accord du verbe.
Ex : *Les élèves écout**ent** le professeur. Tu écout**es** le professeur.*

- Quand un verbe a plusieurs sujets, il se met au pluriel.
Ex : *Mon ami et son frère part**ent** camper.*

- **Cas particuliers**
Quand le sujet est le **pronom relatif *qui***, le verbe s'accorde avec l'**antécédent du pronom relatif**.
Ex : *J'aime les films **qui** se termin**ent** bien.*

Attention ! Il convient de bien identifier le sujet :

– quand il est **inversé** ;
Ex : *Alors commenc**èrent** les débats.*

– quand il est **séparé du verbe** par des compléments ;
Ex : *Ces leçons, je te les récit**e**.*

– dans l'expression *Il y a / il y avait*, on note que le verbe *avoir* s'accorde avec le sujet *il* et reste toujours au **singulier**.
Ex : *Il y **avait** des arbres tout le long de la route.*

2 L'accord de l'adjectif attribut avec le sujet

- L'adjectif attribut du sujet s'accorde **en genre et en nombre avec le sujet**. Il suit les règles d'accord de l'adjectif épithète (▶ Leçon 31, p. 316).
Ex : *Les fleurs du jardin sont **belles**. Mon fils et ma fille semblent **contents** de leur cadeau.*

Je m'exerce

1 Écrivez les verbes en rose au présent de l'indicatif en les accordant avec leur sujet.

a. Tu (jouer) au jeu vidéo avec moi ? **b.** Pierre et Léa (préférer) jouer au scrabble. **c.** Quels genres de films (aimer)-tu ? **d.** J'aime les films qui (mettre) en scène des animaux. **e.** Moi, je (prendre) le train ce soir. **f.** Ses amis, il les (voir) toujours.

2 Remplacez les pointillés par un sujet qui convient (nom ou pronom).

a. Peux-...... aller chercher du pain ? **b.** ...... ne regardent pas souvent la télévision. **c.** ...... sera inaugurée samedi. **d.** ...... ont pu être soignés au centre Océanopolis. **e.** Il est très rare que ...... naissent en captivité.

3 Accordez l'adjectif attribut avec le sujet.

a. La descente du sommet est dangereu.... **b.** Les promeneurs paraissent fatigué... de l'excursion. **c.** Ma mère est ravi... de nous voir. **d.** Les enfants semblent guéri.... **e.** Le petit chat paraît bien nourri.... **f.** Les herbes du jardin deviennent trop haut....

4 Remplacez les pointillés par un verbe qui convient, correctement accordé avec le sujet.

a. Les rafales de vent .... **b.** Le héros du film .... **c.** Camille et Antoine ...... à la patinoire. **d.** Nos envoyés spéciaux .... **e.** Les deux joueurs .... **f.** La neige et le verglas ....

5 Réécrivez chaque phrase en mettant le sujet au pluriel. Effectuez les changements nécessaires.

a. Il arrivera demain matin. **b.** Le voyageur a pris son billet. **c.** L'équipe entre sur le terrain. **d.** As-tu rangé ta chambre ? **e.** Le voisin gare sa voiture dans la rue. **f.** Je mangeais des glaces tous les jours. **g.** Elle sera sûrement en retard. **h.** La fillette ne savait pas encore skier.

6 Pour chaque phrase, choisissez le sujet du verbe en rose parmi les éléments proposés entre parenthèses. Justifiez vos choix.

a. *(La reine / Le roi et la reine / Elle)* offrirent un grand festin pour la naissance de leur fille. **b.** « *(Tu / Elle / Je)* te piqueras la main avec un fuseau ! » **c.** *(La princesse / Le prince et la princesse / Je)* dormit pendant cent ans. **d.** « *(Je / Le jeune prince / Ils)* veux aller réveiller la princesse. » **e.** « *(Mon prince / Vous / Tu)* avez pris votre temps », s'exclama la Belle au bois dormant. **f.** *(Nous / Les habitants du château / Ils)* avons tous été invités au mariage.

POUR ALLER PLUS LOIN

7 Complétez les phrases avec un sujet inversé.

a. Bientôt viendront .... **b.** À l'horizon apparut .... **c.** À perte de vue s'étendaient .... **d.** Soudain surgit .... **e.** Alors arrivèrent .... **f.** Sur la couverture du livre figure .... **g.** Tout à coup se dressa ....

Félix Lorioux (1872-1964), illustration de « La Belle au bois dormant », de Perrault (collection privée).

Leçon 33 Le féminin des noms et des adjectifs

J'observe

Série 1. a. un cousin / une cousine. **b.** un patron / une patronne. **c.** un acheteur / une acheteuse. **d.** un acteur / une actrice. **e.** un chasseur / une chasseresse. **f.** un neveu / une nièce.

Série 2. a. laid / laide. **b.** ancien / ancienne. **c.** curieux / curieuse. **d.** fou / folle.

Observez les deux séries.

1. Quelle est la règle générale de formation du féminin (noms et adjectifs) ?

2. Classez les noms et les adjectifs selon qu'ils doublent leur consonne finale, modifient leur suffixe ou changent de forme, lorsqu'ils passent du masculin au féminin.

Leçon

1 La formation du féminin des noms

- Règle générale : le féminin d'un nom se forme **en ajoutant un -e au masculin**. **Ex :** *un ami / une amie.*

- **Cas particuliers**

Noms masculins	Noms féminins
en -e : *un artiste* *un âne*	même forme → *une artiste* en -esse → *une ân**esse***
en -er : *un berg**er***	en -ère → *une berg**ère***
en -eur : *un dans**eur*** *un chass**eur***	en -euse → *une dans**euse*** en -eresse → *une chass**eresse***
en -teur : *un chan**teur*** *un direc**teur***	en -teuse → *une chan**teuse*** en -trice → *une direc**trice***
en -en, -on, -ien, -et : *un lycé**en**, un li**on**,* *un collég**ien**, un biqu**et***	en -enne, -onne, -ienne, -ette → *une lycé**enne**, une li**onne**,* *une collég**ienne**, une biqu**ette***
en -f et -p : *un veu**f**, un lou**p***	en -ve → *une veu**ve**, une lou**ve***
en -x : *un épou**x***	en -se → *une épou**se***

2 La formation du féminin des adjectifs

- Règle générale : le féminin des adjectifs se forme **en ajoutant un -e au masculin**. **Ex :** *joli / jolie.*

- Les **adjectifs masculins en -e ne changent pas** au féminin. **Ex :** *fidèle.*

- **Cas particuliers**

– Redoublement de la consonne finale. **Ex :** *muet → muette.*
– Modification de la consonne finale. **Ex :** *doux → douce.*
– Modification du suffixe. **Ex :** *directeur → directrice.*
– Forme différente au féminin. **Ex :** *beau → belle ; fou → folle.*

Je m'exerce

1 Mettez les noms entre parenthèses au féminin.

a. Dans ma classe, il y a une (Américain), une (Belge), une (Coréen), une (Espagnol), une (Grec), une (Togolais), une (Péruvien), une (Marocain).

b. Dans ma rue, il y a une (coiffeur), une (boulanger), une (libraire), une (marchand) de légumes, des (promeneurs), une (pharmacien), une (teinturier).

2 Donnez le masculin des noms suivants.

a. tante. **b.** nièce. **c.** marraine. **d.** bru. **e.** sœur. **f.** cousine.

3 En route pour un safari-photo ! Donnez le féminin des noms d'animaux et accordez les adjectifs.

a. Un tigre blanc buvait. **b.** Des loups gris veillaient sur leurs petits. **c.** Un gros ours dormait sous un arbre. **d.** Des cerfs craintifs s'enfuyaient. **e.** Près du lac, des canards verts pêchaient. **f.** Un singe amusant faisait des grimaces.

4 Allons au musée ! Mettez les groupes nominaux en rose au féminin.

a. Un enseignant emmène des collégiens au musée. **b.** Le directeur du musée les invite à patienter. **c.** Un guide étranger arrive avec des touristes norvégiens. **d.** Le premier tableau représente de gracieux danseurs. **e.** Les élèves attentifs et curieux regardent une statue de dieu grec.

5 Une visite au forum des métiers… Mettez les groupes nominaux des phrases ci-dessous au féminin.

Au forum des métiers, nous avons vu un jeune pâtissier, un dessinateur expérimenté, un agriculteur vendéen, un fermier normand, un journaliste actif, un romancier rêveur, un écrivain célèbre, un acteur débutant, un aviateur courageux, un avocat réputé, un savant connu.

Jeune tigre blanc du Bengale (Inde).

6 Employez chacun des adjectifs suivants avec un nom féminin.

a. blanc. **b.** brun. **c.** bref. **d.** poli. **e.** pointu. **f.** net. **g.** annuel. **h.** épais. **i.** ennuyeux. **j.** génial. **k.** vieux.

POUR ALLER PLUS LOIN

7 Remplacez les pointillés par le nom du mâle ou de la femelle correspondant(e).

Les animaux entraient par couples dans l'Arche de Noé :

a. Le cheval et la j....... **b.** Le singe et la g....... **c.** La vache et le b....... **d.** Le jars et l'....... **e.** Le porc et la t....... **f.** La poule et le c....... **g.** La brebis et le m....... **h.** Le bouc et la c....... **i.** L'âne et l'.......

8 Masculin ou féminin ? Classez les mots suivants selon qu'ils sont masculins ou féminins. Aidez-vous du dictionnaire.

a. incendie. **b.** automobile. **c.** pamplemousse. **d.** épaule. **e.** armoire. **f.** anniversaire. **g.** horloge. **h.** automne. **i.** éclair. **j.** autoroute.

Leçon 34 Le pluriel des noms et des adjectifs

J'observe

Série 1. un petit chat, un grand chien → des petits chats, des grands chiens.
Série 2. une souris → des souris ; un gros nez → des gros nez.
Série 3. un beau seau → des beaux seaux ; un hôpital régional → des hôpitaux régionaux ; un bal → des bals.
Série 4. un trou → des trous ; un portail → des portails ; un bijou → des bijoux ; un corail → des coraux.

Série 1. Quelle est la marque habituelle du pluriel pour les noms et adjectifs ?
Série 2. Les noms et adjectifs terminés par -**s** ou -**z** au singulier changent-ils au pluriel ?
Série 3. Quelle est la marque du pluriel des noms et adjectifs en **-eau** et en **-al** ? En quoi le pluriel du mot *bal* fait-il exception ?
Série 4. Quelle est la marque du pluriel des noms en **-ou** et **-ail** ? En quoi les mots *bijou* et *corail* font-ils exception ?

Leçon

1 Le pluriel des noms

- Règle générale

Le pluriel des noms se forme en général **en ajoutant un -s au singulier**.
Ex : *un chat → des chats.*

- **Cas particuliers**

– Les noms en *-s, -x, -z* sont **invariables**.
Ex : *un lis → des lis ; une noix → des noix.*
– Les noms en *-au, -eau, -eu* font leur pluriel en *-x*.
Ex : *un tuyau → des tuyaux ; un oiseau → des oiseaux ; un feu → des feux.*
– Les noms en *-al* font leur pluriel en *-aux* (*un cheval → des chevaux*), **sauf six noms**, qui prennent un *-s* : *bal, carnaval, chacal, festival, récital, régal.*
– Les noms en *-ou* font leur pluriel en *-s* (*un fou → des fous*), **sauf sept noms**, qui prennent un *-x* : *bijou, caillou, chou, genou, hibou, joujou, pou.*
– Les noms en *-ail* font leur pluriel en *-s* (*un rail → des rails*), **sauf sept noms**, qui font leur pluriel en *-aux* : *bail, corail, émail, soupirail, travail, vantail, vitrail.*

2 Le pluriel des adjectifs

- Règle générale

Le pluriel des adjectifs se forme en général **en ajoutant un -s au singulier**.
Ex : *vrai → vrais ; vraie → vraies.*

- **Cas particuliers**

– Les adjectifs en *-s* ou *-x* sont **invariables** (*faux*).
– Les adjectifs en *-eau* et la plupart des adjectifs en *-al* font leur pluriel en *-eaux* et en *-aux* (*nouveau → nouveaux ; national → nationaux*), **sauf quelques adjectifs**, qui prennent un *-s* : *banal, bancal, fatal, final, glacial, naval…*

Je m'exerce

1 Mettez les noms suivants au pluriel.

a. un canal. **b.** le thorax. **c.** un adieu. **d.** un caillou. **e.** un clou. **f.** un souriceau. **g.** une table. **h.** une oreille. **i.** une peau.

2 Mettez ces adjectifs au masculin pluriel.

a. gris. **b.** bleu. **c.** naval. **d.** poli. **e.** amical. **f.** poudreux. **g.** touffu. **h.** brillant. **i.** éternel.

3 Réécrivez les phrases en mettant les groupes nominaux en rose au pluriel ; accordez le verbe si nécessaire.

a. Quel beau travail ! **b.** J'ai acheté un nouveau tuyau d'arrosage. **c.** Mon père lit le journal régional. **d.** J'ai acheté un rideau bleu. **e.** Le moineau peureux s'est envolé. **f.** N'accordez pas d'importance à ce détail banal. **g.** Aimes-tu le chou rouge ? **h.** Cet animal tropical est protégé. **i.** Nous n'irons pas à ce festival international. **j.** Nous ne supportons plus ce bureau glacial.

4 Mettez les groupes nominaux en rose au pluriel et accordez verbe et attribut si nécessaire.

a. Ce célèbre héros a accompli un exploit fabuleux. **b.** Venez voir le corail, au fond du lagon. **c.** Un château féodal est entouré de remparts. **d.** Ce gâteau sec est mou. **e.** Nous avons vu un vitrail ancien, dans une cathédrale. **f.** Nous avons admiré un bijou royal lors d'une exposition. **g.** Les écoliers s'abritent sous un vieux préau. **h.** Le tribunal local ne traite que les affaires simples.

5 Réécrivez les phrases en mettant les groupes nominaux en rose au singulier et accordez verbe et attribut si nécessaire.

a. J'ai acheté de magnifiques éventails. **b.** Ce sont des poux résistants. **c.** Des talus herbeux bordent la route. **d.** Enlevez les noyaux durs des prunes avant de faire une tarte. **e.** Le maître d'hôtel nous sert des mets délicieux. **f.** Nous entendons des cris confus. **g.** Les Romains ont vaincu les Carthaginois dans des combats navals. **h.** Vos fils sont affectueux.

6 Remplacez, quand c'est nécessaire, les pointillés par la lettre **s** pour orthographier correctement les noms.

a. J'ai suivi le trajet d'une fourmi... jusqu'à sa fourmilière. **b.** Elle demande au facteur si son coli... est arrivé. **c.** Aujourd'hui, nous avons huit heures de cour.... **d.** Des marronniers sont plantés dans la cour... du collège. **e.** Le docteur lui prit le poignet pour prendre son poul.... **f.** Elle arriva au château recouverte d'une cape de velour... rouge. **g.** C'est un tissu... très doux.

POUR ALLER PLUS LOIN

7 Changez le genre et le nombre des groupes nominaux suivants.

Ex : *un beau lion → des belles lionnes ; des danseuses connues → un danseur connu.*

a. un chanteur sentimental. **b.** des louves blanches. **c.** un collégien sérieux. **d.** une nouvelle monitrice. **e.** des champions victorieux.

Plongée sous-marine.

Leçon 35 L'accord du participe passé

J'observe

a. Dédale et Icare sont **enfermés** dans le Labyrinthe. **b.** Dédale a **attaché des plumes** avec du lin et de la cire puis il **les** a **recourbées** pour imiter les ailes des oiseaux. **c.** Les ailes sont **fixées** sur leurs épaules. **d.** Dédale et Icare, **émerveillés**, ont **quitté la Crète**. **e.** La cire **parfumée** a **fondu** au soleil.

Observez les participes passés en orange.

1. Quels sont ceux employés avec l'auxiliaire *être* ? Avec quel mot s'accordent-ils ?

2. a. Quels sont ceux employés avec l'auxiliaire *avoir* ?

b. Observez les COD en vert. Lesquels s'accordent avec le COD ? Où ce COD est-il placé ?

c. Lesquels restent invariables ? Pourquoi ?

3. Relevez les participes passés employés sans auxiliaire. Avec quel mot s'accordent-ils ?

Leçon

Règles

- Le participe passé employé avec l'auxiliaire **être** s'accorde en genre et en nombre **avec le sujet du verbe**.

Ex : ***Dédale et Icare*** *sont sortis du Labyrinthe au moyen de leurs ailes.*
Les ailes *sont faites avec des plumes et de la cire.*

- Le participe passé employé avec l'auxiliaire ***avoir*** :

– reste **invariable** si le verbe n'a pas de COD ou si le COD est placé après le verbe ;

Ex : *Le père et le fils ont volé haut dans le ciel.*
→ pas de COD → pas d'accord.
Dédale a fabriqué des ailes.
→ COD après le verbe → pas d'accord.

– **s'accorde avec le COD** si le COD est placé avant le verbe.

Ex : *Les ailes, il* ***les*** *a fabriquées avec de la cire.*
→ le COD ***les*** mis pour *les ailes* (GN féminin pluriel) est placé avant l'auxiliaire
→ accord du participe passé avec le COD *les* (féminin pluriel).

- Le participe passé employé **sans auxiliaire** s'accorde comme un adjectif, en genre et en nombre **avec le nom ou le pronom** auquel il se rapporte.

Ex : *Du ciel, les* ***îles*** *survolées leur semblaient minuscules.*

Je m'exerce

1 **Expliquez les accords des participes passés en rose.**

a. Ma mère dispose dans un vase les fleurs cueillies dans le jardin. **b.** Ma sœur est sortie ce soir. **c.** Nos skis, nous les avons rangés dans le local. **d.** Les billets de train sont réservés. **e.** Déçue par le temps, elle est rentrée plus tôt. **f.** Les deux amies discutent, assises sous un parasol. **g.** Ces exercices, nous les avons faits hier.

2 **Accordez les participes passés employés sans auxiliaire, en précisant le nom ou le pronom auquel chacun se rapporte.**

a. Inquiété... par le mauvais temps, les promeneurs précipitent leur retour. **b.** La pluie arrivé... soudainement gâche leur promenade. **c.** Ils sortent les imperméables rangé... dans leur sac à dos. **d.** Trempé... jusqu'aux os, ils courent jusqu'à la ferme la plus proche. **e.** Voilà une randonnée raté....

Raoul Dufy (1877-1953), *Maison et jardin* (1915), huile sur toile, 90 x 170 cm (musée d'Art moderne de la ville de Paris).

3 **Accordez les participes passés employés avec l'auxiliaire *être*.**

a. Les feuilles sont toutes tomb.... **b.** La réunion a été report.... **c.** De nombreuses erreurs ont été commis.... **d.** Des arbres ont été déracin... par la tempête. **e.** La circulation est ralenti.... **f.** Les émissions furent interrompu... vers vingt-deux heures. **g.** La voiture doit être réparé... demain.

4 **Accordez si nécessaire le participe passé avec le COD.**

a. Ces magazines, je les ai déjà lu.... **b.** Elles ont gagné... le match de basket, leur entraîneur les a félicité.... **c.** La championne a battu... un nouveau record. **d.** Quelle bêtise le chat a-t-il encore fait... ? **e.** Il nous a offert... des fleurs. **f.** Tes vêtements, je les ai rangé... dans le placard.

5 **Mettez les verbes entre parenthèses au participe passé. Attention aux accords !**

a. Les fleurs étaient (faner) ; je les ai (jeter). **b.** Des dizaines de milliers d'habitations ont été (priver) d'électricité. **c.** J'ai perdu mon écharpe. L'avez-vous (trouver) ? **d.** L'est et le nord de la France ont été (frapper) par des tempêtes. **e.** Je vous ai écrit une lettre. L'avez-vous (recevoir) ? **f.** La voiture est (garer) près de la maison. **g.** Ce matin, Élise a été (réveiller) par les miaulements du chat.

POUR ALLER PLUS LOIN

6 **Remplacez les pointillés par un groupe nominal choisi dans la liste ci-dessous. Attention aux accords !**
– un bébé panda, des loups, des fouilles, deux cent mille visiteurs, émission, trois énormes statues, cette espèce.

a. Quelle ...... as-tu préférée ? **b.** ...... sont attendus jusqu'à dimanche soir. **c.** ...... ont été observés dans les Pyrénées. ...... est protégée. **d.** ...... ont été menées dans le port d'Alexandrie ; ...... ont été sorties des eaux. **e.** ...... est né dans un zoo au Japon.

Leçon 36 Les homonymes

J'observe

Série 1. a. Tu es content. **b.** Il est content. **c.** Il a acheté du pain et des fruits.

Série 2. a. Le livre est sur la table. **b.** C'est un lieu sûr et tranquille.

Série 3. a. Il a bonne mine. **b.** Il a taillé la mine de son crayon.

1. a. Observez les séries de phrases. Quelle remarque pouvez-vous faire sur la prononciation des mots en orange ?
b. Quels mots ont une orthographe différente ? Lesquels ont la même orthographe ?
2. Donnez le sens de chaque mot.

Leçon

1 Définition

- Les homonymes sont des mots qui ont la **même prononciation** mais qui ont des **sens différents**. Ils peuvent avoir la **même orthographe** (**ex :** *Il va à la pêche. La pêche est un fruit d'été.*) ou des **orthographes différentes** (**ex :** *Tu es sur la bonne voie. Il a la voix cassée.*).

2 Quelques exemples d'homonymes

- ***as, a, à***

– *as, a* : verbe *avoir* (possibilité de remplacer par *avais* / *avait*).
– *à* : préposition.
Ex : *Tu as / Il a un ami qui habite à Nice.*

- ***on, ont***

– *on* : pronom ; *ont* : verbe *avoir*.
Ex : *On part dans cinq minutes. Elles ont fini leurs devoirs.*

- ***l'as, l'a, la, là***

– *l'as, l'a* : verbe *avoir* (possibilité de remplacer par *l'avais* / *l'avait*).
Ex : *Cette biche, tu l'as (avais) vue. Cette biche, il l'a (avait) vue.*
– *la* : article défini au féminin singulier ; *la* : pronom personnel COD ; *là* : adverbe de lieu.
Ex : *Tu vois la biche. Tu la vois. Elle est là.*

- ***se, ce***

– *se* : pronom personnel réfléchi ; *ce* : déterminant.
Ex : *Ce pantalon se lave à sec.*

- ***ces, ses, c'est, s'est***

– *ces* : déterminant démonstratif ; **Ex :** *Prenez ces livres.*
– *ses* : déterminant possessif ; **Ex :** *Il me prête ses livres. = Il me prête **les siens**.*
– *c'est* : pronom démonstratif suivi du verbe *être* ; **Ex :** *C'est très bien.*
– *s'est* : pronom réfléchi suivi du verbe *être*. Ex : *Elle s'est endormie.*

Je m'exerce

1 Complétez les phrases avec *as*, *a* ou *à*.

a. Elle ...... mal ...... la gorge. **b.** L'enfant ...... une écharpe ...... son cou. **c.** Tu ...... tort. **d.** Ma mère ...... un sac ...... main en cuir vert. **e.** Tu ...... ramassé de jolies fleurs ; offre-les ...... ta mère.

2 Complétez les phrases avec *l'as*, *l'a*, *la* ou *là*.

a. Tu ...... vue, cette voiture rouge ......-bas ? **b.** Cette rue-......, il ...... prend tous les matins pour aller au collège. **c.** Ce chemin, elle ...... suivi jusque ...... **d.** Cette montre, il ...... veut.

3 Complétez les phrases avec *es*, *est* ou *et*.

a. Mon chien ...... gentil ...... affectueux. **b.** La rivière ...... en crue. **c.** Passer le pont ...... dangereux. **d.** Tu ...... attentif ...... tu notes tes devoirs. Je te félicite.

4 Complétez les phrases avec *on*, *ont*, *son* ou *sont*.

a. Les enfants ...... goûté et ...... sortis. **b.** ...... doit obéir à ...... professeur. **c.** Dans ...... jardin, les chats ...... les rois. **d.** Les musées ...... exposé de belles collections.

5 Complétez les phrases avec *ces*, *ses*, *c'est* ou *s'est*.

a. Laisse ...... livres à leur place. **b.** Il ne range jamais ...... affaires ! **c.** Il ...... arrangé pour te rencontrer. **d.** Il ...... blessé en tombant sur ...... cailloux. **e.** Lila a terminé ...... devoirs. **f.** ...... moi qui ai renversé le vase.

6 Complétez les phrases avec *ce* ou *se*.

a. Le lapin ...... faufile dans le buisson. **b.** Où as-tu acheté ...... beau bonnet ? **c.** ...... promeneur ...... perd à chaque fois. **d.** ...... chat ...... méfie des humains. **e.** ...... sont des résultats satisfaisants.

Ditz (XXe siècle), *Cloche sonnante* (1996), acrylique sur panneau (collection privée).

7 Complétez les phrases avec *mais* ou *mes*.

a. J'ai pris ...... skis et je suis parti vers les pistes ; ...... le remonte-pente était en panne. **b.** Ce sont ...... livres, ... tu as cru que c'était les tiens.

8 Complétez les phrases avec *mur*, *mûr*, *sur* ou *sûr*.

a. Les élèves ont peint une fresque ...... le ...... du collège. **b.** Je suis ...... que cet abricot est .... **c.** Alexandre est ...... que son livre est resté ...... la table.

9 Trouvez au moins deux homonymes pour chacun des mots suivants. Employez-les ensuite chacun dans une phrase.

a. père. **b.** mère. **c.** coup. **d.** lait. **e.** prix. **f.** maître. **g.** pin.

POUR ALLER PLUS LOIN

10 Relevez les homonymes présents dans ce poème et donnez leurs sens.

Homonymes

Il y a le vert du cerfeuil
Et il y a le ver de terre.
Il y a l'endroit et l'envers,
L'amoureux qui écrit en vers,
Le verre d'eau plein de lumière,
La fine pantoufle de vair
Et il y a moi, tête en l'air,
Qui dis toujours tout de travers.

Maurice **Carême**, « Homonymes », dans ***Le Mât de cocagne*** © fondation Maurice-Carême, tous droits réservés.

Leçon 37 Cinq règles d'orthographe lexicale

J'observe

Série 1. étudiant ; amène ; fenêtre ;
Série 2. mais ; maïs.
Série 3. un avion ; un homme ; un hibou.
Série 4. une belle fille ; une belle-fille.
Phrase 5. Un Anglais parle l'anglais.

Série 1. Nommez les accents. Quelle prononciation donnent-ils à la lettre *e* ?
Série 2. Quel est le rôle du tréma ?
Série 3. Remplacez *un* par *le* ou *l'*.
Série 4. En quoi les deux expressions diffèrent-elles ?
Phrase 5. Justifiez l'emploi de la majuscule.

Leçon

1 L'accentuation de la lettre *e*

- L'**accent aigu** se place sur la lettre *e* (é **fermé**) ; **Ex :** *étonnant.*
- L'**accent grave** se place sur la lettre *e* (è **ouvert**) ; **Ex :** *crème.*
- L'**accent circonflexe** sur le *e* signale une prononciation spécifique (ê **ouvert**). Souvent, il signale un *s* disparu. **Ex :** *forêt / forestier.*
- On ne met **d'accent** ni sur le *e* **muet** (**ex :** *chante*), ni sur un *e* **suivi de deux consonnes identiques** ou d'un *x* (**ex :** *étiquette, examiner*).

2 Le tréma

- Il est placé sur les lettres *e*, *i* ou *u* pour indiquer que la **voyelle se détache** de la précédente. **Ex :** *égoïste.*

3 L'apostrophe

- Elle marque l'**élision** (la suppression) de la dernière voyelle d'un mot lorsque le mot qui suit commence par :
– une **voyelle** ; **Ex :** *c'est, j'ai, il s'en va.*
– un *h* **muet** (un *h* est muet lorsque la liaison avec le mot qui précède est possible) ; **Ex :** un homme (liaison → *h* muet) → *l'homme* (élision) ;
un hibou (pas de liaison) → *le hibou* (pas d'élision). ▶ LEÇON 3, p. 260

4 Le trait d'union

- Il sert à former des **noms composés** (**ex :** *une belle-mère*) ou à **unir le verbe et le pronom** qui le suit (**ex :** *As-tu vu l'oiseau ? Allez-y.*).
- Il indique la **coupure d'un mot** en fin de ligne (en fin de syllabe ou entre deux consonnes identiques). **Ex :** *fra-/gile ; im-/mobile.*

5 La majuscule

- On met une majuscule au premier mot d'une phrase (**ex :** *Le chien aboie*), aux noms propres (**ex :** *Ulysse*), aux noms de nationalité (**ex :** *les Français*).

Je m'exerce

1 Placez (si nécessaire) sur la lettre *e* l'accent qui convient.

a. un exercice. **b.** un debut. **c.** premiere. **d.** un poete. **e.** exact. **f.** en effet. **g.** une activite. **h.** mechant. **i.** une regle. **j.** evident. **k.** le nectar. **l.** un examen. **m.** une espece. **n.** essayer. **o.** la severite. **p.** un college. **q.** exagere.

2 Où placez-vous l'accent circonflexe, dans les mots suivants ?

a. le mois d'aout. **b.** gouter. **c.** une huitre. **d.** un chatiment. **e.** couter.

3 Associez chaque mot de la liste 1 à un mot de la même famille de la liste 2. Quelle lettre est remplacée par l'accent circonflexe ?

Ex : *forêt* → *forestier.*

Liste 1. une enquête ; une fête ; une bête ; vêtir ; un arrêt ; un ancêtre ; prêter.

Liste 2. une arrestation ; une bestiole ; une prestation ; ancestral ; un festival ; une veste ; questionner.

4 Ajoutez le tréma qui manque sur certains mots.

a. C'est une fillette naive. **b.** Une crise aigue fit monter la fièvre du malade. **c.** Les îles Caraibes sont un lieu paradisiaque. **d.** Les naiades sont des divinités grecques. **e.** Alice est l'héroine d'une étrange aventure. **f.** Ne sois pas égoiste ! Prête ta console à ton frère. **g.** J'aimerais faire du canoe sur la rivière.

5 Remplacez les articles *un* et *une* par *le*, *la* ou *l'*. Quand le nom commence par un *h*, demandez-vous si la liaison avec l'article est possible.

a. un chapeau. **b.** un hérisson. **c.** un héron. **d.** un artiste. **e.** un héritage. **f.** un parti. **g.** un haricot. **h.** un avocat. **i.** une hirondelle. **j.** une console. **k.** un héros. **l.** une histoire.

6 Replacez les traits d'union qui manquent dans ces phrases.

a. Est ce que tu vas bien ? **b.** Vas y vite. **c.** Prends moi par la main. **d.** Que dis tu ? **e.** Donnez lui ce qu'il demande. **f.** Que faisons nous demain ?

7 Replacez les majuscules qui manquent au début de certains mots.

a. je parle couramment l'allemand ; mais je rencontre rarement des allemands. **b.** victor hugo est un grand poète. **c.** quand nous avons visité les lacs italiens, nous avons rencontré des américains. **d.** les élèves du collège skient dans les alpes françaises.

8 Remplacez l'article défini *l'* par l'article indéfini *un* ou *une*.

a. l'automne. **b.** l'épopée. **c.** l'hémisphère. **d.** l'horaire. **e.** l'hirondelle. **f.** l'onde. **g.** l'honneur. **h.** l'horloge. **i.** l'air. **j.** l'ère.

POUR ALLER PLUS LOIN

9 Trouvez le plus grand nombre de noms composés à partir du premier élément proposé. Utilisez le dictionnaire.

a. un garde-....... **b.** une belle-.......
c. un porte-....... **d.** un taille-.......
e. un gratte-....... **f.** un chou-.......
g. un timbre-....... **h.** un coffre-.......
i. un essuie-....... **j.** un lave-.......
k. un casse-....... **l.** un grille-.......
m. un sous-.......

Saint John Island (Caraïbes).

Leçon 38

Utiliser le dictionnaire
Sens propre et sens figuré

J'observe

NUAGE [nɥaʒ] n. m. 1. Amas de vapeur d'eau condensée en fines gouttelettes maintenues en suspension dans l'atmosphère. → LITTÉR. **nue, nuée ; cirrus, cumulus, nimbus, stratus.** *Nuage de grêle, de pluie.* • loc. *Être dans les nuages* : être distrait. → dans la **lune.** ♦ fig. Ce qui trouble la sérénité. *Bonheur sans nuage.* 2. par analogie *Un nuage de fumée, de poussière.* • *Nuage de tulle.* • *Nuage de lait* : petite quantité de lait qui prend l'aspect d'un nuage avant de se mélanger avec le café, le thé. • *Nuage de sauterelles.* → **nuée.**
ÉTYM. de *nue.*

© Robert collège 2008.

1. Combien le mot *nuage* a-t-il de sens principaux ?

2. Comment et à quel endroit la prononciation du mot est-elle signalée ?

3. Comment les mots *figuré, locution, nom masculin, littéraire* sont-ils abrégés ?

4. Quel signe indique qu'il faut se reporter à un autre mot ou à plusieurs mots de sens proche ?

5. Quel rapport de sens y a-t-il entre un *nuage* et un *nuage de fumée, de poussière, de tulle* (tissu léger comme ceux des robes de mariée), *de lait* ?

6. D'où vient le mot *nuage* ? Qu'est-ce que l'étymologie d'un mot ?

Leçon

1 Le dictionnaire

- Un dictionnaire est constitué d'**articles** classés par **ordre alphabétique**. Le mot titre de l'article est une **entrée**.
- Un article fournit les informations suivantes : **prononciation** du mot (transcrite à l'aide de l'alphabet phonétique international, ou API), **classe grammaticale**, **genre**, différents **sens**, **exemples**. On peut y trouver des **synonymes**, des **antonymes** (contraires), ainsi que l'**étymologie** (origine) du mot.
- Un article comporte des **abréviations** ; leur sens est donné à la première page du dictionnaire.
- Pour trouver un mot dans un dictionnaire, il faut maîtriser l'**alphabet** et se servir des **mots repères**. Les mots repères sont le premier et le dernier mot figurant sur une double page.

2 Le sens propre et le sens figuré

- Le **sens propre** (sens usuel) est le **premier sens** que l'on trouve dans un article.
Ex : ***clé*** *: ce qui sert à ouvrir.*
- Le **sens figuré** (ou imagé) vient ensuite.
Ex : ***la clé de l'énigme*** *: la solution de l'énigme.*
- Pour **trouver le sens** d'un mot, il faut tenir compte de l'environnement dans lequel il est employé, c'est-à-dire son **contexte**.

Je m'exerce

1 Classez les mots par ordre alphabétique.

a. mythologie. **b.** voyage. **c.** personne. **d.** oublier. **e.** astucieux. **f.** chercher.

2 Classez les mots de chaque série par ordre alphabétique en vous appuyant sur la deuxième, la troisième ou la quatrième lettre.

a. métamorphose ; musique ; miroir ; mouvement ; mystère ; magique.

b. pou ; pôle ; poésie ; poche ; poignard ; pomme.

c. forêt ; force ; formule ; fortune ; forain ; forum.

3 Cherchez dans les premières pages d'un dictionnaire le sens des abréviations suivantes.

a. abrév. **b.** anc. **c.** adj. **d.** inf. **e.** ex. **f.** syn. **g.** prép. **h.** qqch. **i.** loc. **j.** fam.

4 Vous ouvrez le dictionnaire à la double page comportant les mots repères *front* et *fumée*. Trouverez-vous les mots *fruit*, *furet* et *froideur* :

a. sur cette double page ? **b.** sur une page précédente ? **c.** sur une page suivante ?

Justifiez vos réponses.

5 Dans ces phrases, donnez le sens des mots en rose et dites s'ils sont employés au sens propre ou au sens figuré. Quels mots du contexte vous ont permis de répondre ?

a. Toute la campagne est couverte d'un manteau de neige. **b.** Le temps s'est rafraîchi. Mets donc ton manteau ! **c.** Il a été accueilli par un tonnerre d'applaudissements. **d.** J'entends le tonnerre : l'orage arrive. **e.** Je suis resté immobile trop longtemps, j'ai des fourmis dans les jambes. **f.** Les fourmis sont des insectes très organisés.

Deux jeunes orangs-outangs.

6 Remplacez les pointillés par les mots *cœur*, *chemin* ou *montagne* et dites s'ils sont employés au sens propre ou au sens figuré.

a. J'ai pris le petit lapin dans mes bras, je sens son ...... battre. **b.** Il est tombé de la neige sur la .... **c.** La princesse a su trouver le ...... de son cœur. **d.** Il y a une ...... de papiers sur mon bureau. **e.** Les grands singes vivent au ...... de la forêt. **f.** Pouvez-vous m'indiquer le ...... qui va au château ?

7 Cherchez cinq expressions comportant le mot *tête* employé au sens figuré et utilisez chacune d'elles dans une phrase.

8 Quels sont les titres des trois fables de La Fontaine qui se cachent derrière les messages suivants ? Pour répondre, remplacez chaque chiffre par la lettre correspondante (**A** = 1, **B** = 2, **C** = 3, etc.).

a. 12-5-19 4-5-21-24 16-9-7-5-15-14-19

b. 12-5 12-15-21-16 5-20 12-1 3-9-7-15-7-14-5

c. 12-5 16-15-20 4-5 20-5-18-18-5 5-20 12-5 16-15-20 4-5 6-5-18

Leçon 39 L'origine et la formation des mots

J'observe

Série 1. a. Le mouton est **herbivore**. **b.** Laisse la voiture au **parking**.

Série 2. **placer**, **replacer**, **déplacer**, **déplacement**.

Série 3. **biologie**, **biographie**.

Série 1. a. Expliquez le sens du mot *herbivore* à partir de son origine latine : *herba*, « herbe », et *vorare*, « dévorer ».

b. Quelle est l'origine du mot *parking* ?

Série 2. Quel est le radical (la base) commun aux quatre mots ? Quels sont les deux préfixes qui modifient le sens du verbe *placer* ? Quel est le suffixe qui permet le passage du verbe au nom ?

Série 3. Retrouvez le sens des mots *biologie* et *biographie* à partir des éléments issus du grec : *bio-*, « vie », *-logie*, « science », *graphein*, « écrire ».

Leçon

1 Définition

L'**étymologie** est la science qui étudie l'origine des mots.

2 Le fonds primitif et les emprunts

- La langue française est issue d'un fonds primitif constitué de mots **gaulois**, de mots **latins**, introduits en Gaule lors de la conquête romaine, et de mots **germaniques**, hérités des invasions germaniques (Ve siècle).

- Au cours des siècles, le français s'est enrichi **en empruntant** des mots aux **langues anciennes** (latin → *insecticide* ; grec → *démocratie*) et à diverses **langues étrangères** (arabe → *algèbre* ; espagnol → *sieste* ; italien → *fresque* ; allemand → *képi* ; anglais → *week-end* ; aztèque → *chocolat*).

3 La création de mots nouveaux

- Le français s'est aussi enrichi de mots nouveaux créés par **dérivation** : ajout d'un préfixe et / ou d'un suffixe au radical (à la base).
Ex : *trans-port-able* → *trans-* : préfixe ; *port* : radical (base) ; *-able* : suffixe.
– Le **préfixe** permet de **modifier le sens** d'un mot.
Ex : *porter* → *apporter* → *transporter*.
Certains préfixes ont un sens précis. **Ex :** *re-* signifie « à nouveau » *(refaire)* ; *in- (il-, im-, ir-)* expriment la négation *(impossible)*.
– Le **suffixe** permet de **créer** des noms, des verbes, des adverbes, des adjectifs à partir d'un radical. **Ex :** *justesse, justement*.

- On peut créer des mots par **composition**, c'est-à-dire en associant des mots existants (*un chien-loup*) ou des éléments grecs ou latins (*orthographe*, du grec *ortho*, « correct », et *graphein*, « écrire »).

- On appelle **famille de mots** tous les mots formés sur le même radical.
Ex : *porter, portable, importation*…

Je m'exerce

1 Trouvez un mot français issu de chacun de ces termes latins.

a. *aqua* (eau). **b.** *ager / agri* (champ). **c.** *frater* (frère). **d.** *multi* (nombreux). **e.** *avis* (oiseau). **f.** *medicus* (médecin). **g.** *somnus* (sommeil).

2 Cherchez dans le dictionnaire la langue d'origine de ces mots.

a. domicile. **b.** fille. **c.** zéro. **d.** digue. **e.** gitane. **f.** spaghettis. **g.** girafe. **h.** yaourt. **i.** yoga. **j.** violoncelle. **k.** cabillaud. **l.** castagnettes.

3 Trouvez un synonyme français à chacun de ces mots, d'origine anglaise.

a. un building. **b.** un toaster. **c.** le shopping. **d.** un job. **e.** un coach. **f.** un reporter. **g.** un goal. **h.** le / un jogging (deux sens).

4 Recopiez les verbes et séparez d'un trait le préfixe et le radical. Donnez le sens de chacun des préfixes, en vous reportant à la liste suivante : *ad- (ap-)* → « vers » ; *co- (com-, col-, cor-)* → « avec » ; *dé-* → séparation ; *in- (im-, en-)* → « vers l'intérieur » ; *ex-* → « vers l'extérieur » ; *pré-* → « avant ».

a. déranger. **b.** prévoir. **c.** exporter. **d.** importer. **e.** comprendre. **f.** apporter **g.** correspondre. **h.** collaborer. **i.** enfermer.

5 Formez des antonymes en ajoutant à chaque mot un des préfixes suivants : *in- (il-, ir-) ; mal- / mé- ; dé- / dés- ; a-.*

a. la chance. **b.** un accord. **c.** plaire. **d.** régulier. **e.** lisible. **f.** faire. **g.** normal. **h.** le gel. **i.** heureux. **j.** content. **k.** suffisant. **l.** légal.

6 À l'aide d'un suffixe *(-esse, -ie, -té / -ité)*, formez un nom à partir de chaque adjectif.

a. beau. **b.** gentil. **c.** jalouse. **d.** stupide. **e.** faible. **f.** égal. **g.** modeste. **h.** sage.

7 À l'aide d'un suffixe *(-ateur / -atrice ; -ation ; -ment / -issement ; -ance)*, formez un nom à partir de chaque verbe.

a. agrandir. **b.** fabriquer. **c.** débarquer. **d.** exagérer. **e.** imaginer. **f.** siffler. **g.** admirer. **h.** affaiblir. **i.** délivrer.

8 Regroupez ces mots par familles.

a. déduction. **b.** chant. **c.** émerveiller. **d.** conduire. **e.** enchanteur. **f.** conducteur. **g.** merveille. **h.** déduire. **i.** chanter. **j.** producteur. **k.** merveilleux. **l.** chantonner.

POUR ALLER PLUS LOIN

9 Trouvez le sens des mots, qui comportent des éléments grecs et latins. Reportez-vous à la liste suivante : *biblio-* (« livre ») ; *-graphein* (« écrire ») ; *rhino-* (« nez ») ; *phonè* (« son », « voix ») ; *phil-* (« qui aime ») ; *géo-* (« terre ») ; *derma-* (« peau ») ; *ortho-* (« droit », « correct ») ; *poly-* (« nombreux ») ; *-thèque* (« coffre », « lieu de dépôt ») ; *-céros* (« corne ») ; *-logie* (« science ») ; *-gone* (« angle ») ; *-sophos* (« sage »).

a. dermatologie. **b.** bibliothèque. **c.** orthographe. **d.** rhinocéros. **e.** polygone. **f.** géographie. **g.** philosophe. **h.** orthophonie.

Shawn Banner, *Jeune fille faisant du yoga*, dessin.

Leçon **40**

Et si nous faisions du latin ?

J'observe

1. Comparez le nombre de mots dans la phrase latine et dans sa traduction française. Quel mot de la langue française n'existe pas en latin ?

a. *Romulus lupam spectat.*
→ Romulus regarde la louve.

2. Repérez le sujet et le COD dans les phrases en français. Quelles terminaisons permettent d'identifier ces deux fonctions dans les phrases latines ?

b. *Lupa Romulum spectat.*
→ La louve regarde Romulus.

c. *Lupam spectat Romulus.*
→ Romulus regarde la louve.

3. Phrases a et c. Quelle remarque faites-vous sur la place des mots dans les phrases latines ?

4. Quels mots français sont issus des mots latins *spectat* et *lupa* ?

5. J'observe la conjugaison du verbe *regarder*, au présent de l'indicatif.

– *specto* (= « je regarde »), *spectas* (= « tu regardes »), *spectat* (= « il / elle regarde »), *spectamus* (= « nous regardons »), *spectatis* (= « vous regardez »), *spectant* (= « ils / elles regardent »).

a. Le pronom personnel est-il présent dans la conjugaison des verbes latins ?

b. D'où viennent la terminaison **-s** dans *tu regardes* et la terminaison **-nt** dans *ils regardent* ?

Leçon

- Il n'y a **pas d'article** en latin. Le mot *lupa* peut se traduire par « une louve » ou « la louve ».
- En latin, la **fonction** d'un nom n'est pas indiquée par sa **place** dans la phrase, mais par sa **terminaison**. L'ordre des mots est plus libre qu'en français. Le **verbe** est souvent situé à la **fin** de la phrase.
- Retenez ce tableau des **terminaisons** pour le sujet et le COD.

	Sujet	COD
Noms en ***-a***	***-a***	***-am***
Noms en ***-us***	***-us***	***-um***

- Retenez la conjugaison latine du **présent de l'indicatif** des verbes *être* et *aimer*. Le pronom personnel sujet *(je, tu, il…)* n'est pas exprimé.

– Verbe *être* (infinitif ***esse***) → *sum*, *es*, *est*, *sumus*, *estis*, *sunt*.

– Verbe *aimer* (infinitif ***amare***) → *amo*, *amas*, *amat*, *amamus*, *amatis*, *amant*.

- Le vocabulaire français est issu en grande partie du **latin**. Quand on fait du latin, on peut deviner la **signification** d'un mot que l'on ne connaît pas en ayant recours à son étymologie.

Ex : *un tissu* ***ignifugé*** → de *ignis*, « le feu », et *fugere*, « faire fuir ».

Je m'exerce

1 Nous parlons latin !
Les mots latins ci-dessous sont entrés dans la langue française sans modification orthographique. Quel est leur sens actuel ? Vous paraît-il proche du sens d'origine ?

a. *agenda* (« choses qui doivent être faites »). **b.** *memento* (« souviens-toi »). **c.** *lavabo* (« je laverai »). **d.** *omnibus* (« pour tous »). **e.** *alibi* (« ailleurs »). **f.** *aquarium* (« réservoir d'eau »). **g.** *post-scriptum* (« après ce qui a été écrit »).

2 Les prénoms
Devinez quels prénoms français sont issus des mots latins suivants.

a. *clara* (« brillante »). **b.** *laurus* (« le laurier »). **c.** *silva* (« la forêt »). **d.** *maximus* (« très grand »). **e.** *victoria* (« la victoire »). **f.** *lætitia* (« la joie »).

3 La géographie
Associez chaque nom français de la liste 1 à un nom latin de la liste 2.

Liste 1. **a.** Lyon. **b.** Toulouse. **c.** Bordeaux. **d.** Marseille. **e.** la Seine. **f.** le Rhône.

Liste 2. **1.** Rhodanus. **2.** Lugdunum. **3.** Burdigala. **4.** Sequana. **5.** Tolosa. **6.** Massilia.

4 Les jours de la semaine
Le nom « jour » se dit, en latin, *dies* ; d'où la terminaison *-di* des jours de la semaine. À l'aide d'un dictionnaire, identifiez la divinité à laquelle est consacré chaque jour, du lundi au vendredi.

5 Les chiffres
Voici les chiffres latins, de un à dix : *unus, duo, tres, quattuor, quinque, sex, septem, octo, novem, decem*.

a. Dites de quel chiffre sont issus les mots ci-dessous. Vous mettrez leur sens en rapport avec leur origine.

a. union. **b.** triangle. **c.** quadrupède. **d.** octogénaire. **e.** sextuplé. **f.** duel.

b. Expliquez l'origine latine des mois de *septembre, octobre, novembre* et *décembre*.

Mosaïque romaine de l'entrée d'une maison : « Cave Canem » (Pompéi, Italie).

6 Les animaux
Trouvez le sens des noms latins des animaux suivants.

a. *equus*. **b.** *corvus*. **c.** *agnus*. **d.** *asinus*. **e.** *piscis*. **f.** *avis*. **g.** *canis*. **h.** *feles*.

Vous pouvez vous aider des traductions données dans le désordre :

– chien, corbeau, âne, poisson, cheval, agneau, chat, oiseau.

7 Les noms de personne
Faites correspondre les noms latins suivants et leur traduction française.

Liste 1. **a.** *pater*. **b.** *servus*. **c.** *medicus*. **d.** *amicus*. **e.** *poeta*. **f.** *dominus*. **g.** *filia*.

Liste 2. **1.** le poète. **2.** la fille. **3.** le père. **4.** le médecin. **5.** le maître de maison. **6.** l'esclave. **7.** l'ami.

POUR ALLER PLUS LOIN

8 **Traduisez les phrases suivantes en français. Aidez-vous du tableau de la leçon pour les terminaisons des mots latins.**

Aide : ***vocat :*** « appelle » ; ***narrat :*** « raconte » ; ***scribit :*** « écrit » ; ***epistula :*** « une lettre » ; ***fabula :*** « une fable ».

a. *Dominus servum vocat.* **b.** *Poeta fabulam narrat.* **c.** *Filia epistulam scribit.*

9 **Traduisez les phrases suivantes en latin.**

Aide : ***vocat :*** « appelle » ; ***timet :*** « craint » ; ***videt :*** « voit » ; ***lupus :*** « le loup ».

a. La maîtresse appelle le médecin. **b.** Le cheval voit le corbeau. **c.** L'agneau craint le loup.

Leçon **41**

Les dieux et le lexique de la mythologie

Les dieux grecs et romains

- Les deux premiers dieux furent **Gaïa** (la Terre) et **Ouranos** (le Ciel). Ils eurent pour enfants **Cronos** (Saturne) et **Rhéa**, qui engendrèrent à leur tour **Zeus**, **Poséidon**, **Hadès**, **Héra**, **Hestia** et **Déméter**. Zeus eut ensuite des enfants avec son épouse (et sœur) Héra (Arès, Héphaïstos), mais aussi avec d'autres femmes (divinités diverses et mortelles).
- Les Romains ont repris les dieux grecs, dont ils ont transformé les noms.

Noms grecs	Noms latins	Fonctions	Attributs, plantes et animaux associés
Zeus	Jupiter	dieu du Ciel, maître du monde	le sceptre, le foudre[1], l'aigle
Poséidon	Neptune	dieu de la Mer et des Tremblements de terre	le trident
Hadès	Pluton	dieu des Enfers	la corne d'abondance[2]
Héra	Junon	déesse du Mariage	le paon
Déméter	Cérès	déesse de la Terre et des Moissons	la faucille, l'épi de blé
Hestia	Vesta	déesse du Foyer	le feu
Aphrodite, fille de Zeus et Dioné	Vénus	déesse de la Beauté et de l'Amour	la colombe, la rose
Apollon, fils de Zeus et Léto	Phébus	dieu de la Musique, de la Poésie et de la Divination	le laurier, la lyre, le Soleil
Artémis, fille de Zeus et Léto	Diane	déesse de la Lune et de la Chasse	l'arc, la Lune, la biche
Arès	Mars	dieu de la Guerre	le casque, le vautour
Athéna (Pallas), fille de Zeus et Métis	Minerve	déesse de la Sagesse et de la Guerre, protectrice d'Athènes	le casque, la lance, l'égide[3], l'olivier, la chouette
Dionysos, fils de Zeus et Sémélé	Bacchus	dieu de la Vigne et du Théâtre	le raisin, le bouc
Héphaïstos, époux d'Aphrodite	Vulcain	dieu du Feu et des Forgerons	l'enclume[4], le marteau
Hermès, fils de Zeus et Maïa	Mercure	dieu du Commerce et des Voyageurs, messager des dieux	le caducée[5], des sandales ailées

1. **le foudre :** au masculin, désigne la flamme que tient Zeus. 2. **la corne d'abondance :** corne d'où s'échappent des fruits et des fleurs. 3. **l'égide :** cuirasse faite de peau de chèvre. 4. **l'enclume :** masse métallique sur laquelle on forge les métaux. 5. **le caducée :** bâton sur lequel sont enroulés deux serpents.

Le lexique de l'Antiquité gréco-romaine

les Achéens : ancien nom des Grecs.

l'Achéron : fleuve des Enfers. ▶ p. 111

Agamemnon : chef de l'armée grecque lors de la guerre de Troie, frère de Ménélas.

Alcinoos : roi des Phéaciens, père de Nausicaa ; il accueillit Ulysse après son naufrage.

Anchise : Troyen, père d'Énée.

Antinoos : prétendant, convoitant la femme et le royaume d'Ulysse.

Calypso : nymphe, amoureuse d'Ulysse, qu'elle retint sept ans sur son île. ▶ p. 101

Cerbère : chien à trois têtes, gardien des Enfers. ▶ p. 111

les champs Élysées : séjour des Bienheureux aux Enfers. ▶ p. 111

Charon : passeur, chargé de faire traverser l'Achéron aux âmes des morts. ▶ p. 111

Circé : magicienne, qui transforma en porcs les compagnons d'Ulysse.

les Cyclopes : géants sauvages, n'ayant qu'un œil, au milieu du front.

Cythère : île grecque, où était honorée Aphrodite. ▶ p. 101

Didon : reine de Carthage, amoureuse d'Énée.

Énée : héros troyen de l'*Énéide*, de Virgile.

Eumée : porcher et serviteur fidèle d'Ulysse.

Euryclée : nourrice d'Ulysse.

les Harpyes : génies féminins, ailés, aux serres aiguës.

Hélène : épouse de Ménélas, enlevée par Pâris (cause de la guerre de Troie).

l'île du Soleil : ancien nom de la Sicile. ▶ p. 101

Ilion : autre nom de Troie. ▶ p. 103

Ithaque : petite île grecque, patrie d'Ulysse. ▶ p. 101

Lavinia : fille du roi du Latium, fiancée de Turnus, puis épouse d'Énée.

Latium : région de l'Italie centrale, où aborda Énée. ▶ p. 103

Ménélas : roi de Sparte, époux de la belle Hélène, frère d'Agamemnon.

Nausicaa : fille d'Alcinoos.

les Nymphes : jeunes femmes qui vivent dans la campagne, les bois et les eaux.

Pénélope : fidèle épouse d'Ulysse.

les Phéaciens : peuple légendaire, habitant l'île de Corfou, qui accueillit Ulysse. ▶ p. 101

Polyphème : Cyclope, fils de Poséidon, dont Ulysse creva l'œil unique.

Pygmalion : sculpteur grec, qui tomba amoureux de sa statue.

Rémus : frère jumeau de Romulus.

Rhéa Silvia : vestale, descendante d'Énée, mère de Romulus et Rémus, qu'elle conçut avec Mars.

Romulus : fondateur et premier roi légendaire de Rome, descendant d'Énée.

le Styx : fleuve des Enfers. ▶ p. 111

le Tartare : lieu des supplices aux Enfers. ▶ p. 111

Télémaque : fils d'Ulysse et de Pénélope.

les Titans : fils d'Ouranos et de Gaïa.

Troie : ancienne ville d'Asie Mineure. ▶ p. 103

Turnus : roi des Rutules (Italie), rival et adversaire d'Énée.

Ulysse : héros grec de l'*Odyssée*, d'Homère.

les Vestales : prêtresses de Vesta, qui ne doivent pas se marier.

Leçon 42 Le vocabulaire des genres littéraires

Leçon

1 Les genres littéraires

● Les textes littéraires sont classés en différentes catégories, appelées **genres**. Chaque genre possède des **caractéristiques ou codes très précis**, qui constituent des repères utiles pour le lecteur : par exemple, lorsqu'on lit un conte, on s'attend à entrer dans un univers merveilleux.

2 Les genres du récit

● Un récit est constitué d'une histoire racontée par un **narrateur** (▶ LEÇON 43, p. 340). Cette histoire peut être **réelle** ou **fictive** (imaginaire). Parmi les genres du récit fictif, on distingue : le conte, la fable, l'épopée, le roman.

● Le **conte** est un récit qui s'est transmis sous forme orale ou écrite de génération en génération. Il commence souvent par une formule, comme **« Il était une fois… »**. On y trouve des **éléments merveilleux** : personnages ou événements magiques ou surnaturels (▶ CHAPITRE 1, p. 20). On distingue :
– le **conte à moralité** (ou conte de sagesse), qui apporte un enseignement ;
– le **conte explicatif**, qui tente d'expliquer l'origine de certains phénomènes naturels ou de certaines particularités animales.

● La **fable** est un **récit bref**, en prose ou en vers, qui met souvent en scène des **animaux** et qui comporte une **morale**, exprimée (explicite) ou sous-entendue (implicite). La fable dénonce les défauts des hommes et de la société de façon plaisante (▶ CHAPITRE 8, p. 202).

● L'**épopée** est un **long poème** racontant les prouesses d'un héros aux prises avec des forces qui le dépassent. Le héros bénéficie de l'aide des **dieux** ou subit leur haine (▶ CHAPITRE 3, p. 74 et CHAPITRE 4, p. 98).

● Le **roman** est un **récit long** racontant une histoire vécue par des **personnages imaginaires**. Un roman est souvent divisé en **chapitres**.

3 Les genres autres que le récit

● Le **théâtre** met en scène des personnages qui vivent des situations **comiques** (comédies) ou **tragiques** (tragédies). Le texte de théâtre est écrit en vue de la **représentation** (du spectacle). Les personnages échangent des **répliques**. Les indications de mise en scène et de jeu sont précisées dans les **didascalies**.

● La **poésie** se distingue par sa mise en page particulière : disposition du texte en **vers**, en **strophes** (▶ LEÇON 46, p. 346). Elle est fondée sur la **musicalité** du langage (rythme, rimes) et sur le pouvoir évocateur des **images** (métaphores, comparaisons ▶ CHAPITRE 7, p. 378).

Je m'exerce

1 Dites à quel genre appartient chacun des extraits suivants. Justifiez votre choix.

a. Le Lion, terreur des forêts,
Chargé d'ans, et pleurant son antique [prouesse,
Fut enfin attaqué par ses propres sujets.

Jean de **La Fontaine**, extrait du « Lion devenu vieux », ***Fables***, livre III, 14 (1668).

b. Elle avait pris ce pli dans son âge enfantin
De venir dans ma chambre un peu chaque [matin ;
Je l'attendais ainsi qu'un rayon qu'on [espère ;
Elle entrait, et disait : « Bonjour, mon petit [père. »

Victor **Hugo**, ***Les Contemplations*** (1856).

c. SGANARELLE. – Hé bien ! Mademoiselle, vous êtes malade ?
LUCILE. – Oui, Monsieur.
SGANARELLE. – Tant pis ! c'est une marque que vous ne vous portez pas bien. Sentez-vous de grandes douleurs à la tête, aux reins ?
LUCILE. – Oui, Monsieur.

Molière, ***Le Médecin volant*** (1647), scène 5.

d. Il était une fois un Roi et une Reine, qui étaient si fâchés de n'avoir pas d'enfants, si fâchés qu'on ne saurait dire.

Charles **Perrault**, « La Belle au bois dormant », dans ***Contes de ma mère l'Oye*** (1697).

e. ULYSSE : Malheureux que je suis ! c'est un piège nouveau que me tend l'un des dieux, quand il vient m'ordonner de quitter ce radeau. Non ! non ! je ne veux pas lui obéir encore ; mes yeux n'ont aperçu que de trop loin la terre.

Homère, ***Odyssée*** (extrait du chant V), traduit du grec par V. Bérard

2 Voici une série de titres d'œuvres figurant dans votre manuel. Associez chaque titre (liste 1) au genre auquel l'œuvre appartient (liste 2). Vous pouvez consulter votre manuel (▶ p. 36-37 ; p. 46 ; p. 98 ; p. 226 ; p. 252).

Liste 1. *Iliade* ; *Les Animaux de tout le monde* ; *L'Affaire Caïus* ; *La Belle et la Bête* ; *Petit Bodiel et autres contes de la savane* ; *Kamo, l'idée du siècle* ; *Salut, Monsieur de La Fontaine* ; *Le Médecin malgré lui*.

Liste 2. roman ; conte ; poésie ; épopée ; conte ; fable ; théâtre ; roman.

3 Réécrivez la fable « Le Laboureur et ses enfants » (▶ p. 210) sous la forme d'un petit conte.

Conseils : utilisez une formule d'entrée, indiquez la situation initiale puis enchaînez les actions ; développez quelques passages de la fable ; vous pouvez faire parler les personnages.

4 Relisez le conte « Les Sept Corbeaux » (▶ p. 24-26). Écrivez sous forme de dialogue théâtral la scène dans laquelle les parents révèlent à leur petite fille ce qui est arrivé à ses sept frères (▶ p. 24, l. 22-25).

T. C. Derrick, illustration du « Lion devenu vieux », fable de La Fontaine (vers 1910).

Leçon 43 Le vocabulaire de la narration

J'observe

Je m'appelle « je ».
Les hommes me donnent un autre nom. Ils ne comprennent pas. Je m'appelle « je » parce que le nom d'un chat est toujours « je ». Et je fais ce que j'ai envie de faire parce que je suis un chat.
J'aime courir dans l'herbe et j'aime les caresses et je n'aime pas ce que les humains nomment les vacances. Dès qu'ils ont prononcé ce mot, « vacances », ils m'ont enfermé dans un panier.

Jean-Noël **Blanc**, ***Chat perdu*** (2001)
© éd. Gallimard Jeunesse.

1. Qui est l'auteur du roman d'où est tiré cet extrait ? Où son nom est-il mentionné ?

2. Qui est le narrateur (qui raconte l'histoire) ? À quelle personne le récit est-il mené ?

3. Le narrateur est-il en même temps un personnage de l'histoire ?

4. Quel est l'effet produit par le choix de ce narrateur ?

Leçon

1 L'auteur

- L'auteur est l'écrivain qui **imagine et écrit l'histoire**. Son nom figure sur la **couverture** du livre. Quand il s'agit d'un extrait, son nom est cité à la fin de cet extrait.

- Un livre peut être l'œuvre de plusieurs auteurs (*Contes*, des frères Grimm ▸ p. 24). Le nom de l'auteur n'est pas toujours connu (*L'Épopée de Gilgamesh* ▸ p. 74).

2 Le narrateur

- Le narrateur est celui qui **raconte l'histoire**.

- Le narrateur peut être un **personnage** de l'histoire : il raconte l'histoire à la **première personne du singulier** (*je*).

- Le narrateur peut être **extérieur** à l'histoire : il raconte l'histoire à la **troisième personne** (*il/s, elle/s*).
Remarque : même s'il n'est pas un personnage de l'histoire, le narrateur peut intervenir dans le récit pour faire un commentaire. Il s'exprime souvent à la première personne (*je*) ou utilise le pronom *on* pour associer le lecteur à l'histoire.

3 Le personnage

- Le personnage est un **être de fiction** (imaginé par l'auteur) qui joue un rôle dans l'histoire. Les personnages peuvent être des humains, des animaux, des végétaux, des êtres surnaturels (fées, sorcières…).
Ex : Alice, le petit prince, Énée sont les héros des récits qui portent leur nom : *Alice au pays des merveilles, Le Petit Prince, Énéide.*

Je m'exerce

1 Qui est le narrateur ? À quelle personne mène-t-il le récit ? Relevez deux pronoms.

Nous approchâmes de l'île des Sirènes qui attirent les marins par leurs chants irrésistibles et les entraînent à la mort. « Toi le fameux Ulysse, viens écouter nos voix… », criaient-elles. Je mis de la cire dans mes oreilles et demandai à mes compagnons de m'attacher au mât pour éviter de tomber sous leur charme.

Homère, ***Odyssée*** (VIIIe siècle avant J.-C.), extrait du **chant XII**, traduit et adapté du grec par Hélène Potelet.

2 Lisez le texte et répondez aux questions.

Il était une fois une Reine qui accoucha d'un fils, si laid et si mal fait, qu'on douta longtemps s'il avait forme humaine. Une Fée qui se trouva à sa naissance assura qu'il ne laisserait pas[1] d'être aimable, parce qu'il aurait beaucoup d'esprit […].

Tout cela consola un peu la pauvre Reine, qui était bien affligée[2] d'avoir mis au monde un si vilain marmot. Il est vrai que cet enfant ne commença pas plus tôt à parler qu'il dit mille jolies choses, et qu'il avait dans toutes ses actions je ne sais quoi de si spirituel, qu'on en était charmé. J'oubliais de dire qu'il vint au monde avec une petite houppe de cheveux sur la tête, ce qui fit qu'on le nomma Riquet à la houppe […].

Charles **Perrault**, « Riquet à la houppe », dans ***Histoires ou Contes du temps passé*** (1697).

1. **qu'il ne laisserait pas :** qu'il ne manquerait pas. 2. **affligée :** triste.

1. Qui est l'auteur du texte ? À quelle personne le narrateur mène-t-il le récit ?
2. Combien y a-t-il de personnages ? Qui sont-ils ?
3. **a.** Relevez deux phrases dans lesquelles le narrateur fait des commentaires à la première personne. **b.** Par l'emploi de quel pronom le narrateur associe-t-il le lecteur à l'histoire ?

3 Lisez le texte et répondez aux questions.

Rodrigue, sa sœur et ses parents recherchent leur chat perdu dans la forêt.

Ils appelèrent. Debout tous les quatre à l'orée de la forêt, ils crièrent le nom du chat. Entre deux appels, ils s'interrompaient, tendaient l'oreille. Rien ne bougeait sous les arbres. Ils reprenaient leurs appels, à tour de rôle, attendaient, recommençaient. Rodrigue avait retrouvé sa voix. Il criait avec les autres, et le fait de marcher et de pouvoir crier lui faisait du bien. Il avança jusqu'aux fourrés, se pencha, scruta l'ombre sous les branches.

Jean-Noël **Blanc**, ***Chat perdu*** (2001)

1. À quelle personne le narrateur mène-t-il le récit ?
2. Réécrivez le texte en faisant de Rodrigue le narrateur. Par quels pronoms devrez-vous remplacer les pronoms *ils* (l. 1 à 5), *il* (l. 8) et le nom *Rodrigue* (l. 7) ?

Henry Morin (1873-1961), illustration de « Riquet à la houppe », de Perrault (vers 1910-1919).

Leçon 44 Le vocabulaire des sentiments et des émotions

J'observe

Bertie, huit ans, passe son enfance en Afrique du sud ; il a recueilli un petit lion blanc, mais un jour son père décide de le vendre à un zoo…

Bertie se rebella contre son père.

« Non, s'écria-t-il. Non, tu ne peux pas faire ça ! »

La colère lui fit monter aux yeux des larmes brûlantes, mais celles-ci firent bientôt place à des sanglots silencieux de désespoir et d'abandon. Rien n'aurait pu le consoler, mais sa mère essaya quand même.

« Il est impossible de le garder ici éternellement, Bertie, dit-elle. »

Michael **Morpurgo**, ***Le Lion blanc*** (1996), traduit de l'anglais par N. Chassériau

1. a. Quelles différentes émotions l'enfant éprouve-t-il face à son père ? Relevez deux noms précis.

b. Quelle est la raison de son état ?

c. Quelles sont les manifestations physiques de ses émotions ? Citez les mots du texte.

2. Que tente la mère afin de calmer l'enfant ?

Leçon

1 Définition

- Une **émotion** est un **trouble passager intense** (très fort), agréable ou désagréable, causé par une peur, une surprise, une joie, une colère… Lorsqu'on ressent une émotion, on est ému, troublé, touché…
- Un **sentiment** est plutôt **stable et durable** : la jalousie, la honte, la sympathie, l'amour…
- Les émotions peuvent être nommées ou suggérées par leurs **manifestations physiques**.
Ex : *Surpris par la nouvelle, il blêmit. Son cœur battait à tout rompre.*

2 Le vocabulaire de l'émotion

- La **joie** : la gaieté ; être joyeux, ravi, fou de joie ; se réjouir ; rire ; éclater de rire ; sauter de joie ; rayonner de bonheur ; avoir les yeux qui brillent.
- La **tristesse** : éprouver du chagrin ; avoir de la peine ; pleurer ; fondre en larmes ; sangloter ; avoir la gorge nouée.
- La **colère** : s'énerver ; s'emporter ; se fâcher ; se mettre en colère ; entrer dans une colère noire ; enrager ; rougir de colère ; être furieux, indigné.
- La **surprise** : l'étonnement ; la stupéfaction ; être surpris, étonné, stupéfait, abasourdi, frappé de stupeur ; rester sans voix ; sursauter.
- La **peur** : la crainte ; la panique ; l'effroi, la frayeur ; inquiétant, terrible, horrible ; paniquer, trembler, s'inquiéter, frissonner ; être apeuré, angoissé, effrayé, épouvanté, terrifié, mort de peur ; avoir la chair de poule.

Je m'exerce

1 **Trouvez les adjectifs qui pourraient qualifier une personne qui éprouve les émotions ou sentiments suivants.**

a. qui s'émeut facilement. **b.** qui se met en colère. **c.** qui éprouve de la terreur. **d.** qui éprouve de la jalousie. **e.** qui a honte. **f.** qui envie les autres. **g.** qui est en fureur.

2 **Remplacez chaque mot en rose par un synonyme. Aidez-vous du vocabulaire** ▶ p. 342.

a. Son brusque départ m'a surpris. **b.** Ce téléfilm m'a beaucoup ému. **c.** Arrêtez de vous inquiéter, nous allons retrouver le bon chemin ! **d.** Quand je descends dans la cave, je ressens une certaine peur. **e.** Elle est toujours joyeuse lorsqu'elle part en vacances.

3 **Quelles émotions les expressions en rose expriment-elles ?**

a. Elle vient d'obtenir son permis de conduire. Elle est aux anges. **b.** En voyant arriver l'ogre, il prit ses jambes à son cou. **c.** Quand il s'aperçut qu'on lui avait menti, il sortit de ses gonds. **d.** Il tomba des nues quand il apprit la nouvelle. **e.** À l'annonce des résultats, elle eut une boule dans la gorge.

4 **Complétez les phrases par un adjectif de couleur (jaune, noir, rouge, bleu, vert, blanc) que vous accorderez, si nécessaire, au féminin. Aidez-vous du dictionnaire.**

a. Il a eu peur ! il est ...... comme un linge ! **b.** Il est soudain entré dans une colère .... **c.** Elle est devenue ...... de honte. **d.** À cette nouvelle, nous avons ri ...... **e.** Devant le lion, il eut une peur ...... **f.** Elle était ...... de rage.

5 **Complétez les phrases de façon à préciser l'émotion exprimée par le verbe.**

a. J'ai sauté de joie quand .... **b.** J'ai été très étonnée .... **c.** Il est terrorisé à l'idée de .... **d.** Il a pleuré .... **e.** Elle a été furieuse .... **f.** Il a été très vexé ....

Petite fille pleurant.

6 **Inventez la suite des phrases suivantes en exprimant l'émotion (ou sa manifestation) suggérée par l'indication en rose. Aidez-vous du vocabulaire** ▶ p. 342.

Ex : *Il est si attristé par le départ de sa fille qu'il pleure tous les jours.* → **tristesse**

a. Elle arriva dans cet étrange château. Les douze coups de minuit sonnèrent. Elle .... (peur) **b.** Tout est prêt pour son anniversaire. Ses amis vont arriver. Il .... (joie) **c.** Quand elles eurent appris que leur sœur était fiancée au fils du roi, elles .... (colère) **d.** On sonna à la porte. Il ouvrit et .... (surprise)

7 **Racontez en quelques lignes un moment où vous avez éprouvé une joie intense ou une grande colère. Utilisez au moins deux mots proposés dans la liste** ▶ p. 342.

8 **Présentez, en quelques lignes, un personnage perdu dans une forêt. Utilisez au moins deux mots exprimant la peur ou ses manifestations physiques. Insistez sur les éléments de la forêt qui ont un caractère effrayant.**

Leçon 45 Les figures de style

Les principales figures de style

- Les figures de style sont des **procédés d'expression** qui visent à **produire un effet**.

1 La comparaison

- La comparaison **met en relation** le **comparé** (élément qui est comparé) et le **comparant** (élément auquel on compare), à l'aide d'un **outil de comparaison** *(comme, tel que, ressembler à…)*. La comparaison est construite à partir d'un **point commun** entre le comparé et le comparant.

Ex : *La mer brille comme un miroir.* → Comparé : *la mer* ; outil : *comme* ; comparant : *un miroir* ; point commun : la brillance.

2 La métaphore

- Comme la comparaison, la métaphore **met en relation** deux éléments, le **comparé** et le **comparant**, mais **sans outil de comparaison**.

Ex : *la mer est un grand miroir ; le grand miroir de la mer ; la mer, ce grand miroir…* → La métaphore permet de créer une **image poétique**.

3 La personnification

- La personnification est une **forme de métaphore**. Elle consiste à **attribuer des comportements humains** à des animaux, à des objets…

- La personnification crée souvent une **image amusante**.

Ex : *Compère le Renard se mit un jour en frais, / Et retint à dîner commère la Cigogne.* (J. de La Fontaine, « Le Renard et la Cigogne ».)
→ Évocation **amusante** du Renard et de la Cigogne, **assimilés à des humains** qui s'invitent à dîner.

- Elle crée aussi une **image poétique**.

Ex : *Le temps a laissé son manteau. / De vent, de froidure et de pluie* (C. d'Orléans, « Rondeau de printemps ».) → **Personnification du temps**, qui, au printemps, se débarrasse de son manteau d'hiver.

4 La périphrase

- La périphrase consiste à **remplacer** un terme **par une expression de même sens**.

Ex : Dans « Le Loup et l'Agneau », de La Fontaine, le Loup accuse l'Agneau de troubler son eau : *Tu la troubles, reprit cette bête cruelle.*

5 L'énumération

- L'énumération consiste à **énoncer une série de termes** de même classe et de même fonction grammaticale.

Ex : *La fillette contemplait ses trésors : coquillages, rubans, perles, bracelets et fleurs séchées.*

- Elle est souvent utilisée en **poésie** : elle permet de jouer sur le rythme et / ou de créer des effets comiques (▶ chapitre 7, p. 182).

Je m'exerce

1 Analysez les comparaisons sous forme de tableau : élément comparé, comparant, outil de comparaison, point commun.

a. La fée resplendissait, éblouissante comme un soleil. **b.** Les cheveux du petit prince brillaient sur sa tête à la façon d'une couronne d'or. **c.** L'ogre mange une tarte grosse comme une roue. **d.** Le sable de la plage était doux ; on aurait dit un tapis de soie. **e.** La grenouille désire ressembler à un bœuf.

2 Retrouvez les comparaisons, fréquemment employées.

a. Rusé comme .... **b.** Gai comme .... **c.** Malin comme .... **d.** Blanc comme .... **e.** Muet comme .... **f.** Doux comme .... **g.** Bavard comme .... **h.** Rapide comme .... **i.** Dormir comme ....

3 Dans les phrases suivantes, relevez les métaphores et expliquez-les.

a. À l'automne, en forêt, nous marchons sur un tapis d'or. **b.** L'enfant vient de naître, il est au matin de sa vie. **c.** La Belle séduisit la Bête avec son teint de rose. **d.** Il y a une montagne de feuilles mortes devant la porte. **e.** Tu ne céderas donc pas ! Tu es une tête de mule !

Le Petit Prince, film de **Stanley Donen** (1974), avec Steven Warner.

4 Associez chaque mot de la liste 1 à la périphrase qui peut le désigner dans la liste 2.

Liste 1. **a.** l'hirondelle. **b.** Ithaque. **c.** Vénus. **d.** Paris. **e.** l'aigle. **f.** le lion.

Liste 2. **1.** Le roi de la savane. **2.** La capitale de la France. **3.** L'oiseau de Jupiter. **4.** La messagère du printemps. **5.** La déesse de l'Amour. **6.** La patrie d'Ulysse.

5 Dans les phrases suivantes, identifiez les personnifications et les énumérations.

a. Ali Baba arriva chez lui, fit entrer ses ânes dans une petite cour, referma la porte, rangea les sacs emplis d'or. **b.** Le rat de ville invite le rat des champs à un festin. **c.** Le lapin blanc court, il a perdu sa montre. **d.** Au cours de son voyage, le petit prince a rencontré un allumeur de réverbères, un roi, un géographe, un vaniteux.

POUR ALLER PLUS LOIN

6 Dans chacun des extraits ci-dessous, identifiez les figures de style.

a. Le Crabe aux longs yeux

Il ne mettait le nez dehors que la nuit venue, quand les troupeaux d'étoiles entraient dans les pâturages du ciel.

Birago **Diop**, *Les Contes d'Amadou Koumba*

b. Mes deux filles

Dans le frais clair-obscur du soir charmant [qui tombe,
L'une pareille au cygne et l'autre à la [colombe,
Belles, et toutes deux joyeuses, ô douceur !
Voyez, la grande sœur et la petite sœur

Victor **Hugo**, « Mes deux filles », dans *Les Contemplations* (1856), I, 3.

c. Quand vous êtes éloigné de moi, les heures me paraissent sans fin ; quand vous êtes avec moi, elles passent comme un songe.

Madame d'**Aulnoy**, « L'Oiseau bleu » (1697).

Leçon 46 La versification

Leçon

1 Comment reconnaître un poème ?

● On reconnaît un poème à sa **disposition dans la page** (mise en espace) : chaque vers est marqué par un **passage à la ligne**.

● Les vers peuvent être regroupés par **strophes** (groupes de vers séparés les uns des autres par un espace blanc). Une strophe de trois vers est un **tercet** ; une strophe de quatre vers, un **quatrain**.

2 Le mètre

● Pour déterminer le mètre (longueur d'un vers), il faut compter le **nombre de syllabes**. Le **e suivi d'une consonne** compte pour une syllabe ; le **e en fin de vers** ou **suivi d'une voyelle** ne compte pas.

Ex : *Un / a / gneau / se / dé / sal / té / rait.*
1 2 3 4 5 6 7 8

Dans / le / cou / rant / d'u / n(e) on / de / pur(e).
1 2 3 4 5 6 7 8

J. de **La Fontaine**, « Le Loup et l'Agneau », dans *Fables* (1668).

● Les principaux mètres sont : l'**alexandrin** (douze syllabes), le **décasyllabe** (dix syllabes), l'**octosyllabe** (8 syllabes), l'**heptasyllabe** (sept syllabes).

3 Rythme et sonorités

● Le rythme est créé par des **répétitions de mots et de sonorités** (rimes, assonances, allitérations).

● La **rime** est le retour d'un ou de plusieurs sons identiques à la fin de plusieurs vers. Les rimes peuvent être :

– plates *(aabb)* ; **Ex :** *rose / chose / amours / toujours*
(V. **Hugo**, ***L'Art d'être grand-père*** ► p. 190).

– croisées *(abab)* ; **Ex :** *perché / fromage / alléché / langage*
(J. de **La Fontaine**, « Le Corbeau et le Renard »).

– embrassées *(abba)* ; **Ex :** *se désaltérait / pure / aventure / attirait*
(J. de **La Fontaine**, « Le Loup et l'Agneau »).

● L'**assonance** est la répétition d'un même son voyelle.
Ex : *kimono, siroco* → La répétition du son [o] crée un effet amusant.

● L'**allitération** est la répétition d'un même son consonne.
Ex : *la fuite effrayante du vent* → La répétition des sons [f] et [t], associée au sens, accentue l'effet effrayant.

Remarque : assonance et allitération sont souvent combinées.
Ex : *Sacha cacha le chat.*

● Le rythme du poème est aussi créé par le **retour régulier de syllabes accentuées** (prononcées avec plus de force que les autres).
Ex : *Je vis / à l'horizon // surgir / la lune immense* (V. **Hugo**, ***L'Art d'être grand-père***).
→ Les syllabes accentuées créent le rythme 2 / 4 // 2 / 4.

Je m'exerce

1 **a.** Combien comptez-vous de syllabes dans les vers des extraits suivants ? Dites quels sont les mètres utilisés dans l'extrait 1.
b. Dans chaque extrait, identifiez les rimes et leur disposition.

Extrait 1

La raison du plus fort est toujours la [meilleure ;
Nous l'allons montrer tout à l'heure.

J. de **La Fontaine**, « Le Loup et l'Agneau », dans ***Fables***, livre I (1668).

Extrait 2

Dansez, les petites filles,
Toutes en rond.
En vous voyant si gentilles,
Les bois riront.

V. **Hugo**, « Chanson de grand-père », dans ***L'Art d'être grand-père*** (1877).

2 Replacez à la rime les mots qui ont été effacés. Les voici, en désordre :
– *riait, enfantin, père, passe, s'asseyait, matin, espère.*

Elle avait pris ce pli dans son âge ......
De venir dans ma chambre un peu chaque [...... ;
Je l'attendais ainsi qu'un rayon qu'on ...... ;
Elle entrait, et disait : « Bonjour, mon petit [...... » ;
Prenait ma plume, ouvrait mes livres, ...
Sur mon lit, dérangeait mes papiers, et ......,
Puis soudain s'en allait comme un oiseau [qui ......

D'après V. **Hugo**, *Les Contemplations* (1856).

3 Voici deux quatrains dans lesquels le poète Hugo évoque sa fille Léopoldine. Rétablissez la mise en espace des vers à partir des indications suivantes : le mètre utilisé est l'octosyllabe ; les rimes sont croisées.

J. A. Meunier, *La Ronde* (1902), huile sur toile (collection privée).

Quand nous habitions tous ensemble sur nos collines d'autrefois, où l'eau court, où le buisson tremble, dans la maison qui touche aux bois, elle avait dix ans, et moi trente ; j'étais pour elle l'univers. Oh ! comme l'herbe est odorante sous les arbres profonds et verts !

D'après V. **Hugo**, *Les Contemplations* (1856).

4 Recopiez le poème ci-dessous. Entourez les assonances en rouge, et les allitérations en bleu.

« L'Orang-Outang de Barbotan »

L'orang-outang de Barbotan
Ne fut jamais qu'un charlatan :
Il faisait toujours l'important
Et se prenait pour un sultan.

Brigitte **Level**, ***L'Arche de Zoé***, dans *Les Plus Beaux Poèmes pour enfants*, de Jean Orizet © librairie galerie Racine.

5 Sur le modèle de « L'Orang-Outang de Barbotan », écrivez un court poème sur un animal de votre choix (panda, chameau, cachalot, libellule, koala…). Jouez avec les mots et les sonorités.

6 Composez un quatrain, dans lequel vous placerez à la rime les mots suivants : *grillon, papillon, prairie, fleurie.* Vous êtes libre du choix du mètre et de la disposition des rimes.

Leçon 47 Synonymes, antonymes, paronymes et champ lexical

J'observe

1. voiture, automobile, véhicule, bagnole.

a. Identifiez la classe grammaticale de ces mots. Ont-ils des sens proches ou des sens différents ?

b. À quels différents niveaux de langage appartiennent-ils (▶ LEÇON 48, p. 350) ?

2. a. méchant / gentil. **b.** tristesse / joie.

Quel rapport de sens établissez-vous entre les mots de chaque couple ?

3. conversation / conservation.

Ces mots se ressemblent-ils ? Ont-ils le même sens ?

4. sable, coquillage, iodé, nager, soleil, brûlant.

À quel thème commun ces mots se rattachent-ils ?

Leçon

1 Les synonymes

- Les synonymes sont des mots qui ont le **même sens** ou un sens proche.
Ex : *pleurer, sangloter* (verbes) ; *calme, tranquille* (adjectifs).

- Certains synonymes se présentent sous la forme d'un **terme générique** (terme désignant un ensemble).
Ex : Le mot *oiseau* englobe la mouette, l'aigle, la mésange…
→ *oiseau* (terme générique) et *mouette* (terme précis) sont synonymes.

2 Les antonymes

- Les antonymes sont des mots de **sens contraire**.
Ex : *lourd / léger.*

- Certains antonymes sont formés à l'aide d'un **préfixe** (▶ LEÇON 39, p. 332).
Ex : *patient / impatient.*

3 Les paronymes

- Les paronymes sont des mots qui **se prononcent presque de la même façon**, mais qui sont **différents**.
Ex : *livre / libre.*

Remarque : les paronymes se distinguent des homonymes (▶ LEÇON 36, p. 326), qui, eux, se prononcent de la même façon.
Ex : *court / cours / cour.*

4 Le champ lexical

- On appelle champ lexical l'ensemble des termes (noms, verbes, adjectifs) qui **se rattachent à un même thème**.
Ex : *piéton, trottoir, rues embouteillées, citadin, boutiques, centre.*
→ Ces mots appartiennent au champ lexical de la ville.

Je m'exerce

1 Associez chaque mot de la liste 1 à son synonyme de la liste 2.

Liste 1. **a.** songe. **b.** chaussure. **c.** trouver. **d.** lier. **e.** satisfait. **f.** vaincre.

Liste 2. **1.** unir. **2.** rêve. **3.** gagner. **4.** soulier. **5.** découvrir. **6.** content.

2 Cherchez l'intrus dans les listes suivantes, constituées de synonymes.

a. conflit, désaccord, entente, querelle, brouille.

b. vacarme, murmure, tapage, tintamarre, fracas.

c. vieux, ancien, passé, récent, antique.

3 Dans les phrases ci-dessous, remplacez les mots en rose par un synonyme.

a. La vitre a été cassée par une branche. **b.** De grosses chutes de neige ont bloqué les routes. **c.** La lecture est mon divertissement préféré. **d.** J'ai égaré mon livre : ne l'aurais-tu pas vu ? **e.** Nous nous sommes bien divertis : l'atmosphère était très joyeuse.

4 Associez chaque mot de la liste 1 à son antonyme de la liste 2.

Liste 1. **a.** fragile. **b.** rester. **c.** laideur. **d.** parler. **e.** réussite. **f.** différent. **g.** persévérer. **h.** nier.

Liste 2. **1.** se taire. **2.** résistant. **3.** avouer. **4.** partir. **5.** identique. **6.** renoncer. **7.** beauté. **8.** échec.

5 Donnez les antonymes des adjectifs en rose.

a. de la viande tendre. **b.** un fruit vert. **c.** une nuit claire. **d.** un homme grossier. **e.** un plat fade. **f.** un homme optimiste.

6 Trouvez au moins trois mots qui pourraient être rangés sous chacun des termes génériques suivants.

a. insecte. **b.** herbivore. **c.** moyen de transport. **d.** vêtement.

Malcolm Drummond (1880-1945), *Deux jeunes filles lisant*, huile sur toile (collection privée).

7 Dans les phrases suivantes, remplacez chaque mot en rose par son antonyme.

a. Le chat veille devant la maison, sous les regards discrets de nos voisins. **b.** Ses résultats scolaires se dégradent. **c.** Ils ont vendu leur maison l'année dernière. **d.** Ses parents l'autorisent à sortir le mercredi après-midi.

8 Formez les couples de paronymes et donnez le sens de chaque mot.

a. appeler.
b. coasser.
c. attention.
d. incident.
e. épeler.
f. intention.
g. accident.
h. venimeux.
i. croasser.
j. vénéneux.

9 Trouvez le terme générique pour chacune des listes de mots suivantes.

Liste 1. fleuve, rivière, ruisseau, torrent.

Liste 2. appartement, chalet, villa, résidence, manoir.

10 À quel champ lexical les mots suivants appartiennent-ils ?

– un grand escalier de marbre ; de riches rideaux de soie ; des statues ; une superbe tenture ; des murs ornés de tableaux ; des colonnes dorées.

11 **a.** Citez cinq mots appartenant au champ lexical du livre.
b. Citez cinq mots appartenant au champ lexical de l'hiver.

Leçon 48 Les niveaux de langage

Leçon

1 Définition

● Le niveau de langage (façon dont on s'exprime) **dépend de la situation et des circonstances de l'échange** : discussion entre un enfant et un adulte, entre un professeur et un élève, entretien professionnel, relation officielle… Il faut savoir **adapter** son niveau de langage à la situation.

2 Les trois niveaux de langage

● Le **langage courant** est celui du **quotidien** : il s'agit d'une langue **usuelle**, sans incorrection mais sans recherche particulière non plus.
Ex : *C'est drôle. Ce n'est pas drôle.*

● Le **langage familier** s'emploie entre **personnes qui se connaissent bien**. Il est caractérisé par l'emploi de **termes familiers** (ex : *C'est marrant*) et de **phrases incorrectes** :
– suppression d'une partie de la négation ; Ex : *C'est pas drôle.*
– interrogation sans inversion du sujet ; Ex : *Où tu vas ?*
– emploi du pronom *on* à la place de *nous* ; Ex : *On est parti à huit heures.*
– suppression du pronom ; Ex : *Faut le faire.*
– élision ; Ex : *T'as faim ?*
– abréviation ; Ex : *ciné.*

● Le **langage soutenu** est caractérisé par l'emploi de **termes et constructions recherchés**, par l'**inversion du sujet** dans l'interrogation. On l'emploie lorsque l'on s'adresse à une personne que l'on ne connaît pas, à un supérieur... Ex : *C'est désopilant ! Es-tu d'accord ?*

Je m'exerce

1 **Regroupez les mots selon leur sens et classez-les selon le niveau de langage auquel ils appartiennent.**

a. moche. **b.** crevé. **c.** harassé. **d.** laid. **e.** trouille. **f.** hideux. **g.** se méprendre. **h.** appréhension. **i.** se tromper. **j.** peur. **k.** fatigué. **l.** se planter.

2 **Les expressions suivantes appartiennent au langage familier. Réécrivez-les dans un langage courant.**

a. Mais non, j'rigole ! **b.** J'me suis acheté des fringues vraiment super ! **c.** Ce bouquin, il est trop bien ! **d.** J' vais passer l'après-midi chez une copine. **e.** La prof, elle exagère ! **f.** C'est pas vrai, j'ai jamais dit ça ! **g.** Cool !

3 **Classez les phrases suivantes en trois catégories : langage familier, courant, soutenu. Sur quels éléments vous êtes-vous appuyé(e) ?**

1. a. Qu'est-ce que tu vas chercher ? **b.** Qu'allez-vous imaginer ? **c.** Où tu vas pêcher ça ?

2. a. Je supporte plus ce boucan. **b.** J'en ai assez de ce bruit. **c.** Je ne supporte plus ce tapage.

3. a. Nous passâmes un joyeux après-midi. **b.** Nous nous sommes bien amusés cet après-midi. **c.** On a bien rigolé cet après-m'.

Titanic, film de **James Cameron** (1997), avec Kate Winslet et Leonardo DiCaprio.

Leçon

1 L'identification de l'image

● Pour identifier une image, il faut repérer :
– ses **références** et son **lieu de conservation** : nom de l'artiste, titre de l'œuvre, époque à laquelle elle a été réalisée, pays d'origine, musée où l'œuvre est exposée… ;
– sa **nature** : tableau, fresque, mosaïque (▶ p. 174-175), dessin, bande dessinée (▶ p. 70-71), photographie… ;
– son **support** : parchemin, toile, film, vase, céramique (▶ p. 124-125), terre cuite, affiche (▶ p. 44-45), bois… ;
– la **technique** utilisée : peinture à l'huile (▶ p. 198-199), gouache, aquarelle, gravure, lithographie, enluminure…

2 Le langage de l'image

● Pour **analyser une image**, il faut prendre en compte :
– le **sujet** : portrait, paysage, scène de genre (religieux, mythologique, historique…) ;
– la **composition** : lignes (obliques, verticales, horizontales, circulaires) qui structurent l'espace ;
– les **plans** : premier plan (devant de la scène), second plan, arrière-plan (fond) ;
– le **cadrage** : plan général (un paysage), plan moyen (un personnage en entier), plan rapproché (un buste), gros plan (un visage) ;
– l'**angle de vue** : normal (même niveau que le sujet regardé : impression de réalité), en plongée (vue d'en haut : le spectateur domine la scène), en contre-plongée (vue d'en bas : le spectateur est dominé, écrasé) ;
– les **couleurs**, la **lumière** : couleurs chaudes (jaune, orangé, rouge ▶ p. 198-199) ou froides (bleu, vert) ; lumière douce ou vive, clair-obscur (contraste)…

3 La relation entre le texte et l'image

● Une image peut **illustrer** un texte (en donner une interprétation visuelle) ; elle peut aussi **apporter des informations** au texte (carte géographique, schéma…).

● Le texte peut aider à **comprendre** l'image : la légende d'une œuvre fournit le titre de l'œuvre, le nom de l'artiste qui l'a créée, sa date…

● L'image et le texte peuvent être **étroitement associés** (bande dessinée, affiche de cinéma…).

4 La fonction et la portée de l'image

● L'image a plusieurs fonctions : **informer** (carte), **décrire** (paysage, portrait…), **raconter** (BD), **convaincre** (affiche publicitaire)…

● Tout créateur d'image cherche à créer une émotion chez le **spectateur** : plaisir, peur, compassion…

Leçon 50 Le lexique des arts

- Le nom **art** vient du latin *ars*, *artis*, qui avait pour sens « technique », « métier ». Il a conservé cette signification dans certaines expressions, comme *Il a l'art de bien parler*. Au XVIe siècle, le mot se spécialise pour désigner une activité consacrée à la **création du beau**. Les domaines des arts sont très variés.

- L'**affiche publicitaire** : feuille imprimée associant le plus souvent dessin ou photographie et texte, destinée à vanter un produit (un film ▶ p. 44-45, un livre, un produit alimentaire, un voyage…).

- L'**architecture** : art de construire des édifices et d'agencer l'espace (théâtres ▶ p. 250-251, cathédrales, palais, jardins ▶ p. 148-149, bâtiments publics ou privés).

- La **bande dessinée** : histoire en images (vignettes) ; le texte (dialogues) figure dans des bulles (▶ p. 70-71).

- La **céramique** : fabrication d'objets et de récipients en terre cuite, faïence ou porcelaine, dont la surface est ornée de dessins (▶ p. 124-125).

- L'**enluminure** : lettres peintes et miniatures qui ornaient les manuscrits, au Moyen Âge.

- La **gravure** : procédé de reproduction. Le dessin est gravé dans le bois, le cuivre ou la pierre (lithographie) à l'aide d'un instrument pointu ; le support est ensuite enduit d'encre, qui s'imprime sur une feuille.

- L'**illustration** : image destinée à accompagner un texte, par exemple dans un livre (▶ p. 224-225).

- La **mosaïque** : assemblage de petites pièces de pierre, de marbre ou de terre cuite retenues par un ciment et dont la combinaison forme un dessin. La mosaïque est utilisée pour les sols et les murs (▶ p. 174-175).

- La **peinture** : couleur posée sur un support plat (mur, bois, toile, papier…). Il existe plusieurs types de peintures (acrylique, à l'huile ▶ p. 198-199, aquarelle, à l'encre…).

- La **sculpture** : art de créer des formes dans des matériaux variés (pierre, bois, terre, métal…) : le **bas-relief** présente une sculpture légèrement en relief sur un fond support (▶ p. 94-95) ; le **haut-relief** est une sculpture qui se détache presque complètement de son fond support ; la **ronde-bosse** est une sculpture réalisée en trois dimensions (autour de laquelle on peut tourner).

Affiche publicitaire pour le cinéma à domicile Kinéclair (début du XXe siècle)

Apprendre à mieux rédiger

Méthode 1 Lire une consigne et y répondre

1 Définition

Une consigne invite à la réalisation d'actions. Il y a divers types de consignes : mode d'emploi, recette de cuisine, consigne scolaire…

La consigne scolaire incite l'élève à réaliser un travail précis. Elle se présente sous la forme d'une injonction, c'est-à-dire d'un ordre, ou sous la forme d'une question.

2 Analyser une consigne

La consigne qui se présente sous la forme d'une injonction est donnée à l'impératif, à l'infinitif, à l'indicatif présent ou futur.

Ex : ***Lisez*** *le texte.* → impératif.
Faire *le schéma.* → infinitif.
Vous faites *le compte rendu de votre visite au Louvre.* ***Vous rédigerez*** *votre récit au présent.* → indicatif présent ou futur.

Quand la consigne se présente sous la forme d'une question, il faut se demander si l'on doit répondre par *oui* ou par *non*, en justifiant sa réponse, ou si la question appelle une réponse précise (▶ LEÇON 18, p. 290).

Il est indispensable de lire complètement la consigne, de distinguer les données (notamment en mathématiques), les informations, les explications, les aides et les exemples.

Ex : *Un cahier coûte deux euros. Le libraire fait une remise de 10 %. Combien paierez-vous votre cahier.*
→ données mathématiques + question entraînant plusieurs opérations.

Attention ! Certaines consignes comportent plusieurs questions ou plusieurs ordres et imposent des tâches multiples.
Ex : *Relevez les verbes et identifiez leur mode et leur temps.* → deux tâches.

3 Répondre à une consigne

Pour répondre à une consigne, il faut toujours rédiger la réponse, c'est-à-dire la présenter sous la forme d'une phrase qui reprend les termes de la question.

Ex : *Qui est le personnage principal ?* → Le personnage principal est Ulysse.

Pour réaliser correctement le travail demandé, il faut s'assurer que l'on comprend bien les verbes dits de commande (qui donnent la tâche à faire).

Ex : *relever* (des verbes), *calculer* (un périmètre), *comparer* (deux fables), *identifier* (un temps), *tracer* (un losange), *compléter* (un tableau).

Attention ! Les mots peuvent changer de sens selon les disciplines.

Je m'exerce

1 **Reliez chaque consigne de la série 1 à la tâche à accomplir de la série 2. (Une des consignes comporte deux tâches à accomplir.)**

Série 1. 1. Reliez le point C au point D. **2.** Faites le récit de votre dernière rentrée scolaire. **3.** Les répliques du dialogue ont été mélangées. Remettez-les dans l'ordre. **4.** Justifiez votre réponse en citant une phrase du texte. **5.** D'après le document 3, dites quelle était la tenue des athlètes à Olympie. **6.** Pourquoi le pain est-il un aliment essentiel ?

Série 2. a. Fournir une explication. **b.** Effectuer un tracé. **c.** Apportez des preuves. **d.** Écrire un texte. **e.** Retrouvez les phrases d'origine. **f.** Repérer des informations sur un document ou dans un texte.

2 **Distinguez les différentes parties des consignes suivantes (information, donnée, question, injonction, aide).**

a. Ce texte comprend trois paragraphes. Résumez chacun d'eux en une phrase. **b.** Dans l'Antiquité, que portaient les acteurs grecs sur le visage ? Cherchez quelques exemples sur Internet. **c.** Le quart du gâteau a été mangé à midi, les 7/12e restant au goûter. Que reste-t-il pour ce soir ? (Coup de pouce : mettre toutes les parts mangées en douzièmes.)

3 **Recopiez le verbe utilisé dans chacune des consignes. Identifiez son mode, son temps et sa personne.**

a. Calculer le périmètre de ce rectangle. **b.** Complétez ces phrases avec *is* ou *has*. **c.** Vous écrivez une lettre à une amie. **d.** Tu remplaceras les mots soulignés par des synonymes. **e.** Construisons le cercle de centre O.

4 **Expliquez les mots en rose dans les consignes suivantes. Dans quelle(s) discipline(s) rencontrez-vous chacune de ces consignes ?**

a. Quelle est la propriété des angles d'un triangle ? / Les grandes exploitations côtoient les petites propriétés paysannes. **b.** Quelle est la conclusion de cette expérience ? / Rédigez une autre conclusion ? **c.** Calculez le produit des fractions suivantes. / Cette usine vend ces produits à la grande distribution.

5 **Formulez les consignes correspondant à ces réponses.**

a. En raison du climat équatorial, chaud et humide, la forêt dense est toujours verte. **b.** À Delphes, le sanctuaire est consacré au dieu Apollon. **c.** Seul le chamois n'hiberne pas en hiver ; il descend dans les vallées pour se nourrir. **d.** Je fais / vous faites ; j'explique / vous expliquez ; je prends / vous prenez ; j'écris / vous écrivez.

Sanctuaire d'Athéna à Delphes (Grèce).

Méthode 2 Comment commencer un récit ?

Quand vous commencez un récit, vous devez vous demander à quelle personne (1re ou 3e) et à quels temps (présent ou passé) vous allez raconter l'histoire.

Vous choisissez ensuite une façon de commencer :

1 Vous présentez la situation (ou circonstance) de départ (à l'imparfait), puis le début de l'action (au passé simple).

DÉBUT 1 C'était un samedi d'automne, triste et pluvieux. Je venais de prendre mon petit déjeuner et m'apprêtais à faire mes devoirs. Soudain, mes parents entrèrent dans la cuisine et me dirent :
« Dépêche-toi de t'habiller, nous avons une surprise pour toi ! »

→ Vous assurez la compréhension immédiate de l'histoire en répondant aux questions : Qui ? (Qui sont les personnages ?) Où ? (Dans quel cadre l'action se déroule-t-elle ?) Quand ? (À quel moment ?) Quoi ? (De quoi s'agit-il ?)

2 Vous présentez directement une action (au passé simple pour un récit au passé).

DÉBUT 2 Dès le déjeuner terminé, mes parents et moi prîmes la route du refuge animalier. Nous arrivâmes devant une grande bâtisse où étaient alignées des centaines de cages. Je marchai lentement, m'arrêtant à chacune des cages. Soudain, mon regard fut attiré par un petit chat blanc, tapi dans un coin.

→ Le lecteur est plongé dans l'action dès les premières lignes ; vous créez un intérêt immédiat.

3 Vous rapportez un bref dialogue, puis fournissez des détails sur les circonstances de l'action.

DÉBUT 3 « Il y a une surprise pour toi ! me dit ma mère. Dépêche-toi, nous partons tout de suite ! »
Je venais juste de finir mes devoirs ; c'était un dimanche d'hiver, un peu triste.
« Il y a eu beaucoup d'abandons de chiens et de chats cet été, et j'ai décidé de sauver l'un de ces malheureux. Viens, nous allons tout de suite au refuge animalier. »

→ Ce type de début est particulièrement dynamique ; vous créez un effet de vie.

4 Vous formulez un commentaire, énoncez une morale, ou citez un proverbe.

DÉBUT 4 Il ne faut jamais désespérer ! Enfin, le moment tant attendu arriva ! Mes parents, ce jour-là, m'annoncèrent, à la fin du déjeuner, qu'ils avaient une surprise pour moi : ils acceptaient d'aller chercher un chat dans un refuge animalier.

→ Vous donnez, dès le début, une idée de ce qui va se passer. Le lecteur se demande comment vont se dérouler les faits.

Je m'exerce

1 Rédiger une situation initiale

Rédigez une situation initiale (une à trois phrases), qui permettrait d'amener l'action suivante :

Tout à coup, la mer se mit à monter plus vite.

2 Commencer par un proverbe

« Rien ne sert de courir, il faut partir à point », j'en ai fait l'expérience à mes dépens…

À votre tour, choisissez un proverbe ou une morale célèbre (fable, conte) et écrivez la première phrase de votre récit.

3 Imiter une structure

Tout a commencé le jour où j'ai trouvé le poisson.

J'étais là, à traîner au bord de la grande flaque que j'appelais « mare ». Papa m'avait dit qu'il ne s'agissait pas d'une véritable mare – juste un peu d'eau laissée par les pluies torrentielles de ces derniers jours, et qui serait bientôt asséchée. […]

Les deux pieds dans la gadoue, j'essayais de toucher les trucs verts qui sortaient de l'eau du bout de mon bâton **quand, soudain,** j'ai vu des rides apparaître à la surface. En un éclair, un gros poisson a jailli des eaux brunâtres.

L. S. **Matthews**, ***L'Incroyable Histoire du poisson dans sa bouteille***, traduit de l'anglais par V. Rubio © éd. Gallimard Jeunesse (2004).

Commencez un récit sur le même modèle. Vous conserverez les expressions en rose :

J'étais… quand, soudain…

Voici quelques pistes possibles : une bonne surprise, une peur d'enfance, une découverte…

4 Rédiger un autre début de récit

« Trois sur vingt en anglais ! »

La mère de Kamo jetait le carnet de notes sur la toile cirée.

« Tu es content de toi ? »

Elle le jetait parfois si violemment que Kamo faisait un bond pour éviter le café renversé.

« Mais j'ai eu dix-huit en histoire ! »

Elle épongeait le café d'un geste circulaire et une seconde tasse fumait aussitôt sous le nez de son fils.

« Tu pourrais bien avoir vingt-cinq sur vingt en histoire, ça ne me ferait pas avaler ton trois en anglais ! »

C'était leur sujet de dispute favori.

Daniel **Pennac**, ***Kamo : l'agence Babel*** (1992) © éd. Gallimard.

a. À quelle personne le récit est-il mené ?
b. De quelle façon le récit commence-t-il ?
c. Rédigez, d'une autre façon, ce début de récit. Vous garderez les principaux éléments : personnages, lieux, actions…

5 Rédiger deux débuts différents

Écrivez le début du récit pour chacun des sujets suivants. Variez les façons de commencer.

a. Faites le récit de votre entrée en sixième.
b. Vous avez passé une journée au bord de la mer ou à la campagne.

Pique-nique.

Méthode 3 Comment terminer un récit ?

Vous avez écrit votre récit, mais vous ne savez pas comment le terminer.
Vous choisirez une fin selon l'effet que vous voulez produire sur le lecteur.

Les exemples qui suivent sont des fins possibles pour le récit commencé ▶ MÉTHODE 2, p. 356.

1 Vous racontez le dénouement (les dernières actions) au passé simple.

FIN 1 Mon pauvre Moustache, terrorisé, avait miaulé tout le long du chemin. Une fois arrivé, je l'installai dans un petit panier garni d'un coussin. Je lui caressai la tête et il ferma les yeux, enfin tranquille.

→ Le sort (heureux) des différents personnages est réglé.

2 Vous terminez par un commentaire du narrateur.

FIN 2 Le voyage du retour fut mouvementé. Pour rassurer Moustache, je le pris sur mes genoux et lui parlai. Peu à peu, ses miaulements s'apaisèrent.
Ma patience était récompensée : j'avais enfin gagné sa confiance.

→ Une dernière action donne un sens symbolique au récit.

3 Vous terminez par un dialogue et une dernière réplique au futur.

FIN 3 De retour à la maison, ma mère m'avertit :
« Ce chat est à toi ! Tu en es responsable.
– Je te promets que j'en prendrai bien soin », répondis je.

→ Le dialogue rend la fin plus dynamique. Le futur invite le lecteur à imaginer la suite.

4 Vous terminez par des questions.

FIN 4 Moustache gardait-il un mauvais souvenir de la voiture ? Tout le long du chemin, il ne cessa de miauler. Dès que je l'approchais, il se mettait à souffler. Parviendrai-je à gagner sa confiance ?

→ Les questions ouvrent le récit sur des suites possibles, que le lecteur peut imaginer.

5 Vous indiquez que du temps a passé et écrivez la fin de l'histoire au présent.

FIN 5 Moustache est parmi nous depuis trois mois et nous sommes devenus des compagnons inséparables : lorsque je travaille, il s'installe sur mes livres ; la nuit, il se roule en boule au pied de mon lit.

→ Le lecteur est satisfait de connaître la fin, à long terme, de l'histoire.

Je m'exerce

1 Écrire une autre fin

a. Identifiez les caractéristiques des fins de récits suivantes.

b. À l'oral, imaginez les événements qui ont pu aboutir à chacune de ces fins.

c. À l'écrit, imaginez une suite et une fin possibles pour chacune des histoires.

Fin 1 Le grand jour était arrivé. À la gare, papa et maman m'embrassèrent. Ils sentirent que j'hésitais et m'encouragèrent : « Tu vas voir, tout va bien se passer ! »

J'en étais moins sûr. Le moins qu'on puisse dire, c'est que mon anglais était loin d'être parfait. Comment allais-je pouvoir me débrouiller ? Comment allais-je être accueilli dans cette famille que je ne connaissais pas ?

Fin 2 Après le match, nous nous retrouvâmes dans les vestiaires. Notre entraîneur vint nous chercher et nous donna rendez-vous pour le lendemain.

Il ne s'agissait pas de s'endormir sur nos lauriers !

2 Écrire une quatrième de couverture

Écrivez la quatrième de couverture d'un livre que vous avez lu et aimé. Vous raconterez brièvement le début de l'histoire et terminerez par des questions pour laisser le lecteur en suspens et l'inciter à lire le livre pour en savoir plus.

3 Écrire la fin d'un conte

Imaginez un conte (vous pouvez aussi choisir un conte que vous connaissez) et écrivez-en le dénouement. Votre texte s'achèvera par une phrase de conclusion, telle qu'on en trouve dans les contes (▶ chapitre 1, p. 20).

Ex : *Ils furent heureux et eurent beaucoup d'enfants.*

4 Écrire la fin d'un roman

Le texte suivant est celui d'une quatrième de couverture. À quel temps est-il écrit ? Par quel type de phrase se termine-t-il ? Comment cette histoire peut-elle s'achever ?

Imaginez la fin de l'histoire et écrivez-la. Le récit s'achèvera soit par un dialogue, soit par un commentaire, soit par des verbes au présent.

Bertie passe une enfance solitaire en Afrique du Sud, jusqu'au jour où il fait une rencontre extraordinaire : un lionceau blanc, orphelin. Ils deviennent inséparables. Mais ils grandissent… Bertie est envoyé en pension en Europe et le lion blanc est vendu à un cirque. Les années passent, c'est la guerre. Les deux amis se retrouveront-ils ?

Quatrième de couverture
de **Michael Morpurgo**, *Le Lion blanc* (1996),
traduit de l'anglais par N. Chassériau
© éd. Gallimard Jeunesse, « Folio Cadet ».

Jean-Marie Payet, illustration de la couverture du *Lion blanc* (2002), de Michael Morpurgo.

Méthode 4 Raconter des actions

1 Enchaîner les actions

Un récit comporte une suite d'actions, qui s'enchaînent jusqu'au dénouement. Pour permettre au lecteur de connaître l'ordre dans lequel elles se sont déroulées (leur chronologie), vous pouvez utiliser :

1. des indications temporelles :

– des adverbes de temps : *d'abord, puis, ensuite, alors, enfin, tout à coup, soudain…* ;
– des groupes nominaux : *ce matin-là, la semaine suivante, à midi…* ;
– des conjonctions : *quand, lorsque, tandis que, dès que…*.

2. les temps verbaux :

– le passé simple ou le passé composé, pour les actions de premier plan (celles qui font progresser le récit) ; l'imparfait, pour les actions de second plan (durée, description, habitude) ;

Ex : *Ce jour-là, nous sommes partis très tôt, la journée s'annonçait belle.*
À midi, nous avons pique-niqué au bord du lac.
Ce jour-là, nous partîmes très tôt. Vers cinq heures, nous nous arrêtâmes enfin.
Un aigle planait dans le ciel.

– le passé antérieur, pour indiquer qu'une action s'est passée avant une autre.

Ex : *Quand le voleur eut prononcé la formule magique, la porte s'ouvrit.*

2 Utiliser les verbes d'action

La présence de verbes d'action *(courir, tomber, grimper, marcher, arriver…)* donne du dynamisme au récit. Il faut éviter les verbes vagues, comme *faire, aller*, et s'efforcer de trouver le mot juste. Aidez-vous du dictionnaire et de la fiche méthode 9 (▶ p. 370).

On peut exprimer une succession d'actions rapides en utilisant une série de courtes propositions indépendantes.

Ex : *Il dégringola l'escalier, traversa la cuisine en deux bonds, poussa la porte et disparut.*

3 La mise en paragraphe

Dans un récit, un paragraphe correspond à une étape de l'action. Le paragraphe est marqué par un passage à la ligne et un alinéa (retrait).

Dans « Le Chat botté », un ogre se transforme en lion…

Le chat fut si effrayé de voir un lion devant lui, qu'il gagna **aussitôt** les gouttières, non sans peine et sans péril, à cause de ses bottes qui ne valaient rien pour marcher sur les tuiles.

Quelque temps après, le chat, ayant vu que l'ogre avait quitté sa première forme, descendit, et avoua qu'il avait eu bien peur.

Charles **Perrault**, « Le Chat botté »,
dans ***Histoires ou contes du temps passé*** (1697).

Je m'exerce

1 L'ordre des actions

Voici huit actions effectuées par Ali Baba. Remettez-les dans l'ordre. La première vous est donnée.

a. Ali Baba avait retenu les paroles par lesquelles le capitaine des voleurs avait fait ouvrir et refermer la porte.

b. Dès qu'il y fut entré la porte se referma.

c. Là, la porte s'ouvrit toute grande.

d. Il se présenta alors devant la porte et dit : « Sésame, ouvre-toi. »

e. Il chargea ensuite les sacs sur ses ânes.

f. Ali Baba prit plusieurs sacs d'or.

g. Ali Baba rouvrit la porte pour sortir de la grotte.

h. Cela fait, Ali Baba reprit le chemin de la ville.

i. Ali Baba entra dans la grotte.

D'après *Les Mille et Une Nuits*.

2 Les verbes d'action

Remplacez les pointillés par les verbes d'action donnés dans le désordre.

a. entra. **b.** entendit. **c.** aller. **d.** chercher. **e.** cueillit. **f.** avait soupé. **g.** vit. **h.** avoir pris. **i.** sortit. **j.** passait. **k.** venir.

Après s'être perdu, le père de la Belle arrive dans un château.

Il ...... dans une grande salle où il ...... la veille et ...... une petite table où il y avait du chocolat. […] Le bon homme, après ...... son chocolat, ... pour ...... son cheval ; et, comme il ...... sous un berceau de roses, il se souvint que la Belle lui en avait demandé une, et ...... une branche où il y en avait plusieurs.

En même temps il ...... un grand bruit, et vit ...... à lui une bête si horrible qu'il fut tout près de s'évanouir.

D'après Madame **Leprince de Beaumont**,
« La Belle et la Bête »,
dans ***Le Magasin des enfants*** (1757).

3 Les verbes de mouvement

Dans les phrases suivantes, employez le verbe de mouvement qui convient, au présent. Vous choisirez parmi les verbes suivants : *plier, dévaler, décoller, se lever, remonter, envelopper, tourbillonner, grimper*.

– **Mouvement vers le haut. a.** La Lune .... **b.** Le cycliste ...... la côte. **c.** L'avion ...... de la piste. **d.** Le plongeur ...... à la surface.

– **Mouvement vers le bas. e.** Le torrent ...... rapidement la montagne. **f.** Les branches du pommier ...... sous le poids des pommes.

– **Mouvement en rond. g.** Le brouillard ...... la ville. **h.** Les feuilles d'automne tombent en ....

4 Écrire une phrase

Racontez en une phrase avec cinq verbes les actions d'un sportif de votre choix. Vous donnerez un titre à votre texte. Le sujet (un pronom de reprise) sera répété devant chaque verbe.

Ex : *Mon chat. Il **dégringole** les escaliers, il **court** sur le balcon…*

5 Écrire deux paragraphes

Vous êtes un personnage de jeu vidéo. Racontez une épreuve dont vous devez venir à bout (monstre à vaincre, personnage à délivrer…). Utilisez des indications temporelles *(alors, puis, ensuite…)*.

Conseils → **paragraphe 1 :** le parcours avant l'épreuve ; **paragraphe 2 :** l'épreuve.

Image publicitaire, le père de la Belle se fait surprendre par la Bête (vers 1890-1900).

Méthode 5 Faire parler les personnages

1 Comment introduire un dialogue ?

Afin de rendre un récit plus vivant, vous pouvez interrompre le récit des actions pour faire parler les personnages ou reproduire leurs pensées (le personnage peut se parler à lui-même).
Le dialogue est un échange entre deux ou plusieurs personnages. Pour séparer le dialogue du passage narratif, il vous faut utiliser des marques spécifiques :

– les tirets et les passages à la ligne, qui signalent les prises de parole et les changements d'interlocuteur ;

Ex : – La Belle, lui dit ce monstre, vous voulez bien que je vous voie souper ?
– Vous êtes le maître, répondit la Belle en tremblant.
– Non, reprit la Bête, il n'y a ici de maîtresse que vous.

Madame **Leprince de Beaumont**, « La Belle et la Bête », dans ***Le Magasin des enfants*** (1757).

– les guillemets, pour une réplique unique.

Ex : « Hélas ! dit-elle en soupirant, je ne souhaite rien que de voir mon pauvre père et de savoir ce qu'il fait à présent. » Elle avait dit cela en elle-même.

Madame **Leprince de Beaumont**, « La Belle et la Bête », dans ***Le Magasin des enfants*** (1757).

2 Les verbes de parole

Pour indiquer quel personnage parle, vous pouvez utiliser des verbes de parole (ou de pensée). Ces verbes peuvent être placés :

– avant la réplique, suivis d'un deux-points ;

Ex : Ma mère tenta de me **rassurer** :
– Ne t'inquiète pas, Moustache va revenir, ce n'est pas la première fois qu'il part !

– au milieu ou après la réplique, avec inversion du sujet.

Ex : – Ne t'en fais pas, dit **ma mère**, Moustache va revenir.
– Tu le crois vraiment ? répondis-**je**.

Vous pouvez donner des indications concernant la voix, les intonations, les gestes.

Ex : Elle répondit avec douceur / doucement / en me prenant dans ses bras…

Voici quelques verbes de parole :
– **dire avec assurance :** *assurer, affirmer, prétendre, protester…*
– **parler fort / à voix basse :** *annoncer, proclamer, lancer, hurler, s'écrier, crier, s'exclamer ; chuchoter, murmurer, bredouiller…*
– **demander / répondre :** *interroger, questionner, proposer, répliquer, reprendre…*
– **raconter :** *conter, raconter, dévoiler, confier…*
– **dire encore :** *ajouter, répéter…*

Je m'exerce

1 Ponctuer le dialogue

Rétablissez la ponctuation du dialogue (et les majuscules), dans le texte suivant.

Je perdis la notion du temps et quand la fée m'éveilla tu as dormi me dit-elle un joli nombre de siècles combien donc madame la fée tu demanderas cela à tes professeurs répondit-elle en ricanant.

D'après George **Sand**, « La Fée poussière », dans *Contes d'une grand-mère* (1875).

2 Introduire les verbes de parole

Complétez les répliques avec les verbes de parole suivants, que vous conjuguerez au passé simple : *ajouter, protester, s'écrier, annoncer, proposer*.

a. « Je ne veux pas venir ! » ...... mon frère en colère. **b.** « Et n'oublie pas le journal », ... mon père. **c.** « Et si nous allions en Bretagne cet été ? », ... mes parents. **d.** « Nous serons en gare de Lyon dans dix minutes », ... le contrôleur. **e.** « Ce n'est pas moi qui ai fait cela ! » ...... l'élève.

Mère discutant avec sa fille.

3 Reconstituer l'ordre des répliques

Insérez les répliques a, b et c dans le dialogue, à la place qui convient. Une sur deux vous est donnée.

Pomme, une petite fille, a obtenu de ses parents l'autorisation d'adopter un chien. Une discussion s'engage pour trouver un nom à l'animal.

a. Mon chien s'appellera «Le Chien», expliqua Pomme avec patience.

b. C'est le nom le plus original, le plus joli, et le plus simple. Je connais aucun chien qui s'appelle « Le Chien ». Sauf le mien », ajouta-t-elle avec un regard qui signifiait que la question était réglée et qu'il n'y avait pas y revenir.

c. « Le Chien », répondit Pomme très simplement.

« Eh bien ! trouves-en un, toi, de nom, puisque t'es si maligne ! Vas-y, trouve-le ! Alors, c'est pas encore trouvé ? Hein ? Ça vient ? On attend !

– ....

– Le chien, oui, eh bien ! quoi, le chien ? Quel nom tu lui donnes, au chien ?

– ....

– Comment ça, « le chien » ? fit Le Grand Musc en ouvrant des yeux tout ronds. C'est pas un nom, ça : le chien !

– ....

D'après Daniel **Pennac**, **Cabot-Caboche** (1982) © éd. Nathan, coll. « Pleine Lune ».

Méthode 6 Présenter un personnage

Un récit raconte les aventures d'un ou de plusieurs personnages.
On distingue :
– le (ou les) personnage(s) principal(aux), qui joue(nt) un rôle de premier plan dans l'histoire ;
– les personnages secondaires, dont le rôle est moins important, mais qui sont indispensables au bon déroulement de l'histoire.

1 Pour présenter un personnage, on peut :

– lui donner un nom ou un surnom *(Alice, Blanche-Neige…)*, un âge *(un enfant de dix ans…)*, une identité sociale *(une reine, un paysan, un collégien…)*. Dans les contes, le nom du personnage est souvent en rapport avec son physique ;

– utiliser des désignations *(la pauvre enfant, l'orgueilleuse jeune fille, le vieil homme, sa cruelle belle-mère, la marâtre…)* ;

– caractériser l'impression générale qu'il dégage *(la beauté, la laideur, une silhouette mince / robuste / élancée, l'élégance…)*. L'image donnée du personnage peut être méliorative (positive) ou péjorative (négative) ;

– indiquer ses principales qualités *(son courage, sa bonté, sa gentillesse, son honnêteté…)* et défauts (sa lâcheté, sa méchanceté…).

2 Pour détailler le portrait, on peut :

– caractériser les traits physiques ou moraux, à l'aide d'un vocabulaire précis ;
Ex : *des cheveux blonds, dorés, bruns, frisés ; des yeux bleus, noisette, noirs ; un teint frais, pâle ; un personnage souriant, aimable, sévère.*

– enrichir le portrait de comparaisons et de métaphores ;
Ex : *un teint blanc comme la neige* → comparaison ;
un teint de porcelaine → métaphore.

– montrer les goûts et les projets du personnage ;
Ex : *Alice aimait beaucoup les animaux ; elle rêvait de devenir vétérinaire.*

– présenter le personnage en action, de façon à montrer ses qualités et ses défauts, à travers sa conduite ou ses paroles.
Ex : *En sortant de la boulangerie, Julien aperçut une vieille voisine qui revenait du marché et qui avançait péniblement. Il la rattrapa au feu, et lui proposa de porter son cabas.* → Le personnage apparaît comme serviable et attentionné.

Je m'exerce

1 Rédiger un portrait

On l'appelait Truitonne, car son visage avait autant de taches de rousseur qu'une truite ; ses cheveux noirs étaient si gras et si crasseux que l'on n'y pouvait toucher, sa peau jaune distillait de l'huile.

Madame d'Aulnoy, « L'Oiseau bleu », dans *Contes de fées* (1697).

1. a. Quels sont les trois éléments qui composent le portrait ? Recopiez-les et notez en face les expressions qui les caractérisent.

b. Relevez la comparaison.

c. Le portrait est-il mélioratif ou péjoratif ? Quel rapport y a-t-il entre le nom du personnage et son physique ?

2. Sur le modèle du portrait de Truitonne, écrivez, à votre tour, un portrait (mélioratif ou péjoratif) d'un personnage que vous imaginerez. Trouvez-lui un prénom ou un surnom.

Conseil : conservez la construction de la phrase : *On l'appelait…, car son / ses / sa…*

2 Les caractérisations physiques

Associez à chaque partie du corps de la liste 1 une caractérisation de la liste 2.

Liste 1. **a.** un visage. **b.** des jambes. **c.** des yeux. **d.** un teint. **e.** un nez. **f.** des cheveux.

Liste 2. **1.** fines. **2.** de pêche. **3.** ovale. **4.** en amande. **5.** en trompette. **6.** ondulés.

3 Les comparaisons pour décrire

1. Remplacez les pointillés par une comparaison choisie parmi les suivantes.
– *des pétales de roses ; une aile de corbeau ; les mauvaises herbes ; le jour ; la mer.*

a. Ses cheveux étaient noirs comme ……. **b.** Elle était belle comme ……. **c.** La jalousie poussait dans son cœur comme poussent ……. **d.** Ses yeux sont bleus comme ……. **e.** Elle avait la peau claire et douce comme …….

2. Reprenez chaque phrase et créez une autre comparaison.

4 Les qualités et les défauts

Distinguez les qualités des défauts, dans la liste ci-dessous. Puis associez chaque qualité à son défaut.

a. la gentillesse. **b.** la générosité. **c.** la laideur. **d.** la colère. **e.** le courage. **f.** la méchanceté. **g.** la beauté. **h.** la lâcheté. **i.** l'avarice. **j.** le calme.

5 Trouver le mot juste

Remplacez les pointillés par les adjectifs qui conviennent, dans la liste suivante.
– *égoïste, modeste, aimable, menteur, franche, capricieux, envieux.*

a. Il tape du pied et fait des crises pour un rien : il est ……. **b.** Tu ne dis pas la vérité : tu es ……. **c.** Elle a toujours le sourire aux lèvres ; elle est ……. **d.** Elle ne cherche pas à cacher la vérité : elle est ……. **e.** Elle ne se vante jamais : elle est très ……. **f.** Détester quelqu'un parce qu'on voudrait posséder ce qu'il a, c'est être ……. **g.** Vous ne pensez qu'à vous : vous êtes …….

Peau d'âne, film de **Jacques Demy** (1970), avec Catherine Deneuve.

Méthode 7 Décrire un animal

❶ **Pour décrire un animal, on peut :**

– détailler les parties de son corps ;

Ex : pour un mammifère → *le poil, la queue, la tête, les pattes, les oreilles, les yeux, le museau, la gueule, les moustaches, les griffes* ;
pour un oiseau → *le plumage, l'œil, la tête, les pattes, les ailes, la gorge.*

– le caractériser à l'aide d'adjectifs, de compléments du nom ou d'autres expansions du nom ;

Ex : *un grand chien vigoureux ; un chien au poil luisant ; un chien qui fait l'admiration de tous.*

– le décrire dans son milieu (son habitat, sa nourriture, ses habitudes) ;

Ex : *Le plus souvent, le chien préférait dormir dehors, à proximité de la porte de la bergerie, où le troupeau passait la nuit.*

– le montrer en action, pour faire apparaître ses caractéristiques.

Ex : *Le chien prit sa course pour rattraper les brebis perdues ; il les dépassa, les contourna, puis les obligea à faire demi-tour.*

❷ **Pour rendre le portrait plus évocateur, on peut utiliser des périphrases, des comparaisons, des métaphores, associées parfois à une personnification.**

Ex : *le roi des animaux ; sa crinière, telle une couronne ; sa tête, couronnée d'or.*

❸ **On rencontre toutes sortes d'animaux dans les récits : animaux de la ferme, de la forêt, de la savane, etc. On peut aussi rencontrer des animaux fabuleux (qui n'existent pas dans la réalité), comme les dragons, les monstres marins…**

Grandville (1803-1847), *La Poursuite*, course d'animaux fabuleux, lithographie (XIXe siècle).

Je m'exerce

1 **Recopiez le texte, encadrez les mots qui désignent le chien et les parties de son corps ; soulignez en couleur les mots et les expressions qui les caractérisent.**

Priscilla aperçut un grand colley[1] noir, blanc et feu, couché, le museau appuyé sur les pattes de devant. Le noir délicat de sa tête aristocratique contrastait avec la blancheur de sa collerette et de son poitrail.

Eric **Knight**, ***Lassie chien fidèle*** (1952), traduit de l'américain par J. de Villebonne © Le Livre de poche Jeunesse.

1. **un colley** : race de chien.

2 **Complétez les mots de la liste 1 avec les caractérisations de la liste 2.**

Liste 1. **a.** une queue. **b.** des oreilles. **c.** des crocs. **d.** une gueule. **e.** des pattes. **f.** des plumes. **g.** des écailles.

Liste 2. **1.** aiguisés. **2.** d'argent. **3.** crochues. **4.** en panache. **5.** énorme. **6.** en pointe. **7.** lisses.

3 **a. Dites qui se cache derrière les deux portraits présentés ci-dessous.**
b. À votre tour, écrivez un portrait d'animal sous forme de devinette. Attention, il ne faut pas le nommer !

a. En été, mon pelage court, gris marron, attire les randonneurs. L'hiver, je dors, tandis que la neige couvre les montagnes où j'ai élu domicile.

b. Je suis bai, alezan, gris pommelé, blanche ou noire. Ma robe est assortie à ma crinière et à ma queue.

4 **Faites le portrait d'un animal qui vous est familier. Voici des mots pour vous aider à organiser votre description.**

– Pour un oiseau : plumage coloré, soyeux, couleur d'or, de perle ; vif, curieux ; chant mélodieux, strident ; voleter, picorer, piquer du bec, se percher.

– Pour un mammifère : poil ras, long, soyeux ; petit, court, vif ; courir, sauter, détaler, mordre, griffer, ronger, déchiqueter, laper.

Vous pouvez commencer par : *Comme chaque matin, j'ai été réveillé(e) par un miaulement (chat), un jappement (chien), un pépiement (oiseau), un couinement (cochon d'Inde)…*

5 **B2i** **Faites un dossier sur un animal de votre choix.**

Choisissez un animal. Documentez-vous au CDI ou sur Internet. Montrez-le dans son environnement naturel et décrivez ses habitudes de vie. Utilisez le traitement de texte (► MÉTHODE 13, p. 376) ; prévoyez des illustrations.

6 **Faites le portrait d'un animal fabuleux, associant les caractéristiques de deux animaux.**
Donnez-lui un nom sous forme de mot-valise (formé de deux mots rassemblés en un seul).

Ex : *une girafaon, une sourhinocéros, un crocodinosaure…*

Vous pouvez donner à votre texte la forme d'un poème (► p. 182).

Méthode 8 Décrire un lieu

1 Les différents lieux

On rencontre toutes sortes de lieux dans les récits :

– lieux extérieurs (ouverts) : paysages de campagne, de montagne, de bord de mer ; déserts ; villes, villages ; fermes ; forêt ; lac… ;

– lieux intérieurs (fermés) : château ; maison ; cabane ; immeuble…

Les descriptions de lieux permettent au lecteur de se représenter les faits de l'histoire dans un cadre précis et de créer une atmosphère particulière.

2 Pour décrire un lieu

Pour décrire un lieu, il faut :

– nommer le lieu : *un château, une forêt, une plage…* ;

– organiser la description de façon à guider le lecteur dans sa découverte du lieu, en utilisant des mots ou expressions (adverbes de lieu, compléments circonstanciels, verbes) qui permettent de se situer dans l'espace.

Ex : ***De loin**, on n'apercevait que les hautes tours du château. **À mesure que l'on approchait**, le château paraissait de plus en plus imposant.*

Pour préciser la description, on peut :

– caractériser les lieux à l'aide d'adjectifs, de compléments du nom ou d'autres expansions du nom ;

Ex : *une forêt épaisse, un château en ruines, une plage de sable fin, une cabane abandonnée.*

– évoquer leur environnement, qui donne aux lieux leur caractère ;

Ex : *Le château était perdu au milieu d'une forêt impraticable, dont les ronces barraient le passage aux visiteurs.*

– raconter les actions qui s'y déroulent, pour faire apparaître leurs caractéristiques.

Ex : *À peine sorti, il s'aperçut qu'il avait oublié ses clés. Il rebroussa chemin, traversa le hall et prit l'ascenseur. Il s'arrêta au troisième étage et s'engagea dans le couloir de droite pour se rendre à son bureau. À cette heure tardive, tout était désert et silencieux.*

Pour rendre la description plus évocatrice, on peut utiliser des comparaisons et des métaphores, associées parfois à une personnification.

Ex : *un lac lisse comme un miroir, un tapis de lierre, une grille rongée par le sel.*

Je m'exerce

1 Caractériser un lieu

Associez chaque lieu de la liste 1 à l'une des caractérisations de la liste 2.

Liste 1. **a.** un jardin. **b.** une fontaine. **c.** une clairière. **d.** une chambre. **e.** une cave. **f.** un escalier. **g.** un kiosque. **h.** un grand magasin.

Liste 2. **1.** sous les toits. **2.** en colimaçon. **3.** construit au XIXe siècle. **4.** ensoleillée. **5.** à journaux. **6.** ornée de sculptures. **7.** voûtée. **8.** à l'abandon.

2 Décrire un lieu familier

Décrivez un lieu qui vous est familier (votre chambre ou une autre pièce de la maison, un jardin…) le plus précisément possible, de manière que l'on puisse réaliser un croquis à partir de votre description.

Précisez de quel lieu il s'agit. Organisez votre description : énumérez les différentes composantes de ce lieu, caractérisez-les (formes, couleurs) et situez-les les unes par rapport aux autres, à l'aide d'adverbes de lieu et de compléments circonstanciels.

3 Décrire les lieux du conte

Décrivez un lieu qui pourrait servir de cadre à l'action d'un conte (cabane, forêt…). Vous pouvez introduire un personnage qui vit dans ce lieu ou le fréquente.

4 Créer une atmosphère

Faites la description d'une maison ou d'un château, d'où se dégage une atmosphère particulière. Vous pouvez choisir entre les trois possibilités suivantes : une atmosphère mystérieuse ; une atmosphère angoissante ; une atmosphère sereine.

Voici des expressions pour vous aider à créer l'atmosphère :

a. une porte entrebâillée ; un rai de lumière ; des photographies anciennes ; un livre ouvert ; des traces de poussière ; des tiroirs ouverts ; une horloge arrêtée ; des chaises renversées.

b. une porte qui grince ; les lattes de parquet qui craquent ; le vent qui siffle dans la cheminée ; un escalier sombre ; des marches glissantes.

c. des rideaux clairs ; des murs aux tons pastel ; des meubles cirés ; des fleurs dans un vase ; un ordre méticuleux ; un tapis de laine ; une bibliothèque bien garnie ; un bon feu dans la cheminée.

5 Décrire une image

Décrivez l'image ci-dessous. Organisez votre description, distinguez bien les plans. Mentionnez des détails qui vous paraissent significatifs. Terminez en indiquant l'effet qu'elle produit sur le spectateur.

William A. Donnelly (XIXe siècle), *Une famille heureuse* (1868), aquarelle sur papier (collection privée).

Méthode 9 Éviter les répétitions maladroites

1 Supprimer les répétitions

Pour supprimer les répétitions, vous devez remplacer un ou plusieurs mots par d'autres termes (▶ LEÇON 21, p. 296) :

– un pronom : *il(s), elle(s), en, y, le mien, celui-ci...* ;
Ex : *Pygmalion est sculpteur. Il sculpte une statue avec un art admirable.*

– un synonyme (un mot de même sens ou de sens voisin) ;
Ex : *Ulysse est prisonnier du Cyclope. Il a vaincu le géant grâce à sa ruse.*

– une périphrase (une expression de même sens).
Ex : *Harry Potter arrive à Poudlard. Aujourd'hui, l'apprenti sorcier prend sa première leçon de balai volant.*

Vous pouvez également réorganiser la phrase, ce qui vous permettra de supprimer certaines répétitions.
Ex : *La maison est face à la mer. Elle a quatre pièces. De chaque pièce de la maison, on peut voir la mer.* → *La maison borde la mer. Elle compte quatre pièces, d'où l'on peut voir la grande bleue.*

Remarque : dans certains cas, la répétition est un effet de style.
Ex : *Il vit un petit chien, un petit chien sale et efflanqué.*
→ La répétition met en valeur l'état pitoyable du petit chien.

2 Éviter l'emploi de certains mots ou tournures inexpressifs

Les verbes *faire*, *voir*, *mettre*, *dire*, l'expression *il y a* et le nom *chose* peuvent être remplacés par des termes plus précis. Pour choisir ce terme, vous devez vous aider du contexte et utiliser le dictionnaire.

– Le verbe *faire*
Ex : *Le menuisier fait une planche.* → *Le menuisier fabrique / découpe / travaille une planche.*

– Le verbe *mettre*
Ex : *Le peintre met les couleurs sur le tableau.* → *Le peintre applique les couleurs sur le tableau.*

– Le verbe *voir*
Ex : *Il a vu qu'il s'était trompé.* → *Il a reconnu qu'il s'était trompé.*

– Le verbe *dire*
Il peut être précisé par un verbe de parole (▶ MÉTHODE 5, p. 362).
Ex : *Je lui dis pardon.* → *Je lui demande pardon.*

– La tournure *il y a*
Ex : *Dans le ciel, il y a un aigle.* → *Un aigle plane dans le ciel.*

– Le nom *chose*
Ex : *La santé est une chose précieuse.* → *La santé est un bien précieux.*

Je m'exerce

1 **Recopiez les phrases et soulignez les répétitions. Réécrivez ensuite ces phrases en remplaçant ces répétitions par des termes qui conviennent.**

a. La fée fit tomber sa baguette magique dans le carrosse. Plus tard, elle réalisa que sa baguette magique était tombée dans le carrosse, mais le carrosse roulait déjà au loin. **b.** Le petit Poucet, en regardant derrière lui, voyait diminuer la distance qui le séparait de l'ogre. Le petit Poucet eut alors l'idée de voler les bottes de l'ogre pour aller plus vite que l'ogre.

2 **Réécrivez les phrases en supprimant la tournure *il y a*. Utilisez les verbes *décorer*, *serpenter*, *flamber*, *figurer*, *voleter*.**

a. Il y a un petit chemin parmi les fleurs. **b.** Il y avait des guirlandes et des boules multicolores sur les sapins. **c.** Dans la cheminée, il y avait un grand feu. **d.** Sur la liste, il y a votre nom. **e.** Il y avait des milliers de chauves-souris dans la cave du château.

3 **Remplacez le verbe *faire* par un verbe plus précis : *prêter*, *exercer*, *construire*, *laver*, *fournir*.**

a. Harry Potter ne fit pas attention aux ricanements de Malevoy. **b.** Mon voisin a fait lui-même sa maison. **c.** Quel métier souhaites-tu faire plus tard ? **d.** Faites-lui faire la vaisselle ! **e.** Il a fait beaucoup d'efforts.

4 **Remplacez le verbe *voir* par un verbe plus précis : *visiter*, *assister*, *apercevoir*, *distinguer*, *regarder*.**

a. Je vois mon ami Pierre qui traverse la rue. **b.** À Noël, il a vu un spectacle de cirque. **c.** Il a vu une bonne émission à la télévision. **d.** Le docteur a vu dix malades, ce matin. **e.** Harry Potter voit une ombre dans l'obscurité.

Harry Potter et l'Ordre du phœnix, film de **David Yates** (2007), adapté du roman éponyme de J. K. Rowling, avec Emma Watson et Daniel Radcliffe.

5 **Remplacez le verbe *mettre* par un verbe plus précis : *disposer*, *écrire*, *conjuguer*, *enfiler*, *ranger*.**

a. Harry Potter met sa robe de sorcier et enfourche son balai. **b.** Ma mère met des fleurs dans un vase. **c.** Il met son adresse sur une enveloppe. **d.** Où mettons-nous nos vélos ? **e.** Il faut mettre ce verbe au passé simple.

6 **Remplacez le verbe *dire* par un verbe plus précis.**

a. Cet élève dit bien les vers. **b.** Ulysse dit ses aventures à Alcinoos. **c.** Il ne dit ses chagrins qu'à moi. **d.** J'aimerais que vous me disiez votre avis. **e.** Je vous dis de vous taire.

7 **Remplacez le mot *chose* par un nom plus précis.**

a. Harry Potter gagna le match. Il avait accompli une chose dont il pouvait être fier. **b.** L'éducation des enfants est une chose difficile. **c.** Une seule et unique chose occupe l'esprit d'Ulysse : retourner à Ithaque. **d.** Je n'ai jamais contemplé une chose si magnifique.

Méthode 10 Ponctuer un texte

1 La fonction des signes de ponctuation

À l'oral, les signes de ponctuation signalent les pauses et indiquent l'intonation à adopter : montante pour la phrase interrogative, descendante pour la phrase déclarative.

Ex : – *Tu viens ?* ↗ – *Oui, je viens.* ↘

À l'écrit, les signes de ponctuation séparent les phrases, les groupes dans la phrase, indiquent le type de phrase, signalent le dialogue : ils facilitent ainsi la compréhension du texte.
Il arrive que la ponctuation détermine le sens d'une phrase.

Ex : *Le professeur dit : « Thomas est toujours dans la lune ! »*
« Le professeur, dit Thomas, est toujours dans la lune. »
→ Dans ces deux phrases, seule la ponctuation, à l'écrit, permet de savoir qui parle.

2 Les différents signes de ponctuation

1. Entre les phrases

– Le point termine une phrase déclarative.
Ex : *Je pars.*

Attention ! On ne met jamais de point au début d'une ligne.

– Le point d'interrogation termine une phrase interrogative.
Ex : *Quand pars-tu ?*

– Le point d'exclamation termine une phrase exclamative.
Ex : *Quel froid !*

– Les points de suspension marquent une interruption.
Ex : *Mais madame... Écoutez-moi...*

2. Dans la phrase

– La virgule sépare des groupes de même fonction.
Ex : *J'aime le foot, le tennis, la natation.*

Elle isole un complément circonstanciel.
Ex : *À la récréation, on joue au football.*

– Le point-virgule sépare deux propositions unies par le sens.
Ex : *Les étoiles brillaient ; l'air était doux et frais.*

– Le deux-points annonce un dialogue.
Ex : *Il annonça : « Je pars. »*

Il peut présenter une explication.
Ex : *Tout est blanc : il a neigé.*

– Les parenthèses encadrent un commentaire.
Ex : *La jeune fille (qui était fort belle) arriva au château.*

3. Dans le dialogue

– Les guillemets encadrent des paroles.
Ex : *« C'est un poisson magique », répondit l'enfant.*

– Le tiret marque le changement d'interlocuteur.
Ex : *– Tu viens ? – Tout de suite.*

Je m'exerce

1 **Quelles sont les deux façons de ponctuer les phrases suivantes ?**

Maman dit papa a encore raté son train. Mon enfant écoute mes conseils.

2 **Prononcez à voix haute les phrases. Dans quelles phrases l'intonation est-elle montante ? Dans lesquelles est-elle descendante ?**

a. Le spectacle a commencé. **b.** Quel magnifique spectacle ! **c.** Le spectacle a-t-il commencé ? **d.** Voulez-vous que je vous attende dehors ? **e.** Je peux vous attendre dehors. **f.** Attendez-moi dehors.

3 **Placez le signe de ponctuation qui convient à la fin de chacune des phrases, en tenant compte du type de la phrase.**

a. Venez... Le spectacle commence... **b.** Quelle bonne idée... **c.** À quelle heure est votre train... **d.** Tous les samedis, je vais à la piscine... **e.** Qui a gagné le match... **f.** Dans quelle équipe joues-tu... **g.** Ça, c'est une équipe... **h.** – Où as-tu mis ton écharpe... – Euh... Je ne sais pas... Je l'ai peut-être oubliée au gymnase...

4 **Séparez les deux propositions de chaque phrase par un point-virgule ou un deux-points, selon les cas. Justifiez votre choix.**

a. Je n'aime pas ce film il est trop triste. **b.** Son frère est plus âgé que lui sa sœur est plus jeune. **c.** Les activités sportives ont lieu le mercredi les activités artistiques, le samedi. **d.** Il n'a pas pu participer au match aujourd'hui il s'est blessé à l'entraînement. **e.** Il lui a dit, avec autorité « Tu restes ! »

5 **Placez les virgules. Justifiez vos choix.**

a. Après l'averse les passants ont repris leur chemin. **b.** Nous avons emporté le goûter nos serviettes le ballon le tuba et les palmes à la plage. **c.** Quand j'aurai terminé mon livre j'irai le rendre à la bibliothèque. **d.** Pour faire la pâte à crêpes il faut de la farine du sucre du sel du lait des œufs et un peu d'huile.

6 **Ponctuez le dialogue (guillemets ou tirets selon les cas, virgules, deux-points).**

Sa marraine, qui était Fée, lui dit Tu voudrais bien aller au bal, n'est-ce pas ? Hélas oui dit Cendrillon en soupirant. Hé bien, seras-tu bonne fille ? dit sa Marraine je t'y ferai aller. Elle la mena dans sa chambre, et lui dit Va dans le jardin et apporte-moi une citrouille.

D'après Charles **Perrault**, « Cendrillon », dans ***Histoires ou contes du temps passé*** (1697).

7 **Rétablissez le deux-points et les deux virgules qui ont été supprimés.**

Il me sembla que j'étais dans un jardin délicieux je voyais partout des arbres les uns chargés de fruits verts les autres de fruits mûrs.

D'après « Sindbad le marin », dans ***Les Mille et Une Nuits*** (xe siècle), traduit de l'arabe par Antoine Galland.

Bek Shakirov, *La Plage*, illustration (xxe siècle).

Méthode 11 Relire son brouillon

Vous venez de rédiger votre brouillon. Améliorez-le en vous appuyant sur les douze points ci-dessous. Pour bien corriger votre brouillon, il vous faudra ajouter, modifier et supprimer des mots ou des passages.

1 Étape 1 : relisez le sujet.

Vous aurez réussi votre travail :

– si vous avez respecté le narrateur imposé par le sujet (première ou troisième personne) et si vous avez conservé le même narrateur tout au long du récit ;

– si vous avez décrit le cadre : lieux et circonstances du récit (▶ MÉTHODE 8, p. 368) ;

– si vous avez présenté les personnages (▶ MÉTHODE 6, p. 364) et introduit un dialogue, selon le sujet (▶ MÉTHODE 5, p. 362).

2 Étape 2 : vérifiez la cohérence du récit.

Vous aurez réussi votre travail :

– si vous avez trouvé un bon début à votre récit (▶ MÉTHODE 2, p. 356) ;

– si vous avez enchaîné avec cohérence les actions : mise en paragraphes et présence d'indications de temps (▶ MÉTHODE 4, p. 360) ;

– si vous avez trouvé une bonne fin à votre récit (▶ MÉTHODE 3, p. 358).

3 Étape 3 : améliorez la rédaction du récit.

Vous aurez réussi votre travail :

– si vous avez commencé chaque paragraphe par un alinéa (deux carreaux, par exemple) ;

– si vos phrases sont complètes, si elles commencent par une majuscule et se terminent par un point ;

– si vous avez ponctué correctement votre récit et vos dialogues (▶ MÉTHODE 10, p. 372) ;

– si vous avez respecté le temps de référence, choisi ou donné par le sujet :

- récit au présent : vous avez utilisé le présent, le passé composé, l'imparfait, le futur simple,
- récit au passé : vous avez utilisé le passé simple, l'imparfait, le passé antérieur, le plus-que-parfait, le conditionnel présent ;

– si vous avez utilisé un vocabulaire précis et si vous avez évité les répétitions maladroites : *faire, dire, il y a…* (▶ MÉTHODE 9, p. 370) ;

– si vous avez corrigé les fautes d'orthographe : utilisez un dictionnaire pour les fautes de vocabulaire ; révisez les règles d'accord (▶ LEÇONS 31 à 37, p. 316 à 328).

Collégiennes en classe.

Méthode 12 Tenir un carnet de lecture

■ Le carnet de lecture sert à conserver la mémoire des livres lus cette année et au cours de vos années de collège.
■ Les notes que vous prendrez au fil de ces lectures vous permettront de retrouver facilement les histoires ou les textes que vous avez aimés. Ces notes vous seront également précieuses pour écrire : les personnages, les intrigues, les décors ou tout simplement un mot, une phrase que vous aurez rencontrés pourront être pour vous source d'inspiration.
■ Ce carnet de lecture vous est personnel : vous pouvez choisir son format et le décorer selon votre goût.
■ Voici quelques conseils pour vous aider à prendre des notes :

1 Notez toujours les références du livre :
– le titre du livre, le nom de l'auteur (et de l'illustrateur, éventuellement), le nom de l'éditeur, la date de publication et le nombre de pages ;
– s'il s'agit d'un livre traduit, précisez sa langue d'origine.

2 Mentionnez le genre du livre :
est-ce un roman, un recueil de poèmes, une pièce de théâtre, un récit mythologique, un récit épique… ?

3 Précisez le thème du livre :
l'amitié, les animaux, la mythologie grecque…

4 Si le livre est un récit, notez :
– qui raconte : le narrateur est-il un personnage de l'histoire ? un narrateur extérieur ?
– où et quand se déroule l'histoire ;
– qui sont les principaux personnages ;
– quels sont les principaux événements de l'histoire ;
– comment se termine l'histoire.

5 Recopiez des mots, des phrases, des passages qui vous ont plu, ému(e) ou fait réfléchir et expliquez vos choix.

6 Retracez rapidement votre parcours de lecture :
– avez-vous rencontré des difficultés dues à la langue, à la construction du récit, au thème… ?
– êtes-vous entré facilement dans l'histoire ?
– la fin était-elle prévisible ?

7 Évaluez le livre :
– avez-vous apprécié le livre ? pour quelles raisons (personnages, thème, intrigue, écriture…) ?
– vous pouvez créer une icône, comme le *smiley*, pour exprimer votre avis.

8 Vous pouvez compléter vos notes avec des documents recueillis sur Internet ou les illustrer par des créations personnelles (dessins, collages…).

Méthode 13 Le traitement de texte

1 Pour mettre la ponctuation, les accents et le tréma

Le point	Maj + touche point
Le point-virgule	Touche point-virgule
Le point d'interrogation	Maj + touche point d'interrogation
Le point d'exclamation	Touche point d'exclamation
L'accent aigu sur le *e* ; l'accent grave sur le *e*	touche é ; touche è
L'accent circonflexe	touche de l'accent circonflexe, puis touche voyelle
Le tréma	Maj + touche du tréma, puis touche voyelle

2 Pour respecter les règles d'espacement

J'utilise la barre d'espace :
– pour la virgule et le point : pas d'espace avant, une espace après ;
– pour le point-virgule, le deux-points, le point d'exclamation et le point d'interrogation : une espace avant, une espace après ;
– pour l'apostrophe : pas d'espace avant, pas d'espace après ;
– pour les guillemets français (« ») : une espace avant et après le guillemet ouvrant ; une espace avant et après le guillemet fermant.

3 Pour sélectionner avec la souris et modifier la mise en forme

a. Je sélectionne avec un clic gauche :
– un ou des caractères : cliquer-glisser sur le(s) caractère(s) ;
– un mot : double-cliquer sur le mot ;
– une ligne : cliquer dans la zone de sélection en face de la ligne.

b. J'utilise le menu Format ou les icônes de la barre d'outils (G, *I*, S…) pour :
– appliquer une police, une taille et un style de caractères (gras, italique…) ou pour surligner en couleur → Format, Police ou utilisation des icônes ;
– justifier le texte (aligner le texte à droite et à gauche) → Format, Paragraphe ;
– diminuer ou augmenter un retrait de paragraphe → Format, Paragraphe.

4 Pour utiliser le correcteur orthographique

Dans le menu Outils, je clique sur Grammaire et orthographe : le vérificateur me propose des corrections. Si j'accepte une correction, je clique sur Remplacer ; si je la refuse, je clique sur Ignorer.
Attention, il faut ne faut pas toujours accepter les propositions du correcteur !

5 Pour valider les compétences du B2i

Pour obtenir la validation des deux compétences
(C.3.1. : Je sais modifier la mise en forme des caractères et des paragraphes ;
C.2.4. : Je m'interroge sur les résultats des traitements informatiques – correcteur orthographique), je dois savoir rédiger les étapes des manipulations.

Ex : *Dans un document Word, pour choisir une police de caractères ou aligner un paragraphe j'utilise le menu Format (→ Police ou Paragraphe) ou les icônes de la barre d'outils…*

Je m'exerce

1 Le vocabulaire du traitement de texte

1. Cherchez le sens des mots ou expressions suivants.

a. une police de caractères. **b.** aligné à gauche. **c.** centré. **d.** aligné à droite. **e.** retrait de paragraphe. **f.** justifié.

2. Citez trois exemples de polices. Quelle est celle que vous utilisez le plus ? Qu'est-ce que la taille d'une police ?

2 Recopier un texte

Lisez le texte ci-dessous, puis effectuez les tâches demandées.

Quand ils eurent soupé, ils entendirent un grand bruit. Le marchand dit adieu à sa pauvre fille en pleurant car il pensait que c'était la Bête. La Belle ne put s'empêcher de frémir en voyant cette horrible figure, mais elle se rassura de son mieux et, le monstre lui ayant demandé si c'était de bon cœur qu'elle était venue, elle lui dit en tremblant que oui.

« Vous êtes bien bonne, lui dit la Bête, et je vous suis bien obligé. Bonhomme, partez demain matin, et ne vous avisez jamais de revenir ici.

Adieu, la Belle ! »

Madame **Leprince de Beaumont**,
La Belle et la Bête (1757)

1. Choisissez une police et une taille de caractères, puis saisissez le texte.

2. a. Utilisez le correcteur orthographique pour repérer et corriger vos fautes.

b. Avez-vous accepté toutes les propositions du correcteur ? Est-il infaillible ?

3 Maîtriser les accents et le tréma

Saisissez ces phrases et rétablissez les accents et les trémas des mots en rose, qui ont été supprimés.

a. Tu es bete de t'enteter a ce point. **b.** La Belle ne pouvait hair ses sœurs malgre leur mechancete. **c.** À Noel, nous decorons notre sapin. **d.** Ma mere a reçu pour sa fete une echarpe en soie. **e.** J'ai eu la meme idee que toi. **f.** L'egoisme est un defaut.

4 Appliquer des effets spéciaux aux caractères

Saisissez ce texte. Mettez ensuite les verbes conjugués en italique et en vert ; mettez leurs sujets en gras ; surlignez en rose les noms propres.

Florine rougit, et devint si belle, si belle, que le roi Charmant demeura comme un homme ébloui. Il se leva promptement, et fit une profonde révérence à la princesse : « Madame, lui dit-il, votre incomparable beauté vous pare trop pour que vous ayez besoin d'aucun secours étranger. »

Madame d'**Aulnoy**,
« L'Oiseau Bleu » (1697).

5 Rédiger une explication

Rédigez les étapes qui vous ont permis dans l'exercice 4 de :

a. mettre un mot en italique, en couleur ou en gras. **b.** surligner un mot.

Les mots à connaître

Acte : division d'une pièce de théâtre correspondant à une étape importante de l'action.

Adjuvant : personnage, objet, animal (magique ou non) qui apporte une aide au héros.

Allitération : répétition d'un même son consonne dans une suite de mots rapprochés. ▶ LEÇON 46, p. 346

Anaphore (figure de style) **:** répétition d'un mot ou d'un groupe de mots en début de vers ou de phrases. ▶ LEÇON 45, p. 344

Assonance : répétition d'un même son voyelle dans une suite de mots rapprochés. ▶ LEÇON 46, p. 346

Auteur : personne réelle qui produit un texte ou une image ▶ LEÇON 43, p. 340

Calligramme : texte poétique dont les vers sont disposés de manière à représenter un dessin, en rapport avec le thème du texte.

Champ lexical : ensemble de termes (mots ou expressions) qui se rapportent à un même thème. ▶ LEÇON 47, p. 348

Comédie : pièce de théâtre qui provoque le rire.

Comique : qui fait rire. On distingue le comique de mots (injures, répétitions...), de gestes (grimaces...), de situation (le trompeur trompé...), de caractère (manies...).

Comparaison (figure de style) **:** figure qui consiste à rapprocher deux éléments au moyen d'un outil de comparaison. ▶ LEÇON 45, p. 344

Conte : récit d'aventures imaginaires comportant des éléments merveilleux.

Dédicace : texte bref par lequel un auteur dédie son œuvre à une ou plusieurs personnes pour lui ou leur rendre hommage.

Description : texte ou passage qui caractérise un être, un lieu, une chose. ▶ MÉTHODE 7, p. 366, MÉTHODE 8, p. 368

Didascalie : indication destinée à éclairer le jeu des acteurs et la mise en scène (gestuelle, décor...).

Émotion : état de trouble intérieur provoqué par la joie, la tristesse, la peur... ▶ LEÇON 44, p. 342

Épithète homérique : dans l'épopée antique, expression poétique qui caractérise une personne ou une chose. Ex : *l'Aurore aux doigts de rose*.

Épopée, poème épique : poème qui raconte les exploits d'un héros aux prises avec des forces qui le dépassent.

Explicatif : qui vise à expliquer, à faire comprendre.

Explicite : qui est clairement exprimé.

Fable : récit assez court à visée morale.

Fantaisie : faculté de laisser aller son imagination.

Figure de style : procédé d'expression visant à produire un certain effet (comparaison, métaphore...). ▶ LEÇON 45, p. 344

Genre : classement des œuvres (le conte, le roman, la poésie, le théâtre...). ▶ LEÇON 42, p. 338

Haïku : petit poème japonais de trois vers.

Héros : 1. personnage qui accomplit des exploits ; 2. personnage principal d'une histoire (qui joue le rôle le plus important).

Homonymes : mots qui ont la même prononciation et parfois la même orthographe, mais qui n'ont pas le même sens. ▶ LEÇON 36, p. 326

Implicite : qui est sous-entendu. Certaines fables ont une morale implicite.

Injonctif (type) **:** une phrase de type injonctif exprime un ordre, un conseil ou une interdiction. ▶ LEÇON 18, p. 290

Merveilleux : intervention d'éléments magiques ou surnaturels.

Métamorphose : changement de forme, de nature.

Métaphore (figure de style) **:** qui crée une image en rapprochant deux éléments. ▶ LEÇON 45, p. 344

Mètre : mesure d'un vers. Le mètre dépend du nombre de syllabes. ▶ LEÇON 46, p. 346

Morale : leçon à tirer d'une histoire ou d'une fable.

Mot (ou terme) générique : mot qui englobe plusieurs autres termes se rapportant au même sujet. Ex : *insecte* : mot générique de papillon, guêpe, coccinelle… ▶ LEÇON 47, p. 348

Mythe : récit légendaire, transmis d'âge en âge.

Narrateur : celui qui raconte l'histoire. ▶ LEÇON 43, p. 340

Niveaux de langage : façons de s'exprimer (niveau courant, familier ou soutenu). ▶ LEÇON 48, p. 350

Opposant : personnage, animal ou objet qui fait obstacle au héros.

Parabole : court récit comportant un enseignement moral.

Paratexte : texte qui accompagne le texte principal (introduction, notes…).

Parodie : imitation comique.

Périphrase (figure de style) **:** figure qui consiste à remplacer un mot par une expression de même sens. Ex : *le roi des animaux* pour désigner le lion. ▶ LEÇON 45, p. 344

Personnage : être humain, animal ou être merveilleux présent dans un texte de fiction. ▶ LEÇON 43 p. 340

Personnification (figure de style) **:** figure qui consiste à attribuer des caractères humains à un animal ou à un être inanimé (objet, végétal…). ▶ LEÇON 45, p. 344

Récit : texte racontant une histoire réelle ou imaginaire. ▶ LEÇON 43, p. 340

Réplique : au théâtre, parole prononcée par un personnage.

Rime : répétition de sonorités à la fin de plusieurs vers. ▶ LEÇON 46, p. 346

Rythme : retour à intervalles réguliers de syllabes accentuées (que l'on prononce avec plus de force que d'autres). ▶ LEÇON 46, p. 346

Satire : critique moqueuse (d'un défaut d'une personne, d'un fait de société).

Scène : division (partie) d'un acte de théâtre correspondant aux entrées ou sorties de personnages.

Schéma actantiel : ensemble des forces qui s'exercent sur un personnage, qui le poussent à agir, l'aident ou lui font obstacle.

Schéma narratif : les cinq étapes du récit (situation initiale, élément déclencheur, enchaînement d'actions, résolution ou dénouement, situation finale).

Strophe : groupe de vers séparé des autres groupes par un blanc. ▶ LEÇON 46, p. 346

Symbole : représentation concrète d'une idée. Ex : le serpent, symbole de la tentation. ▶ LEÇON 45, p. 344

Synonymes : mots de sens identique ou très proche. ▶ LEÇON 47, p. 348

Verbe de parole : dans un dialogue, verbe qui indique qui parle. ▶ MÉTHODE 5, p. 362

Vers libre : vers sans rimes et souvent sans ponctuation, au mètre irrégulier. ▶ LEÇON 46, p. 346

Auteurs

Les pages en **noir** renvoient aux textes des parties « textes », les pages en **violet** aux textes des dictées préparées.

Artistes

Sont indiquées ici les images qui font l'objet d'un questionnement.

Table des illustrations

4 ph © Fototeca / Leemage / D.R.
5-hg ph © Blue Lantern Studio / Corbis
5-hd ph © Erich Lessing / Akg-Images
6-hg ph © Erich Lessing / Akg-Images
6-hd ph © Collection Dagli Orti / La Rocca Sanvitale Fontanellato / Gianni Dagli Orti
7-hg ph © Heritage Images / Leemage
7-hd ph © Philippe Migeat / CNAC/MNAM, Dist. RMN © Adagp, Paris 2009
8-hg ph © Esmeraldo / Kharbine-Tapabor / D.R.
8-hd ph © Costa / Leemage
13 © ADAGP, Banque d'images, Paris 2009
14 ph © Jutta Klee / Corbis
15-g © Le Livre de Poche Jeunesse, Hachette-Livre, 2009
15-m © Le Livre de Poche jeunesse, Hachette-Livre, 2009
15-d © Rageot Editeur
16 Coll. Christophel
18 Coll. Christophel
19 ph © Ian Hanning / REA
21 ph © Fototeca / Leemage / D.R.
22 Coll. Kharbine -Tapabor
23-hd ph © Collection privée / Roger Perrin / Bridgeman -Giraudon © Adagp, Paris 2009
23-bg Coll. IM / Kharbine-Tapabor
24 ph © E. Jerichau-Baumann (1819-1881), Portrait de Jacob et Wilhelm Grimm : détail (1855), huile sur toile, Berlin, SMPK, Nationalgalerie. ph © Akg-images
27 Coll. Kharbine-Tapabor
28 Coll. Kharbine-Tapabor
29 ph © Selva / Leemage
30 ph © P. Lallemant (1636-1716), Portrait de C. Perrault : détail, huile sur toile. ph © Coll. Dagli Orti / Musée du Château de Versailles / Gianni Dagli Orti
31 Coll. Kharbine -Tapabor
32 Coll. Kharbine -Tapabor
33 Coll. Grob / Kharbine-Tapabor
34 ph © Look and Learn / Bridgeman Giraudon
36 ph © Keystone / Eyedea
38 ph © Albert Harlingue / Roger-Viollet
39 Coll. Kharbine-Tapabor © Adagp, Paris 2009
40 Coll. Kharbine-Tapabor / D.R.
41 ph © Private Collection / Look and Learn / Bridgeman-Giraudon
42 ph © Bianchetti / Leemage © Adagp, Paris 2009
42 ph © Bianchetti / Leemage © Adagp, Paris 2009
44 ph © Musée de la Ville de Paris, Musée Carnavalet, Paris / Archives Charmet / Bridgeman-Giraudon
45 Coll. Christophel
46-h © Librio Litterature
46-m © Gallimard Jeunesse
46-b © Gallimard Jeunesse
47 ph © Archives Charmet / Bridgeman-Giraudon / D.R.
49 ph © Blue Lantern Studio / Corbis
50-hd ph © Gianni Dagli Orti
50-bg Coll. Christophel
51 ph © Rue des Archives / Tal
52 ph © Micheline Pelletier / Gamma / Eyedea
55-hg ph © Rue des Archives / Tal
55-b © Gallimard Jeunesse
56 © Gallimard Jeunesse
58 ph © MP / Leemage
59 ph © Look and Learn / Bridgeman-Giraudon
60 ph © Blue Lantern Studio / Corbis
61 ph © Alfredo Dagli Orti /The Art Archive / Corbis
63 Coll. Kharbine-Tapabor
64 © Gallimard Jeunesse
67 ph © Héritages Images / Leemage
70 © Gallimard Jeunesse
71 © Gallimard Jeunesse
72-h © Gallimard Jeunesse
72-m © Edicef
72-b © Pocket-Jeunesse, Paris
73 ph © Leemage
75 ph © Erich Lessing / Akg-Images
76-h ph © The Bristih museum, Londres. Distr RMN / The Trustees of British Museum
76-b ph © Nik Wheeler / Corbis
78-h © Cassabois / D.R.
78-b © Editions Grandir
81 ph © Franck Raux / RMN
83 © Dargaud
85 ph © Mary Evans / Keystone / Eyedea
86 ph © Mary Evans / Keystone / Eyedea
89 ph © Collection Dagli-orti / Musée archéologique Bagdad / Gianni Dagli-Orti
90 ph © Erich Lessing / Akg-Images
91 Coll. Collection Dagli-Orti / Musée Deir-ez-Zor / Alfredo Dagli-Orti
93 ph © Nik Wheeler / Corbis
94 ph © Jérôme Galland / RMN
95 Coll. Dagli-Orti / Musée archéologique Alep, Syrie / Gianni Dagli-Orti
96-h © Le Livre de poche Jeunesse, Paris
96-m © Actes Sud junior, Arles
96-b © Hachette jeunesse, Paris
97 © Editions Grandir
99 ph © Erich Lessing / Akg-Images
100-hd ph © Erich Lessing / Akg-Images
100-bg ph © Erich Lessing / Akg-Images
102 ph © Gérard Blot / RMN
103 ph © Hervé Champollion / Akg-Images
104-hg Buste romain en marbre (IIe siècle av. JC), Paris, musée du Louvre. ph © Erich Lessing / Akg images
104-hd ph © Erich Lessing / Akg-Images
104-bd Mosaïque du IVe siècle : détail, Tunis, Musée du Bardo. ph © Lauros / Bridgeman-Giraudon
105 ph © Erich Lessing / Akg-Images
107 ph © Bibliothèque des Arts Décoratifs, Paris / Archives Charmet, Bridgeman -Giraudon
108 ph © Hervé Lewandowski / RMN
113 Coll. Jonas / Kharbine-Tapabor / D.R.
115 ph © Fototeca / Leemage
118 ph © Costa / Leemage
119 ph © Aisa / Leemage
120 ph © Bildarchiv Steffens / Akg-Images
124-1 ph © Scala, Firenze-su concessione Ministero Beni e Attivita Culturali
124-2 ph © Scala, Firenze-su concessione Ministero Beni e Attivita Culturali
124-3 ph © Hervé Lewandowski / RMN
125 ph © BnF, Paris
126-h © Casterman
126-m © Pockett Jeunesse
126-b © Le Livre de poche jeunesse
129 ph © Collection Dagli Orti / La Rocca Sanvitale Fontanellato / Gianni Dagli Orti
130 ph © Aisa / Leemage
131 ph © Collection Dagli Orti / Galleria Borghese Rome / Alfredo Dagli Orti
132 ph © Costa / Leemage
133 ph © Erich Lessing / Akg-Images
134 ph © D.R.
135 ph © Agence Bulloz / RMN

137 ph © Daniel Arnaudet / RMN
139 ph © Gérard Blot / RMN
140 ph © Private Collection / Whitford & Hughes, London, UK / The Bridgeman Art Library
141 ph © Laurent Paillier / photosdedanse. com
142 © Flammarion
144 ph © René-Gabriel Ojéda / RMN
145 ph © The Bridgeman Art Library
147 Coll. Christophel
148 ph © Collection Dagli Orti / Nicolas Sapieha
149 ph © MTDécouvertes
150-h © Coll. Oeuvres & Thèmes, Editions Hatier
150-m © Gallimard Jeunesse
150-b © Gallimard Jeunesse
151 ph © Archives Hatier
153 ph © Heritage Images / Leemage
154-h ph © Ruth Schacht / BPK, Berlin, Dist. RMN
154-b ph © Hervé Lewandowski / RMN
155 ph © H. Cangökce / C. Cetin / RMN
156 ph © Heritage Images / Leemage
159 ph © Selva / Leemage
161 ph © La Collection / Domingie et Rabatti
163 ph © HeritageImages / Leemage
165 ph © Aisa / Leemage
167 ph © La Collection / Jean-Paul Dumontier
168 ph © Collection Dagli Orti / Alfredo Dagli Orti
169 ph © Ravenna / Leemage
171 ph © Fototeca / Leemage
172 ph © Electa / Leemage
173 ph © Akg-images © Adagp, Paris 2009
174-h ph © Collection Dagli Orti / San Apollinare in Classe, Ravenne / Gianni Dagli Orti
175-h ph © Collection Dagli Orti / San Apollinare Nuovo Ravenne / Alfredo Dagli Orti
175-b ph © Collection Dagli Orti / San Apollinare Nuovo Ravenne / Alfredo Dagli Orti
176-h © Collection Oeuvres & Thèmes, Editions Hatier
176-m © Pocket Junior
176-b © Bayard Jeunesse
177 ph © Selva / Leemage
179 ph © Philippe Migeat / CNAC/MNAM, Dist. RMN © Adagp, Paris 2009
180 ph © Massimo Listri / Corbis
181-g ph © Louis Monier / Gamma / Eyedea
181-d ph © Erich Lessing / Akg-images © Adagp, Paris 2009
182-g © Maurice Carème photographié par Jeannine Burny © Fondation Maurice Carème / DR
183 ph © Sophie Bassouls / Sygma / Corbis
184 ph © Agence Bulloz / RMN
185 ph © D.R.
186-hg ph © Pascal Gely / CDDS Enguerand
186-hd ph © The Bridgeman Art Library © Adagp, Paris 2009
188 ph © Pierre Fournier/ Sygma / Corbis
190 ph © Gérard Blot / RMN
191 ph © Yale Center for British Art, Paul Mellon Fund, USA / The Bridgeman Art Library
192 ph © Victoria & Albert Museum, London / The Bridgeman Art Library
195 ph © Artothek / La Collection
196-hd ph © Daniel Lebée / Adagp, Banque d'Images, Paris 2009
196-bg ph © Paul Barton /Corbis
197 ph © Image BStGS / BPK, Berlin, Dist. RMN
198 ph © Christie's Images / Corbis © Kate Rothko Prizel & Christopher Rothko / Artists Rights Society (ARS), New York - Adagp, Paris 2009.
199 ph © Philippe Migeat / CNAC/MNAM, Dist. RMN © Adagp, Paris 2009
200-hd ph © Hachette Jeunesse, Coll. Le Livre de Poche Jeunesse
200-mg © Gallimard Jeunesse
200-bg © Hachette Jeunesse, Coll. Le Livre de Poche Jeunesse
201 ph © Hervé Lewandowski / RMN
203 Coll. Esmeraldo / Kharbine-Tapabor / D.R.
204 © Musée Condé, Chantilly / Bridgeman-Giraudon
205-h ph © Selva / Leemage / © Adagp, Paris 2009
205-m ph © Josse / Leemage
206-hg ph © Michèle Bellot / RMN
206-b Coll. Jean Vigne / Kharbine Tapabor
207-h Coll. Dom / Kharbine-Tapabor © Adagp, Paris 2009
208-hg ph © Fototeca / Leemage
208-b Coll. Kharbine-Tapabor
210 Coll. Dom / Kharbine-Tapabor
211 ph © Selva / Leemage
212 Coll. Dom / Kharbine-Tapabor © Adagp, Paris 2009
213-hg ph © Jacques Haillot / Sygma / Corbis
213-bm ph © Pittatore / Leemage © Adagp, Paris 2009
215 Coll. Jonas / Kharbine-Tapabor
216-hg ph © Sophie Bassouls / Sygma / Corbis
217 ph © Costa / Leemage
218-h ph © Stefano Bianchetti / Corbis
218-b © Editions Grund, avec l'aimable autorisation de l'éditeur
219 ph © Mobilier National, Paris / Bridgeman-Giraudon
220 Coll. Kharbine-Tapabor / D.R.
222 ph © Selva / Leemage
224 Coll. Kharbine-Tapabor © Adagp, Paris 2009
225 Coll. Jonas / Kharbine-Tapabor © Adagp, Paris 2009
226-h © Le livre de Poches jeunesse 2008
226-m © Le Livre de poche Jeunesse
226-b © Delcourt, Jeunesse Paris 2006
227 Coll. Kharbine-Tapabor
229 ph © Costa / Leemage
230 ph © La Collection / Interfoto
231-hd ph © Aisa / Leemage
231-bg ph © The Stapleton collection / Bridgeman-Giraudon
232 ph © Lauros / Giraudon / The Bridgeman Art Library
233 ph © Pascal Gely /CDDS Enguerand
235 ph © G. Uferas / Rapho / Eyedea
238 ph © Jean François Rault / CDDS Enguerand
239 ph © Marc Enguerand / CDDS Enguerand
241-hg ph © Pascal Gely / CDDS Enguerand
241-bg ph © Ramon Senera /DDS Enguerand
244 ph © Pascal Gely / CDDS Enguerand
245 ph © Costa / leemage
246 ph © Pascal Gely / CDDS Enguerand
250 ph © Marc Enguerand / CDDS Enguerand
251 ph © Bildarhiv Steffens / Bridgeman-Giraudon
252-hg © Gallimard Folio Classique
252-mg © Editions Gallimard Jeunesse
252-bg © Editions Théâtrales
253 ph © Tristan Jeanne-Vallès / CDDS Enguerand
254 ph © The Gallery Collection / Corbis © Adagp, Paris 2009
257 ph © Ariel Skelley / Corbis
259 ph © Fototeca / Leemage
261 ph © Fine Art Photographic Library / Corbis
263 ph © Pat Doyle / Corbis
265 ph © Blue Lantern Studio / Corbis
267 ph © Lee / Leemage / D.R.
269 ph © Stapleton Collection / Corbis
271 ph © Images. com / Corbis
273 ph © Images. com / Corbis
275 Coll. Jean Vigne / Kharbine-Tapabor
277 ph © Fine Art Photographic Library / Corbis
279 ph © John Harris / Report Digital - REA

281 ph © Russell Sadur / Getty-Images
283 ph © Pascal Gely / Agence Bernand
285 ph © Kharbine-Tapabor © Adagp, Paris 2009
287 ph © Frank Lukasseck / Corbis
289 ph © Toshiyuki Gamasawa / amanaimages / Corbis
291 ph © Guntmar Fritz / Zefa / Corbis
293 ph © Images. com / Corbis
295 ph © Michael Cole / Corbis
297 ph © Ric Ergenbright / Corbis
299 ph © Metropolitan Museum of Art, Dist. RMN / Image of the MMA
301 ph © Massimo Borchi / Atlantide Phototravel / Corbis
303 Coll. Kharbine-Tapabor © Adagp, Paris 2009
305 ph © Images. com / Corbis
307 ph © Gall Mooney / Corbis
309 ph © Tom Bean / Corbis
311 ph © Selva / Leemage
313 Coll. Kharbine-Tapabor / D.R.
315 ph © Blue lantern studio / Corbis
317 ph © Momatiuk - Eastcott / Corbis
319 Coll. Kharbine-Tapabor © Adagp, Paris 2009
321 ph © Andy Rouse / Corbis
323 ph © Stephen Frink / Corbis
325 ph © Josse / Leemage © Adagp, Paris 2009
327 ph © The Bridgeman Art Library
329 ph © Macduff Everton / Corbis
331 ph © DLILLC/ Corbis
333 ph © Images. com / Corbis
335 ph © Collection Dagli Orti / Gianni Dagli Orti
339 Coll. Kharbine-Tapabor
341 Coll. Kharbine-Tapabor / D.R.
343 ph © Corbis
345 ph © Paramount / The Kobal Collection
347 ph © Costa / Leemage
349 ph © Bonhams, London / The Bridgeman Art Libray
351 Coll. Christophel
352 ph © Gusman / Leemage
355 ph © Steven Vidler / Eurasia Press / Corbis
357 ph © Philips James Corwin / Corbis
359 © Gallimard Folio cadet
361 Coll. Kharbine-Tapabor
363 ph © Roy Morsch / Corbis
365 Coll. Christophel
366 ph © Selva / Leemage
369 ph © Bonhams, London/ The Bridgeman Art Library
371 Coll. Christophel
373 ph © Images. coù / Corbis
374 ph © Roy Botterell/ Zefa / Corbis

Droits réservés (DR) : malgré nos efforts, il nous a été impossible de joindre certains photographes ou leurs ayants droit, ainsi que des éditeurs ou leurs ayants droit de certains documents, pour solliciter l'autorisation de reproduction, mais nous avons naturellement réservé en notre comptabilité des droits usuels.

Achevé d'imprimer par Maury à Malesherbes - FRANCE
Dépôt légal n° 118330 - Avril 2009

POUVOIR (3e groupe)

INDICATIF

Présent
je peux / puis
tu peux
il peut
n. pouvons
v. pouvez
ils peuvent

Passé composé
j' ai pu
tu as pu
il a pu
n. avons pu
v. avez pu
ils ont pu

Imparfait
je pouvais
tu pouvais
il pouvait
n. pouvions
v. pouviez
ils pouvaient

Plus-que-parfait
j' avais pu
tu avais pu
il avait pu
n. avions pu
v. aviez pu
ils avaient pu

Passé simple
je pus
tu pus
il put
n. pûmes
v. pûtes
ils purent

Passé antérieur
j' eus pu
tu eus pu
il eut pu
n. eûmes pu
v. eûtes pu
ils eurent pu

Futur simple
je pourrai
tu pourras
il pourra
n. pourrons
v. pourrez
ils pourront

Futur antérieur
j' aurai pu
tu auras pu
il aura pu
n. aurons pu
v. aurez pu
ils auront pu

CONDITIONNEL

Simple (présent)
je pourrais
tu pourrais
il pourrait
n. pourrions
v. pourriez
ils pourraient

Composé (passé)
j' aurais pu
tu aurais pu
il aurait pu
n. aurions pu
v. auriez pu
ils auraient pu

SUBJONCTIF

Présent
que je puisse
que tu puisses
qu'il puisse
que n. puissions
que v. puissiez
qu'ils puissent

Passé
que j' aie pu
que tu aies pu
qu'il ait pu
que n. ayons pu
que v. ayez pu
qu'ils aient pu

Imparfait
que je pusse
que tu pusses
qu'il pût
que n. pussions
que v. pussiez
qu'ils pussent

Plus-que-parfait
que j' eusse pu
que tu eusses pu
qu'il eût pu
que n. eussions pu
que v. eussiez pu
qu'ils eussent pu

IMPÉRATIF

Présent
-
-
-

INFINITIF

Présent
pouvoir

Passé
avoir pu

PARTICIPE

Présent
pouvant

Passé
pu
ayant pu

VOULOIR (3e groupe)

INDICATIF

Présent
je veux
tu veux
il veut
n. voulons
v. voulez
ils veulent

Passé composé
j' ai voulu
tu as voulu
il a voulu
n. avons voulu
v. avez voulu
ils ont voulu

Imparfait
je voulais
tu voulais
il voulait
n. voulions
v. vouliez
ils voulaient

Plus-que-parfait
j' avais voulu
tu avais voulu
il avait voulu
n. avions voulu
v. aviez voulu
ils avaient voulu

Passé simple
je voulus
tu voulus
il voulut
n. voulûmes
v. voulûtes
ils voulurent

Passé antérieur
j' eus voulu
tu eus voulu
il eut voulu
n. eûmes voulu
v. eûtes voulu
ils eurent voulu

Futur simple
je voudrai
tu voudras
il voudra
n. voudrons
v. voudrez
ils voudront

Futur antérieur
j' aurai voulu
tu auras voulu
il aura voulu
n. aurons voulu
v. aurez voulu
ils auront voulu

CONDITIONNEL

Simple (présent)
je voudrais
tu voudrais
il voudrait
n. voudrions
v. voudriez
ils voudraient

Composé (passé)
j' aurais voulu
tu aurais voulu
il aurait voulu
n. aurions voulu
v. auriez voulu
ils auraient voulu

SUBJONCTIF

Présent
que je veuille
que tu veuilles
qu'il veuille
que n. voulions
que v. vouliez
qu'ils veuillent

Passé
que j' aie vo
que tu aies vo
qu'il ait vo
que n. ayons vo
que v. ayez vo
qu'ils aient vo

Imparfait
que je voulusse
que tu voulusses
qu'il voulût
que n. voulussions
voulu
que v. voulussiez

Plus-que-parfait
que j' eusse vo
que tu eusses vo
qu'il eût vo
que n. eussions
que v. eussiez vo

IMPÉRATIF

Présent
veux (veuille)
voulons
voulez (veuillez)

INFINITIF

Présent
vouloir

Passé
avoir voulu

PARTICIPE

Présent
voulant

Passé
voulu
ayant voulu

METTRE (3e groupe)

INDICATIF

Présent
je mets
tu mets
il met
n. mettons
v. mettez
ils mettent

Passé composé
j' ai mis
tu as mis
il a mis
n. avons mis
v. avez mis
ils ont mis

Imparfait
je mettais
tu mettais
il mettait
n. mettions
v. mettiez
ils mettaient

Plus-que-parfait
j' avais mis
tu avais mis
il avait mis
n. avions mis
v. aviez mis
ils avaient mis

Passé simple
je mis
tu mis
il mit
n. mîmes
v. mîtes
ils mirent

Passé antérieur
j' eus mis
tu eus mis
il eut mis
n. eûmes mis
v. eûtes mis
ils eurent mis

Futur simple
je mettrai
tu mettras
il mettra
n. mettrons
v. mettrez
ils mettront

Futur antérieur
j' aurai mis
tu auras mis
il aura mis
n. aurons mis
v. aurez mis
ils auront mis

CONDITIONNEL

Simple (présent)
je mettrais
tu mettrais
il mettrait
n. mettrions
v. mettriez
ils mettraient

Composé (passé)
j' aurais mis
tu aurais mis
il aurait mis
n. aurions mis
v. auriez mis
ils auraient mis

SUBJONCTIF

Présent
que je mette
que tu mettes
qu'il mette
que n. mettions
que v. mettiez
qu'ils mettent

Passé
que j' aie mis
que tu aies mis
qu'il ait mis
que n. ayons mis
que v. ayez mis
qu'ils aient mis

Imparfait
que je misse
que tu misses
qu'il mît
que n. missions
que v. missiez
qu'ils missent

Plus-que-parfait
que j' eusse mis
que tu eusses mis
qu'il eût mis
que n. eussions mis
que v. eussiez mis
qu'ils eussent mis

IMPÉRATIF

Présent
mets
mettons
mettez

INFINITIF

Présent
mettre

Passé
avoir mis

PARTICIPE

Présent
mettant

Passé
mis
ayant mis

SE TAIRE (3e groupe, forme pronominale)

INDICATIF

Présent
je me tais
tu te tais
il se tait
n. n. taisons
v. v. taisez
ils se taisent

Passé composé
je me suis tu
tu t' es tu
il s' est tu
n. n. sommes tus
v. v. êtes tus
ils se sont tus

Imparfait
je me taisais
tu te taisais
il se taisait
n. n. taisions
v. v. taisiez
ils se taisaient

Plus-que-parfait
je m' étais tu
tu t' étais tu
il s' était tu
n. n. étions tus
v. v. étiez tus
ils s' étaient tus

Passé simple
je me tus
tu te tus
il se tut
n. n. tûmes
v. v. tûtes
ils se turent

Passé antérieur
je me fus tu
tu te fus tu
il se fut tu
n. n. fûmes tus
v. v. fûtes tus
ils se furent tus

Futur simple
je me tairai
tu te tairas
il se taira
n. n. tairons
v. v. tairez
ils se tairont

Futur antérieur
je me serai tu
tu te seras tu
il se sera tu
n. n. serons tus
v. v. serez tus
ils se seront tus

CONDITIONNEL

Simple (présent)
je me tairais
tu te tairais
il se tairait
n. n. tairions
v. v. tairiez
ils se tairaient

Composé (passé)
je me serais tu
tu te serais tu
il se serait tu
n. n. serions tus
v. v. seriez tus
ils se seraient tus

SUBJONCTIF

Présent
que je me taise
que tu te taises
qu'il se taise
que n. n. taisions
que v. v. taisiez
qu'ils se taisent

Passé
que je me sois
que tu te sois
qu'il se soit
que n. n. soyons
que v. v. soyez
qu'ils se soient

Imparfait
que je me tusse
que tu te tusses
qu'il se tût
que n. n. tussions
que v. v. tussiez
qu'ils se tussent

Plus-que-parfait
que je me fusse
que tu te fusses
qu'il se fût
que n. n. fussions
que v. v. fussiez
qu'ils se fussent

IMPÉRATIF

Présent
tais-toi
taisons-nous
taisez-vous

INFINITIF

Présent
se taire

Passé
s'être tu

PARTICIPE

Présent
se taisant

Passé
s'étant tu